C0-APC-510

Thomas Kaebel

Julius Wellhausens Göttinger Licentiaten-Promotion von 1870

Beihefte zur Zeitschrift für die alttestamentliche Wissenschaft

---

Herausgegeben von
John Barton, Reinhard G. Kratz, Nathan MacDonald,
Sara Milstein und Markus Witte

Band 544

Thomas Kaebel

Julius Wellhausens Göttinger Licentiaten-Promotion von 1870

DE GRUYTER

ISBN 978-3-11-077916-5
e-ISBN (PDF) 978-3-11-077938-7
e-ISBN (EPUB) 978-3-11-077944-8
ISSN 0934-2575

Library of Congress Control Number: 2022933351

Bibliografische Information der Deutschen Nationalbibliothek
Die Deutsche Nationalbibliothek verzeichnet diese Publikation in der Deutschen Nationalbibliografie; detaillierte bibliografische Daten sind im Internet über http://dnb.dnb.de abrufbar.

Satz: Meta Systems Publishing & Printservices GmbH, Wustermark
Druck und Bindung: CPI books GmbH, Leck

www.degruyter.com

Parentibus meis: vivae matri, patri requiescenti in pace

Inhalt

Danksagungen

Zahlreichen Personen möchte ich ganz herzlich danken: Zunächst in Heidelberg Herrn Prof. Dr. Manfred Oeming, der als Betreuer und Erstgutachter die Arbeit ins Leben gerufen, mich durch seine Anregungen und Bemerkungen immer wieder motiviert und schließlich in einer schwierigen Phase tatkräftig unterstützt hat; Herrn Prof. Dr. Jan Christian Gertz für seine Zweitkorrektur und seine Hinweise im Rahmen der Alttestamentlichen Sozietät Heidelberg; Herrn Prof. Dr. Winrich Löhr für sein Drittgutachten sowie seine Hinweise zu meiner Arbeit, insbesondere der Übersetzung, ebenso allen anderen, die im Rahmen wissenschaftlicher Gespräche wertvolle Hinweise gegeben haben.

Herrn Prof. Dr. Bernhard Maier (Tübingen) danke ich für sein Gutachten für meine Aufnahme in das PhD-Programm der theologischen Fakultät der Universität Heidelberg, seine Transkription der Seite 21 der Promotionsakte Wellhausen, seine Ermutigung an mich, alle weiteren Seiten selbst zu transkribieren, und die Durchsicht der daraufhin von mir transkribierten Seiten sowie seine Korrekturvorschläge hierzu.

Herrn Prof. Dr. Rudolf Smend (Göttingen) danke ich sehr für sein Privatissimum am 22. 08. 2019 bei Cron & Lanz. Er hat mich ermutigt, der ästhetischen Dimension in Wellhausens Arbeit einen größeren Raum zu geben.

Herrn Prof. Dr. Hans-Peter Mathys (Basel) danke ich von Herzen dafür, mir den Vortritt bei der Bearbeitung des Themas gelassen zu haben.

Ich danke Herrn Prof. Dr. Gershon Galil (Haifa) für seine freundliche Unterstützung. Er hat mir Scans seines Vorwortes und seines Kommentars zu Lizah Ulmans Übersetzung (Jerusalem 1985) sehr schnell und unkompliziert zukommen lassen.

Herrn Dr. Adrain Long (Gloucestershire) gilt mein Dank für sein sehr ehrliches und ausführliches Gutachten für meine Aufnahme ins PhD-Programm, Herrn Dr. Pekka Pitkänen (Gloucestershire) für seine Bereitschaft, ein solches bei Bedarf zu verfassen. Pekka Pitkänen hat auch den Kontakt zu Frau Dr. Patricia Jelbert (Gloucestershire) hergestellt, der ich ganz herzlich für die Durchsicht meiner englischen Übersetzung danke. Ich weiß es zu schätzen, dass sie sich die Zeit dafür genommen hat, obwohl sie sie vermutlich lieber mit ihren Enkeln verbracht hätte.

Herrn Prof. Dr. Reinhard Gregor Kratz (Göttingen) danke ich sehr für seine Hinweise und Vorschläge zum Kapitel 5.2: Wellhausens Wirkung auf die heutige Forschung.

Herrn Thomas Leon Heck (Dusslingen) gilt mein Dank für zahlreiche Hinweise zum philologischen Teil meiner Arbeit.

https://doi.org/10.1515/9783110779387-201

Ferner danke ich dem Universitätsarchiv in Göttingen für die freundliche Bereitstellung der Promotionsakte Wellhausen zur persönlichen Inaugenscheinnahme im Archiv sowie die rasche, unkomplizierte und sorgfältige Anfertigung und elektronische Zusendung des Scans der einzelnen Aktenseiten.

All mein Dank für die Beantwortung technischer Fragen geht an Philip Loos (Heidelberg) und Daniel Funke (Hagen). Sie beide haben stets sehr schnell und kompetent all meine Probleme in diesem Bereich gelöst.

Marion Elstrodt hat den deutschen und englischen Text der Arbeit noch einmal gründlichst durchgesehen, bevor das Manuskript endgültig an den Verlag ging. Unsere Freundschaft währt nun schon ein Vierteljahrhundert. Ihr danke ich herzlich.

Frau stud. theol. Lilian Bronner (Tübingen) danke ich sehr für das Lektorat der hebräischen, aramäischen und arabischen Passagen.

Beim Verlag De Gruyter habe ich Herrn Dr. Albrecht Döhnert, Frau Dr. Sophie Wagenhofer, Frau Alice Meroz und Frau Sabina Dabrowski zu danken, die den Prozess der Manuskripterstellung in verschiedenen Phasen mit viel Geduld und Sachverstand begleitet haben. Ohne sie wäre das vorliegende Buch längst nicht so ansehnlich, wie es nun ist.

Ich danke meinem Bruder Matthias, der mir immer wieder hilfreich zur Seite stand, wenn mir die nötigen Bücher für Detailfragen nicht dort zur Verfügung standen, wo ich gerade war. Er hat auch die Aufbewahrung meiner Bücher während meiner Schreibphasen im In- und Ausland ermöglicht.

Mein ganz besonderer Dank gilt meinen Eltern. Sie haben mir immer völlige Freiheit bei der beruflichen Orientierung gelassen. Dies geschah stets in einem Geist, den man volle moralische Unterstützung nennt, und in der festen Überzeugung, dass ich meinen Weg finden würde. Dies ist nun zum zweiten Mal gelungen. Auch in den anderen Bereichen meines Werdegangs haben mich meine Eltern stets mit sicherer, vielleicht bisweilen auch glücklicher Hand zuerst geführt, dann begleitet. Ihnen sei diese Arbeit gewidmet.

Tübingen, den 14. Februar 2022
Thomas Kaebel

Vorwort des Doktorvaters

Zu den größten Vorzügen des Berufs des Professors gehören inspirierende Schüler! Es ist ein Glück für Lehrende, dass sie immer wieder äußerst interessanten Persönlichkeiten mit besonderen Gaben und Fragen als ihren Studierenden begegnen dürfen. So ist es mir mit dem Autor des vorliegenden Bandes ergangen: Thomas Kaebel ist unerwartet im akademischen Unterricht in Heidelberg aufgetaucht, wo er den von mir verantwortlich mitbetreuten Studiengang Master für evangelische Theologie [oder wie ich ihn der Klarheit halber gerne nenne „Theologiemaster für Quereinsteiger"] belegt und abgeschlossen hat.

In meiner eigenen Habilitationsphase zwischen 1984 und 1988 habe ich mich mit der genealogischen Vorhalle 1 Chronik 1–9 befasst und bin dabei auf die Dissertation von Julius Wellhausen gestoßen. Sie wird zwar öfter im Literaturverzeichnis von Kommentaren, Monographien und Aufsätzen aufgeführt, aber zumeist nur sehr oberflächlich ausgewertet. Wellhausens in Latein verfasste Promotionsschrift wurde für mich zum wichtigsten Punkt, an welchem mir meine humanistische Schulbildung mit neun Jahren Latein in meiner universitären Laufbahn zugutekam. „Nulla dies sine linea" war das Motto meines Lateinlehrers und während meiner gesamten Schulzeit Realität, und jetzt konnte und musste ich den erworbenen Sprach-Schatz nutzen, um die kritische Position des frühen Wellhausen zu den Juda- und David-Familien gründlicher zu erarbeiten. So fertigte ich mir damals eine Arbeitsübersetzung an, die ich irgendwann einmal druckfertig ausarbeiten wollte, wahrscheinlich dann, wenn ich emeritiert sein würde. Denn Wellhausen war und ist in der Chronik-Forschung eine wichtige Größe.

Aber 2018 begegnete ich in einem Seminar über „Die Rezeption des Alten Testaments im Koran" jenem Studenten schon etwas fortgeschrittenem Alters. Thomas Kaebel fiel nicht nur auf, weil er gut Arabisch kann, sondern er entpuppte sich als Oberstudienrat für Latein und Griechisch (wie auch Mathematik), der eine Menge Erfahrung im akademischen Sprachunterricht an der Universität Tübingen mitbrachte. Dieser hochgebildete, komplex denkende und präzise urteilende – zugleich auch sehr humorvolle – Mensch interessierte sich für eine Dissertation im Fach Altes Testament. Angesichts seiner umfassenden philologischen Vorbildung war ich sofort bereit, ihm dasjenige Thema anzubieten bzw. „abzutreten", das ich mir als Forschungsobjekt für spätere Zeit vorgenommen hatte. Es war mir eine riesige Freude zu sehen, mit welchem Engagement und mit welcher Intensität sich Thomas Kaebel Julius Wellhausen zugewandt hat! Die Übersetzung schritt zügig voran, und immer wieder entdeckte der gelehrte Doktorand Zitate oder Anspielungen auf antike Autoren, die Wellhausen eingebaut hatte, ohne sie als solche nachzuweisen. Mir hätten sie niemals als solche auffallen können, weil ich sie schlicht

https://doi.org/10.1515/9783110779387-202

nicht auswendig parat habe. Nur ein Griechisch- und Lateinlehrer mit stupender Textkenntnis kann das – nicht nur Wellhausens Latein überprüfen (und an einigen Stellen sogar Fehler korrigieren), sondern eben auch sensibel feststellen, welche verborgenen Zitate und Anspielungen sich im Text befinden. Humanistische Bildung ist darin künstlicher Intelligenz einfach überlegen, weil sie nicht nach einem starren Schema vorgeht und nicht mit einer Software, die umfangreiche Textcopora miteinander vergleicht; diese Detektivarbeit kann nur jemand leisten, der die Inhalte *versteht* und sprachlich miteinander in Beziehung zu setzen in der Lage ist. So wuchs in strenger Zielgerichtetheit eine Arbeit heran, die mich nicht nur mit ihren philologisch ausgezeichneten Qualitätsübersetzung beeindruckte. Da Herr Kaebel sein Referendariat an einem englischen Gymnasium absolviert hat und darum auch ausgezeichnet Englisch beherrscht, war er auch bereit und fähig, seine Übersetzung als Synopse Latein/Deutsch/Englisch anzufertigen und sie so auch für ein englischsprachiges Publikum zu erschließen. Wie Kaebel diesen Text Wellhausens dann in sehr origineller Weise in einen Dialog mit antiken Autoren wie Hesiod, Aristoteles, Horaz oder Ovid brachte, hat mir imponiert. Besonders die Idee, dass Wellhausen mit seinem eigenen Gegenstand, der genealogischen Vorhalle 1 Chronik Kap. 1–9, in einen rhetorischen Wettstreit (eine *aemulatio*) eingetreten ist und Kaebels Beobachtungen dazu, wie Wellhausen sich die Stilmittel der Chronik selbst zu eigen gemacht hat, haben mich überrascht, fasziniert und letztlich überzeugt. Für mich schließt sich mit der Betreuung der Arbeit von Thomas Kaebel der Kreis meiner eigenen akademischen Qualifikationsarbeiten, weil ich jetzt mit diesem kleinen Vorwort der geneigten Wissenschaftsgemeinschaft ein Werk zueignen darf, das meine Intentionen rundum realisiert hat – nur deutlich besser, als ich selbst es hätte leisten können.

Ich danke Thomas Kaebel für den Dienst, den er auf mehreren Gebieten geleistet hat: für die sorgfältige kritische Edition des Textes, für die wortgetreue Übersetzung ins Deutsche und Englische, für die Beleuchtung eines akademischen Promotionsverfahrens in der zweiten Hälfte des 19. Jahrhunderts sowie für die Darstellung der Einflüsse Wellhausens für die internationale Chronikforschung heute, auch im gegenwärtigen Israel. Dass die Herausgeber der BZAW diese Leistung auch so hoch angesehen und den Band gerne in die Reihe aufgenommen haben, hat mich zutiefst erfreut. Und ich danke Thomas Kaebel nicht zuletzt für die Ehre, die er auf das Studienmodell des „Masters für Quereinsteiger" fallen lässt! Es ist klar, dass die Pfarrerschaft auch Persönlichkeiten braucht, die langjährige Berufserfahrungen außerhalb der Kirche gesammelt haben und in die Kirche einfließen lassen. Es ist aber die erste Promotion, die aus diesem Studienprogramm hervorgegangen ist.

Heidelberg den 28. Mai 2022

Manfred Oeming
(Lehrstuhl für alttestamentliche Theologie)

Vorwort

Julius Wellhausen, der im Alter von sechsundzwanzig Jahren seine Dissertation[1] in Göttingen einreichte, darf nach wie vor als jemand gelten, der uns Bedenkenswertes zu sagen hat, dessen Schriften wir stets Aspekte entlocken können, die für uns von Belang sind. Im bei der Beschäftigung mit Wellhausens Dissertation stetig wachsenden Bewusstsein dieser Ansicht ist die vorliegende Arbeit enstanden. Sie ist eine überarbeitete Version meiner Promotionsschrift *Die Dissertation Julius Wellhausens. Edition, Übersetzung, historische Einordnung, Interpretation*, die im Wintersemester 2020/21 von der theologischen Fakultät der Universität Heidelberg angenommen wurde.

Als Manfred Oeming mir anbot, im Rahmen eines Promotionsprojektes Julius Wellhausens Licentiaten-Promotion zu edieren, zu übersetzen und zu kommentieren, habe ich sofort zugesagt. So hoffe ich, mit meinem Projekt in mehrfacher Hinsicht ein Desiderat der Forschung zu erfüllen. Diese Arbeit möchte möglichst vielen Interessierten den Zugang zu dieser Arbeit Wellhausens erleichtern, manchen vielleicht erst ermöglichen, allen die Wertschätzung Wellhausens ans Herz legen.

Wellhausens Dissertation findet in der jüngeren Forschungsliteratur zur Chronik leider sehr wenig Beachtung. Von den in dieser Arbeit zitierten Forschern und ihren Werken nehmen nur wenige auf Wellhausens Dissertation in nennenswertem Umfang Bezug. Für die meisten anderen, die sich mit der Chronik befassen, beginnt die inhaltliche Auseinandersetzung mit Wellhausen bei dessen *Prolegomena zur Geschichte Israels*,[2] wo Wellhausen ein durchaus anderes Bild der Chronik zeichnet als in seiner Dissertation. Abgesehen davon ist die Lektüre von Wellhausens Dissertation über weite Strecken ein literarischer Genuss. So fielen mir während der Übersetzung des Textes der Licentiaten-Promotion Wellhausens bald einige Zitate – vornehmlich, aber nicht ausschließlich – aus der augusteischen Dichtung auf, die Wellhausen in seinen Text eingearbeitet hat. Diese Entdeckung hat den Anstoß für die ausgedehnte ästhetische Betrachtung im Rahmen dieser Arbeit gegeben. So ist neben Nützlichkeit das zweite Ziel dieser Untersuchung vor allem das Teilen der Freude an der literarischen Qualität, die Julius Wellhausens Göttinger Dissertation auszeichnet. Damit sei in keiner Weise behauptet, dass mit der vorliegenden Untersuchung alles zu Wellhausens Licentiaten-Promotion gesagt wäre. Im Gegenteil! Ich würde

1 Julius Wellhausen, *De gentibus et familiis Judaeis quae 1. Chr. 2.4. enumerantur* (Göttingen: Dieterich'sche Verlagsbuchhandlung, 1870).

2 Vgl. Julius Wellhausen, *Prolegomena zur Geschichte Israels* (Berlin: Reimer, ^{6}1905), 165–223 (1. Auflage 1878 mit dem Titel: *Geschichte Israels I*).

https://doi.org/10.1515/9783110779387-203

mich freuen, wenn meine Beiträge und Beobachtungen Grund und bisweilen auch Grundlage für weitere Beschäftigungen mit und Erkenntnisse über Wellhausens Promotion würden.

Zunächst also möchte die vorliegende Arbeit dazu beitragen, die heute vielfach als mühsam empfundene Lektüre des ursprünglich lateinischen Textes durch die Beigabe zweier Übersetzungen, einer deutschen und einer englischen, zu erleichtern. Für die Edition konnte ich das in der Heidelberger Universitätsbibliothek vorhandene Original von 1870 einsehen. Außerdem habe ich die Online-Version der Bayerischen Staatsbibliothek München genutzt.[3] Für die digitale Herstellung des lateinischen Textes habe ich die auf dieser Seite bereitgestellte Texterkennung eingesetzt und dann Korrekturen von Hand vorgenommen.

Die Übersetzung von Wellhausens Latein ins Deutsche oder Englische ist nicht immer ganz einfach. Wellhausen schreibt ein ausgesprochen gehobenes Gelehrtenlatein des 19. Jahrhunderts. Er hat einen eigenen, geradezu persönlichen, bisweilen sehr forschen Stil im Lateinischen entwickelt. Es gibt Satzkonstruktionen, die sich nur schwer mit einem einzigen verständlichen Satz im Deutschen oder Englischen wiedergeben lassen. Hier habe ich mich zumeist bemüht, den lateinischen Satz mit zwei oder drei Sätzen wiederzugeben. Bisweilen mute ich aber auch bewusst längere Sätze in den Übersetzungen zu, um wenigstens gelegentlich den Periodenbau des Originals auch in der Übersetzung voll zur Geltung kommen zu lassen. Einige Wörter benutzt Wellhausen in recht ungewöhnlicher Weise, manche seiner Wörter sind – zumindest im klassischen Latein – sehr selten oder fehlen ganz. Ich darf hoffen, immer einen wenigstens möglichen Sinn mit meiner Übersetzung getroffen zu haben. Mögen die Übersetzungen den Zugang zu und das Verständnis von Wellhausens Arbeit erleichtern!

Die vorliegende Untersuchung besteht aus 5 Kapiteln. In ihrem Zentrum steht Wellhausens Göttinger Licentiaten-Promotion aus dem Jahre 1870, die hier möglichst umfassend vorgestellt werden soll. Da sich Wellhausen in seiner Göttinger Licentiaten-Promotion zwei Kapitel aus der Anfangspartie der Chronik zur Untersuchung vornimmt, soll im ersten Kapitel unserer Untersuchung zunächst die Chronikforschung bis zu Wellhausen besprochen werden. Das zweite Kapitel bietet einleitungswissenschaftliche Informationen zur Chronik. Das dritte, mittlere Kapitel präsentiert den Text von Wellhausens Göttinger Licentiaten-Promotion mit Übersetzungen ins Deutsche und Englische, ferner die Promotionsakte mit Übersetzung ins Deutsche. Das vierte enthält eine umfassende Analyse und Interpretation der Dissertation Wellhausens. Das letzte Kapitel schließlich disku-

3 https://reader.digitale-sammlungen.de/de/fs1/object/display/bsb10481628_00005.html.

tiert Wellhausens Wirkung auf die Chronikforschung bis in die Gegenwart hinein. Ein Fazit mit Ausblick schließt die vorliegende Untersuchung.

Zu einem besseren Gesamtverständnis von Wellhausens Göttinger Dissertation wird hier, wie oben bereits erwähnt, auch erstmals die ganze Promotionsakte Wellhausen von 1870 in Transkription und Übersetzung herausgegeben. Die Edition der meisten ihrer lateinischen Passagen hat Rudolf Smend dankenswerterweise bereits 2013 in seinem umfangreichen Band „Julius Wellhausen, *Briefe*" besorgt.[4] An einigen wenigen Stellen schlage ich alternative Lesarten vor. Die Promotionsakte Wellhausen im Göttinger Universitätsarchiv ist für uns einerseits ein Glücksfall, weil sie zusätzliches Material zum Text von Wellhausens Dissertation bietet. Andererseits sind die inhaltlichen Erkenntnisse, die man daraus über Wellhausens Arbeit gewinnen kann, insgesamt eher bescheiden. Trotzdem werden wir ein paar Stellen zu argumentativen Zwecken heranziehen können. Aus der Akte geht leider nicht hervor, wer aus dem Kreise der Gutachter Wellhausens Arbeit auch nur überflogen, geschweige denn von vorne bis hinten intensiv studiert hat. Auch wer nach inhaltlicher oder formaler Einzelkritik an Wellhausens Arbeit sucht, wird enttäuscht. Andererseits sind Wellhausens Lebenslauf und Motivationsschreiben in manchen Punkten aufschlussreich. Die Thesen für die mündliche Prüfung sind ebenfalls dokumentiert. Auch die Diskussionen im Göttinger Professorium über Formalia wie zum Beispiel diejenigen über den weiteren Verlauf des Verfahrens sind lesenswert.

Vier Anhänge sind dieser Arbeit beigegeben. Ich habe

1. ein Abkürzungsverzeichnis,
2. eine Liste mit Übersetzungen bzw. Transkriptionen aller hebräischen, griechischen, arabischen und aramäischen Wörter und Passagen in Wellhausens Dissertation und der Promotionsakte,
3. ein Verzeichnis der Bibelstellen, die in Wellhausens Arbeit genannt werden, und schließlich
4. ein Verzeichnis der von Wellhausen in seiner Dissertation benutzten und zitierten Literatur, soweit diese von mir identifiziert werden konnte,

besorgt. Und nun: Lector, intende![5]

Heidelberg, Frühjahr 2022
Thomas Kaebel

---

4 Julius Wellhausen, *Briefe*, hg. v. Rudolf Smend (Tübingen: Mohr Siebeck, 2013); im Folgenden zitiert als Julius Wellhausen, *Briefe*.

5 „Sei aufmerksam, Leser!"

1. Kapitel: Die Chronikforschung im 19. Jahrhundert vor Wellhausen

Theologi certant et adhuc sub iudice lis est.[1]

Julius Wellhausens Göttinger Dissertation von 1870 beschäftigt sich mit zwei Kapiteln aus der Anfangspartie des ersten Chronikbuches. Daher ist es für ein Verständnis von Wellhausens Arbeit hilfreich, geradezu unumgänglich, die wissenschaftliche Diskussion zur Chronik im 19. Jahrhundert vor 1870 zu studieren. Dies wollen wir in diesem Kapitel tun.

Die Auslegung der Chronik ist beinahe so alt wie das Buch selbst. Sie hat im 19. Jahrhundert eine gut 2000 Jahre alte Geschichte hinter sich. Es ist hier nicht der Ort, die gesamte Zeitspanne der Chronikauslegung nachzuzeichnen.[2] Eher wichtig für unsere Untersuchung ist die Tatsache, dass mit de Wette selbst gewissermaßen ein Paradigmenwechsel in der alttestamentlichen Forschung einsetzt, dessen Zeuge und zugleich Promotor Wellhausen ist. Damit steht er auf der Seite de Wettes und Bertheaus, auf der Gegenseite Alttestamentler wie Keil, die diesem Paradigmenwechsel entgegenzuwirken versuchen.

Wenngleich die Chronik in ihrer langen Auslegungsgeschichte immer wieder nennenswerte Beachtung fand,[3] so darf sie in der alttestamentlichen Forschung des 19. Jahrhunderts als ein ausgesprochen heiß diskutiertes Buch gelten. Dabei liegt das Hauptaugenmerk nicht – wie man vielleicht erwarten würde – auf der Exegese der Chronik, sondern auf der Diskussion um ihren historischen Wert. Der erste wissenschaftlich-exegetische Kommentar des 19. Jahrhunderts zur Chronik im deutschen Sprachraum stammt aus der Feder

1 Frei nach Hor. *ars* 78: „Die Theologen streiten, und bis jetzt ist die Sache nicht entschieden."

2 Für einen ausführlichen Überblick über die Forschungs- und Auslegungsgeschichte der Chronik vgl. Edward Lewis Curtis, Albert Alonso Madson, *A Critical and Exegetical Commentary on the Books of Chronicles,* International Critical Commentary (Edinburgh: T&T Clark, 1952), 44–49, Thomas Willi, *Die Chronik als Auslegung, Untersuchungen zur literarischen Gestaltung der historischen Überlieferung Israels,* FRLANT 106, (Göttingen: Vandenhoeck & Ruprecht, 1972), 12–47, Manfred Oeming, *Das wahre Israel, Die „genealogische Vorhalle" 1 Chronik 1–9,* BWANT (Stuttgart u. a.: Kohlhammer, 1990), 48–72 und Isaac Kalimi, *Das Chronikbuch und seine Chronik. Zur Entstehung und Rezeption eines biblischen Buches,* in Verb. mit dem Autor aus dem Engl. übers. und für die dt. Ausg. bearb. v. Bernd Willmes (Freiburg u. a.: Herder, 2013).

3 Oeming, *Das wahre Israel,* 56–57 identifiziert als Phasen geringer Beachtung der Chronik lediglich die Patristik und die frühe Reformationszeit (bis 1560).

https://doi.org/10.1515/9783110779387-001

des Göttinger Alttestamentlers Ernst Bertheau, der bereits in seiner Vorrede den Mangel an neueren Arbeiten zu seinem Gebiet feststellt. So beginnt er mit den Worten:

> In neuerer Zeit sind die Bücher der Chronik nicht selten zum Gegenstand sorgfältiger Untersuchungen gemacht, die sich auf ihre Glaubwürdigkeit, auf ihr Verhältnis zu den übrigen geschichtlichen Büchern des A. Ts., vorzugsweise zu den Büchern Sam. und der Kön., auf die schriftstellerische Tüchtigkeit ihres Verfassers und seine Treue in der Benutzung seiner Quellen beziehen; eine eigentliche auf das Einzelne gleichmäßig eingehende Erklärung derselben ist aber in diesem Jahrhundert und in der letzten Hälfte des vorigen nicht erschienen.[4]

Der letzte wissenschaftliche Chronik-Kommentar in deutscher Sprache ist 1854 also bereits über 100 Jahre alt. Umso intensiver wird Wellhausen Bertheaus Kommentar zur Chronik für seine Dissertation benutzen und – all seiner kritischen Auseinandersetzung damit zum Trotz – wertschätzen. Über die Forschung zur Chronik im 19. Jahrhundert schreibt Wellhausen selbst 1886 in seiner Überarbeitung von Bleeks *Einleitung in das Alte Testament:*

> Die Chronik ist in unserem Jahrhundert Gegenstand mannichfaltiger Untersuchungen und lebhafter Streitigkeiten geworden, besonders was ihr Verhältnis zu den anderen geschichtlichen Büchern des A. T. (namentlich Sam. und Kön.) und ihre geschichtliche Glaubwürdigkeit betrifft.[5]

Wir werden im Folgenden exemplarisch vier Alttestamentler herausgreifen, die im 19. Jahrhundert den Gang der alttestamentlichen Wissenschaft im deutschsprachigen Raum wesentlich mitbestimmt und auf Wellhausen verschiedentlich Einfluss ausgeübt haben: Martin Wilhelm Leberecht de Wette, Carl Friedrich Keil, Heinrich Georg August Ewald und Ernst Bertheau. Diese Reihenfolge bietet sich aus zwei Gründen an: Erstens wird so der jeweils ältere Forscher vor den jüngeren besprochen, zweitens entspricht dies zumindest grob der Reihenfolge der (Erstauflagen der) Veröffentlichungen ihrer hier zu besprechenden Werke.

Während der Einfluss Ewalds und Bertheaus in Wellhausens Dissertation allein aufgrund der zahlreichen Verweise auf deren Arbeiten augenfällig ist, bedarf die Auswahl De Wettes und Keils einer kurzen Begründung, zumal beide in Wellhausens Dissertation nicht ein einziges Mal erwähnt werden. Ob Wellhausen de Wettes Beiträge von 1806 und 1807 im Jahre 1870 einfach noch nicht

---

4 Ernst Bertheau, *Die Bücher der Chronik*, KEH 15 (Leipzig: Hirzel, 1854), V.

5 Friedrich Bleek, *Einleitung in das Alte Testament*, hg. v. Johannes Bleek und Adolf Kamphausen. Überarbeitet von Julius Wellhausen (Berlin: Reimer, [5]1886), 224. Der oben zitierte Abschnitt findet sich in der von Bleek selbst besorgten 2. Auflage von 1865 noch nicht.

zur Kenntnis genommen hatte oder ob er de Wette aus anderen Gründen zu übergehen sich entschloss, muss hier offenbleiben. Jedenfalls weisen de Wettes und Wellhausens Ansätze und Ergebnisse im Bereich der Chronikforschung erstaunliche Parallelen auf.[6] So hat sich Wellhausen denn später auch positiv zu de Wettes Arbeiten geäußert, etwa in seinen *Prolegomena*:

> Ich fusse durchgehend auf de Wettes kritischem Versuch über die Glaubwürdigkeit der Chronik (Beiträge I 1806); diese Abhandlung ist von Graf (Gesch. Bücher des Alt. Test. p. 114ss.) nicht verbessert, denn die Schwierigkeit ist hier nicht, die Einzelheiten aufzutreiben, sondern einen Gesamteindruck zu geben und des übrigen Stoffes Herr zu werden. Und das hat de Wette viel besser verstanden.[7]

Mit dem Aufkommen der Bibelkritik à la de Wette regt sich naturgemäß Widerspruch nicht nur in der Kirche, sondern auch in der Wissenschaft. Als ein Zeitgenosse Wellhausens, der einige Punkte der Bibelkritik aufs Schärfste kritisiert und anprangert, soll hier exemplarisch Carl Friedrich Keil besprochen werden. Keil eignet sich aus drei Gründen hierzu besonders: Erstens darf er unter den vier hier ausgewählten Alttestamentlern als einziger Vertreter der Gegenseite gelten, was die Diskussion um die Glaubwürdigkeit der Chronik angeht. Zweitens setzt sich Bertheau in seinem Kommentar zur Chronik eingehend mit Keils Position auseinander, insbesondere in seiner Vorrede. Somit hat Wellhausen beim Verfassen seiner Göttinger Dissertation mindestens indirekten Zugang zu Keil. Drittens enthalten Keils *Apologetischer Versuch* und *Lehrbuch der historisch-kritischen Einleitung in die kanonischen Schriften des Alten Testaments* eine intensive Auseinandersetzung mit de Wette, womit sich dann gewissermaßen der Kreis der wissenschaftlichen Auseinandersetzung schließt.

Damit wir einen direkteren Eindruck von der Forschungssituation zur Chronik im 19. Jahrhundert bekommen, sollen die genannten Alttestamentler nach Möglichkeit selbst recht viel zu Wort kommen.[8] Ihre Beiträge zeugen zum Teil in einem Maße von Begeisterung für die Sache und von Inbrunst beim Vertreten der eigenen Position, wie sie in heutiger Wissenschaftsprosa kaum mehrgefunden werden können.

---

6 Eine knappe, aber beeindruckende Zusammenstellung der Parallelen zwischen Wellhausen und de Wette findet sich bei Willi, *Die Chronik als Auslegung*, 44.

7 Wellhausen, *Prolegomena*, 166. Zu Wellhausens Sicht auf und Auseinandersetzung mit de Wette vgl. auch Willi, *Die Chronik als Auslegung*, 44.

8 Die Orthografie der Zitate wurde für diese Arbeit nicht angepasst, sondern entspricht der im jeweiligen Original.

1.1 Wilhelm Martin Leberecht de Wette (1780–1849)

De Wette veröffentlicht bereits zu Beginn des 19. Jahrhunderts, genauer 1806, seine *Beiträge zur Einleitung in das Alte Testament* und 1807 seine *Kritik der Israelitischen Geschichte* (kurz zitiert als *Beiträge I und II).* Dabei sind für unsere Untersuchung beide Veröffentlichungen de Wettes von Bedeutung: die erste vor allem wegen ihrer Beobachtungen zur Chronik, wie sie sich später noch pointierter bei Wellhausen finden; die zweite vor allem wegen der darin gemachten Beobachtungen zum literarischen Vorgehen der Autoren bzw. Redaktoren des Pentateuchs. Wir werden sehen, dass Wellhausen ganz ähnliche Thesen für die Chronik vertritt. Zunächst also zu de Wettes Ergebnissen, die die Chronik betreffen.

Eins seiner Ergebnisse stellt de Wette seiner Untersuchung ganz unumwunden voran. So schreibt er: „Die Relation der BB. Samuelis und der Könige und die der Chronik stehen mit einander in Widerspruch; und zwar nicht bloß in einzelnen Nachrichten (was sich vielleicht leicht übertragen ließe), sondern im Ganzen der Geschichte."[9] Bereits hier ist die Nähe zu Wellhausens späteren Prolegomena deutlich spürbar. Doch er, de Wette, werde sich in seiner Abhandlung der Recherche nach den Gründen hierfür enthalten. Es gehe ihm lediglich um eine Bestandsaufnahme:

> Die Abweichungen und Widersprüche, so unerklärlich sie scheinen, ließen sich vielleicht der Nachlässigkeit oder dem bösen Willen des Compilators beimessen ... Wir entschlagen uns daher gänzlich dieser Untersuchung, und halten uns lediglich an das, was vor uns liegt, daß eben die Chronik in vielen Stellen mit dem 2 B. Samuels wörtlich übereinstimmt, und wieder von ihm abweicht, ohne der Entstehungsart dieses Verhältnisses nachzuspüren.[10]

So kommt er fünf Seiten später zu der methodischen Aussage, die nach der eben zitierten glaubhaft erscheint: „Eine Vergleichung beider Relationen wird uns eine Kritik ihrer Glaubwürdigkeit geben."[11] Bis in einzelne Punkte hinein werden hier Ergebnisse aus Wellhausens Prolegomena zumindest inhaltlich vorbereitet, wenn nicht gar vorweggenommen. So etwa in dem folgenden Abschnitt:

---

9 Wilhelm Martin Leberecht de Wette, *Beiträge zur Einleitung in das Alte Testament/Kritik der Israelitischen Geschichte* (Hildesheim/New York: Olms, 1971), Faksimile der Ausgabe von 1806/07, hier *Beiträge I* (1806), 4.

10 De Wette, *Beiträge I*, 25.

11 De Wette, *Beiträge I*, 30.

> Es läßt sich an mehreren Merkmahlen nicht unsicher zeigen, daß die Chronik die Relation, die sie mit den BB. Samuelis und der Könige gemein hat, nicht mehr ursprünglich erhält, sondern durch allerley Umänderungen, Ausschmückungen, Versetzungen und Fehler verfälscht, und daß diese Relation hingegen in jenen frühern Büchern, wo nicht ursprünglich (dies lassen wir noch dahin gestellt seyn), doch ursprünglicher und unverfälscht enthalten ist.[12]

Bemerkenswert an de Wettes *Kritik der Israelitischen Geschichte* ist noch die Schlusspartie,[13] in der er sehr klar und mit einigem pastoralen Duktus die Konsequenzen seiner Arbeit für die Wissenschaft und die kirchliche Praxis reflektiert. Er tritt uns hier als jemand entgegen, dem es nicht nur um die biblische Literatur und ihre Erforschung zu tun ist, sondern auch um die Menschen in den christlichen Gemeinden, die mit den Ergebnissen eben dieser Forschung in Zukunft werden zurechtkommen müssen. Auch hier komme de Wette nochmals selbst zu Wort. Zunächst bleibt er im wissenschaftlichen Modus, indem er, den Wert des Pentateuchs vor dem Hintergrund seiner Ergebnisse prüfend, zu einem doch recht positiven Fazit kommt:

> Wenn aber nun der Pentateuch als Geschichtsquelle unbrauchbar oder viel mehr als solche gar nicht da ist: so hat er darum nicht seine Existenz und seinen Werth verloren; er gewinnt viel mehr einen höheren. Als Poesie und Mythe betrachtet, erscheint er nun als das wichtigste und reichhaltigste Objekt der wichtigsten und fruchtbarsten Betrachtungen, und in einem anderen Sinne auch wieder als das wichtigste geschichtliche Denkmal.[14]

Sodann wendet er sich der Frage nach der Achtung vor der Bibel als Zeugnis des christlichen Glaubens zu: „Manchem wird diese Ansicht für die Ehre der Bibel und unserer Religion gefährlich scheinen."[15] Noch eindringlicher in dieselbe Richtung scheint die Frage zwei Seiten später zu zielen: „Wird dies nicht dem Glauben schaden, und der Achtung und Heiligkeit der ganzen Bibel?"[16] So kommt er schließlich zu folgender Überlegung: „Ein anderes aber ist es mit dem Volke, das den Glauben nicht vom Objekte trennen kann, dem entweder eine Geschichte buchstäblich wahr, oder eine verächtliche Legende ist."[17] Die möglicherweise aus seinen Erkenntnissen resultierenden Schwierigkeiten für den akademischen Bereich schätzt de Wette also als viel geringer ein als für die

12 De Wette, *Beiträge I*, 49–50 (De Wettes Sperrdruck).
13 Vgl. de Wette, *Beiträge II*, 398–408.
14 De Wette, *Beiträge II*, 398 (De Wettes Sperrdruck).
15 De Wette, *Beiträge II*, 404.
16 De Wette, *Beiträge II*, 406.
17 De Wette, *Beiträge II*, 407.

gläubigen Christen. Unweigerlich schließen sich daran für ihn entscheidende Fragen für die kirchliche Praxis an:

> Sollen die Priester eine andere Ueberzeugung vor dem Volke aussprechen, als sie für sich selbst haben? Sollen sie also die alten Priesterkünste wieder üben? Diese wichtige Frage gebe ich Einsichtsvolleren zur Entscheidung. Nur wenn es auch religiös nicht unrecht wäre, das Volk in einem Irrthum zu lassen, der nicht anders als wohlthätig ist: so fürchte ich, daß das Geheimnis verrathen werden möchte, oder schon verrathen ist. Die Untersuchungen sind zu offen geführt, und Vielen wird die Einsicht, die sie nicht benutzen und nur zum Schaden anwenden können. – Glücklich waren unsere Alten, die, noch unkundig der kritischen Künste, treu und ehrlich alles das selbst glaubten, was sie lehrten! Die Geschichte verlor, aber die Religion gewann! – Ich habe die Kritik nicht angefangen; da sie einmal ihr gefährliches Spiel begonnen hatte, so mußte es durchgeführt werden, denn nur das Vollendete in seiner Art ist gut. Der Genius der Menschheit wacht über sein Geschlecht und wird ihm nicht das Edelste, was es für Menschen giebt, rauben lassen; ein Jeder handle nach Pflicht und Einsicht und überlasse die Sorge dem Schicksal.[18]

Besonders hervorzuheben ist an diesem letzten Abschnitt, dass es de Wette offenbar nicht allein um Redlichkeit in der alttestamentlichen Wissenschaft geht, sondern dass er angesichts des Erschütterungspotenzials seiner Ergebnisse zugleich ein pastorales Interesse verfolgt.

De Wette präsentiert all diese Ergebnisse nicht nur, sondern stellt auch zahlreiche Reflexionen zum Wesen der Geschichte und zu den Bedingungen historischer Forschung an:

> In der Geschichte wissen wir also nicht die Begebenheiten an sich, wie sie waren, oder viel mehr, wie sie erschienen (denn auch bei unseren eigenen Wahrnehmungen wissen wir nichts als die Erscheinungen); sondern wir wissen nur die Erzählungen von den Begebenheiten.[19]

Somit folgt: „Wir wissen von der Geschichte nichts als was erzählt ist; wahr ist, was in geschichtlicher Relation begründet ist; nur wo Relation da ist, da ist Geschichte, wo keine Relation, da keine Geschichte."[20] Daraus ergibt sich für den Historiker notwendig eine Beschränkung seines historischen Wissens: „Denn der Historiker kann ja nicht wissen als was referiert ist; was er erforscht hat für die Geschichte, muß gefunden seyn, nicht erfunden."[21] Aber gerade die Grenze zwischen dem, was der Chronist gefunden, und dem, was er erfunden

---

18 De Wette, *Beiträge II*, 407–408.
19 De Wette, *Beiträge II*, 2 (De Wettes Sperrdruck).
20 De Wette, *Beiträge II*, 3.
21 De Wette, *Beiträge II*, 5.

haben könnte, ist heute schwer feststellbar.[22] Nach de Wette ist dies aber gerade für den antiken Schreiber gar keine entscheidende Frage; ganz im Gegenteil, wie er am Beispiel der Abraham-Erzählung erläutert:

> Ob und warum aber Abraham die Beschneidung eingeführt, dieß zu untersuchen, verbietet uns der Sinn und Geist unserer Erzählung. Unseren Dichter kümmert dieß gar nicht, eben so wenig, als ob Abraham wirklich die Hoffnung gefasst habe, daß seine Nachkommen das Land Canaan besetzen würden. Er singt den Bürgern des theokratischen Staates, als theokratischer Dichter, den Ursprung eines heiligen Gebrauchs, über den niemand historisch nachdachte.[23]

So zahlreiche Punkte de Wette hier zusammenträgt, die erläutern, worum es dem biblischen Autor nicht gegangen sein mag, so deutlich formuliert er wenig später dessen Anliegen positiv wie folgt: „... eine Geschichte Abrahams für unsere neuen Geschichtsforscher wollte er nicht schreiben, er sprach religiös zu Religiösen."[24] Damit ist ein wesentliches, vielleicht oft genug *das* wesentliche Anliegen biblischer Autoren benannt.

Nicht zufällig dürfte die Art der Darstellung de Wette daher an die griechisch-römische Dichtung erinnern. Dort ist die religöse Mitteilung des Dichters an sein Publikum durch die Gabe der Musen[25] vermittelt. Damit sind wir beim zweiten Punkt, der die Arbeit de Wettes mit der Wellhausens verbindet. De Wette sieht und benennt Parallelen zwischen Pentateuch und griechisch-römischer Epen-Dichtung (Homer, Vergil). Wellhausens Ansatz in seiner Göttinger Dissertation erscheint ganz ähnlich, indem er Parallelen zwischen der Chronik und der römischen Dichtung, insbesondere den Metamorphosen Ovids, erkennt und in seiner Arbeit zum Ausdruck bringt. Dies geschieht bei Wellhausen allerdings sehr viel indirekter als bei de Wette. Dieser sagt die Dinge geradewegs heraus, wie sie ihm richtig zu sein scheinen; jener verleiht seiner Dissertation eine Form, die genau diesen Punkt vermittelt. Doch lassen wir zunächst wieder de Wette ausführlich zu Wort kommen, um seine Sicht auf die Dinge zu verstehen! Er schreibt über das Werk des Pentateuchs:

---

22 Hier haben wir vielleicht einen Grund vor uns, weshalb Wellhausen seine Arbeit auf Latein verfasste: Im Lateinischen bedeutet *invenire* „finden", zugleich aber auch „erfinden". An einigen der 32 Stellen, an denen *invenire* in Wellhausens Dissertation vorkommt, kann man durchaus das Schillern dieses Wortes in seinen beiden Bedeutungen wahrnehmen. Wenn man sich für eine entscheidet, schwingt dennoch bisweilen die andere mit.

23 De Wette, *Beiträge II*, 66.

24 De Wette, *Beiträge II*, 67.

25 Zur göttlichen Herkunft der Musen (Töchter des Zeus) vgl. Hesiod, *Theogonie* 75–80; zur Wirkung der Musen auf Dichter vgl. Hesiod, *Theogonie* 81–84 sowie allgemein Platon, *Ion*.

> Epos nenne ich es aber, weil es Gedicht ist, nicht Geschichte, und zwar nach einem gewissen durchgreifenden Plane gearbeitet. Es ist ein ächt hebräisches Nationalepos, von wahrem Nationalinteresse, ganz im Geiste des Hebraismus; es ist das Epos der hebräischen Theokratie.[26]

Diese klare Aussage konkretisiert de Wette auf der folgenden Seite noch weiter, indem er den Namen des römischen Dichters Vergil nennt und dessen *Aeneis* zum Vergleich mit dem Pentateuch heranzieht: „So sang Vergil die Entstehung der heiligen Roma aus den Trümmern des trojanischen Volkes, nur mehr mit künstlichem spielenden (sic!) Witz, als ächt mythischem Glauben, und in einem anderen Geiste."[27] Weil die Parallelen für de Wette so augenfällig sind, gilt für ihn auch im Hinblick auf das Werk des Pentateuchs: „Es ist keine geschichtliche Relation, sondern ein episches Gedicht, der Dichter will nichts seyn als Dichter und keineswegs Historiker."[28] So kommt er zu dem ganz einfachen, aber doch sehr eindringlich anmutenden Schluss, was die Gattung des Pentateuchs betrifft: „Genug wir haben hier keine Geschichte, sondern Dichtung und wir wollen über dem Forschen nach Geschichte, nicht den schönen Sinn der Dichtung vergessen."[29]

Auf den letzten Seiten seiner Untersuchung findet sich eine Art *peroratio*. De Wette ergreift noch einmal eindringlich Partei für seine Sichtweise, indem er an den auch sonst üblichen und allgemein anerkannten Zugang zu und Umgang mit römisch-griechischen Epen erinnert, der ihm darum auch für die hebräische Literatur der einzig angemessene zu sein scheint:

> Was ich für die Behandlung der hebräischen Mythen fordere, ist nur das, was den Mythen der Griechen und Römer noch immer widerfährt. Man liest den Homer, und fühlt und bewundert seine Schönheit; aber es fällt – dank der Allmacht seines Genius – Niemandem ein, die Geschichte, die er erzählt, und die ebenfalls wunderbar ist, natürlich, historisch-kritisch, wie man sagt, zu deuten: und doch liegt auch dem Homer wahre Geschichte zum Grunde. Warum will man doch dem Pentateuch nicht dieselben Rechte zugestehen? Er ist ein Produkt derselben Poesie, nur Hebräisch, nicht Griechisch.[30]

Doch damit nicht genug: Abschließend begründet de Wette, wie diese Art von Literatur zustande gekommen sein muss, welche Motive und Ziele ihre Autoren bzw. Redaktoren hatten, und welche eben nicht:

---

26 De Wette, *Beiträge II*, 31 (De Wettes Sperrdruck).
27 De Wette, *Beiträge II*, 32.
28 De Wette, *Beiträge II*, 52.
29 De Wette, *Beiträge II*, 103 (fehlendes Komma nach „genug" und überzähliges Komma vor „nicht" im Original).
30 De Wette, *Beiträge II*, 401 (De Wettes Sperrdruck).

> Diese Dichter waren in ihren Dichtungen selbst befangen; was sie hervorbrachten, war nicht ihr Produkt, sondern das Produkt ihres Glaubens und ihrer Phantasie. Dabei dürfen wir nie vergessen, daß sie schlechterdings kein Interesse für ächte Geschichte und keine Vorstellung von Kritik hatten; die Geschichte war ihnen um ihrer Bedeutung willen wichtig, nicht um ihrer Wahrheit.[31]

Damit ist klar: De Wette bringt den Verfassern und Redaktoren des Pentateuchs viel Verständnis für ihr Tun entgegen.[32] Seine Analyse bringt zutage, dass nicht alles, was sich literarisch äußerlich wie Geschichtsschreibung gibt, auch Geschichtsschreibung ist, ja häufig genug auch gar nicht sein will. Die Dinge werden nicht mitgeteilt, weil sie sich so ereignet hätten, sondern wegen ihres enormen Einflusses auf die Welt und deren Erklärung.

De Wette hat also ebenso frühe wie entscheidende Beiträge zur Entwicklung der alttestamentlichen Wissenschaft geleistet, was Kraus folgendermaßen treffend zusammenfasst:

> Am Anfang des 19. Jahrhunderts ist es dann vor allem De Wette, der mit seinen scharfen historisch-kritischen Urteilen über den Pentateuch zugleich geschichtliche Nachfragen verbindet und bereits in seinen „Beiträgen zur Geschichte des Alten Testaments“ (1806–07) die Umrisse einer historisch-kritischen Geschichtsschreibung in Erscheinung treten lässt.[33]

Wenden wir uns nun Heinrich Ewald zu, demjenigen, der nicht nur unter den vier hier besprochenen, sondern wohl unter allen akademischen Lehrern Wellhausens den größten Einfluss auf diesen ausgeübt hat!

1.2 Heinrich Georg August Ewald (1803–1875)

Heinrich Ewald darf mit Sicherheit als derjenige unter den vier hier besprochenen Alttestamentlern gelten, der Julius Wellhausen am stärksten geprägt hat. Bei ihm hat Wellhausen Vorlesungen gehört und im Seminar gesessen.[34] Bei ihm zuhause hat er orientalische Sprachen und Literatur studiert. Mit Ewald ist er kongenial verbunden. Ewald schreibt und veröffentlicht, wie Wellhausen in

31 De Wette, *Beiträge II*, 405.

32 Dasselbe gilt für Wellhausen in Bezug auf den Schreiber der Chronik – mindestens im Rahmen seiner Göttinger Dissertation von 1870.

33 Hans-Joachim Kraus, *Geschichte der historisch-kritischen Erforschung des Alten Testaments* (Neukirchen Kreis Moers: Verlag der Buchhandlung des Erziehungsvereins, 1956), 183.

34 Für Einzelnachweise vgl. Julius Wellhausen, *Briefe*, 807.

seiner Dissertation, mitunter auch noch auf Latein.[35] Die 17 Thesen zur Disputation im Rahmen seines Promotionsverfahrens sind ebenfalls auf Latein.[36] Ewald ist bei seiner mündlichen Prüfung erst 19 Jahre alt.[37]

Nach Kraus gehört Ewald neben de Wette und Vadtke zu denjenigen Gelehrten, „die in der ersten Hälfte des 19. Jahrhunderts der alttestamentlichen Wissenschaft das Fundament gelegt haben."[38] Auf dieses Fundament wird Wellhausen reichlich aufbauen, wenngleich nicht in allen Bereichen. So finden sich nach Kraus bei Ewald auch

> solche Ausführungen, in denen die Eigenart der Geschichte Israels unvergleichlich schärfer erkannt worden ist als etwa bei Julius Wellhausen, der mit seiner umwälzenden, stark an Vadtke angelehnten Konzeption zur Geschichte Israels vieles verschüttete, was Ewald ans Licht gebracht hatte.[39]

Ohne Wellhausens Verdienste um die Erforschung des Alten Testaments schmälern zu wollen: Die beiden zuletzt zitierten Sätze zeigen vor allem, welch großen Lehrer Wellhausen mit Ewald in Göttingen hatte.

Zudem hatte Ewald „das Vermögen, eine minutiöse Kleinarbeit so durchzuführen, daß der Überblick über das Ganze nie verlorenging."[40] Das hat auch Wellhausen früh erkannt, von Ewald gelernt und bereits in seiner Göttinger Dissertation in die Praxis umgesetzt. Dasselbe kann für Ewalds Methode des wissenschaftlichen Dreischritts gelten, wie sie Wellhausen selbst bei Ewald als seinem Lehrer wahrgenommen hat:

> Gelegentlich machte er bei schwierigen Stellen vor, wie er zum Verständnis gelangt war. Er fasste Fuß auf einem unscheinbaren Punkte, der fest war, fand von da aus tastend weiteren Boden, und eroberte so schließlich das ganze Terrain. Er hatte zwar immer das Ganze im Auge, die Wiederbelebung des alten Autors aus dem Kern seines Wesens und seiner Absicht heraus.[41]

Zusammengefasst besteht Ewalds Methode also aus den folgenden drei Schritten, für deren ersten in besonderem Maße einige Intuition und gutes Gespür

---

35 Vgl. Ewalds Schriften *De metris carminum arabicorum* (1825) und *Grammatica critica linguae Arabicae*, 2 Bde. (1831–1833); vgl. Rudolf Smend, *Kritiker und Exegeten. Porträtskizzen zu vier Jahrhunderten alttestamentlicher Wissenschaft* (Göttingen: Vandenhoeck und Ruprecht, 2017), 266.

36 Vgl. Smend, *Kritiker und Exegeten*, 262–263.

37 Vgl. Smend, *Kritiker und Exegeten*, 262.

38 Kraus, *Geschichte der historisch-kritischen Erforschung*, 182.

39 Kraus, *Geschichte der historisch-kritischen Erforschung*, 187.

40 Kraus, *Geschichte der historisch-kritischen Erforschung*, 183.

41 Julius Wellhausen, „Heinrich Ewald", in *Grundrisse zum Alten Testament 27*, ed. Rudolf Smend (München: Chr. Kaiser, 1965), 120–138; hier 122.

für den Gegenstand nicht nur von Nutzen, sondern geradezu notwendig sein dürften:[42]

1. Fußfassen auf unscheinbarem Punkte
2. Von dort aus vortastend weiteren Boden finden
3. Das ganze Terrain erobern

Diese wird Wellhausen in seiner Dissertation ebenfalls mit Gewinn anwenden, wie wir an entsprechender Stelle sehen werden.

Ewalds Werk weist darüber hinaus einige besondere Merkmale auf, die hier ebenfalls kurz zur Kenntnis zu nehmen sich lohnen dürfte. Zunächst ist Ewalds Stil bemerkenswert. Er schreibt in zum Teil sehr langen Perioden, deren eine oft genug direkt auf die andere folgt. Dadurch erzeugt er ganze Abschnitte, die einen Umfang und Stil aufweisen, die man heutzutage mit dem Ausdruck „epischer Breite" zu charakterisieren pflegt. Dabei fehlt es nicht an Pathos. Ewald denkt, fühlt, schreibt sich geradezu in die Zeit, die Situation, die Verhältnisse seines Forschungsgegenstandes hinein. Und doch zeigt sich an Ewalds Herangehensweise andererseits ebenso eine bewusste Distanziertheit zu seinem Forschungsobjekt.[43] So eröffnet Ewald die zweite Auflage (1864) seiner *Geschichte des Volkes Israel* mit den Worten: „Die geschichte des alten volkes Israel liegt als ein gänzlich abgeschlossener theil menschlicher ereignisse längst hinter uns."[44] Eine Seite später fährt er in ähnlichem Duktus fort: „... wir stehen als reine zuschauer fernab und lassen das ganze große schauspiel durch alle seine verwickelungen und lösungen bis zum letzten ende ruhig an uns vorübergehen." Ewald wählt hier, scheinbar ganz beiläufig, vielleicht nur, um ein sprachliches Bild zu erzeugen, den dichterischen Begriff des „Schauspiels" zur Charakterisierung der Geschichte Israels. Bereits de Wette hatte, wie wir gesehen haben, den Pentateuch als Gedicht, genauer: als Epos, bezeichnet. Wellhausen wird konzeptionell in die Fußstapfen beider treten.[45]

---

42 Denn unscheinbare Punkte mag es jeweils viele geben. Erfolg versprechend kann aber nur ein solcher sein, von dem aus sich der 2. und 3. Schritt dann auch wirklich machen lassen, ohne im Sumpf zu versinken.

43 Da Wellhausen in seiner Göttinger Dissertation nur aus dem ersten Band der Geschichte des Volkes Israel von Ewald zitiert, scheint besonders dieser Band geeignet, um Ewald als Forscher zu charakterisieren. Für allgemeinere Charakterisierungen Ewalds als Mensch und als Forscher s. Smend, *Kritiker und Exegeten*, 259–277 und Kraus, *Geschichte der historisch-kritischen Erforschung*, 182–190. Die Reihenfolge der nun folgenden Zitate stimmt eher zufällig mit der in Kraus, *Geschichte der historisch-kritischen Erforschung* überein. Die Punkte, die wir uns an diesen Zitaten vergegenwärtigen werden, sind oft genug verschieden von denen, die Kraus daran aufzeigt.

44 Heinrich Ewald, *Geschichte des Volkes Israel*, Bd. 1 (Göttingen: Dieterich, ^{3}1864), 3.

45 Dabei wird Wellhausen näher bei de Wette zu suchen sein, da auch er das Epos dem Schauspiel als Vergleichsgenre vorzieht.

Ewald ist der nüchterne Betrachter aus der zeitlichen und örtlichen Ferne, der aus den Details die Gesamtschau herzustellen und bei der Gesamtschau zugleich die Details im Auge zu behalten vermag. Um diese Gesamtschau durchführen zu können, muss Ewald ein Gesamtkonzept identifizieren, von dem aus sich einerseits alles oder doch vieles erklären lässt, auf das andererseits im Grunde jedes oder fast jedes Detail zuläuft. Dieses Gesamtkonzept sieht Ewald in einem Ziel, auf das zwar auch viele andere höherstehende Völker und Kulturen hingearbeitet hätten, das aber nur Israel wirklich erreicht habe:

> Dieses ziel ist die wahre und endlich die vollkommene religion, ein gut welches freilich alle etwas höher strebenden völker des Alterthums den anfang und versuch machten, welches einige derselben, die Inder und Perser, in der that schon mit ernsterem bestreben und bewundernswerter aufopferung edler kräfte zu erringen sich erhoben, welches aber nur von diesem einzigen volke vom anfang an näher erkannt und dann durch alle schwierigkeiten und hemmungen hindurch viele jahrhunderte lang mit äußerster festigkeit und folgerichtigkeit verfolgt ist, bis es in seiner mitte sóweit erreicht wurde, als es unter den menschen und als es im Alterthume erreichbar war.[46]

Auch diesen Gedanken führt Ewald mit anderen Worten eine Seite später wiederum aus:

> Die geschichte dieses alten volkes ist im grunde die geschichte der durch alle stufen bis zur vollendung sich ausbildenden wahren religion, welche auf diesem engen volksgebiete durch alle kämpfe hindurch sich bis zum höchsten siege erhebt und endlich in aller herrlichkeit und macht sich offenbart, um dann von da aus, durch ihre eigene kraft sich unwiderstehlich verbreitend, nie wieder verloren zu gehen, sondern ewiger besiz und segen aller völker zu werden.[47]

Dabei hat nach Ewald der Historiker mit Schwierigkeiten zu rechnen, denen sich auch Wellhausen in seiner Göttinger Dissertation noch gegenüberstehen sieht:

> Wie jede in das höhere Alterthum hinaufreichende geschichte, so liegt uns besonders diese nur in zerstreuten erinnerungen und denkmalen, hier in schwachen und schwer erkennbaren spuren, dort in einzelnen aus der zerstörung hervorragenden hohen trümmern und jedermann in die augen fallenden resten vor; und je weiter ihre anfänge in die ferne urzeit zurückgehen, desto mehr scheint sich zuletzt jede sichere spur zu verlieren.[48]

---

46 Ewald, *Geschichte des Volkes Israel 1*, 8.
47 Ewald, *Geschichte des Volkes Israel 1*, 9.
48 Ewald, *Geschichte des Volkes Israel 1*, 13.

Durch diese ungleich von der Geschichte bewahrten Denkmale wird sich auch Wellhausen in seiner Dissertation teilweise durcharbeiten. So gilt für Ewald, zumindest in einigen Bereichen, aus Wellhausens Sicht: „viam ... praeivit, quam sequens jam aggrediar dicere de eis quae 1. Chr. 2. 4. de tribus Judae gentibus ac familiis tradita sunt.“[49]

1.3 Carl Friedrich Keil (1807–1888)

Keil gehört im Gegensatz zu de Wette, Ewald,[50] Bertheau und Wellhausen auf die deutlich konservativere Seite, deren Vertreter sich ganz entschieden dagegen verwehren, die historische Glaubwürdigkeit der biblischen Schriften – und sei es bisweilen nur in den Details – in Abrede oder auch nur in Frage zu stellen. Wie wir bereits im Rahmen der Besprechung de Wettes gesehen haben, stehen im 19. Jahrhundert besonders die Bücher der Chronik in eben diesem Zusammenhang im Fokus des Interesses. Als Antwort auf die zunehmende wissenschaftliche Literatur, die sich der sich stetig formierenden historisch-kritischen Methode bedient, hat Keil ein Buch mit dem Titel *Apologetischer Versuch über die Bücher der Chronik und über die Integrität des Buches Esra* verfasst. Dessen Vorwort beginnt mit den Worten:

> Eine längere und sorgfältige Prüfung der gegen die Glaubwürdigkeit der Chronik in neuerer Zeit erhobenen Zweifel führte den Verfasser vorliegender Schrift zu der Überzeugung der Unhaltbarkeit derselben. Er erkannte, dass bei denselben weniger das reine Interesse an Wahrheit, als vielmehr gewisse unhistorische Vorurtheile hervortreten, und dass sie sich weniger durch die Gründlichkeit ihrer Beweisführung, als vielmehr durch eine dem bestehenden Zeitgeiste huldigende Richtung Beifall erworben haben. Das Unbegründete dieser Vorurtheile aufzudecken, und die durch allerlei Scheingründe bekämpfte Autorität eines biblischen Buches in ihren historisch wohlbegründeten Rechten zu vertheidigen, ist der Zweck dieses apologetischen Versuches.[51]

Die Richtung ist damit klar vorgegeben. Es handelt sich um eine Streitschrift gegen die im 19. Jahrhundert vermehrt aufkommende und immer weiter entwickelte Methode der historisch-kritischen Forschung im Rahmen der biblischen,

49 Wellhausen, *De gentibus*, 4: „den Weg vorangegangen ist, dem folgend ich (= Wellhausen; d. Vf.) mich nunmehr anschicken werde, über das zu sprechen, was in 1Chr 2.4 über die Geschlechter und Familien der Sippe Juda überliefert ist.“

50 Ewald ist seiner Richtung nach recht schwer einzuordnen; vgl. Smend, *Kritiker und Exegeten*, 258.

51 Carl Friedrich Keil, *Apologetischer Versuch über die Bücher der Chronik und über die Integrität des Buches Esra* (Berlin: Ludwig Oemigke, 1933), IX.

genauer: der alttestamentlichen Exegese.[52] Keil geht hier rhetorisch sehr geschickt vor. Die Schwere der Vorwürfe an seine Gegner steigert sich von einem zum anderen, bis er schließlich beim bösen Willen anlangt. Während im obigen Zitat zunächst „Unhaltbarkeit“ noch menschlichen Irrtum als mögliche Ursache einschließt, unterstellt der Vorwurf des „Vorurteils“ bereits mangelnde Reflexion oder Ausbildung. Weiter weist Mangel am „reinen Interesse an Wahrheit“ auf das Fehlen wissenschaftlicher Redlichkeit. Dem vierten und hier zuletzt gemachten Vorwurf sind wir bereits bei de Wette begegnet.[53] Die Auseinandersetzung bei Keil mit de Wette ist ausführlich, aber insgesamt doch recht einseitig. Denn sie ist ausschließlich gekennzeichnet vom Blick auf diejenigen Passagen, die Keil als deutlich weniger wertschätzend als die eben zitierte Passage einstufen muss. Wer nur die Abweichungen vom eigenen Standpunkt, aber nicht die Erkenntnisse bei anderen sucht oder wahrnimmt, wird beinahe notwendig zu einem vernichtenden Urteil gelangen.

Die Auseinandersetzung mit de Wettes Beiträgen II beginnt auf S. 262, gewissermaßen stellvertretend für all diejenigen, die in de Wettes Stoßrichtung argumentieren. Keil bringt schließlich drei Einwände an:

1. Die „Gegner der Chronik“ nähmen die Unechtheit des Pentateuchs und der darin enthaltenen Gesetze an. De Wettes Argumentation beruhe zudem auf eben dieser unbegründeten Annahme.
2. Die „Gegner der Chronik“ nähmen ferner an, dass der Chronist nur die Bücher Samuels und der Könige als Quellen benutzt habe.
3. „Endlich behaupten sie ohne Grund, dass der Verff. der BB. Sam. und der Könige einen und denselben Zweck mit dem Verf. der Chron. verfolgt ... hätten.“[54]

Keils Ansicht hat sich auch 20 Jahre nach seinem *Apologetischen Versuch* nicht geändert: 1853 veröffentlicht er sein *Lehrbuch der historisch-kritischen Einleitung*

52 Es ist vom wissenschaftlichen Standpunkt durchaus zu begrüßen, dass auch kritische Methoden sich selbst der Kritik aussetzen. Die historisch-kritische Methode der Bibelexegese bildet da keine Ausnahme, sondern ihr kann nur daran gelegen sein. Dass Keil Kritik vorbringt, ist also im Prinzip richtig und erwünscht. Für Bertheau, Wellhausen und andere stellt sich allerdings die Frage, inwieweit diese Kritik dem Sachverhalt angemessen ist. Dies herauszuarbeiten, ist dann wiederum ihre Aufgabe. Zu jüngerer Kritik an der historisch-kritischen Forschung im Rahmen der biblischen Exegese vgl. Eta Linnemann, *Original oder Fälschung. Historisch-kritische Theologie im Licht der Bibel* (Bielefeld: Christliche Literaturverbreitung, 1994) und Klaus Berger, *Die Bibelfälscher: Wie wir um die Wahrheit betrogen werden* (München: Pattloch, ^{4}2013).

53 De Wette, *Beiträge II*, 404; 398.

54 Keil, *Apologetischer Versuch*, 265.

in die kanonischen Schriften des Alten Testaments. Auch hierin finden sich für unsere Untersuchung aufschlussreiche Stellen. Wie im *Apologetischen Versuch* ist die Einleitungspartie der Vorrede richtungsweisend:

> Ein neues Lehrbuch der Einleitung in das Alte Testament, welches den gesammten Stoff dieser Disciplin in gedrängter Kürze vom Standpunkte der offenbarungsgläubigen Kritik aus zu behandeln versucht hat, wird bei dem gänzlichen Mangel an einer derartigen Schrift aus neuerer Zeit für sein Erscheinen keiner Rechtfertigung bedürfen.[55]

Das entscheidende positiv verstandene Stichwort ist hier „offenbarungsgläubig". Darin zeigt sich der Unterschied zu den „Gegnern", zu denen insbesondere immer noch de Wette gehört. Die Offenbarungsgläubigkeit setzt die sachliche Richtigkeit des biblischen Textes bis ins Detail voraus. Keil spricht deren Gegnern nicht nur den rechten Glauben an die Offenbarung ab, sondern beschuldigt sie später auch des bösen Willens gegen diese.[56] Im zweiten Satz der Vorrede heißt es, seine, Keils, Aufgabe sei es nun,

> die sicheren Ergebnisse der älteren und neueren gesunden historisch-kritischen Forschung über Ursprung, Echtheit, Integrität und Glaubwürdigkeit der von der neologischen Skepsis in Zweifel gezogenen und ihres historischen und theologischen Ansehens entkleideten Schriften des Alten Testaments zu sammeln, zu ergänzen und übersichtlich darzustellen.[57]

Von ihm und gleichgesinnten Kollegen betriebene kritische Forschung sei also „gesund". Das ist hier das positive Stichwort. Damit ist Krankheit aufseiten der Gegner impliziert. Krankheit bedarf der Heilung. Das dritte positive Stichwort der Vorrede findet sich gegen Ende derselben: „Wie weit es mir nun gelungen, diese Aufgabe zu lösen – mögen vorurtheilsfreie Kenner dieser Wissenschaft entscheiden."[58] Bereits im *Apologetischen Versuch* hat Keil seine Gegner als mit Vorurteilen behaftet bezeichnet.[59] Die „vorurtheilsfreien Kenner" sind also auf der Seite Keils zu suchen. Man beachte: Noch dazu sind sie Kenner. Diesen Begriff hätte Keil wahrscheinlich nicht für de Wette gewählt. Vielmehr ist davon auszugehen, dass Keil hier einen Pleonasmus benutzt, da aus seiner Sicht höchstens diejenigen, die er als vorurteilsfrei bezeichnen würde, auch als Ken-

---

55 Karl [Carl] Friedrich Keil, *Lehrbuch der historisch-kritischen Einleitung in die kanonischen Schriften des Alten Testaments* (Frankfurt a. M./Erlangen: Heyder & Zimmer, 1853), III. In dieser Ausgabe ist Karl mit *K* geschrieben, während sich im *Apologetischen Versuch* von 1833 Carl mit *C* findet.

56 Zum Beispiel Keil, *Lehrbuch,* 499.

57 Keil, *Lehrbuch,* III.

58 Keil, *Lehrbuch,* III–IV.

59 Keil, *Apologetischer Versuch,* IX.

ner gelten können. Anders ausgedrückt: Auch der begriffsstutzige Leser soll wenigstens verstehen, dass nur zu Kennerschaft gelangen kann, wer als vorurteilsfrei gilt. Damit ist impliziert: Wer nicht offenbarungsgläubig und im obigen Sinne gesund ist, gehört sicher nicht dazu.[60]

Eine ähnliche Auseinandersetzung mit de Wette wie im *Apologetischen Versuch* findet sich in Keils *Lehrbuch* ab S. 2, Fußnote 2, wird immer wieder aufgenommen und erreicht schließlich einen Höhepunkt ab S. 499, erwartungsgemäß im Paragrafen 146 über den historischen Charakter der Chronik. Doch zunächst bleiben die Ausführungen allgemein, enthalten nur implizite Hinweise auf de Wette:[61]

> Eine sorgfältige und unbefangene Vergleichung der Relation der Chronik in allen Abschnitten, zu welchen die BB. Samuels und der Könige Parallelen liefern, führt zu dem Resultate, dass der Verfasser der Chronik weder durch Missverständnisse oder Unkunde, Ungenauigkeiten und Uebertreibungen, noch aus einer eigenthümlichen dogmatisch-mythologischen Denkart, noch aus Vorliebe für den levitischen Cultus oder Partheilichkeit für fromme, dem mosaischen Gesetze und Cultus ergebene Könige, noch aus Hass gegen das Israel der zehn Stämme, die geschichtliche Wahrheit verletzt oder die Geschichte der früheren Zeit entstellt oder verfälscht hat. – Die Vorwürfe dieser Art, welche in neuerer Zeit gegen die Glaubwürdigkeit der Chronik erhoben wurden, sind aus dem Interesse hervorgegangen, die Echtheit des Pentateuchs und der mosaischen Gesetzgebung, damit aber zugleich den Glauben an den göttlichen Ursprung der Oekonomie des A. Testaments mit ihren Wundern und Gottesthaten zu untergraben ...[62]

Manches von dem, was hier steht, haben wir bereits gesehen. Neu ist allerdings der direkte Vorwurf, dass Leute wie de Wette ein Interesse daran hätten, den Glauben zu untergraben. Dass dies nicht stimmt, haben wir bereits im Abschnitt zu de Wette gesehen. Er hat ja selbst arge Bedenken im Hinblick darauf, welch unabsehbare Folgen seine Ergebnisse bei den Gläubigen haben könnten.[63] Damit ist aber auch klar: Die Abläufe sind tatsächlich genau anders herum, als Keil behauptet. De Wette fördert forschend seine Ergebnisse zutage, die er dann nach eigener Reflexion im Hinblick auf die Gemeinschaft der Gläubigen für bedenklich hält. Sein Interesse ist also nicht, den Glauben zu untergraben, son-

---

60 Man kann hier die Kontinuität der fundamentalistischen Argumentationsfiguren sehr gut studieren.

61 De Wette wird auf S. 499 erst in der sich fast über eine Druckseite erstreckenden Fußnote 1 wegen seines heftigen Angriffs gegen den geschichtlichen Charakter der Chronik erwähnt. Fußnote 2, die ebenfalls mit einer Kritik de Wettes beginnt, nimmt fast 10 Druckseiten ein und stellt eine Epitome zu Keils *Apologetischem Versuch* dar.

62 Keil, *Lehrbuch*, 499.

63 De Wette, *Beiträge II*, 407–408.

dern vielmehr nach getaner Forschungsarbeit einen Weg zu finden, dass dies angesichts seiner Ergebnisse gerade nicht geschieht.[64]

Alle weitere Kritik an Keils Position kann an dieser Stelle unterbleiben, da wir im Zusammenhang mit der Darstellung Bertheaus darauf zurückkommen werden. Ihm wollen wir uns nun zuwenden.

1.4 Ernst Bertheau (1812–1888)

Hofrat Ernst Bertheau ist wie Wellhausen ein Schüler Ewalds, während Ewalds Zeit in Tübingen auf dessen ehemaligen Göttinger Lehrstuhl nachgerückt. Wellhausen hat auch bei Bertheau in Göttingen Vorlesungen und Seminare besucht.[65] Letzterer veröffentlicht 1854 seinen exegetischen Kommentar zur Chronik. Darin setzt er sich kritisch mit den Ansätzen und Ergebnissen von Thenius,[66] Keil, Michaelis, Hupfeld, Bleek, Movers, Ewald, um nur einige zu nennen, auseinander. Am häufigsten zitiert Wellhausen in seiner Göttinger Dissertation Bertheaus Kommentar zur Chronik.[67] Für unsere Untersuchung ist insbesondere Bertheaus Vorrede von Belang, da er hier seine Position im wissenschaftlichen Diskurs erläutert. Besonders deutlich setzt er sich über gut drei Seiten hinweg von Keil ab.

Bertheau zeigt eine beeindruckende Offenheit im Hinblick auf die Mängel seiner eigenen Arbeit und reflektiert diese in seiner Vorrede recht ausführlich. Die Mängel ergäben sich einerseits aus der Tatsache, dass er nur auf sehr viel ältere exegetische Arbeiten zur Chronik zurückgreifen könne, weil diese in jüngerer Zeit vermutlich nicht kommentiert worden sei, „da die grösstentheils unmittelbar nebeneinander gestellten Namen auf den ersten Blick wenigstens einer dürren Steppe gleichen, die der auslegenden Thätigkeit keine Nahrung verheisst.“[68] Damit verbindet er für die Zukunft die Hoffnung auf gelingende Aufklärungsarbeit, was die Namen in der Chronik betrifft: „Hoffentlich wird es der weiteren Forschung gelingen, hie und da das auf den Namen-Verzeichnissen ruhende Dunkel zu verscheuchen; meine Arbeit leistet in dieser Beziehung weit weniger als zu erreichen steht.“[69] Genau hier wird Wellhausen mit seiner

64 De Wette, *Beiträge II*, 407–408.

65 Für Einzelnachweise vgl. Julius Wellhausen, *Briefe*, 807.

66 Bertheau setzt sogar ausdrücklich voraus, dass seine Leserschaft den Kommentar zu den Samuel- und Königebüchern von Thenius vorliegen hat (vgl. Bertheau, *Chronik*, VI).

67 Es gibt insgesamt 13 Verweise auf Bertheaus Kommentar zur Chronik.

68 Ernst Bertheau, *Die Bücher der Chronik*. KEH 15 (Leipzig: Hirzel, 1854), V; zum Mangel an exegetischer Literatur zur Chronik vgl. auch Bertheau, *Chronik*, VIII.

69 Bertheau, *Chronik*, VI.

Göttinger Dissertation ansetzen und somit ein explizites Desiderat der Forschung erfüllen. Andererseits sei es wohl kaum einer wissenschaftlichen Arbeit beschieden, direkt einen großen Wurf, zumal einen im Bereich eines Paradigmenwechsels in der alttestamtlichen Forschung, zu landen, geschweige denn, frei von Fehlern zu sein:

> Die Arbeit wird nicht gleich das Ziel erreichen und menschliche Schwäche wird auch an ihr oft sich zeigen, aber ist sie in ihrer Nothwendigkeit erkannt, so darf auch der misslungene Versuch nicht abschrecken, sie wieder aufzunehmen. Ich hoffe, dass das exegetische Handbuch seinen Theil zur Lösung der Aufgabe, welche in unserer Zeit vor allen anderen der protestantischen Kirche Deutschlands und ihrer Wissenschaften gestellt ist, beitragen wird; thut es das, so ist es reich gesegnet.[70]

Darüber hinaus gibt Bertheau im Kommentar zu den einzelnen Kapiteln und Versen unumwunden zu, wenn zur Erklärung das Wissen fehlt. So schreibt er zu 1Chr 2: „V. 42–49. Sehr dunkle Verse, deren Inhalt wir uns näher zu bringen versuchen müssen, nachdem wir die in ihnen aufgeführten Namen betrachtet haben werden.“[71] Auch in seinem Kapitel II, überschrieben „Cap. IV–Cap. VII. Die zwölf Stämme Israel's“ betont Bertheau einerseits die herausragende Bedeutung der nun zu besprechenden Kapitel und Verse, andererseits die Schwierigkeit seiner Aufgabe und die Unvollständigkeit seiner Lösungsvorschläge:

> In den genealogischen Reihen dieser Capitel finden wir eine ziemlich grosse Anzahl zwar kurzer aber höchst wichtiger Nachrichten. Die genealog. Reihen sowohl als auch die geschichtlichen Nachrichten, welche aus älteren Quellen geschöpft sein müssen, sind sehr zusammengezogen, oft nur in Andeutungen enthalten, die weiter zu verfolgen wir nur selten im Stande sind, weil wir über die Verhältnisse der einzelnen Stämme, über ihre hervorragenden Geschlechter und ihre Geschichte in den Büchern des A. Ts fast gar keine weitere Kunde erhalten.[72]

Bertheau identifiziert konkrete Verse, deren Erklärung er noch nicht liefern kann. Zu 1Chr 4, 17–18 sagt er:

> V. 17 u. 18. Diese Verse sind so, wie sie uns im hebr. Text vorliegen, ganz unverständlich. Auf eine andere Gestalt des Textes weisen die Übersetzungen nicht hin, welche vielmehr in willkührlicher Weise durch Veränderungen sich halfen ...[73]

70 Bertheau, *Chronik*, XI.

71 Zu diesen „dunklen Versen“ und ihrer historischen Glaubwürdigkeit lesen wir bei Wellhausen, *De gentibus*,18–19; 22–24.

72 Bertheau, *Chronik*, 36.

73 Bertheau, *Chronik*, 41.

Es schließt sich eine lange Diskussion darüber an, wer nun wessen Sohn sein mag, welche Textumstellungen vorzunehmen seien. So heißt es auf den folgenden beiden Seiten: „Über den Inhalt dieser Verse können wir wenig sagen, da die meisten Namen uns unbekannt sind.“[74] Und wenig später: „Auch von seinen vier Söhnen... wissen wir sonst nichts.“[75] Bisweilen fasst Bertheau auch die Erkenntnisse in Form eines reflektierenden Zwischenergebnisses zusammen:

> Auf diesem Wege glauben wir unseren dunklen Versen ein Verständniss abgewinnen zu können; wir gestehen es gern, dass im Einzelnen vieles undeutlich bleibt, da wir die Bedeutung der Namen und ihr Verhältniss zu einander nicht genauer erkennen können, aber im Ganzen scheint unsere Auffassung gesichert zu sein und nicht gefährdet durch den Streit, ob ein einzelner Name eine Stadt oder ein Stammhaupt oder einen Fürsten bezeichnet.[76]

Mindestens ebenso erhellend für unsere Untersuchung ist Bertheaus Auseinandersetzung mit und deutliche Abgrenzung von Carl Friedrich Keil. Diese hat für Bertheau große Bedeutung und setzt sich in der Kommentierung der einzelnen Kapitel und Verse fort.[77] Um den Stand der wissenschaftlichen Diskussion im Fach Altes Testament um die Mitte des 19. Jahrhunderts zu verstehen, lohnt es sich, einen zusammenhängenden Abschnitt aus Bertheaus Vorrede zu studieren:

> Ich knüpfe an Aeusserungen *Keil's* an, weil sie in der neuesten Zeit veröffentlicht sind. In seinem Lehrbuch der histor. krit. Einleit. in die kanon. Bücher des A. Tts giebt er eine Geschichte der hermeneutischen Behandlung des A. Tts. Er kennt in unseren Tagen nur zwei Arten von Auslegern und glaubt das rege Leben der alttestamentl. Wissenschaft in ein Fachwerk mit zwei Abtheilungen unterbringen zu können. In die eine kommen die Nicht-Rationalisten, wie er sagt Männer von ebenso gründlicher philologischer und historischer Gelehrsamkeit als glaubensvoller Einsicht in die Wahrheit der göttlichen Offenbarung, welche ihre Gaben und Kräfte den alttestamentl. Studien gewidmet haben und mit gewissenhafter Benutzung sowohl der theologischen Forschungen der älteren Kirche als der Resultate der grammatischen und historischen Studien der neueren Zeit kräftig und rüstig daran arbeiten, tiefer in das Gebiet des A. Tts einzudringen, – – und die – – Offenbarungszeugnisse Jehova's im alten Bunde sowohl nach ihrem Unterschiede als nach ihrem inneren Zusammenhange mit der Offenbarung Jesu Christi richtig zu erfassen, klar und deutlich zu entwickeln und für die Erbauung der Kirche des Herrn fruchtbar zu machen. In die andere kommt der Rationalismus, der in der letzten Zeit eine gründlichere Richtung gewonnen und – ohne den Geist der göttlichen Offenbarung zu verstehen – die philologische und kritische Seite der Auslegung vielfach gefördert hat.[78]

---

74 Bertheau, *Chronik*, 42.
75 Bertheau, *Chronik*, 43.
76 Bertheau, *Chronik*, 24.
77 Vgl. beispielsweise Bertheau, *Chronik*, 11 gegen Keil, *Apologetischer Versuch*, 164 f.
78 Bertheau, *Chronik*, VIII.

Zunächst hat Bertheau die allzu starke Vereinfachung Keils bei der Darstellung der alttestamentlichen Wissenschaftslandschaft zu kritisieren, bei der dieser mit nur zwei Kategorien auszukommen glaube: Nicht-Rationalisten und Rationalisten. Erstere verstünden die göttliche Offenbarung und trügen selbst maßgeblich zum Verständnis derselben in Volk und Kirche bei, Letztere hätten kein Verständnis dieser Offenbarung. Ihre Arbeit am biblischen Text sei von Kritik und Philologie geprägt. Das hält Bertheau für eine unzulässige Reduktion. Bertheau leugnet zwar nicht, dass grundsätzlich zwei Arten von Interpreten vorhanden seien. Der Unterschied trete aber überhaupt erst dann merklich hervor, wenn man die Extreme beider Seiten miteinander vergleiche, die Mehrheit jeder Seite stehe der der jeweils anderen viel näher, als Keil behaupte.[79] Die von Keil vorgenommene Unterscheidung sei umso weniger zielführend, als auch die von ihm so genannten Nicht-Rationalisten bis zu einem erheblichen Grad an historischer Kritik nicht vorbeikämen, auch Keil nicht.[80] Wenn sich dies aber so verhalte, dann seien kritische Fragen an den uns überlieferten Text zunächst einmal überall angebracht, da man natürlich nicht von vornherein wissen könne, an welchen Stellen dieses kritische Fragen tatsächlich nötig sei und an welchen nicht.[81] Nur die Überprüfung jedes Einzelfalles könne hierüber entscheiden. Bertheau geht noch weiter: Die Unterschiede in der alttestamentlichen Wissenschaft, synchron betrachtet, seien gegenüber den diachronen geradezu verschwindend gering. Die Erkenntnis, dass Kritik am Text überhaupt angebracht sei, sei der viel entscheidendere Schritt in der alttestamentlichen Wissenschaft als der Punkt, den Keil herausstreiche.[82] Damit stellt Bertheau Keil implizit als jemanden dar, der gewissermaßen den Wald vor lauter Bäumen nicht sehe.

Insgesamt ist Bertheaus Argumentation als ziemlich überzeugend zu bewerten. Zwei weitere Punkte könnten werden. Einerseits kann man an Keil die Frage richten, warum denn die Grenze zwischen dem, was er an historischer Kritik mit ausüben und tragen könne, gerade dort liegt, wo sie liegt. Er würde wohl antworten: „Weil die Offenbarung eine Autorität hat, die nicht weiter in Frage gestellt werden kann." So richtig und überzeugend dies aus Sicht eines „Offenbarungsgläubigen" sein mag, so sehr muss diese Grenze doch denen, die sich aus Keils Sicht nicht dazurechnen lassen wollen oder können, einigermaßen willkürlich gezogen scheinen, zumal der zugrunde gelegte Inspirationsbegriff unklar bleibe.[83]

79 Bertheau, *Chronik*, IX.
80 Bertheau, *Chronik*, X–XI und Keil, *Lehrbuch*, 655–656.
81 Vgl. Bertheau, *Chronik*, IX.
82 Bertheau, *Chronik*, X–XI.
83 Bertheau, *Chronik*, X.

Aus heutiger Sicht kommt noch ein hermeneutisches Argument dazu, nämlich dieses, dass wohl niemand einem Text unvoreingenommen, mit anderen Worten: ohne Vorurteil, entgegentreten kann. Die von Keil so häufig betonte eigene unvoreingenommene Herangehensweise an den biblischen Text[84] wird heute mit sehr guten Gründen nicht mehr als möglich angenommen. Damit ist Keils Argument, seine Gegner hätten Vorurteile gegenüber dem Text, zwar nicht entkräftet – denn sie haben aller Wahrscheinlichkeit nach tatsächlich welche –, aber dies trifft auf Keil in demselben Maße zu, nur in anderer Richtung. Es handelt sich daher hierbei nicht um einen Punkt, der Keils Argumentation zu stärken vermöchte.

Doch kommt Keil auch wegen seines „unerträglichen Hochmutes" bei Bertheau nicht gut weg. Denn nach eigener Darstellung gehöre er, Keil, selbstverständlich zur glücklicherweise deutlich größeren Gruppe der höchst lobenswerten Nicht-Rationalisten, wohingegen Leute, die wie Bertheau arbeiten, zur Gruppe der von Vorurteilen geleiteten und in diesen gefangenen Rationalisten gehörten.[85]

Es dürfte deutlich geworden sein, wie hitzig die Diskussion um die Chronik im 19. Jahrhundert geführt worden ist, und zwar nicht so sehr im Hinblick auf exegetische Einzelfragen, sondern im Hinblick darauf, welche Aussagen der Chronik als historisch gesichert gelten dürfen und welche nicht, allgemeiner gesagt: wo kritisches Fragen erlaubt sei und wo nicht. Dabei spielen naturgemäß persönliche Überzeugungen auf beiden Seiten eine Rolle: Einerseits ist es für Konservative wie Keil völlig unerhört, die gesamte Autorität der Bibel durch historisch-kritische Forschung in Frage zu stellen. Andererseits muss menschliche Erkenntnis auch an biblischen Texten ihren Weg nehmen (de Wette). Wellhausen jedenfalls hat seine Dissertation im Bewusstsein um diese Diskussion verfasst, beschreitet in dieser selbst historisch-kritische Pfade, ohne auch nur ein Wort expliziter Kritik an Keils Zugang zu äußern, wenngleich er sein drittes Kapitel mit *De argumento historico horum catalogorum* überschreibt und so manche Dinge darin äußert, die nicht gerade Gefallen gefunden haben dürften in den Augen Carl Friedrich Keils.

---

84 Zum Thema des eigenen vorurteilsfreien Arbeitens vgl. zum Beispiel Keil, *Apologetischer Versuch*, IX und Keil, *Lehrbuch*, 656.
85 Vgl. Bertheau, *Chronik*, VIII.

2. Kapitel: Einleitungswissenschaftliche Informationen zur Chronik

Chr schildert die Geschichte Israels von Anfang bis ‚Anfang'.[1]

Julius Wellhausens Dissertation ist einerseits sehr detailreich, andererseits stellt sie große Zusammenhänge her, erfordert also einen Überblick über die Chronik. Um der Diskussion angemessen folgen zu können, sind daher einige strukturelle Informationen zur Chronik nützlich, die wir in diesem 2. Kapitel geben wollen.

Die Chronik ist ein ungewöhnliches, über weite Strecken geradezu fremd anmutendes Buch des biblischen Kanons. In der Forschung besteht weithin Konsens darüber, dass es ein spätes Werk ist, das die Bücher des hebräischen Kanons in ihrer jetzigen Gestalt bereits voraussetzt und diese in ganz eigentümlicher Weise kommentiert, geradezu korrigiert und somit umschreibt (im doppelten Sinne des Wortes).[2] Vielleicht ist die Chronik sogar als bewusster Abschluss des Kanons als dessen definitive Auslegung verfasst worden. Sie gehört jedenfalls in die persische Epoche, wahrscheinlich sogar in die hellenistische Zeit, also etwa in die Zeit zwischen 350 und 250 v. Chr. Die literarischen Techniken ihrer Interpretation der Bibel sind in vielen Punkten einzigartig. Eben darum hat sie die Exegese immer wieder vor vergleichsweise schwere Aufgaben gestellt. Sie fasziniert und irritiert, sie bestätigt klassische Leseweisen der Geschichte und fordert zugleich zu einer Neulesung der Geschichte Israels heraus. Viele zum Teil jahrhundertealte Fragen sind bis heute ungeklärt. Wellhausens Dissertation stellt in diesem Kontext einen entscheidenden Schritt dar.

Um dem Thema näher zu kommen, sei hier eine kurze Einführung in die Struktur der beiden Bücher der Chronik gegeben. Diese wird in drei Schritten geschehen, in denen der Fokus auf die von Wellhausen in seiner Dissertation untersuchten Kapitel 2 und 4 des ersten Chronikbuches zunehmend enger wird. Zunächst werden wir die beiden Bücher der Chronik in ihrer Gesamtheit betrachten. Sodann folgt eine Einleitung in 1Chr 1–9, die sogenannte „Genealogische Vorhalle". Zuletzt werden die für unsere Untersuchung besonders wichtigen Kapitel 1–4 etwas näher betrachtet.

---

1 Sara Japhet, *1 Chronik*, Übers. Dafna Mach, HThKAT (Freiburg u. a.: Herder, 2002), 33.
2 Genauer: im doppelten Sinne des geschriebenen Wortes: in gesprochener Sprache einmal auf der ersten, einmal auf der zweiten Silbe betont.

https://doi.org/10.1515/9783110779387-002

2.1 1 + 2 Chr

Die Chronik stellt die bemerkenswert lange Zeitspanne von Adam bis nach dem Babylonischen Exil dar.[3] Dabei werden naturgemäß nicht alle Perioden gleich ausführlich behandelt, sondern im Gegenteil deutliche Schwerpunkte gesetzt. Themen, die man nach den Büchern Samuel und Könige erwarten würde, werden teilweise ausgespart, geradezu übergangen; so beispielsweise beinahe die gesamte Geschichte der nördlichen 10 Stämme einerseits und Passagen, die David in einem ungünstigen Licht erscheinen lassen könnten, andererseits, zum Beispiel die Erzählung von Bathseba und dem von David in Auftrag gegebenen Mord an Uria, ihrem Mann (2Sam 11–12). Diese Auslassungen verraten bereits Wichtiges über die theologische Agenda des Chronisten. Denn dieser Befund passt sowohl zur Fokussierung der Chronik auf Jerusalem als Zentrum der Welt als auch zur zentralen Stellung Davids im Laufe der Geschichte Israels, insbesondere, was nach Darstellung der Chronik Kult und Tempel betrifft.

Die Forschung des 19. Jahrhunderts hat in ihrem Vergleich der Chronik mit dem Deuteronomistischen Geschichtswerk vor allem die beiden Werken gemeinsamen Stellen herausgestellt und untersucht. Ebenso wichtig erscheinen aber auch diejenigen Stellen, die die Chronik als *Sondergut* hat. Denn daran lässt sich in eher positiver Weise die theologische Agenda des Chronisten ablesen. Versgenaue Einzelnachweise des chronistischen *Sonderguts* enthält Jürgen Keglers und Matthias Augustins *Synopse zum Chronistischen Geschichtswerk*.[4] Dieses *Sondergut* nimmt mit über 650 von 1746 Versen nahezu ein Drittel der gesamten Chronik ein.[5] Kegler und Augustin erkennen im *Sondergut* „ein besonders gewichtiges Mittel“ für die chronistische Geschichtskonzeption.[6] Dem ist sicher zuzustimmen. Denn so sehr die Parallelstellen und Auslassungen im Verhältnis zu den Büchern Samuel und Könige bereits darüber Aufschluss geben, welche Aspekte der Geschichte der Chronist einerseits mindestens ähnlich beurteilt wie in diesen Büchern dargestellt, welche er andererseits der Erwähnung nicht für wert hielt, so sehr erlaubt erst die Sichtung des *Sonderguts*, durchaus vor dem Hintergrund des erstgenannten Befundes, ein vollständigeres Bild vom Anliegen der Chronik zu zeichnen. Kegler und Augustin identifizieren folgende

---

3 Den größten Teil dieses Zeitraums, nämlich von Adam bis Saul, decken die ersten 9 Kapitel, 1Chr 1–9, die genealogische Vorhalle, ab.

4 Jürgen Kegler, Matthias Augustin, *Synopse zum Chronistischen Geschichtswerk*, Beiträge zur Erforschung des Alten Testaments und des Antiken Judentums (Frankfurt a. M.: Peter Lang, 1984), 59–63.

5 Vgl. Kegler, Augustin, *Synopse zum Chronistischen Geschichtswerk*, 51.

6 Vgl. Kegler, Augustin, *Synopse zum Chronistischen Geschichtswerk*, 59.

Aspekte, die sich verstärkt im *Sondergut* finden und daher für die Deutung der Chronik eine entscheidende Rolle spielen dürften:

1. ein auffallendes Interesse an levitischen Aufgaben und Funktionen mit Bezug auf David als dem Initiator und Organisator des Dienstes im Tempel,
2. das Auftreten von Propheten in entscheidenden geschichtlichen Situationen,
3. prophetische, königliche und priesterliche Ansprachen, z. T. mithilfe von Zitaten,
4. Benutzung der Topoi Bauen, Heeresverfassung und Kriegsbericht,
5. Korrektur der Vorlage,
6. Interpretation der Geschichte mithilfe theologischer Deutesätze.[7]

Das entspricht in wesentlichen Punkten dem, was zumindest die Chronik-Forschung der vergangenen 50 Jahre – teilweise auch die davor – als Schwerpunkte und Anliegen der Chronik herausgearbeitet hat. Dies ist auch nicht überraschend, im Gegenteil: Der Textbefund war im besten Falle die Grundlage der verschiedenen Interpretationsansätze. Somit erlaubt uns Keglers und Augustins Zählung, gewissermaßen die „Probe" zu machen. Sie stimmt.

Wie nun die Chronik im Einzelnen aufgebaut ist, werden wir in den folgenden Abschnitten untersuchen. Wir wollen uns hierfür an Oemings Bibelkunde zum Alten Testament orientieren.[8]

1 Chronik (1 Chr)
29 Kapitel
1–9 Die genealogische Vorhalle von Adam bis Saul
10 Saul
11–29 David
22–26 Vorbereitungen zum Tempelbau
27–29 Letzte Anweisung des frommen David

7 Vgl. Kegler, Augustin, *Synopse zum Chronistischen Geschichtswerk*, 60–62 mit fast immer vollständigen Einzelnachweisen.

8 Manfred Oeming, *Bibelkunde Altes Testament: Ein Arbeitsbuch zur Information, Repetition und Präparation*. Neuer Stuttgarter Kommentar Altes Testament, Bd. 32 (Stuttgart: Verlag Katholisches Bibelwerk, 1995), 34–35.

2 Chronik (2 Chr)
36 Kapitel
1–9 Salomo 10–12 Reichsteilung 13 Abija 14–16 Asa 17–20 Joschafat 21 Joram 22–24 Ahasja, Atalja, Joasch 25–28 Amazja, Usija, Jotam, Ahas 29–32 Hiskija 33 Manasse, Amon 34–35 Joschija 36 Letzte Könige Judas

Die Bücher der Chronik zeigen unter anderen Auffälligkeiten besonders zwei, die für unsere Untersuchung von Wichtigkeit sind: Erstens wird die Geschichte von Gen bis 2Kön, also die des Deuteronomistischen Geschichtswerkes, mit beträchtlichen Auslassungen, Zusätzen und sonstigen Änderungen noch einmal erzählt und dabei faktisch deutlich umgeschrieben; zweitens findet sich in 1Chr 1–9 vor Einsetzen der narrativen Struktur in 1Chr 10 eine „genealogische Vorhalle", die neben den Genealogien, Listen und Stammbäumen auch vereinzelte historisch und geografisch orientierte Nachrichten enthält.[9] Viele, aber längst nicht alle Genealogien und Listen in 1Chr 1–9 gehen auf ältere biblische Bücher zurück, wie etwa Genesis, Exodus, Numeri und Josua. Die beiden von Wellhausen in seiner Dissertation untersuchten Kapitel 2 und 4 des ersten Buches der Chronik gehören zu dieser genealogischen Vorhalle. Wie ist nun deren Struktur?

2.2 1Chr 1–9

Die ersten 9 Kapitel des ersten Chronikbuches bilden die sogenannte genealogische Vorhalle. Darin findet sich, wie die Bezeichnung vermuten lässt, vermehrt genealogisches Material in Form von Stammreihen, Stammbäumen, ethnologisch-geografischen Notizen, die gelegentlich mit geschichtlichen Informationen gespickt sind. Die schiere Fülle von Namen, oft genug asyndetisch präsen-

9 Für Einzelnachweise siehe Oeming, *Das wahre Israel*, 211–215.

tiert, erschließt sich dem heutigen Leser nicht nur nicht unmittelbar, sondern gibt teilweise auch Fachleuten immer noch Rätsel auf. Die Listen erstrecken sich von Adam bis zu den Bewohnern Jerusalems bzw. bis zu Saul, dem ersten König Israels. Willi nimmt bei seiner Einteilung von 1Chr noch Kapitel 10 zur genealogischen Vorhalle hinzu:

> 1 Chr 1–10 will nicht weniger, als die vorgegebene Größe Israel als Kanon der nachfolgenden Geschichte Israels zu umreißen und darzustellen. Das ist der stolze Anspruch dieser Eingangskapitel. ‚Israel ist von allem Anfang an als Volk Jahwes erschaffen, und es gibt keine historische Entwicklung, sondern nur eine fortlaufende Entfaltung dieser vorgegebenen Tatsache' (SJaphet, Ideology 110).[10]

Für die Kapitel 2–9,1 der genealogischen Vorhalle hat Oeming eine Doppel-Übersicht mit einigen direkt daran anschließenden Beobachtungen erstellt:

1 Chr 2,1 f.	1 Chr 2,3–9,1
1. Ruben	1. Juda (2,3–4,23)
2. Simeon	2. Simeon (4,24–4,43)
3. Levi	3. Ruben (5,1–10)
4. Juda	4. Gad (5,11–21)
5. Issaschar	5a. Ost-Manasse (5,23–26)
6. Sebulon	6. Levi (5,27–6,66)
7. Dan	7. Issaschar (7,1–5)
8. Josef	8a. Benjamin (7,6–12)
9. Benjamin	9. Naphtali (7,13)
10. Naphtali	5b. West-Manasse (7,14–19)
11. Gad	10. Ephraim (7,20–29)
12. Ascher	11. Ascher (7,30–40)
	8b. Benjamin (8,1–40)

> Während sich in 2,1 f. bis auf die Stellung Dans die Anordnung der priesterschriftlichen Grundschrift, also einer Quelle von Chr, findet (vgl. Gen 35,23–26; Ex 1,2–4), ist die Anordnung von Kap. 2–8 zunächst undurchsichtig. Dan und Sebulon fehlen ganz, Benjamin erscheint doppelt, es werden nur 11 Stämme angeführt (es sei denn, man zählt Ost- und Westmanasse je für sich).[11]

Was die Reihenfolge der Stämme angeht, folgt der Chronist in 1Chr 2,1 seiner Quelle Gen 35,23–26 zwar eng bis auf eine Ausnahme, die unmittelbar darauf folgende eingehendere Behandlung der Stämme verläuft jedoch nach einer anderen Reihenfolge, die seiner eigenen Agenda geschuldet sein dürfte, den Stamm Juda am Anfang, die Leviten in der Mitte und Benjamin am Ende beson-

---

10 Thomas Willi, *Chronik. 1Chr 1–10*, BKAT XXIV/1 (Neukirchen-Vluyn: Neukirchener, 2009), 9.
11 Oeming, *Das wahre Israel*, 98–99.

ders zu betonen. Dies wird vielfach in der älteren, aber zuletzt auch in der jüngeren Forschung wieder angenommen.[12]

Oeming nennt als weitere Intentionen des Kapitels die Vergegenwärtigung der Bedeutung der Ahnen sowie im Rahmen der Menschheit die besondere Betonung Abrahams, Israels und seiner 12 Söhne.[13] Dabei fungiert die Liste der 12 Söhne Israels in 1Chr 2,1–2 als Scharnier, da es einerseits der Fluchtpunkt von 1Chr 1 ist, auf den alle zuvor genannten Namen zulaufen, andererseits aber die Eröffnung der mit 1Chr 2 beginnenden näheren Charakterisierung eben der 12 Stämme Israels. Somit kann 1Chr 2,1–2 als Unterschrift zu 1Chr 1 und Überschrift zu 1Chr 2–9 gelten.[14]

2.2.1 Exkurs Hesiod, *Theogonie*

Auch wenn Gershon Galils Behauptung zu Beginn seines Aufsatzes „The formation of I Chr 2:3–4:23 and the election of King David“, nämlich:

> The Genealogy of the tribe of Judah in I Chr 2:3–4:23 is a unique composition that is unparalleled in the literature of the ancient Near East; nor can the biblical tribal genealogies compare with its richness of ethnographic, geographic, and historical information.[15]

in vollem Umfang zuzustimmen ist, so sei hier doch bei aller Besonderheit von 1Chr 1–9 darauf hingewiesen, dass es eine außerbiblische Parallele zur genealogischen Vorhalle im Hinblick auf Inhalt und Form gibt. Diese findet sich im griechischen Kulturkreis. Es ist ein Werk, das an die 300 Namen in Form von Genealogien (bis V. 962) darzustellen und zu ordnen sucht. Es handelt sich um Hesiods Theogonie – „Götter-Werdung“. Ernst Günther Schmidt übersetzt sogar mit „Götter-Stammbaum“.[16] Diese Parallelität ist nach dem Kenntnisstand des Autors in der Chronikforschung noch nicht hervorgehoben worden. Hier seien nur einige grundsätzliche Bemerkungen gemacht.

---

12 Vgl. hierzu die Diskussion in Oeming, *Das wahre Israel*, 99–100 sowie die weitere Analyse.

13 Vgl. Oeming, *Das wahre Israel*, 89.

14 Vgl. Oeming, *Das wahre Israel*, 98.

15 Gershon Galil, „The formation of I Chr 2:3–4:23 and the election of King David“, in *An experienced scribe who neglects nothing: Ancient Near Eastern Studies in honour of Jacob Klein*, ed. Yitschak Sefati, Pinhas Artzi, Chaim Cohen, Barry L. Eichler und Victor Avigdor Hurowitz (Bethesda: CDL press, 2005), 707–717; hier 707.

16 Hesiod, *Sämtliche Werke: Deutsch von Thassilo von Schäffer*, hg. v. Ernst Günther Schmidt (Leipzig: Dieterich'sche Verlagsbuchhandlung, 1965), 16.

Hesiod lehnt sich vereinzelt an orientalische Mythen,[17] vielfach jedoch an Homer[18] an und schreibt nicht wesentlich später als dieser, etwa um 700 v. Chr.; somit ist sein Werk einige Jahrhunderte älter als die Chronik. Es geht hier nicht darum, die Möglichkeit oder Unmöglichkeit einer literarischen Abhängigkeit der Chronik vom Werk Hesiods zu untersuchen oder zu vermuten. Selbst bei völliger literarischer Unabhängigkeit beider Werke sind nämlich einige beiden gemeinsame Punkte für unsere Untersuchung bemerkenswert. Es lassen sich mindestens fünf solche (teilweise voneinander abhängige) Punkte nennen, die die Forschung zur Theogonie einerseits und die zur Chronik andererseits hervorgebracht haben, freilich ohne dabei das jeweils andere Werk explizit im Auge zu haben.

1. Die Tatsache, dass hier zwei literarische Werke offenbar sehr akribisch Stammbaum an Stammbaum, Genealogie an Genealogie reihen, teilweise garniert mit kurzen narrativen Passagen historisch anmutender oder geografischer Art, ist auffällig und Ausgangspunkt der Beobachtungen.
2. Die Art und Weise, wie beide Werke aus älteren Quellen schöpfen, ist in mancher Hinsicht höchst ähnlich.
3. Beides sind nicht nur Werke des Sammelns und Erzählens, sondern auch des Nachdenkens.[19] Hieraus ergibt sich insbesondere:
4. Hesiod gelangt – ganz ähnlich wie der Schreiber der Chronik – „dadurch, daß er die orientalische Geschichte nicht einfach nacherzählt, sondern deutend durchdringt und auf Grund eigenen Nachdenkens abwandelt, zu ganz neuartigen Aussagen."[20]
5. Die „epische Breite" des Vorbildes wird nur in einzelnen Episoden erreicht. „Im Übrigen sind Kürze, Knappheit, ja Kargheit der Aussage charakteristisch."[21]

---

17 Hiermit sind hethitische und churritische Sagen gemeint, genauer die Kumarbisage und Gesang von Ullikummi; vgl. Hartmut Erbse, „Orientalisches und Griechisches in Hesiods Theogonie, *Philologus* 108 (1964): 2–28; hier insbesondere 2–4.

18 Vgl. Erbse, „Orientalisches und Griechisches in Hesiods Theogonie", 2–28.

19 Vgl. Hesiod, *Sämtliche Werke,* 24.

20 Vgl. Hesiod, *Sämtliche Werke,* 29; in Auseinandersetzung mit und Anlehnung an Erbse, „Orientalisches und Griechisches in Hesiods Theogonie", 5, der wie Wellhausen (und vor ihm de Wette) den Begriff des Erfindens benutzt: „Bereits diese Überlegungen berechtigen zu dem Schluß, daß der Dichter wesentliche Züger seiner Erzählung selbst erfunden hat, und zwar in ständigem Hinblick auf die überlieferte (und erst von ihm neu gedeutete) Sage vom Verhalten des Chronos gegenüber seinen Kindern." Weiterhin S. 7: „Immer wieder hat der Dichter die Sage deutend durchdrungen und hat sie dort, wo sie seinen Zielen nicht entsprach, verändert oder ergänzt."

21 Vgl. Hesiod, *Sämtliche Werke,* 29. Zur „Kargheit" vgl. Oeming, *Das wahre Israel,* 79.

In diesen Punkten zeigt sich, dass es offenbar seit Langem ein allzu menschliches Bedürfnis ist, die Gegenwart durch Zusammenhänge in und mit der Vergangenheit zu erklären. Das ist zwar an sich nicht weiter erstaunlich, doch sind es gerade diese Zusammenhänge, vielmehr deren literarische Präsentation, Neuordnung und Umdeutung, die hier von Belang sind. Wo diese Vergangenheit zu sehr im Dunkel liegt oder zumindest aus Sicht des Autors einer neuen Deutung bedarf, bietet sich die Möglichkeit der plausiblen Änderung oder Ergänzung, die im besten Fall den eigenen Zielen dienlich ist, seien diese literarischer, gesellschaftlicher, politischer, theologischer oder sonstiger Art.

Wir kommen nun zu den für unsere Untersuchung wichtigen Eingangskapiteln der genealogischen Vorhalle im Einzelnen.

2.3 1Chr 1

Das erste Kapitel der Chronik hat in eine Sonderstellung inne, nicht nur, weil es das erste Kapitel ist, sondern auch, was seine Funktionen betrifft. Zunächst erfüllt es in doppelter Hinsicht die Funktion einer Einleitung bzw. eines Summariums. Wenn man Oemings terminologischem Vorschlag des „Proleptischen Summariums“[22] für 1Chr 1–9 folgen möchte, haben wir mit 1Chr 1 gewissermaßen das proleptische Summarium des proleptischen Summariums, und damit wiederum ein proleptisches Summarium der gesamten Chronik vor uns.[23] Dass dies so ist, wird durch weitere Aspekte von 1Chr 1 belegt: 1Chr 1 setzt den geographischen, historischen und ideologischen Rahmen für alles, was folgt, und zwar sowohl für 1Chr 2–9 als auch für 1Chr 10–2Chr 36. Israel wird bereits hier zumindest ansatzweise als das „Zentrum der Welt“ dargestellt:[24]

> Es zeigt sich, dass Kapitel 1 insgesamt eine zeitliche und eine räumliche Universalität anstrebt. Einsetzend mit Adam wird die gesamte Menschheitsgeschichte diachron durcheilt mit Israel als Zielpunkt; zugleich wird die gesamte bekannte Welt räumlich überblickt mit Israel als Zentrum. Diese Verschränkung des historischen und geographischen Gesichtspunktes ist durchaus kunstvoll.[25]

---

22 Vgl. Oeming, *Das wahre Israel*, 217.

23 Das Konzept des Doppelproömiums ist in der Antike auch sonst bekannt; vgl. etwa Verg. *Aen.* 1,1–7 und Verg. *Aen.* 1,1–33. Weitere Hinweise auf Parallelen zwischen Chronik und der Aeneis des Vergil finden sich in de Wette, *Beiträge II*, 32 und Hans-Peter Mathys, „Bücheranfänge und -schlüsse“, in *Vom Anfang und vom Ende. Fünf alttestamentliche Studien*, BEAT 47 (Frankfurt a. M.: Peter Lang, 2000), 2–3.

24 Vgl. Oeming, *Das wahre Israel*, 73–97.

25 Oeming, *Das wahre Israel*, 96.

Dieses Motiv von „Israel im Zentrum der Welt“ wird in allen folgenden Kapiteln der Chronik weiter ausgeschrieben und präzisiert. Dies geschieht so, dass im weiteren Verlauf der Chronik innerhalb Israels Jerusalem als Zentrum, innerhalb Jerusalems der Tempel als Zentrum erscheint.[26]

2.4 1Chr 2 und 4,1–23

Dies sind die beiden Kapitel, die Wellhausen in seiner Göttinger Dissertation bearbeitet. Nach eigenen Angaben hat er diese beiden ausgewählt, *quia de tribu Judaea plura aliunde accepimus quae conferri possunt eum seriebus ethnologicis, quam de ceteris tribubus.*[27] Beide Kapitel enthalten Genealogien zum Stamm Juda. Kapitel 3, das sie umschließen, enthält den Stammbaum Davids. Juda nimmt mit den Davididen bereits knapp 3 Kapitel (also etwa ein Viertel) der genealogischen Vorhalle ein. Allein diese Überlegung macht deutlich, welche Stellung der Chronist dem Stamm Juda vor den anderen einräumt. Nach Wellhausens Analyse, die in weiten Teilen auch noch dem heutigen Kenntnisstand entspricht, enthält 1Chr 2 einen historischen Kern, der sich auf vorexilische Zeiten bezieht, während sich in 1Chr 4 fast ausschließlich nachexilische Verhältnisse spiegeln.[28] Gershon Galil hat 2005 die chiastische Struktur dieser Kapitel herausgearbeitet:

The structure of I Chronicles 2:3–4:23

1	First sons of Judah (including Shela)	2:3–8
2	Families of Judah (excluding the sons of Hur)	2:9–50a
3	Sons of Hur, the firstborn of Ephrathah	2:50b–54(55)
4	Descendants of King David	3:1–24
3	Sons of Hur, the firstborn of Ephrathah	4:(1)2–4
2	Remaining families of Judah (excluding the sons of Hur)	4:5–20
1	First sons of Judah (the sons of Shelah)	4:21–23[29]

Es herrscht in der neueren Forschung inzwischen Einigkeit darüber, dass hier eine chiastische Struktur zugrunde liegt. Neben Williamson, Sparks u. a. fasst Oeming die Struktur der Kapitel 2–4 kurz so zusammen:

---

26 Oeming, *Das wahre Israel*, 210.

27 Wellhausen, *De gentibus*, 4: „weil wir über die jüdische Sippe von anderswo mehr überliefertes Material als über die übrigen Sippen haben, das mit den ethnologischen Ahnenreihen verglichen werden kann.“

28 Vgl. Wellhausen, *Prolegomena*, 214.

29 Galil, “The formation of I Chr 2:3–4:23 and the election of King David”, 717.

> Es hat sich gezeigt, dass formal gesehen der Juda-Stammbaum ... um den Kern der Davidgenealogie herum v. a. chiastische Gliederungselemente enthält. Quellen unterschiedlicher Art sind gemischt. Dabei werden im Großen wie im Detail die Interessen des Chronisten deutlich: der Vorrang Judas, die Zentralstellung Davids und seines Hauses, die ablehnende Haltung gegen Fremde, das Interesse am Land.[30]

Diese Hinweise mögen fürs Erste zur Orientierung in Wellhausens und dieser Arbeit genügen. Wo es nötig erscheint, werden wir auf einzelne Punkte zurückkommen. Dies wird vor allem der Fall sein im Rahmen unserer Analyse und Interpretation der Dissertation Julius Wellhausens.

30 Oeming, *Das wahre Israel*, 129–130.

3. Kapitel: Wellhausens Licentiaten-Promotion

Wellhausen was a genius and his PhD is a master piece and a cornerstone of scholarship.[1]

3.1 Der lateinische Text mit deutscher und englischer Übersetzung

De gentibus et familiis Judaeis quae 1. Chr. 2.4. enumerantur.

Dissertatio quam
ordinis theologorum summe
reverendi iudicio
ad licentiati in theologia honores
in
Academia Georgia Augusta
rite obtinendos
submisit
Julius Wellhausen,
De collegio repetentium
Gottingensium.

Gottingae 1870.
Typis expressit Officina Academica
Dieterichiana.

Guil. Fr. Kaestner.

Die jüdischen Geschlechter und Familien, die in 1Chr 2.4 aufgezählt werden

---

Dissertation, die
zum Urteil des höchst ehrenwerten
Theologenstandes
zur Erlangung der Ehren eines Licentiaten in
Theologie an der Universität Göttingen
vorgelegt hat
Julius Wellhausen
aus dem Kollegium der Göttinger Repetenten

Göttingen 1870
Gedruckt von der Dieterich'schen
Verlagsbuchhandlung

Wilh. Fr. Kaestner

On the Jewish tribes and families enumerated in 1. Chr. 2, 4

Doctoral dissertation
submitted
for examination to the most highly revered
corpus of rank theologians
in order to earn the degree of Licenciate in
Theology from the University of Göttingen
by
Julius Wellhausen,
a member of staff of the Göttingen private
tutors

Göttingen 1870
Printed by the Publishing House Dieterich

Wilh. Fr. Kaestner

1 Gershon Galil, Mitteilung per E-Mail vom 14. 05. 2020.

https://doi.org/10.1515/9783110779387-003

p. 3

Nomina videntur esse quae primis capitibus prioris Chronicorum libri collecta reperiuntur, mera nomina,[2] quae nihil narrent quod scire cupiamus, nihil sibi elici patiantur quod nostra referat. Sumi quidem debet, scriptorem non perdidisse operam in congerendis inanibus vocibus, quae quidem et ipsi pariter atque illis quibus primis scripsit inanes fuerint, immo cognosci etiam potest – v. Esr. 2, 59. 62. 10, 1 sqq. Neh. 13, 23–30. Joseph. c. Ap. 1, 7 – quae fuerint causae ac rationes, propter quas tanti momenti visa sint aliquando haec stemmata, ut in iis potissimum collocarentur hominum studia: verum tot interjectis saeculis ad nos, quibus nulla cum atavis populi Israelaei intercedit necessitudo, *illae* certe causae non pertinent. Sed fortasse aliae inveniuntur, propter quas aliquid etiam nobis retinuerint momenti nomina illa: unde si accuratiora quaedam de partitione tribuum, de connexu gentium et familiarum, de sedibus

S. 3

Die Namen, die man in den Anfangskapiteln des ersten Chronikbuches zusammengestellt finden kann, scheinen bloße Namen zu sein, die nichts erzählen, was wir zu wissen wünschen, die sich nichts entlocken lassen, was für uns wichtig ist. Man muss jedoch annehmen, der Schreiber habe seine Zeit nicht mit dem Zusammentragen nichtssagender Äußerungen verschwendet, die dann freilich auch ihm selbst ebenso wenig gesagt haben dürften wie denjenigen, denen er sie als Ersten schrieb. Ganz im Gegenteil kann man sogar erkennen – siehe Esr 2,59.62; 10,1 ff, Neh 13,23–30. Joseph. c. Ap. 1,7 – welche die Gründe und Überlegungen gewesen sind, weshalb diese Stammbäume irgendwann so bedeutsam schienen, dass die Menschen sich eifrig darum bemühten: Nach so vielen Jahrhunderten aber reichen sicherlich *jene* Gründe nicht bis zu uns. Denn für uns besteht keine enge Verbindung mit den Ahnen des jüdischen Volkes. Aber vielleicht lassen sich andere Gründe finden, aus denen auch für uns jene Namen irgendetwas an Bedeutsamkeit behalten haben: Wenn wir daher in der Lage sein sollten, einiges Genaueres über die Aufteilung der Sippen, über die Verbindung der Geschlechter und Familien, über die

p. 3

The names found in the first chapters of the first book of Chronicles seem to be nothing more than mere names, neither telling us anything we might wish to know, nor letting us elicit anything of importance to us. However, we may assume that the writer would not have wasted his time gathering empty words, words which then would of course have been as empty to him as to those for whom he first wrote them down. On the contrary, it is possible for us to know the reasons and motives as to why at certain times these pedigrees seemed of such importance that people would study them zealously – cf. Esr. 2.59; 62; 10.1 ff., Neh. 13.23–30, Joseph. c. Ap. 1.7. Yet after so many centuries *those* reasons certainly do not reach down to us. For we do not have such a close relationship with the Jewish people. Nevertheless, there may be other reasons for us to find those preserved names of some importance to us. Should we, for example, be able to learn something more precise about the division of clans, about the connections of tribes and families, about the places where each single one of them was dwelling, our gain shall indeed be considerable.

2 Vgl. 1Chr 1,1–4.

ubi habitaverint singulae comperire possimus, non contemnendum profecto erit lucrum. Hic tamen obstat, quominus ansas habeamus ad comparandos inter se indices illos ethnologicos – qua sola via aliquantulum eis argumenti etiam nunc extorqueri poterit – quod eos non integros sed decurtatos et mutilos, non in eo sermonis contextu, in quo originitus et proprie positi erant, sed hinc illinc excerptos correptosque habemus traditos. Accedit quod Chronicographus, cui et ipsi parcius fluebant hic illic fontes unde petivit quae initio operis sui composuit, ubi largior suppetebat traditionum copia, brevis esse laborans obscurus fit:[3] quippe mavult leviter significare gnaris, quibus sufficit innuere, quam ordine exponere imperitis, qui non habent penes se, unde supplere possint omissa, ulterius persequi obiter tacta – v. Ewald. hist. pop. Isr. (ed. secund.) I p. 225. 599., Ber-

Sitze, an denen sie jeweils gewohnt haben, zu erfahren, wird in der Tat der Gewinn nicht zu verachten sein. Hier steht jedoch im Wege, dass wir kaum Anhaltspunkte haben für den Vergleich jener ethnologischen Register untereinander – allein auf diesem Wege wird sich ihnen ein klein wenig an Gehalt auch jetzt noch entwinden lassen. Denn wir haben diese nicht als ganze, sondern als verkürzte und verstümmelte vorliegen. Wir haben sie nicht in demjenigen Sprachkontext, in welchen sie ursprünglich und eigentlich gesetzt waren, sondern als hier und dort herausgepflückte und zusammengeraffte vorliegen. Hinzu kommt das Folgende: Auch für den Schreiber der Chronik selbst flossen die Quellen hier und dort ziemlich spärlich, woher er zu bekommen versuchte, was er zu Beginn seines Werkes zusammengestellt hat. Er wird aber dadurch unverständlich, dass er sich bemüht, sich kurz zu fassen, wo die Fülle an Überlieferungen ziemlich reichlich vorhanden war: Er will wohl lieber den Kundigen, denen ein Wink genügt, etwas leicht zu erkennen geben, als es der Reihe nach den Unerfahrenen auslegen, die nichts zur Verfügung haben, womit sie das Ausgelassene auffüllen oder nebenbei Berührtes weiter verfolgen könnten – s. Ewald, *Geschichte des Volkes Israel bis Christus* (2. Aufl.), Band I, S. 225 und 599, Ber-

The obstacle that we face is that we have hardly any clues to make a comparison between those ethnological tables, which would be the only way now that we would be able to wrench a little content out of them, for they do not come down to us in their complete form, but chopped and changed from the particular context in which they were originally and characteristically put, gathered and selected from here and there.

Moreover, even for the writer of Chronicles the sources from which he was trying to draw for the beginning of his work were, here and there, flowing less fully. In fact, by trying to be brief and concise with regard to the big pool of traditions, he becomes unintelligible.

He undoubtedly simply intends to convey these things to the experienced who are happy with a hint, rather than to spell them out to the inexperienced who have no background with which to fill the gaps or to follow the issues he has only touched upon. – see Ewald, *Geschichte des Volkes Israel bis Christus* (2nd edn), vol. I, pp. 225 and 599, Ber-

3 Hor. *ars* 25–26.

p. 4

theau Chron. (1854) p. 5, 13 sqq., p. 45 sub finem. Quo fit, ut coemeterii quasi speciem nobis praebeant haec capita cipporum pleni: fuit aetas, cui breves suffecere tituli ad resuscitandam sepultorum memoriam – interjectis saeculis, nedum milenniis leguntur tituli, sed quo referantur, quid sibi velint, nescitur.

Ewaldius primus carnes reddere conatus est his ossibus, primus ille docuit sanguine satiare has umbras, quo loquendi eis restituatur potestas, primus etiam hîc aperuit fodinas pretiosi plenas aeris, licet mixti scoriae et silicibus **(FN 1)**. Viam ille praeivit, quam sequens jam aggrediar dicere de eis quae 1. Chr. 2. 4. de tribus Judae gentibus ac familiis tradita sunt. Haec mihi tractanda elegi, quia de tribu Judaea plura aliunde accepimus quae conferri possunt cum seriebus ethnologicis, quam de ceteris tribubus. Priusquam autem ad rem accedamus, juvabit interim praemittere aliqua de interpretatione sermonis ethnologici, quippe de qua ne nunc quidem sic inter omnes constat, ut debebat post omnia quae de hac re egregie disseruit Ewaldius.

S. 4

theau, *Chronik* (1854), S. 5 und 13 ff, S. 45 unten. Dadurch kommt es, dass uns diese Kapitel gleichsam das Bild eines Friedhofs voller Grabsteine zeigen. Es gab eine Generation, der kurze Andeutungen genügten, um die Erinnerung an die Bestatteten wieder wachzurufen. Nach Jahrhunderten, um nicht zu sagen Jahrtausenden, kann man jetzt nur Andeutungen lesen. Aber worauf sie sich beziehen, was sie eigentlich wollen, weiß man nicht.

Ewald hat als Erster versucht, wieder Fleischfasern an diese Knochen zu bringen. Als erster lehrte jener, diese Schatten mit Blut zu füllen, um sie dadurch wieder zum Sprechen zu bringen.

Als Erster öffnete er auch hier die Gruben voll wertvollen Erzes, mag es auch Schlacke und Granit beigemischt worden sein (**FN 1**). Jener ist den Weg vorangegangen, dem folgend ich mich nunmehr anschicken werde, über das zu sprechen, was in 1Chr 2.4 über die Geschlechter und Familien der Sippe Juda überliefert ist. Dieses Thema habe ich mir zur Behandlung ausgewählt, weil wir über die jüdische Sippe von anderswo mehr überliefertes Material als über die übrigen Sippen haben, das mit den ethnologischen Ahnenreihen verglichen werden kann.

Bevor wir uns aber an die Arbeit begeben, möchte ich gerne noch einiges über die Deutung der ethnologischen Sprache vorausschicken; zumal sich nicht einmal jetzt alle darüber einig sind, wie es sich nach allen Erörterungen gehört hätte, die Ewald dazu in hervorragender Weise angestellt hat.

p. 4

theau Chron. (1854), pp. 5 and 13 ff., p. 45 below. Thus, these chapters give us the picture of a graveyard full of tombstones. There once was a generation who was happy with short allusions for recalling the memory of the buried. After centuries, not to say millennia, all we can read now is allusions. Yet what they refer to, what they mean to tell, one does not know.

Ewald was the first to try to put some flesh back onto these bones. His was the first teaching to breathe life into these shades. In doing so he meant to make them speak again.

He was also the first to open here the mines of precious copper, intermingled, though it was, with slag and flintstone (**FN 1**). He led the way which I shall now follow, and in so doing, I shall attempt to talk of the things handed down about the clans and families of the tribe Judah in 1. Chr. 2 and 4. I chose this for my treatise because from elsewhere we know more about the tribe of Judah that can be compared with ethnological genealogies than about the other tribes.

However, before we get down to work, we need to make some preliminary remarks about ethnological language. With respect to this there is even less agreement now despite all the excellent discussions provided by Ewald.

1. De sermone ethnologico.

Nemo sane est quin concedat, personarum instar Hebraeis esse singulas gentes, familiae instar multitudinem gentium inter se conjunctarum, genealogiae instar tractari ethnologiam. Sed non inter omnes convenit, quando – ut singulari hoc utar exemplo – Jerachmeeli 1 Chr. 2, 25 sqq. nati esse dicuntur ex una muliere quattuor filii, primogenitus[4] Ram cett., ex altera cui Atarae nomen fuit, unus, Onam appellatus, utrum re vera originitus viri vel mulieres fuerint hi omnes, qui post multa deinde saecula in magnas creverint familias

FN 1: Ew. l. l. p. 479: Diese dürren Namen aus der ältesten Geschichte sobald man sie aus ihrem Schlafe richtig aufzuwecken weiss, bleiben keineswegs so todt und starr, sondern verkünden wieder lebendig werdend die wichtigsten Ueberlieferungen über die uralten Volks- und Stammesverhältnisse, den Versteinerungen und Gebirgsschichten der Erde vergleichbar, welche richtig befragt die Geschichten längst entschwundener Zeiten erzählen.

1. Ethnologische Sprache

Es gibt sicherlich niemanden, der nicht zugestünde, dass für die Hebräer einzelne Geschlechter wie Personen sind, eine Menge untereinander verbundener Geschlechter wie eine Familie, dass Ethnologie wie Genealogie behandelt wird. Ich möchte aber dieses eine Beispiel anführen: Nach 1Chr 2,25 sollen dem Jerachmeel vier Söhne von einer einzigen Frau geboren worden sein, nämlich der Erstgeborene Ram und die Übrigen. Von einer anderen Frau mit dem Namen Atara ist nur einer geboren worden, Onam geheißen. Es sind sich nicht alle einig, ob diese ursprünglich tatsächlich alle Männer und Frauen gewesen sind, die daraufhin nach vielen Jahrhunderten zu großen Familien oder Geschlechtern angewachsen sind,

FN 1: Ew., a. a. O., S. 479: Diese dürren Namen aus der ältesten Geschichte sobald man sie aus ihrem Schlafe richtig aufzuwecken weiß, bleiben keineswegs so todt und starr, sondern verkünden wieder lebendig werdend die wichtigsten Ueberlieferungen über die uralten Volks- und Stammesverhältnisse, den Versteinerungen und Gebirgsschichten der Erde vergleichbar, welche richtig befragt die Geschichten längst entschwundener Zeiten erzählen.

1. On ethnological language

Everyone would surely agree that the Hebrews treat single clans like persons, conjoint clans like a family, that ethnology is treated like genealogy. However, let me use this single example: Four sons are said to have been born to Jerahmeel by a single woman in 1. Chr. 2.25, namely the firstborn Ram and the rest. By another woman, named Atara, just one was born, called Onam. There is no common agreement as to whether all those were indeed originally individual men and women who then many centuries later grew into big families and tribes

FN 1: Ew., ibid., p. 479: Once one knows how to revitalize these dry names from ancient history, they no longer remain so stiff and dead, but revive to proclaim those most important traditions regarding the ancient relationships of peoples and tribes. When correctly addressed they are comparable to fossils and layers of mountains that tell us the stories of long past times.

---

4 Im Original steht *pimogenitus*.

p. 5

gentesve, an translatum hîc cernatur dicendi genus, prisco usu receptum ad describendas multiplices, qualesquales sunt, nationum tribuum gentium relationes, quae minime a solo sanguine sint profectae.

Negligi quidem non debet, apud eos maxime populos inveniri genealogiam ethnologicam, qui simplicissimis gaudebant societatis humanae fundamentis, nomadicos puta. Sic inter Semitas apud Hebraeos potissimum et Arabes, eos denique populos qui quasi medias inter utrosque tenent partes, quorum civitates nunquam magnopere discessere a magnae cujusdam familiae forma. Facile ergo crediderit quis, necessario apud has nationes, quum e familia, nonnullis vel multis interpositis generationibus oreretur gens, e genealogia ortam esse ethnologiam: scilicet sicut fortuita auctricis familiae forma vivae se ipsam impresserit propaginum materiei, ita historiam majorum sponte quasi se fixisse posterorum statu, sponte sic sibi exegisse monumentum aere perennius.[5] Coincidisse ergo fere – scilicet si

S. 5

oder ob man hier sehen kann, wie sich eine Redeweise verschoben hat, nach altem Brauch übernommen, um vielfache wie auch immer geartete Beziehungen von Nationen, Sippen und Stämmen zu beschreiben, die keineswegs aus einem Urahnen allein hervorgegangen sind.

Freilich darf man nicht vernachlässigen, dass man gerade bei denjenigen Völkern eine ethnologische Genealogie findet, die sich an den einfachsten Grundlagen menschlicher Gemeinschaft freuten, nämlich bei den Nomaden; so unter den Semiten vornehmlich bei den Hebräern und den Arabern, schließlich bei denjenigen Völkern, die zwischen beiden anderen die mittleren Gegenden kontrollieren, deren Gemeinschaften nie sehr weit entfernt waren von der Gestalt einer bestimmten Großfamilie. Leicht nämlich könnte jemand glauben, dass notwendigerweise bei diesen Völkern aus der Genealogie die Ethnologie hervorgegangen sei, als aus einer Familie nach einigen oder vielen Generationen ein Geschlecht entstand. Wie nämlich die zufällige Form einer ursprünglichen Familie sich selbst dem lebendigen Material der Stammbäume eingedrückt habe, so habe die Geschichte der Vorfahren sich gleichsam aus eigenem Antrieb durch den Bestand der Nachfahren festlegen lassen, habe sich aus eigenem Antrieb ein Denkmal errichtet, das dauerhafter als Erz sei. Genealogie und Ethnologie, Geschichte

p. 5

or whether we can see here how a way of expressing a multiplicity of familial relationships between nations, tribes and clans, became adapted to accord with an old custom, but which now cannot by any means be traced to a particular common ancestor.

We surely ought not disregard the fact that we find ethnological genealogies with peoples happy with the simplest foundations of human society, i.e. nomadic peoples. Amongst the Semites, we are particularly referring to the Hebrews and the Arabs, and those communities controlling the land lying midway between them, who were never very far from the form of an extended family, for one could easily believe that ethnology had sprung out of genealogy among these peoples, where a tribe grew out of a family after some or many generations. Just like a random existing family may have added itself to an already engraved family tree, in the same way the history of the ancestors would have been added according to the descendants who would have, by their own initiative, erected a monument longer-lasting than copper. Genealogy and ethnology, history and statistics would hence almost have coincided – without considering of course those who died without children. All this happened at least in such a way that

5 Hor. *carm.* 3,30,1.

non respiciuntur qui sine liberis mortui sunt – genealogiam et ethnologiam, historiam et statisticen; sic quidem, ut a statu praesenti proficiscens restruere possis historiam antecedentem.	und Bestandserhebung seien also fast zusammengefallen – wenn diejenigen keine Beachtung finden, die ohne Kinder gestorben sind; allerdings so, dass man vom gegenwärtigen Stand ausgehend die vorangehende Geschichte rekonstruieren könne.	it would be possible to reconstruct past history using the present state as a starting point.
Quod vero si ita re vera haberet, statuendum esset, unam atque solam causam, qua praesens populi status esset effectus, fuisse sanguinem, unum atque simplex antecedentis historiae argumentum fuisse parere et pari. Satis autem constat, non ultra paucas generationes memoriam servari parentium, neque haud ita multo longius vincula consanguinitatis exercere vim, sed mox infirmari aliis causis, quibus dissociantur propinqui conjunguntur alieni. Hac igitur via non nascuntur nationes, sed aliae accedere debent conditiones eaeque variae. Conspirant cum sanguinis communione conditiones geographicae et politicae, vis bellica, religio, commercium: mutantur et vel dissolvuntur leges naturae legibus societatis humanae.	Wenn dieses sich aber tatsächlich so verhielte, müsste man feststellen, dass der einzige und alleinige Grund, auf den sich der gegenwärtige Volksbestand zurückführen ließe, Blutsverwandtschaft gewesen sei; dass der einzige und einfache Gegenstand der vergangenen Geschichte darin bestanden habe, zu gebären und geboren zu werden. Es ist aber zur Genüge bekannt, dass die Erinnerung an die Eltern über wenige Generationen hinaus nicht bewahrt wird; auch, dass die Bande der Blutsverwandtschaft nicht so viel weiter ihre Macht ausüben, sondern bald aus anderen Gründen geschwächt werden, aus denen Verwandte sich trennen, Fremde sich vereinen. Auf diesem Wege also werden keine Völker geboren, sondern andere Gründe müssen hinzukommen und zwar verschiedene. Geografische und politische Bedingungen, kriegerische Macht, Religion und Handel wirken mit der Gemeinschaft des Blutes zusammen: Die Gesetze der Natur ändern sich und lösen sich geradezu auf durch die Gesetze der menschlichen Gemeinschaft.	Even if all of this were indeed so, one would need to observe that the one and only reason for tracing the present state of the people back would be the blood line; and that the one and only simple point of former history was to give birth and to be born. However, as we are aware, neither the memory of parents lasts longer than a few generations, nor do the bonds of blood relationship exercise their power for much longer than that. They weaken eventually for various reasons, whereupon relatives split up and strangers come together. In this way, no nations would ever get born, unless other factors of various kinds arose. Geographical and political conditions, as well as military power, religion and commerce all interact with the community of blood. The laws of nature are subdued to change and virtually dissolve in the face of the laws of human community.
Verae autem, quibus varia populi alicujus elementa in unum aliquando coacta sunt corpus, causae magis minusve solent oblivione obrui. Nam revolutione peracta qua nascuntur populi, continuus deinde sequitur et natura ordinatus	Die wahren Gründe aber, aus denen die verschiedenen Anfänge irgendeines Volkes irgendwann in einen Rahmen gezwängt werden, fallen für gewöhnlich mehr oder weniger der Vergessenheit anheim. Denn nach der Durchführung einer Revolution, aus der Völker geboren werden, folgt auf dem Fuße ein steti-	The true reasons, though, for the various beginnings of a random people to get crammed into a single body at a given time usually sink, more or less, into oblivion. This is because, after a successful revolution leading to the birth of new peoples, there instantly follows a continuous process that

processus; itaque mirandum non est apud simplices nationes facili qua-	ger und von der Natur geordneter Fortschritt. Daher ist es nicht verwunderlich, dass bei einfachen Nationen mit einer gewissen einfachen	nature sorts out. It is therefore no wonder that it is through a certain obvious abstraction
p. 6	**S. 6**	**p. 6**
dam et propinqua abstractione adhiberi causas eas, quibus *continuari* videntur populi, ad deducendas etiam eorum *origines;* praesertim quum ad *elementa*, singulas scilicet familias, utique valeat quod non aeque valet etiam ad elementorum *conjunctionem*. Ut igitur fratres congruunt nomine patris, consobrini nomine avi, sic e nominibus gentiliciis id quod latissime pertinebat, auctoris putabatur *populi*, quae deinceps sequebantur minus late se pertinentia, auctorum putabantur *tribuum* gentium denique familiarum.	und naheliegenden Abstraktion diejenigen Gründe, aus denen die Völker *fortzubestehen* scheinen, auch auf die Ableitung ihrer *Ursprünge* angewandt werden; zumal da für die Grundbausteine, einzelne Familien nämlich, gerade gilt, was nicht in gleichem Maße auch für die *Verbindung* der Grundbausteine gilt. Wie also Brüder denselben Vatersnamen haben, Cousins denselben Großvatersnamen, hielt man von den Geschlechternamen das, was sich am weitesten erstreckte, für Besitz des ursprünglichen *Volkes*. Was sich danach weniger weit ausbreitete, hielt man für Besitz ursprünglicher *Sippen*, Geschlechter und schließlich Familien.	that we see that the reasons that some peoples *endure*, are the same reasons that may be applied when deducing their *origins*. Further, what holds particularly for the basic elements, i.e. individual families, does not hold equally or to the same extent also for the *connection* of the basic elements. In the same way that brothers have the same father's name, cousins the same grandfather's name, what reached out farthest from the lineage names was believed to belong to the original *people*, what then followed reaching out less far was believed to belong to the original *clans*, tribes and, lastly, families.
Non ergo tam spectabatur *ortus* historicus gentis cujusdam, quam praesens qualis tum esset *status*, sive de hac sive de illa origine profectus erat; *statisticae* magis quam *historicae* **(FN 1)** sunt indolis indices ethnographici, quamquam satis est consentaneum, haud pauca etiam in eis reperiri quae nequaquam ex praesenti quodam rerum statu sed solummodo ex traditione poterant hauriri, talia maxime quae historicis accidere temporibus. Accuratius sic possunt dirimi elementa: *materies* maximam par-	Es wurde also nicht so sehr die historische *Entstehung* eines gewissen Geschlechts betrachtet, als vielmehr sein damals gegenwärtiger *Bestand*, sei es, dass er aus diesem, sei es, dass er aus jenem Ursprung entstanden war. Die ethnographischen Register sind eher das Ergebnis einer *statistischen* als einer *historischen* (**FN 1**) Anlage, obwohl man sich zur Genüge einig ist, dass man nicht Weniges auch in ihnen findet, das keineswegs aus irgendeinem gegenwärtigen Zustand der Dinge, sondern nur aus der Überlieferung geschöpft werden konnte, besonders solches, das zu historischen Zeiten passiert ist. Genauer kann man die Grundbausteine so auseinanderhalten: *Das Material* ist zum	It was not so much the historical *origin* of a particular tribe that was looked at, but rather its actual *survival*, regardless of its origin. The ethnographic tables are more of a *statistical* than of an *historical* (**FN 1**) kind, though there is sufficient agreement that one can also find some points that were not taken from the present state of affairs but could only have been drawn from tradition, in particular things that happened in historical times. The basic elements can be more accurately analyzed thus: The *material* is statistical to a very large extent, but it has been brought into a particular historical *form*. The former has been drawn from the nature

tem est statistica, sed in *formam* redacta est historicam quandam; illa hausta est e natura rerum, hanc de suo plerumque addidit ingenium humanum.

Metaphoricae igitur hic invenitur genus orationis, quae non verbotenus est intelligenda neque ab ipsis Hebraeis ex omni parte verbotenus[6] intelligebatur licet saepe corticem pro nuce sumerent, sed quae de alieno in proprium prius verti debet sermonem; schema quoddam quod non inde ab eis temporibus quibus inter se ludebant Jerachmeelis pueri eo usque quum magnae gentes ex lumbis eorum essent profectae, a patre filio deinceps erat traditum, sed in quod arte demum redigebantur singula coalitionis cujusdam gentilis elementa, si artem vocare possis quod satis sponte est natum **(FN 2)**. Quae

größten Teil statistisch, aber es ist in eine gewisse historische *Form* gebracht worden. Ersteres ist aus der Natur der Dinge geschöpft, Letztere hat zumeist menschliches Talent nach seiner Kraft hinzugefügt.

Hier kann man also eine Art metaphorischer Rede finden, die nicht wortwörtlich verstanden werden darf und von den Hebräern selbst auch nicht in jeder Beziehung wortwörtlich verstanden wurde; auch wenn sie oft die Schale für die Nuss hielten, aber für eine, die aus einer fremden erst in die eigene Sprache übersetzt werden muss. Es handelt sich hier um ein bestimmtes Schema, das nicht von dort von den Zeiten an, zu denen die Jungen des Jerachmeel miteinander spielten, bis zu dem Zeitpunkt, als große Geschlechter aus ihren Lenden entstanden waren, jeweils dem Sohn vom Vater überliefert worden war, sondern es handelt sich um ein Schema, in das kunstvoll einzelne Grundbausteine des Zusammenwachsens eines bestimmten Geschlechts erst gebracht wurden, wenn man Kunst nennen kann, was so ziemlich aus eigenem Antrieb entstanden ist (**FN 2**). Dieses

of things, while the latter, in most cases, has been added by an astute human mind according to its possibilities.

Hence, here we can find a kind of metaphorical speech which is not to be understood literally and which was not understood literally in every respect by the Hebrews themselves. Even if they often took the shell for the nut, it was one that first needed to be translated from a foreign language into their own. We are discussing a certain concept here, not one that from then onwards, i.e. from these times when Jerahmeel's boys used to play with each other to when big clans had grown out of their loins, was each time passed down from father to son. Instead, we are talking about a concept here into which single elements of a clan, growing together, were first artfully added, provided you can call art what came into being by its own initiative (**FN 2**). This

FN 1: Quousque perrexerint Judaei in substituendo ortu in locum status, cerni potest ex usu vocis *γενέσεως* Jacob. 1, 23. – Non ignoro, historiam et statisticen intime inter se cohaerere, statum praesentem esse fructum historiae. Ta-

FN 1: Wie weit die Juden darin gegangen sind, Entstehung an die Stelle des Bestandes zu setzen, kann man aus dem Gebrauch des Wortes γένεσις in Jak 1,23 ersehen. – Ich weiß sehr wohl, dass Geschichte und Statistik im Innersten miteinander zusammenhängen, dass der gegenwärtige Zustand ein

FN 1: How far the Jews went in substituting origin for state can be seen from the use of the word γένεσις in Jacob 1.23. – I am very well aware that history and statistics are internally connected, i.e. that the whole present state is a result of history. However, when you start from the present state,

6 Im Original steht *vebotenus*.

men si a statu praesenti proficisceris, ni deus es, non restrues historiam antecedentem, neque si historiam moveris, conjicies statum inde consequentem – aliter etiam futura praescires.

Ertrag der Geschichte ist. Doch wenn man vom gegenwärtigen Stand seinen Anfang nimmt, wird man nicht die vorangegangene Geschichte wieder aufbauen, außer man ist Gott. Noch wird man den daraus folgenden Zustand vermuten können, wenn man die Geschichte kennt – andernfalls würde man auch die Zukunft vorher kennen.

you are not going to rebuild past history unless you are God. Nor will you, even knowing the history, be able to guess the following state – otherwise you would know the future beforehand.

FN 2: Valet enim etiam hic quod Lotze Schellingium eleganter interpretans de alia re ait: „Die Mythologie entspringt weder mit absicht-

FN 2: Es gilt nämlich auch hier, was Lotze, Schelling geschmackvoll deutend, über eine andere Sache sagt: „Die Mythologie entspringt weder mit absicht-

FN 2: What Lotze says, elegantly interpreting Schelling on another matter, also holds true here: "Mythology neither arises with intentio-

p. 7

coalitio sive hac sive illa via orta erat, unam tantum agnoscebat sermo ille technicus, simplicissimam scilicet consanguinitatis. Est enim haec relatio relationum ideoque jure ceterarum omnium quasi archetypon. Quae si a mythologis Graecorum aliarumve nationum, a Platone, a Gnosticis adhibebatur adde pingendas vel abstractarum rationes notionum, quanto convenientius ad necessitudines gentium quae si spectas tempora omnem historiam antecedentia sine dubio re vera ex singularibus familiis sunt propagatae![7]

S. 7

Zusammenwachsen ist auf diesem oder jenem Wege passiert. Einen einzigen nur erkannte jene technische Redeweise an, nämlich den einfachsten, den der Blutsverwandtschaft. Diese ist nämlich das Verhältnis schlechthin und daher mit Recht gleichsam der Archetyp aller übrigen. Wenn dieses von den Mythenerzählern der Griechen oder anderer Nationen, von Platon und den Gnostikern verwandt wurde, um Beziehungen selbst abgehobener Vorstellungen abzubilden, wie viel passender ist es dann, dieses auf die Verwandtschaftsbeziehungen der Geschlechter anzuwenden, die ohne Zweifel in der Tat aus einzelnen Familien hervorgegangen sind, wenn man die Zeiten betrachtet, die aller Geschichte vorangehen!

p. 7

growing together happened this or that way. Technically, only one explanation could be accepted, namely the simplest one, that of blood relationship, for this is the epitome of relationships and therefore the archetype of all others, so to speak. If this was applied by the storytellers of the Greeks and of other nations, by Plato and the Gnostics, in order to illustrate connections between abstract ideas, how much more convenient is it then to apply it to the kinship of tribes that, considering the times preceding all history, have doubtless sprung out of single families.

7 Im Original steht ein Punkt.

Si forte cui non suffecerint generalia quae ad confirmandam sententiam meam attuli argumenta, specialia etiam proferam aliqua, quae lucidissima esse videntur.	Wenn etwa jemandem die allgemeinen Argumente nicht genügen sollten, die ich zur Bekräftigung meiner These vorgebracht habe, werde ich auch einige besondere vorbringen, die äußerst erhellend zu sein scheinen.	If the general arguments I have put forward in support of my thesis do not seem sufficient to some, then I shall come up with some special ones that seem particularly elucidating.
1. Sine dubio quidem nomina, quae exstant in schematis ethnologicis, haud exigua ex parte proprie et prius fuere nomina personarum, facta deinde sunt nomina gentium. Sicuti enim nunc etiam Arabes vel a vivo quodam duce nomen ducunt cujus filios se esse gloriantur (Sprenger, Mohammad III. p. CXXXVI), sicut apud Turcas nomina regum transiere in tribus (Seldschuk) et vel in regiones ubi degebant (Kibdschak, v. d' Herbelot bibl. or. (1777) I, 437), ita saepenumero in Israele etiam accidit nec utique ea sola re, quod nomen herois cujusdam sit nomen quoque gentis, recte concludi potest, (id quod in tractando Vetere Testamento saepius fit a viris doctis, alibi nusquam liceret) heroem illum revera nunquam exstitisse. Verumenimvero sunt tamen nomina eaque multa quae nunquam fuere personarum sed regionum urbium montium, quae et ipsa procreant et procreantur, in matrimonium ducuntur et pariunt. Quousque perrexerint hoc modo Hebraei, lucidius vix cerni potest	1. Ohne Zweifel freilich sind die Namen, die in den ethnologischen Listen vorhanden sind, zu einem nicht geringen Teil eigentlich und ursprünglich Namen von Personen gewesen und danach zu Namen von Geschlechtern geworden. Wie nämlich auch jetzt noch die Araber gerade von einem bestimmten lebenden Führer ihren Namen ableiten, dessen Söhne zu sein sie sich rühmen (Sprenger, Mohammad III. p. CXXXVI), wie bei den Türken die Namen von Königen auf Sippen übergingen (Seldschuk) und gerade in Gegenden, wo sie ihr Leben verbrachten (Kibdschak, s. d'Herbelot bibl. or. (1777) I, 437), so ist es auch oftmals in Israel geschehen. Und doch kann nicht allein aus der Tatsache, dass der Name irgendeines Helden auch der eines Geschlechts ist, automatisch geschlossen werden, (das, was bei der Behandlung des Alten Testaments des Öfteren von Gelehrten gemacht wird, aber andernorts nirgends erlaubt wäre), dass es jenen Helden niemals wirklich gegeben habe. Doch es gibt tatsächlich Namen, und zwar viele, die niemals die von Personen gewesen sind, sondern von Gegenden, Städten und Bergen. Diese Namen bringen selbst hervor und werden auch hervorgebracht, werden in die Ehe geführt und gebären. Wie weit die Hebräer nach dieser Art verfahren sind, kann man kaum klarer ersehen als aus Ri 11,2, wo	1. Of course, the names in the ethnological tables doubtless are the original names of actual people that later became names of tribes. To this day the Arabs derive their names from a particular living leader, even boasting sonship (Sprenger, Mohammad III. p. CXXXVI). In the same way that the Turks took the names of kings for their tribes (Seldschuk), or more particularly, the areas where they dwelt (Kibdschak, s. d'Herbelot bibl. or. (1777) I, 437), so it also often happened in Israel. Even so, one cannot automatically conclude from the sole fact that some hero's name is also that of a tribe, that the hero never actually existed (something that scholars do rather often when dealing with the Old Testament, which would elsewhere be strictly forbidden.) There are, in fact, many names that never were names of people, but of regions, towns and mountains. These names procreate and are procreated, get married and give birth. How far the Hebrews went in this mode can hardly be better illustrated than through Judg. 11.2 where Gilead, that well-known region beyond the river Jordan, is really treated as though it were a person. In the books of Genesis and Chronicles in particular, one can find such a large number of further examples that I find it irritating

quam e Judic. 11, 2, ubi Gilead, regio illa notissima trans Jordanem sita, prorsus sic tractatur quasi sit persona. Aliorum exemplorum tantam ubique in Geneseos et Chronicorum potissimum libris invenies copiam, ut plura me huc

Gilead, jene wohlbekannte Gegend jenseits des Jordan, geradewegs so behandelt wird, als handele es sich um eine Person. Besonders in den Büchern Genesis und Chronik wird man überall eine so große Fülle anderer Beispiele finden, dass ich hier nur sehr ungern

Fortsetzung FN 2 von S. 6: licher Berechnung den launenhaften Einfällen Einzelner, noch mit blinder Nothwendigkeit einem psychischen Mechanismus, der alle Einzelnen der Gattung zugleich beherrscht; wie jeder grosse geistige Gemeinbesitz der Menschheit bildet sie sich vielmehr in dem Wechselverkehr und dem Austausch der Gedanken Unzähliger." Gesch. der Aesth. p. 392.

Fortsetzung FN 2 von S. 6: licher Berechnung den launenhaften Einfällen Einzelner, noch mit blinder Nothwendigkeit einem psychischen Mechanismus, der alle Einzelnen der Gattung zugleich beherrscht; wie jeder grosse geistige Gemeinbesitz der Menschheit bildet sie sich vielmehr in dem Wechselverkehr und dem Austausch der Gedanken Unzähliger." Gesch. der Ästh. p. 392.

p. 6 FN 2 continued: nal calculation from moody ideas of individuals nor with blind necessity from a psychic mechanism simultaneously ruling all individuals of mankind. Rather, like any common possession of mankind, mythology is formed in the constant contact with and exchange of the ideas of innumerable individuals." Histor. of Aesth. p. 392.

p. 8

taedeat congerere. Id vero addam, Arabes quoque non solum dicere „genus retulit *ad personam*", sed etiam „genus retulit *ad regionem*" v. Pocock. spec. ed. White p. 33. Porro vel pluralia quae nunquam e singulari quodam nata sunt personarum instar in his genealogiis reperiuntur, sicuti opificum collegia 1. Chr. 4, 14. 21. 23. Neh. 3, 8. 31: „N.N. filius aurificum" vel „pigmentariorum". Sic filii Kalebi 1 Chr. 2, 42 dicuntur esse Mesha et *B'ne Maresha*, sic saepius cum personarum nominibus alternant adjectiva ab

S. 8

mehr zusammentrage. Dies aber möchte ich noch hinzufügen: Auch die Araber sagen nicht nur: „Das Geschlecht verweist auf eine Person", sondern auch: „Das Geschlecht verweist auf eine Gegend" s. Pocock. Spec. ed. White, S. 33. Ferner kann man sogar Plurale, die niemals aus irgendeinem Singular entstanden sind, in Gestalt von Personen in diesen Stammbäumen finden, so wie die Handwerkergenossenschaften in 1Chr 4,14.21.23; Neh 3,8.31: „N.N., Sohn der Goldschmiede" oder „der Salbenhändler". So wird in 1Chr 2,42 gesagt, die Söhne Kalebs seien Mesha und *B'ne Maresha*. Derart wechseln sich des Öfteren Personennamen mit Stämme bezeichnenden Adjektiven ab, die

p. 8

to gather more of them here. I would just wish to add the following: The Arabs, similarly, do not only say, "The tribe refers *to a person*", but also, "The tribe refers *to a region*"; s. Pocock. Spec. ed. White, p. 33. Moreover, one can even find plurals that never grew out of any singular in the form of people in these genealogical trees such as the craftsmen cooperative in 1. Chr. 4.14,21,23, Neh. 3.8,31: "n.n., son of the goldsmiths" or "ointments dealer". Thus, it is said in 1. Chr. 2.42 that Mesha and *B'ne Maresha* are Caleb's sons. In this way names of people alternate with adjectives denoting tribes derived from those names as

illis derivata gentilicia, quasi idem valeant; e. g. cum Kaleb. 2, 18 Kelubaeus 2, 9. Atqui constat haec adjectiva forma quidem esse singularia, re pluralia.

von jenen Namen abgeleitet sind, als ob sie dasselbe bedeuten; z. B. Kelubi in 2,9 mit Kaleb in 2,18. Und doch sind diese Adjektive bekanntlich der Form nach Singulare, der Sache nach aber Plurale.

though they mean the same, e.g. Chelubi in 2.9 with Caleb in 2.18. And yet it is well-known that these adjectives are singulars with respect to form, but plurals with respect to meaning.

2. Exspectatur si quidem *materies* traditionum ethnologicarum maximam partem est statistica, quum non idem semper maneat status gentium, mutatis temporibus mutari etiam traditiones illas. Porro si quidem historica *forma* in quam redigi solent res gentiliciae, non aeque ac materia ipsâ datur rerum naturâ, veri haberi debet simile, eandem materiem, eundem rerum statum non ab omnibus, qui vel paribus temporibus eum tractabant, in eandem semper effingi formam. Re vera ubi duas habemus hujusmodi traditiones, quas comparare possumus, easque non alteram ab altera transscriptas, plurima invenimus quae fierent discrepantiae nisi locum haberet explicatio nostra. Etenim cujus filius natus es, ejus manebis neque procedente tempore ex filio *Caroli* mutaberis in filium *Friderici* neque pari jure ab hoc putaberis *filius* Caroli, ab illo *nepos*. Verum si *statisticum* est argumentum, alterius temporis alter etiam erit status; si historia est *forma* tantum, eadem materia plures admittet formas. Sicut enim sermo communis sua habet

2. Da nun das *Material* der ethnologischen Überlieferungen zu einem großen Teil statistisch ist, ist zu erwarten, dass sich auch die Überlieferungen ändern, nachdem die Zeiten sich geändert haben, da der Bestand der Geschlechter nicht immer derselbe bleibt. Wenn freilich ferner die historische *Form*, in die Geschlechter betreffende Angelegenheiten normalerweise gebracht werden, nicht auf gleiche Weise wie das Material durch die Natur der Tatsachen selbst gegeben wird, muss man für wahrscheinlich halten, dass dasselbe Material, derselbe Stand der Dinge nicht von allen, die ihn wohl zu gleichen Zeiten behandelten, immer in dieselbe Form abgebildet wird. Wo wir tatsächlich zwei derartige Überlieferungen haben, die wir vergleichen können, und zwar nicht eine von der anderen abgeschrieben, finden wir überaus viel, was zu Unterschieden werden könnte, wenn unsere Erklärung nicht ihren Platz hätte. Denn als wessen Sohn man geboren ist, dessen Sohn wird man bleiben. Und man wird auch nicht mit fortschreitender Zeit aus *Karls* Sohn zu *Friederichs* Sohn. Und auch nicht wird man mit gleichem Recht von diesem für Karls *Sohn*, von jenem für dessen *Enkel* gehalten werden. Wenn aber das Argument ein statistisches ist, so wird der Bestand einer anderen Zeit auch ein anderer sein. Wenn Geschichte nur eine *Form* ist, wird derselbe Stoff mehrere Formen zulas-

2. However, since the *material* of the ethnological traditions is to a large extent statistical, the traditions can be expected to change once the times have changed because the state of tribes does not always remain the same. Moreover, if the historical *form* into which issues regarding the tribes are usually put is not given in the same way as is inherent in the nature of the material itself, one will really have to consider the probability that the same material, the same state of things, is not always cast into the same form by all those dealing with it at the same times.
Where we are genuinely given two such comparable traditions, one not being a copy of the other, we find an awful lot that could grow into discrepancies unless our explanation were in place here. For as whose son you are born, this person's son you will remain. Nor will you, as time goes by, mutate into being *Friedrich's* son from being *Carl's* son. Nor will you, by the same token, be considered by one person as Carl's *son*, and as his *grandson* by another. However, if the argument is a statistical one, the state of things will indeed be different in different times. If history is only a *form*, the same material will admit of several forms. A common language having its own synonyms can express the same things in quite a lot

synonyma eandemque rem pluribus exprimere potest vocibus quamvis dissonis, ita etiam peculiaris ea sermonis species qua in rebus ethnologicis utebantur Hebraei **(FN 1)**.	sen. Wie nämlich die Umgangssprache ihre eigenen Synonyme hat und dieselbe Sache mit ziemlich vielen – wenngleich verschieden klingenden – Bezeichnungen ausdrücken kann, so auch diese besondere Erscheinungsform der Sprache, die die Hebräer bei ethnologischen Fragen benutzten (**FN 1**).	of different terms, no matter how different their sounds, just like this peculiar manifestation of language used by the Hebrews for ethnological issues (**FN 1**).
Ex permultis quae suppeditant exemplis unum eligam	Aus den zahlreichen Beispielen, die vorhanden sind, werde ich eins, das des	Out of the many examples at hand, I shall choose Caleb as
FN 1: Res plane item se habet in mythis qui dici solent Graecorum; dudum enim viri docti demonstrarunt multos qui specie externa quam maxime inter se differunt, ejusdem esse argumenti, solo sermone diversos.	**FN 1:** Offensichtlich verhält es sich ebenso bei den Mythen, die normalerweise die der Griechen genannt werden. Längst nämlich haben die Gelehrten nachgewiesen, dass viele, die sich in der äußeren Erscheinungsform durchaus stark voneinander unterscheiden, zu demselben Thema gehören und nur hinsichtlich ihrer Sprache unterschiedlich sind.	**FN 1:** The same would seem to apply to the myths usually attributed to the Greeks. Scholars showed a long time ago that many of them, though strongly differing in their appearance, belong to the same subject and are only diverse with respect to language.
p. 9	**S. 9**	**p. 9**
Kalebi. Prorsus diversi sunt qui ab illo deducuntur filii 1. Chr. 2, 18 sqq., 2, 42 sqq., 2, 50 sqq. – ad diversa enim variae hae traditiones pertinent tempora. Eadem, si rem spectas, relatio quae Kalibbaeis intercedit cum Qenizzaeis, diversis his formis exprimitur, ut Kaleb modo dicatur filius modo pater Qenaz, modo socer Qenizzaei cujusdam **(FN 1)**. Idem deinde modo Chesronis modo Jephunnis est filius. Haec omnia quae si false aestimantur vix inter se convenire posse videntur, bene conveniunt si spectas tempora et sermonis	Kaleb, auswählen. Durchaus verschieden sind die Söhne, die von jenem abgeleitet werden: 1Chr 2,18 ff, 2,42 ff, 2,50 ff – Diese unterschiedlichen Überlieferungen beziehen sich nämlich auf verschiedene Zeiten. Wenn man auf die Sache schaut, wird dieselbe Beziehung, die zwischen den Kalebitern und den Kenasitern besteht, in diesen unterschiedlichen Formen ausgedrückt, dass Kaleb bald der Sohn, bald der Vater des Kenaz heißt, bald der Schwiegervater eines gewissen Kenasiters (**FN 1**). Ferner ist derselbe bald Hezrons, bald Jephunns Sohn. All diese Dinge, die scheinbar kaum miteinander in Einklang gebracht werden können, wenn man sie falsch einschätzt, stehen durchaus in Einklang, wenn man die	my example. The sons derived from him are quite different in 1. Chr. 2.18 ff., 2.42 ff., 2.50 ff. – These various traditions refer to different times. When you look at it, the same relationship that exists between the Calebites and the Kenizzites is expressed by these different forms, so that Caleb is at one moment called Kenaz' son, at the next his father, and at another he is called the father-in-law of a certain Kenizzite (**FN 1**). Furthermore, he is one moment Hezron's and the next Jephunneh's son. All these things that, when wrongly assessed, seem to defy matching up, do, in fact, match up if you consider the times and the meaning of the ethnological language. What does it

ethnologici sententiam. Quid quod vel fidem faciunt rebus hae quae videntur discrepantiae, si quidem testantur, auctores non alterum ab altero deinceps transscripsisse, sed unumquemque propria minerva de vivo hausisse fonte?[8]

Zeiten und den Sinn der ethnologischen Sprache betrachtet. Was hat es damit auf sich, dass diese scheinbaren Widersprüche den Sachverhalten sehr wohl Glaubwürdigkeit verleihen, da sie freilich bezeugen, dass die Autoren nicht einer vom anderen nacheinander abgeschrieben haben, sondern dass ein jeder nach seiner eigenen Kenntnis aus einer lebendigen Quelle geschöpft hat?

matter that these apparent discrepancies give good credibility to the issues at hand as long as they attest, of course, not to authors copying from each other, but to each of them having drawn their material from a living source – based on their own knowledge?

3. Apparet etiam schematicas illas partitiones quibus vel populus quidam in complures tribus vel tribus in plures gentes dividitur, non sponte natas esse neque in sola niti sanguinis communione. Etenim si semel accideret patrem duodecim gaudere filiis ex quibus deinde singulis magnae proficiscerentur tribus, mirum esset sed ferri posset; sin pluries accidit, cernitur non natura vel casus, sed humana mens, quippe quae sic sit nata ut sua rebus imprimat schemata. Lucidissime cernitur indoles schematica in sacerdotum et levitarum familiis, quae jure classes vocari solent – sic enim inter se sunt cognatae ut familiae angelorum Eph. 3, 15, qui tamen οὔτε γαμοῦσιν οὔτε γαμίζονται.[9] Minime ne-

3. Ebenfalls scheinen jene schematischen Einteilungen, durch die entweder ein gewisses Volk in mehrere Sippen oder eine Sippe in mehrere Geschlechter aufgeteilt wird, nicht einfach so entstanden zu sein und sich auch nicht auf Blutsgemeinschaft allein stützen. Denn wenn es einmal vorkäme, dass ein Vater sich an zwölf Söhnen freute, aus denen dann jeweils große Sippen hervorgingen, so wäre es verwunderlich, aber möglich. Wenn das aber mehrfach vorkommt, kann man darin nicht Natur oder Zufall, sondern das menschliche Vorstellungsvermögen entdecken. Letzteres ist ja zumal so entstanden, dass es den Dingen seine Schemata aufdrückt. Am deutlichsten kann man die schematische Naturanlage an den Priester- und Levitenfamilien sehen, die mit Recht normalerweise Klassen genannt werden – sie sind nämlich so untereinander verwandt wie die Familien der Engel in Eph 3,15, die dennoch οὔτε γαμοῦσιν οὔτε γαμίζονται. Keineswegs möchte

3. It also appears that these schematic categorizations by which either a certain people were divided in several tribes or a tribe into several clans neither simply came into being nor are they based on the communion of blood alone. For if a father once happened to be blessed with twelve sons who then produced a big tribe each, it would be surprising, yet possible. However, when this happens several times, one can hardly see nature or chance in this, but the human mind. The latter has surely come into being such that it impresses its concepts onto things. One can most clearly see the schematic disposition when considering the priest and Levite families which are usually rightly called classes – for they are related to each other like the families of angels in Eph. 3.15 who still οὔτε γαμοῦσιν οὔτε γαμίζονται. I do not mean to deny at all that these parallel tribal bisections

8 Im Original steht ein Punkt.
9 Mt 22,30 mit Parallele in Mk 12,25.

gaverim has partitiones postea etiam in ipsam valuisse vitam, verum hic de earum origine agitur, unde repetenda sit. Saepe manebant ideales, saepe in ipsas etiam transibant res, sed antiqua[10] aetate rarius quam post exilium.	ich leugnen, dass diese Aufteilungen später auch für das Leben selbst einen Wert gehabt hätten, aber hier geht es darum, worauf man deren Ursprung zurückführen kann. Oft blieben die Aufteilungen Ideale, oft gingen sie auch auf die Sachverhalte selbst über, aber in alter Zeit seltener als nach dem Exil.	would have had their value later in life. But we are dealing with the question of from where their origin may be regained. Often enough these bisections remained ideals, but also moved on to become hard facts, though less frequently in old times than after exile.
In nostris capitibus 1 Chr. 2, 28 sqq. invenitur exemplum bipartitionis cujusdam ejusque latissime pertinentis, apud posteros scilicet Onami filii Jerachmeelis. Eadem autem altius etiam ascendit ad ipsum usque Abrahamum.	In unseren Kapiteln 1Chr 2,28 ff findet sich ein Beispiel einer gewissen Zweiteilung, und zwar einer, die sich sehr weit auswirkt, nämlich bei den Nachfahren Onams, des Sohnes Jerachmeels. Diese lässt sich nämlich noch weiter zurückverfolgen, bis zu Abraham selbst.	In our chapters 1. Chr. 2.28 ff. we find an example of a certain wide-ranging partitioning. It is the bisection of the descendants of Onam, son of Jerahmeel. This partitioning can be traced back even further, as far as to Abraham himself.
FN 1: Adde quod in omnibus fere indicibus socordius tractantur relationum gradus, quasi plane idem valeat utrum quis sit pater an avus alterius cujusdam, frater an fratris filius.	**FN 1:** Man bedenke auch noch, dass in beinahe allen Listen die Grade der Verwandtschaftsverhältnisse ziemlich sorglos behandelt werden, als ob es völlig gleichwertig wäre, ob jemand Vater oder Großvater irgendeines anderen ist, sein Bruder oder Neffe.	**FN 1:** Also bear in mind that the degrees of relationship are handled rather carelessly in almost all tables, as if it were completely equivalent whether somebody were somebody else's father, grandfather, his brother or nephew.

10 Im Original steht *antitiqua*.

p. 10

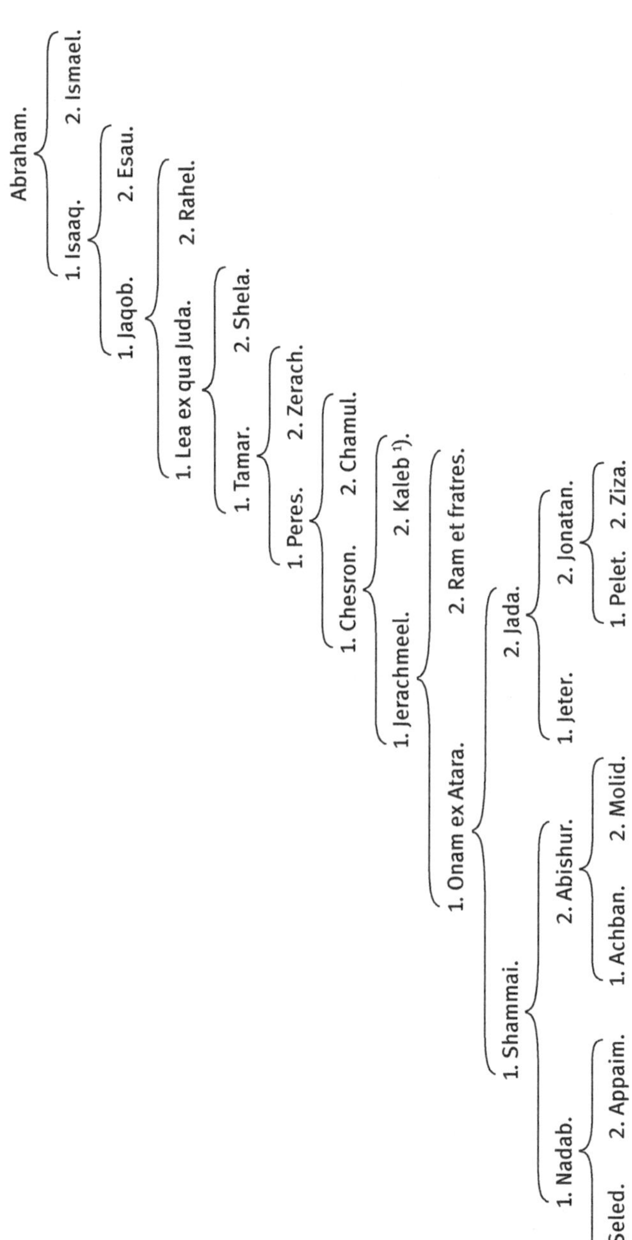

FN 1: Ramum enim 1 Chr. 2, 9. 10 sqq. huc non pertinere infra idoneis probabimus argumentis.

S. 10

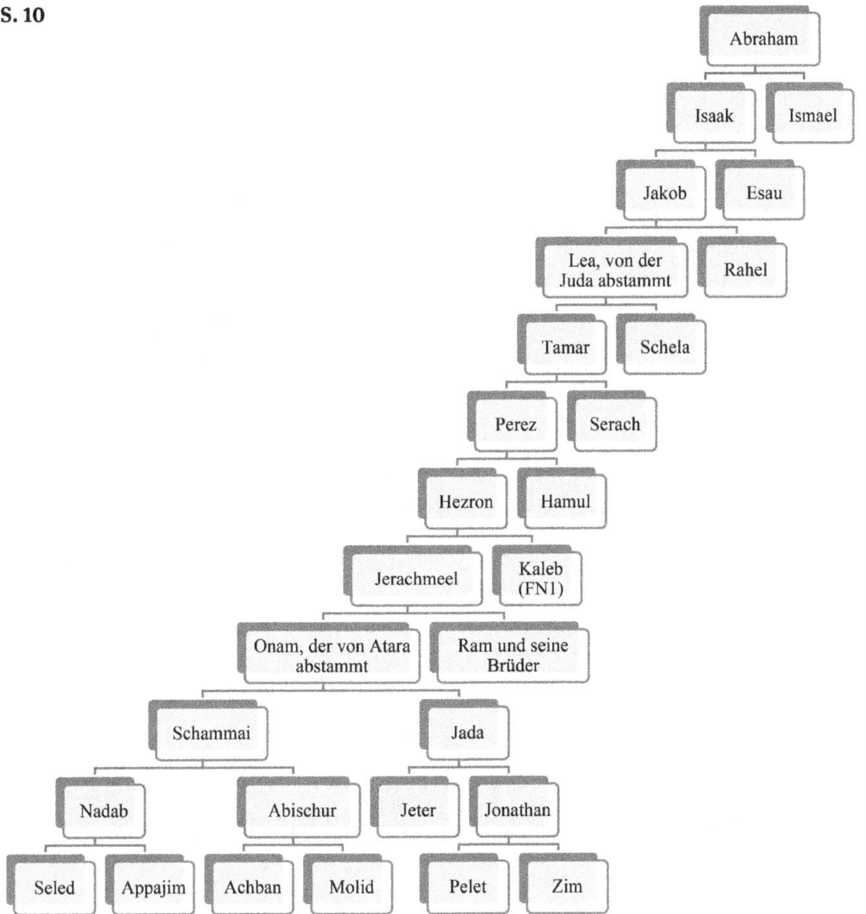

FN1: Dass nämlich Ram in 1. Chr 2,9.10 ff nicht hierher gehört, werden wir weiter unten mit geeigneten Argumenten nachweisen.

p. 10

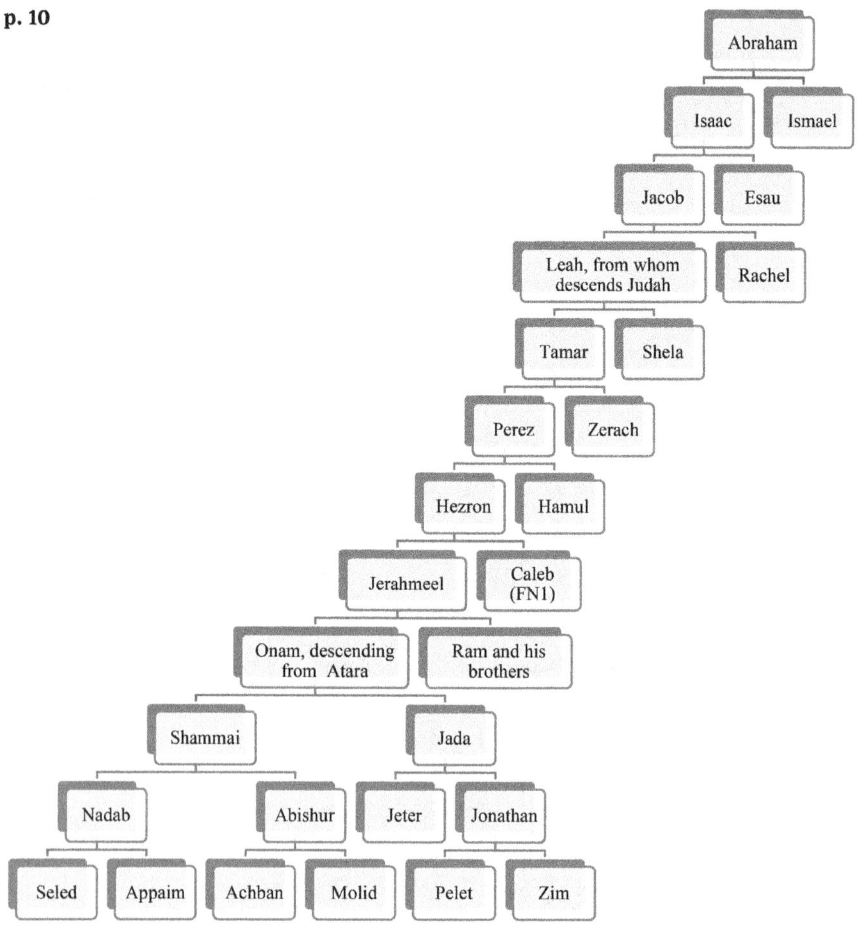

FN1: We will show further down with suitable arguments that Ram in 1. Chr. 2.9,10 ff. does not belong here.

p. 11

Hic illic aliae se inferunt divisiones, sed notandum est omnibus his locis tamen servari quodammodo bipartitionem illam ita quidem, ut filii si plures existunt duobus, subsumantur binis matribus. Veluti duodecim filii Israelis Leae et Racheli, item tres filii Judae, denique quinque Jerachmeelis. – Ceterum conf. Sprenger l. l. p. CXXXIX: „Die Eintheilung – apud Nizar. – ist binär", p. CXXXXI „die binäre Eintheilung herrscht auch bei den Unterabtheilungen vor".

Minime his omnibus quae disserui negaverim vere historicas etiam quae non ad formam solummodo pertineant in his indicibus contineri relationes. Veluti si Manassaea quaedam gens originis dicitur esse Judaeae, traditione hoc quidem nititur 1 Chr. 2, 21 sqq. Sed ne hoc quidem affirmare ausim omnia quae genealogiis continentur talibus quae in universum haud dubie sunt indolis ethnologicae, nomina re vera esse *gentium*. Saepissime enim in narrationibus aeque atque in catalogis librorum V. T. historicorum mixta sunt quae ad personas et quae ad gentes referri debent, sic quidem ut nunc haud facile possint dirimi. Quod tum maxime accidit, ubi nomina

S. 11

Hier und da schleichen sich andere Aufteilungen ein. Aber man muss festhalten, dass an all diesen Stellen doch irgendwie jene Zweiteilung wenigstens so bewahrt wird, dass die Söhne jeweils, wenn es mehr als zwei gibt, zwei Müttern zugerechnet werden. Wie zum Beispiel die zwölf Söhne Israels der Lea und der Rahel, ebenso drei Söhne Judas, schließlich fünf Jerachmeels. – Im Übrigen vgl. Sprenger a.a.O. S. CXXXIX: „Die Eintheilung – bei Nizar – ist binär", S. CXXXXI „die binäre Eintheilung herrscht auch bei den Unterabtheilungen vor".

Keineswegs möchte ich mit all dem, was ich erörtert habe, sagen, dass nicht auch echt historische Beziehungen in diesen Registern enthalten sind, also solche, die sich nicht nur auf die Form beziehen. Wie zum Beispiel, wenn angeblich ein gewisses Geschlecht Manasse jüdischen Ursprungs ist, so stützt sich dies zwar auf die Überlieferung in 1Chr 2,21 ff. Aber nicht einmal dies will ich zu behaupten wagen, dass alle Bezeichnungen, die in solchen Stammbäumen, die zweifelsohne aufs Ganze gesehen von ethnologischer Beschaffenheit zeugen, enthalten sind, tatsächlich Namen von Geschlechtern seien. Äußerst häufig nämlich sind in Erzählungen genauso wie in Verzeichnissen geschichtlicher Bücher die Angaben, die sich auf Personen und die sich auf Geschlechter beziehen sollen, freilich so vermischt, dass sie nicht leicht voneinander getrennt werden können. Dies ist

p. 11

Here and there other divisions are sneaking in. One needs to bear in mind though that in all these places that bisection is somehow maintained in such a way that the sons, provided there are more than two, are each ascribed to two different mothers. As for example, the twelve sons of Israel, the sons of Leah and Rachel, the three sons of Judah, and finally, the five of Jerahmeel. – For further details cf. Sprenger ibid., p. CXXXIX: "Nizar's division is binary", p. CXXXXI "the binary division also predominates in the subsections".

By no means do I wish to deny, by all I have discussed thus far, that there are genuinely historical relations in these tables, i.e. tables not only related to the form. If, for example, the tribe Manasseh is said to be of Jewish origin, it is true this is based on tradition in 1. Chr. 2.21 ff. But I would not even dare claim that all the terms preserved in such genealogical trees, by and large undoubtedly of ethnological quality, are indeed names of tribes. Very often the details that are meant to refer to people and to tribes in stories as well as in tables of historical books are so obviously intermingled that it is not easy to tell one from the other. This mostly happened where the names of tribes arose from names of people, i.e. leaders.

gentilia a personarum nominibus, ducum puta, profecta sunt.

Nihilominus in universum constabit eam esse indolem serierum et traditionum gentiliciarum, ut ab alieno in proprium prius verti debeant sermonem quam in usum historicum convertantur. Ideo si plures filios derivari vides ab uno patre, familias crede plures, quae eo tempore quo censebantur, inter se cohaerebant, sive ex una omnes stirpe erant oriundae sive aliis viis in unam tum gentem coaluerant. Si vero unus tantum excipit patrem filius, aut de solis nominibus ejusdem gentis agitur quae procedente tempore mutari solent, aut de colonia quae separavit se a vetere quadam societate. Familia nobilissima aut vetustissima inter ceteras quae ejusdem sunt tribus vel gentis appellatur primogenita **(FN 1)**. Duae gentes

da am meisten geschehen, wo die Namen von Geschlechtern aus Namen von Personen, also von Anführern, entstanden sind.

Nichtsdestoweniger wird aufs Ganze gesehen feststehen, dass dies die natürliche Anlage der Geschlechterreihen und -überlieferungen ist, dass sie von einer fremden Sprache ganz in die eigene gewandelt werden müssen, bevor sie in einen geschichtlichen Gebrauch verwandelt werden. Wenn man deshalb sieht, dass mehrere Söhne von einem Vater abgeleitet werden, muss man gewiss von mehreren Familien ausgehen, die zu der Zeit, als sie zahlenmäßig erhoben wurden, untereinander zusammenhingen. Dabei kann es sein, dass sie alle von einem einzigen Spross abstammten, oder dass sie auf anderen Wegen damals zu einem Geschlecht zusammengewachsen waren. Wenn aber nur ein einziger Sohn den Vater bestimmt, handelt es sich entweder allein um die Namen eines Geschlechts, die sich mit fortschreitender Zeit für gewöhnlich ändern, oder um eine Niederlassung, die sich von einer bestimmten älteren Gemeinschaft abgesondert hat. Die vornehmste und älteste Familie unter den übrigen, die zu derselben Sippe oder demselben Geschlecht gehören, nennt man Erstgeborene (**FN 1**). Wenn zwei

Nonetheless, it is certain, overall, that the nature of the series and traditions of tribes need to be translated from a foreign language into their own before being converted for historical use. Hence, when you see several sons derived from one father, it is only necessary to believe that there were several families connected with each other at the time of the census, be it they all descended from one stock, be it they had grown together into one tribe another way. However, when only one son takes someone to be his father, we are either talking about only the names of that same tribe – names that usually change over time – or a colony that split up from some older society. The most noble or oldest family amongst the others belonging to the same clan or tribe is called the firstborn (**FN 1**). When two

FN 1: Cf. 1 Chr. 26, 10: „De Chosa – Shimri erat princeps, nullus enim inveniebatur primogenitus, (nota indefinitum בְּכוֹר), idcirco posuerat eum pater

FN 1: Vgl. 1Chr 26,10: „Was Hosa betrifft – Shimri war der Erste, es fand sich nämlich kein Erstgeborener (beachte das unbestimmte בְּכוֹר), darum hatte ihn sein Vater an die erste Stelle gesetzt.“ Diese Wor-

FN 1: Cf. 1. Chr. 26.10: “About Hosa’s sons – Shimri was first, for there was no firstborn to be found (note the indeterminate בְּכוֹר), which is why his father had put him in the first rank.” These

ejus in principem." Haec verba nullo utique tempore aliter quam metaphorice poterant intelligi. Quis enim quaeso pater proprie qui dicitur, si compluribus gaudet filiis, inter eos non

te konnten zu gar keiner Zeit anders als metaphorisch verstanden werden. Denn wer, bitteschön, der es verdient, Vater genannt zu werden, wenn er sich mehrerer Söhne erfreut, hat unter diesen

words could at no time have another meaning but a metaphorical one. For really, which father of many sons who is worthy of that name would not

p. 12

quando in unam coalescunt conjugium est, aut connubium, si pares putantur generis nobilitate **(FN 1)**, aut concubinatus si impares **(FN 2)**. Consentaneum autem eam gentem quae nomen dat conjunctioni, haberi pro viro; eam, super quam vocatur nomen alterius (Jes. 4, 1), pro muliere. Saepius etiam in hujusmodi conjugiis uxor non est et ipsa gens, sed regio qua habitat is qui mariti locum tenet. Hinc intelligitur quid sibi velit quod una mulier plures habuisse viros dicitur: plures nimirum deinceps gentes eandem illam regionem habitabant. Mori denique et nasci sciscitaris quid valeat in rebus ethnologicis.[11] Ad nomina magis pertinet quam ad homines. Vetera evanescunt, nova eorum vices tenent – mutantur

S. 12

Geschlechter zu einem zusammenwachsen, ist das eine Vereinigung. Entweder handelt es sich dann um eine Ehe, wenn sie hinsichtlich der Berühmtheit des Geschlechts (**FN 1**) für gleichberechtigt gehalten werden, oder aber um ein Konkubinat, wenn sie für nicht gleichberechtigt (**FN 2**) gehalten werden. Man ist sich aber einig, dass dasjenige Geschlecht, das der Verbindung den Namen gibt, für einen Mann gehalten, dasjenige, das den Namen des anderen (Jes 4,1) annimmt, für eine Frau gehalten wird. Des Öfteren ist sogar in derartigen Verbindungen nicht die Ehefrau auch das Geschlecht selbst, sondern die Gegend, in der derjenige wohnt, der die Stelle des Ehemannes einnimmt. Von daher wird verständlich, was es bedeutet, wenn gesagt wird, eine Ehefrau habe mehrere Männer gehabt. Natürlich bewohnten mehrere Geschlechter nacheinander eben jene Gegend. Man forscht eifrig danach, was schließlich Sterben und Geborenwerden in ethnologischem Kontext bedeutet.

p. 12

tribes grow into one, we speak of a coalition. We are either speaking of marriage, when with respect to tribe nobility (**FN 1**) they are considered equals, or of concubinage when not considered equals (**FN 2**). There is agreement, though, that the tribe after which the alliance is named is considered male, the one receiving the other's name (Isa. 4.1) is considered female. Rather often in such alliances also the wife is not the tribe itself, but the region where dwells he who is the husband. From this one can understand what it means to say that a wife has had several husbands, when, in fact, several tribes have dwelt successively in a particular region. Finally, one really seeks to know what dying and being born means in an ethnological context. It refers more to names than to people. Old names vanish, new ones take their place, for alliances between families are subject to change. Old alliances are dissolved, new ones are entered

11 Im Original steht ein Fragezeichen.

enim familiarum conjunctiones, veteres solvuntur, novae ineuntur; sed manent plerumque elementa. Quamquam etiam elementa nova addi vetera consumi quid vetat?[12]	Es bezieht sich mehr auf Namen als auf Menschen. Alte Namen verschwinden, neue nehmen ihren Platz ein – die Verbindungen von Familien ändern sich nämlich, man löst alte Verbindungen auf und geht neue ein. Aber meistens bleiben die Grundstoffe. Indes, was verbietet es, sogar neue Grundstoffe hinzuzufügen, alte zu verbrauchen?	into. Meanwhile, what prevents new basic elements being added, while old ones are absorbed?
Haec sufficiant. Satis multa quidem remanent quae explicanda reliqui, sed in universum quae sentiam quibus nisus argumentis patebit.	Diese Ausführungen mögen genügen. Recht viele Punkte freilich bleiben, die ich zur Erklärung übrig gelassen habe. Aber was ich im Allgemeinen denke und auf welche Argumente ich mich dabei stütze, wird wohl klar sein.	This must suffice for now, though several points remain unexplained. However, what I generally think about this, using the evidence drawn from the above arguments, should be clear by now.
2. De compositione locorum 1. Chr. 2. 4, 1–23.	**2. Über die Komposition der Stellen 1Chr 2 und 4,1–23**	**2. On the composition of the passages 1. Chr. 2 and 4.1–23**
Quodsi recte se habent quae in prooemio dixi de ratione quam in conficiendis seriebus suis adhibuerit Chronicographus, sequitur multum esse cavendum, ne singula confundantur, aliena alienis. Neque enim quae undique collata sunt membra in unum atque simplex coeunt corpus et vana fingeretur species quae neutiquam responderet rerum veritati, si missis ambagibus paria et imparia vetera et recentia vellemus miscere. Expe-	Wenn richtig ist, was ich in der Vorrede über die Vorgehensweise gesagt habe, die der Schreiber der Chronik bei der Zusammenstellung seiner Ahnenreihen eingesetzt hat, folgt, dass man sehr auf der Hut sein muss, nicht Einzelnes miteinander zu vermischen, also Dinge, die nicht zueinander gehören. Denn die Glieder, die von überall her zusammengetragen worden sind, fügen sich nicht zu einem einzigen und einfachen Körper zusammen. Und man dächte sich eine nichtige Erscheinungsform aus, die keineswegs der Wahrheit der Verhältnisse entspräche, wollten	Let us suppose that what I said in the introduction about the author's plan concerning the composition of his genealogical trees is correct! We then need to be very careful not to confuse things, i.e. those things that are not related, for part gathered from various places do not fit together to form a single, simple whole. We would be inventing a vain manifestation that does not match reality if, without mincing words, we wanted to mix equal with unequal, old with new things. Above all, we need to assess whether

12 Hor. *serm.* 1,1,24–25.

riendum ergo est ante omnia num cognosci ali-	wir ohne viele Umschweife Gleiches und Ungleiches, Altes und Neues vermischen. Man muss also vor allem versuchen, ob	
Fortsetzung FN 1 von p. 11: habet, quem primum genuerit quemque recte primogenitum appellare possit?[13] Cf. Jes. 14, 30. Hiob. 18, 13.	**Fortsetzung FN 1 von S. 11:** nicht einen, den er zuerst gezeugt hätte und den er zu Recht den Erstgeborenen nennen könnte? Vgl. Jes 14,80; Hi 18,13.	**FN 1 p. 11 continued:** have one amongst them whom he had begotten first and could hence rightly call his firstborn? Cf. Isa. 14.80, Hiob 18.13.
FN 1: ut Chushim gens Danaea post exilium nupsisse dicitur genti cuidam Benjaminaeae, quae colonias (Lod, Ono) deduxit in desertos fines qui olim fuerant Danaeorum 1 Chr. 8, 8. 11.	**FN 1:** Wie sich Hushim, das Geschlecht Dan, nach dem Exil einem gewissen Geschlecht Benjamin vermählt haben soll, das Niederlassungen (Lod, Ono) in ein Wüstengebiet geführt hat, das nach 1Chr 8,8.11 einst Eigentum der Mitglieder des Stammes Dan gewesen war.	**FN 1:** Like the Hushim, the tribe of Dan is said to have married a certain tribe of Benjamin after exile. This tribe led colonies (Lod, Ono) into a deserted region once belonging to the Danites according to 1. Chr. 8.8;11.
FN 2: sic Epha gens *Midianaea* pellex traditur fuisse Calebi 1 Chr. 2, 46, item Maaka, gens *Canaanaea* v. 48. Sic quoque Amaleq ex pellice natus esse fertur patri Edomaeo; Amaleq enim רֵאשִׁית גּוֹיִם idem etiam vilissimus populorum habebatur.	**FN 2**: So wird in 1Chr 2,46 überliefert, dass Epha, ein midianitisches Geschlecht, Nebenfrau des Kaleb gewesen sei, ebenso Maaka, ein kanaanäisches Geschlecht, in V. 48. So wird auch überliefert, dass Amalek aus einer Nebenfrau dem Vater Edom geboren worden sei; Amalek nämlich, רֵאשִׁית גּוֹיִם, wurde zugleich für das wertloseste der Völker gehalten.	**FN 2**: It came down to us in 1 Chr. 2.46 that Ephah, a Midianite tribe, was a concubine of Caleb, just like Maacah, a Canaanite tribe, in verse 48. It also came down to us that Amalek was born to his father Edom by a concubine of his. For Amalek, רֵאשִׁית גּוֹיִם, was also considered the least worthy of all peoples.

13 Im Original steht ein Punkt.

p. 13
quatenus et discerni possint singulae compositionis partes, deinde jungenda, quae jungi debent, aliena segreganda.

A. 1Chr 2.
Proficiscar a versu nono qui totius capitis proponit quasi summam: quae enim praecedunt e Pentateucho Josua I Reg. desumpta demonstrant, quomodo cohaereant cum ceteris gentibus Judaeis illae de quibus inde a v. 9 jam solis agitur; quae autem sequuntur, nostrum ipsum uberius exponunt versum et explicant. Tres igitur filii Chesronis ibi enarrantur hoc ordine: Jerachmeel Ram Kelubai **(FN 1)**. Ex his in expositione quae subsequitur redeunt Ram v. 10–17, Jerachmeel v 25–41, sed quis est qui respondeat tertio? Sine dubio unus ex eis, qui v. 18 sqq., v. 42 sqq. sub nomine veniunt Kalebi – neque enim ambo, si quidem constat in v. 9 non duos sed unum tantum enumerari filium Chesronis praeter Jerachmeelem et Ram., v. 18 sqq. autem et v. 42 sqq. adeo inter se distare ut ambo pro originaria versûs noni expositione non possint haberi. Sed uter? Nam sic non stant

S. 13
man einzelne Teile der Komposition einigermaßen unterscheiden kann. Daraufhin ist zu verbinden, was verbunden werden muss. Was woanders hingehört, muss getrennt werden.

A. 1Chr 2
Ich werde vom neunten Vers her beginnen, der gleichsam eine Zusammenfassung des ganzen Kapitels darstellt. Was nämlich an Auswahl aus dem Pentateuch, Josua und 1Kön vorangeht, zeigt, wie mit den übrigen jüdischen Geschlechtern jene zusammenhängen, von denen von dort an, also von Vers 9 an, ausschließlich weiter die Rede ist. Was aber folgt, erörtert und erklärt unseren Vers selbst ziemlich inhaltsreich. Drei Söhne Hezrons nämlich werden dort in folgender Reihenfolge aufgezählt: Jerachmeel, Ram und Kelubai (**FN 1**). Von diesen kommen in der folgenden Exposition Ram in V. 10–17 und Jerachmeel in V. 25–41 wieder, aber wer entspricht dem dritten? Zweifelsohne einer von denen, die in V. 18 ff und V. 42 ff unter dem Namen Kaleb kommen – aber eben auch nicht beide, weil nun einmal feststeht, dass in V. 9 nicht zwei, sondern nur ein einziger Sohn Hezrons außer Jerachmeel und Ram aufgezählt wird. V. 18 ff aber und V. 42 ff unterscheiden sich bekanntermaßen so sehr voneinander, dass man nicht beide für die ursprüngliche Exposition des neunten Verses halten kann. Aber welcher von beiden ist es denn nun? Denn die Dinge stehen nicht so, dass man nicht

p. 13
it will be possible to distinguish the various parts of the composition, at least to some extent, then to join what needs to be joined, and to separate what belongs elsewhere.

A. 1. Chr. 2
I shall start from the ninth verse which, in a way, contains the whole chapter in a nutshell. The sections from the Pentateuch, Joshua and 1 Kgs that precede, show how those tribes that are dealt with exclusively from v. 9 onwards are clustered together with the rest of the Jewish tribes, so that what follows explains quite thoroughly our very verse here. Three of Hezron's sons are enumerated there in the following order: Jerahmeel, Ram and Chelubai (**FN 1**). Out of these, Ram and Jerahmeel return in the following exposition in vv. 10–17 and in vv. 25–41 respectively. But who corresponds to the third one? Without doubt one of those coming up in v. 18 ff. and vv. 42 ff. under Caleb's name – but not either, since it is for certain that apart from Jerahmeel and Ram not two of Caleb's sons, but only one, are enumerated in v. 9. But vv. 18 ff. and vv. 42 ff. are known to differ from each other to such an extent that not both can be taken as the original explanation of the ninth verse. But which one is it then? For as matters stand, we could in fact deny that he who now takes the place later in line also sneaked in here

res ut dubitari nequeat quin qui locum nunc tenet posteriorem posteriore etiam tempore huc irrepserit. Immo plane diversa mea quidem est sententia: cum Kelubaeo v. 9 conferri debet Kaleb v. 42 sqq., contra quae v. 18 sqq. leguntur ex variis fontibus hausta a Chronicographo demum ei Chesronaeorum catalogo interposita sunt qui quasi fundamentum est totius structurae hujus genealogicae. Argumentis nitor maxime his.

leugnen könnte, dass derjenige, der nun den späteren Platz hat, sich auch zu späterer Zeit hier eingeschlichen habe. Meine These ist im Gegenteil eine völlig andere: Mit Kalubai in V. 9 muss Kaleb in V. 42 ff zusammengebracht werden. Was man dagegen in V. 18 ff liest, ist aus verschiedenen Quellen geschöpft und danach vom Schreiber der Chronik in dieses Verzeichnis erst eingeschoben worden. Dieses Verzeichnis der Hezroniter ist gleichsam die Grundlage des ganzen Aufbaus dieser Genealogie. Ich stütze mich dabei besonders auf folgende Argumente:

at a later time. My opinion is quite different indeed: Caleb in v. 42 needs to be brought together with Chelubai in v. 9. However, what one reads in vv. 42 ff. has been drawn from different sources and then been inserted into this table of Hezronites by the writer of Chronicles. This table is the basis for the construction of this genealogy, so to speak. Above all, I make use of the following arguments.

Primum repeto ex ordine quem tenent Kaleb v 18 sqq et Kaleb v. 42 sqq. Antecedit Jerachmeelem ille, sequitur hic. Quaeritur quo jure hoc vel illud. Sequine conveniebat an antecedere? In promptu est responsio. Etenim Jerachmeel quum v. 25 primogenitus esse dicatur dignus est qui primus etiam inter fratres enumeretur. Justum igitur ex duobus illis qui Kalebi gerunt nomen obtinet locum is qui *post* fratrem majorem recensetur **(FN 2)**. Accedit quod mos est ubi

Zunächst komme ich nochmals auf die Stellung zu sprechen, die der Kaleb in V. 18 ff und der Kaleb in V. 42 ff haben. Der erste Kaleb geht Jerachmeel voran, letzterer folgt ihm. Man fragt sich, mit welchem Recht dies oder jenes der Fall sein mag. Wäre es passender gewesen, Kaleb folgen oder vorangehen zu lassen? Die Antwort ist offenkundig. Denn da Jerachmeel nach V. 25 der Erstgeborene gewesen sein soll, steht es ihm zu, als Erster auch unter seinen Brüdern aufgezählt zu werden. Den gerechten Platz also aus jenen beiden, die den Namen Kaleb tragen, bekommt derjenige, der nach seinem älteren Bruder in die Liste aufgenommen wird. (**FN 2**) Hinzu kommt, dass es Sitte ist, wo

I start by recalling the position held by the Caleb in vv. 18 ff. and the Caleb in vv. 42 ff. The first Caleb precedes Jerahmeel, the latter follows him. One wonders why this or that may be the case. Would it have been more convenient to let Caleb follow or precede? There is a response at hand. For since according to v. 25, Jerahmeel is said to have been the firstborn, he deserves to be enumerated first amongst his brothers. Hence, he of those two individuals named Caleb receives the right place who is enumerated after his elder brother (**FN 2**). Moreover, where one out of several brothers

FN 1: Quum Kelubai nihil amplius sit quam adjectivum gentilicium a Kelub 1 Chr 4, 11 derivatum (Ewald. gramm.

FN 1: Da Kelubai nichts weiter ist als ein auf Abstammung bezogenes Adjektiv, das aus 1Chr 4,11 abgeleitet ist (Ewald. Gramm. 1870. § 164 c, vgl. צוֹפַי = Zo-

FN 1: Since Chelubai is nothing more than an adjective referring to descent derived from 1 Chr 4.11 (Ewald. Gramm. 1870. § 164 c, cf. צוֹפַי = Zo-

1870. § 164 c,[14] cf. צוֹפַי = Sufaeus, e regione Suf oriundus), accuratius v. 9 dici poterat Kelub pro Kelubai. Sed vide pag. 8 init.	fai, aus der Gegend Zuf stammend), hätte man in V. 9 für Kelubai genauer Kaleb sagen können. Aber siehe S. 8 am Anf.	fite, from the region of Zof), one could have more accurately said Caleb instead of Chelubai in v. 9. But see p. 8 above.
FN 2: Quodsi quis dicet ea lege etiam Ramum postponi oportuisse	**FN 2:** Wenn aber irgendeiner sagen wird, dass unter dieser Bedingung auch Ram Jerachmeel hätte nachgeordnet	**FN 2:** If someone is now going to say that, given this premise, Ram also should have been put after
p. 14 unus ex compluribus fratribus insignitur titulo primogeniti reliquos ita referri ad illum, ut sive post eum qui proximus sequitur addatur אָחִיו, sive post absolutam omnium enumerationem אָחִיו; quae appositiones genitivo suo, qui plerumque est suffixum personale, se referunt ad antecedens quoddam פְּלֹנִי בְּכוֹר פְּלֹנִי. Atqui v. 42 diserta leguntur verba „et erant filii Kalebi *fratris* Jerachmeelis“, quae respiciunt illa v. 25 „et erant filii Jerachmeelis *primogeniti* Chesronis“. Ergo concludi licet, cum Jerachmeele originitus et proprie cohaerere eum qui v. 42. introducitur Kalebum. Quod idem lucidius etiam apparebit collatis epilogis (cf. Bertheau) v. 33 אֵלֶּה	**S. 14** einer von mehreren Brüdern mit dem Titel des Erstgeborenen ausgezeichnet wird, die übrigen so auf jenen zu beziehen, dass entweder nach dem, der als Nächster folgt, ein אָחִיו eingefügt wird, oder nach erfolgter Aufzählung aller ein אָחִיו. Diese Beifügungen beziehen sich oft durch ihren Genitiv, der meistens ein Personalsuffix ist, auf ein bestimmtes Antezedens: פְּלֹנִי בְּכוֹר פְּלֹנִי. Und doch kann man in V. 42 die klaren Worte „und sie waren Söhne Kalebs, des Bruders Jerachmeels“ lesen, die jene des V. 25 „und sie waren Söhne Jerachmeels, des Erstgeborenen Hezrons“ betreffen. Also darf man schließen, dass ursprünglich und eigentlich mit Jerachmeel derjenige Kaleb zusammenhängt, der in V. 42 eingeführt wird. Eben dies wird nach einem Vergleich der Schlussbemerkungen (vgl. Bertheau) in V. 33 אֵלֶּה הָיוּ בְּנֵי־יְרַחְמְאֵל und V. 50 אֵלֶּה הָיוּ בְּנֵי־כָלֵב noch klarer	**p. 14** is distinguished by the title of firstborn, there is the custom to refer the rest to him in the following way: Either there is אָחִיו inserted after the following or אָחִיו once the enumeration of all brothers has been completed. These appositions, through their genitive which in most cases is a personal suffix, often refer to a certain antecedent פְּלֹנִי בְּכוֹר פְּלֹנִי. And yet in v. 42 one can read the clear words “and they were sons of Caleb, Jerahmeel’s brother.” Those words refer to the ones in v. 25 “and they were sons of Jerahmeel, Hezron’s firstborn.” Hence it can be deduced that the Caleb who is originally and properly connected with Jerahmeel is the one introduced in v. 42. Exactly this shall become even clearer after comparing the final remarks (cf. Bertheau) in v. 33 אֵלֶּה הָיוּ בְּנֵי־יְרַחְמְאֵל and in v. 50 אֵלֶּה הָיוּ בְּנֵי־כָלֵב.

14 Im Original steht e.

הָיוּ בְּנֵי־יְרַחְמְאֵל et אֵלֶּה הָיוּ בְנֵי־כָלֵב. Qui autem cohaerebit cum Jerachmeele, idem respondebit illi qui v. 9. in tertio positus loco vocatur Kelubai.

erscheinen. Wer aber mit Jerachmeel zusammenhängen wird, eben der wird jenem entsprechen, der in V. 42 als an dritte Stelle Gesetzter Kelubai heißt.

But he who is connected with Jerahmeel will correspond to Chelubai in v. 42 – put in the third rank.

Aliud quod proferam argumentum hoc est. Video ea quae de filiis Rami non minus quam quae de filiis Jerachmeelis referuntur, catenae esse similia cujus anuli bene singuli nectuntur[15] ex singulis – contra quae de Kaleb. v. 18 sqq., longe alius esse naturae. Neque enim haec in unam et solidam coalescunt compagem, sed fragmenta sunt undelibet petita quae noster demum scriptor in hanc novam coegit formam, ita quidem ut etiam nunc facile dissolvi possint singula. Nam quum initio v. 18–20 et rursus in fine v. 24 de *filio* agatur Chesronis **(FN 1)**,

Ein anderes Argument, das ich vorbringen möchte, ist das folgende. Ich sehe, dass die Dinge, die über die Söhne Rams, nicht weniger als die, die über die Söhne Jerachmeels berichtet werden, einer Kette ähnlich sind, deren Ringe wohl jeder mit jedem verbunden werden – dass dagegen die Dinge, die von Kaleb in V. 18 ff berichtet werden, von völlig anderer Natur sind. Denn sie wachsen nicht zu einem einzigen festen Gefüge zusammen, sondern sind woher auch immer zusammengesuchte Bruchstücke, die unser Schreiber schließlich in diese neue Form gezwängt hat, und zwar so, dass man auch jetzt noch einzelne Stücke auflösen kann. Denn obwohl es anfangs in V. 18–20 und wiederum am Ende in V. 24 um Hezrons *Sohn* geht (**FN 1**),

Another argument I would like to put forward is the following: I see that the things reported about Ram's sons no more than those reported about Jerahmeel's sons are similar to a chain with the rings of that chain well connected to each other. However, the reports about Caleb are of a completely different kind, for they do not grow together into a stable structure. Rather, they are fragments taken from wherever and crammed into this new form by our writer in such a way that it is possible, even now, to separate them into parts. Although first vv. 18–20 and then v. 24 deal with Hezron's *son* (**FN 1**),

Fortsetzung FN 2 von S. 13: Jerachmeeli, infra quae hac de re sentiam audiet. Interim satis sit monere, cogitari posse causam quae in Ramo legi illi exsequendae intercederet – nimirum atavum Davidis praeponere fas erat (Ewald) – sed quod attinet ad Kaleb.,

Fortsetzung FN 2 von S. 13: werden müssen, wird er weiter unten hören, was ich dazu meine. Für den Augenblick mag es genügen, an Folgendes zu erinnern: Man kann sich einen Grund denken, der bei Ram der Anwendung jener Regel in die Quere kam – natürlich wäre es recht gewesen, einen Ahnen Davids vorzuziehen (Ewald). Was aber Kaleb betrifft, so

FN 2 p. 13 continued: Jerahmeel, he shall hear further down how I think about this. For the time being it may suffice to remind the reader that one can imagine a reason that would prevent this rule from being applied. Of course, it would have been right to bring forward an ancestor of David (Ewald). But as far as Caleb is concerned, there

15 Im Original steht *nectuntus*.

nullae mutandi ordinis sueti inveniuntur causae.

FN 1: v. 24 lego בָּא כָלֵב אֶפְרָתָה אֵשֶׁת ח“ אָבִיו = post mortem Chesronis „venit Kaleb ad Ephrat, uxorem Chesronis patris sui.“ Nam si qua omnino verbis ut nunc sonant elici potest sententia, certe cur tam detortis abscondi debuerit phrasibus non facile est exploratu. Singula haec offendunt: 1. Kaleb alibi nusquam nomen est regionis sed aut gentis aut viri. 2. Ratio cur subjectum „et uxor Ch. Abia“ a praedicato suo „et peperit“ sic esset divellendum, ut in parenthesi praeponeretur, nulla cognoscitur. LXX pro “בְּכלב א habent *ἦλθε Χαλὲβ εἰς Ἐφραθά* (pro בְּ legerunt בָּא vel בָּ), sed congressum hunc nullus deinde sequitur fructus, quando quidem inde a *καὶ ἡ γυνὴ Ἑσρὼν Ἀβιά* plane item sonant verba Graeca atque Hebraica. Aliunde autem scimus, Churum ex hoc matri-

lassen sich keine Gründe für eine Vertauschung der gewohnten Reihenfolge finden.

FN 1: V. 24 lese ich: בָּא כָלֵב אֶפְרָתָה אֵשֶׁת ח“ אָבִיו = nach dem Tod Hezrons „kam Kaleb zu Ephrata, der Frau seines Vaters Hezron.“ Denn wenn man den Worten, wie sie jetzt klingen, überhaupt irgendeine Aussage entlocken kann, ist es sicher nicht leicht zu erforschen, warum sie mit so verdrehten Sätzen hätte verborgen werden sollen. Folgende Einzelpunkte stehen dagegen: 1. Kaleb ist nirgends sonst der Name einer Gegend, sondern entweder der eines Geschlechts oder der eines Mannes. 2. Man kann keinen Grund erkennen, weshalb das Subjekt „und die Frau des H., Abija“ von seinem Prädikat „und sie gebar“ so hätte weggerissen werden sollen, dass man es in Parenthese voranstellen würde.
Die LXX hat *ἦλθε Χαλὲβ εἰς Ἐφραθά* anstelle von “בְּכלב א (anstelle von בְּ las sie בָּא oder בָּ), aber keine Frucht folgt auf diese Zusammenkunft, da ja von dort an, also von *καὶ ἡ γυνὴ Ἑσρὼν Ἀβιά* an, die griechischen und hebräischen Wörter völlig gleich klingen. Anderswoher aber wissen wir, dass Hur aus dieser Ehe

are no reasons to be found for switching the usual order.

FN 1: In v. 24 I read: בָּא כָלֵב אֶפְרָתָה אֵשֶׁת ח“ אָבִיו = after Hezron's death “Caleb came to Ephrathah, the wife of his father Hezron.” If any statement is to be elicited from these words as they now stand, it is surely not easy to explore why they should have been concealed by such twisted sentences. The following points speak against this: 1. Nowhere else is Caleb the name of a region, but only that of a tribe or a man. 2. There is no reason to be found why the subject “and Abija, Hezron's wife” should be torn off its predicate “and she gave birth” being prefixed in parenthesis.
Instead of “בְּכלב א, the LXX has *ἦλθε Χαλὲβ εἰς Ἐφραθά* (instead of בְּ the LXX read בָּא or בָּ), but no fruit follows from this meeting, for from there onwards, i.e. from *καὶ ἡ γυνὴ Ἑσρὼν Ἀβιά* onwards, the Greek and Hebrew words sound exactly the same. But we know from somewhere else that Hur was born

p. 15

subito v. 21–23 ipsissimus irruit pater Chesron. Quem nihil hic habere loci, nondum absoluta expositione versus noni, abunde probatur et exordio versus 21 et fine versus 23. Ex more enim suo Chronicographus quum aliunde huc transferret quae huc pertinere viderentur, promiscue etiam talia recepit quae a suo sermonis contextu prorsus erant aliena, quippe qui brevi manu quae ibi unde hausit inter se juncta invenit, juncta etiam retineret, ubi in suum converteret usum. Sic adverbium וְאַחַר v. 21 hic non habet quo possit referri, sic inter Judaeos et sexaginta oppida Manassaea v. 23. nulla intercedit ratio – minime enim debent confundi cum vicis Jairi (v. Bertheau l. l.). Diserte denique declarat epilogus v. 23, haec omnia desumpta esse de catalogo ubi enumerabantur B'ne Makir i.e. Manassaei, non B'ne Juda. – Versibus igitur 21–23 e medio sublatis, qui remanent v. 18–20. v. 24 sane illi quidem de uno omnes agunt Kalebo, sed abest ut unius sint membra corporis. Ac primum quidem patet versum 24 ceteris non

S. 15

stürzt plötzlich in V. 21–23 der Vater Hezron höchstpersönlich herein. Dass dieser hier keinen Platz hat, ohne dass die Exposition des neunten Verses schon beendet wäre, wird völlig klar aus dem Anfang des Verses 21 und dem Ende des Verses 23. Als der Schreiber der Chronik nämlich nach seiner ihm eigenen Art anderswoher übertrug, was hierher zu gehören schien, hat er vermischt auch solche Stoffe aufgenommen, die seinem Sprechkontext ganz und gar fremd waren; zumal da dieser kurzerhand an denjenigen Dingen auch als verbundenen festhielt, die er dort miteinander verbunden vorfand, wo er sie schöpfte, um sie dort abgewandelt für seine Zwecke zu nutzen. So gibt es für das Adverb „und danach" וְאַחַר in V. 21 nichts, worauf es sich beziehen könnte, so gibt es zwischen den Juden und den sechzig Städten Manasses in V. 23 keine Beziehung – keineswegs nämlich darf man sie mit den Dörfern Jaïrs verwechseln (s. Bertheau zur Stelle). Deutlich schließlich erklärt die Schlussrede in V. 23, dass all diese Dinge einem Verzeichnis entnommen sind, wo die Söhne Machirs, d. h. Manasse, nicht die Söhne Judas, aufgezählt wurden. Wenn man also die Verse 21–23 weglässt, handeln zwar jene Verse, die übrig bleiben, also V. 18–20; V. 24, alle von einem einzigen Kaleb, aber sie sind bei weitem nicht Glieder eines einzigen Körpers. Und zunächst freilich ist klar, dass Vers 24 mit den übrigen nicht

p. 15

Suddenly, father Hezron bursts in in person in vv. 21–23. It becomes perfectly clear at the beginning of v. 21 and at the end of v. 23, that it is not his place before the explanation of the ninth verse is completed. For in his own manner the writer of Chronicles transferred from somewhere else what seemed to belong here. In doing so, he also took things that were completely foreign to the context of his talk. And this even more so because there where he converted things for his own use, he without further ado kept connected what he found connected in his sources. So the adverb וְאַחַר has nothing it could refer to. In the same manner, there is no relationship between the Jews and the sixty cities of Manasseh in v. 23. In no case are they to be mixed up with Jair's villages (see Bertheau, ibid.). The epilogue in v. 23 clearly says that all this information has been taken from a directory listing Machir's, i.e. Manasseh's sons, not Judah's. For when leaving out the verses 21–23, all those remaining deal with one single Caleb. They are far from being limbs of a single body, though. First of all, it is clear that v. 24 not only does not

Fortsetzung FN 1 von S. 14: monio natum esse v. 19. 50. 3, 4; atqui mirum quod in nostro versu postquam antecessit mentio parentium *Churi*, nasci quidam narratur cui nomen est Ash-*chur* i.e. אִישׁ־חוּר Ewald. §. 273^b p. 675 not., conf. אֶשְׁבַּעַל = אִישׁ־בַּעַל vel אִישׁ־בֹּשֶׁת = מְרִיבַעַל (אִישׁ = מרי cf. Imru-ul-Qais). Consideratis ergo his omnibus quum Chur et Ash-chur non magis inter se differre videantur quam Baal 1 Chr. 8, 30. et Esh-baal, veri est simillimum, ex Kaleb. et Ephrat. hic repeti origines Ash-churi. Itaque recipienda est lectio בָּא, אביה mutandum in אָבִיו (aeque ac v. 25. אחיה in אָחָיו cf. 7, 34. 8, 14. 2 Sam. 6, 3 sqq. alios complures locos, ubi nomina appellativa בן אח אב cum suffixis falso abierunt in nomina propria cum Dei nomine composita), delenda denique ante אֵשֶׁת particula וְ, quae tum demum irrepsit postquam אביו corruptum est in אביה.

Fortsetzung FN 1 von S. 14: in V. 19.50; 3,4 geboren worden ist. Und doch ist in unserem Vers Folgendes verwunderlich: Nachdem die Erwähnung der Eltern Hurs vorangegangen ist, wird erzählt, dass jemand geboren wird, der Ash*chur* heißt, d.h. אִישׁ־חוּר, Ewald §. 273^b S. 675 Fußn., vgl. אֶשְׁבַּעַל = אִישׁ־בַּעַל oder אִישׁ־בֹּשֶׁת = מְרִיבַעַל (אִישׁ = מרי vgl. Imru-ul-Qais). Da also nach Berücksichtigung all dieser Punkte Hur und Ashchur sich nicht mehr voneinander zu unterscheiden scheinen als Baal in 1Chr 8,30 und Esh-baal, ist es doch höchst wahrscheinlich, dass die Ursprünge Ashchurs hier auf Kaleb und Ephrata zurückgeführt werden. Daher ist die Lesart בָּא beizubehalten, אביה ist in אָבִיו abzuändern (genauso wie in V. 25 אחיה in אָחָיו vgl. 7,34; 8,14; 2Sam 6,3 ff und mehrere andere Stellen, wo Gattungsnamen בן אח אב mit Suffixen sich fälschlicherweise in Eigennamen verwandelt haben, die mit dem Gottesnamen zusammengesetzt sind). Zu tilgen ist schließlich vor אֵשֶׁת die Partikel וְ, die sich erst einschlich, nachdem אביו zu אביה verdorben war.

FN 1 p. 14 continued: from this marriage in vv. 19; 50; 3.4. And yet, the following is strange in our verse: After *Hur's* parents are mentioned, we are told about the birth of somebody named Ash*hur*, i.e. אִישׁ־חוּר, Ewald §. 273^b p. 675 footnote, cf. אֶשְׁבַּעַל = אִישׁ־בַּעַל or אִישׁ־בֹּשֶׁת = מְרִיבַעַל (אִישׁ = מרי cf. Imru-ul-Qais). Taking into account all these points, Hur and Ashhur do not seem to differ more from one another than Baal in 1. Chr. 8.30 and Eshbaal. It is therefore highly probable that here Ashhur's origins are attributed to Caleb and Ephrathah. That is why the version בָּא is to be retained. אביה is to be changed to אָבִיו (as well as אחיה to אָחָיו in v. 25; cf. 7.34, 8.14, 2. Sam. 6.3 ff. and many other passages where appellatives בן אח אב with suffixes were transformed into proper names containing God's name as one element). Finally, the particle וְ in front of אֵשֶׁת is to be deleted. It only sneaked in after the corruption of אביו to אביה.

Sic plana facilisque oratio evadit et cujus bene inter se excipiunt membra, ita quidem ut et verba[16] „post mortem Chesronis" prospiciant ea quae sequun-

So entwickelt sich die Rede leicht und deutlich und ihre Glieder passen gut zueinander, so freilich, dass auch die Worte „nach dem Tode Hezrons" einen Ausblick geben auf das, was dem „er heiratete die Frau

Thus, the talk develops into a clear and easy one. Its parts fit well together in such a way that even the words "after Hezron's death" allow a prospect onto what follows "and he married his father's

16 Im Original folgen auf *verba* erst die Anführungszeichen unten, dann das Leerzeichen (vgl. p. 23).

tur „duxit uxorem *patris*“ et illud וַתֵּלֶד, ut mos est Hebraeis, praeparetur praemissa congressus mentione, vid. v. 21. Sic etiam quae aliter essent plane singularia et abrupta, connexui earum, quas aliunde accepimus, relationum aliquatenus possunt inseri. Una tantum difficultate premitur ea, quam proposuimus lectio: offendit videlicet localis אפרָאָתָה pro quo exspectaveris אל־אפרת. Verum quum Ephrat revera non sit persona sed regio, localis fortasse tolerari poterit. Ceterum notari debet, in dialectis verba intrandi veniendi cett. nulla interposita praepositione directe transire in objectum.

des *Vaters*“ folgt, und jenes וַתֵּלֶד, wie es Sitte bei den Hebräern ist, durch die vorherige Erwähnung der Zusammenkunft vorbereitet wird, s. V. 21. So können auch diejenigen Dinge, die andernfalls völlig vereinzelt und abgerissen wären, in die Verbindung derjenigen Berichte einigermaßen eingefügt werden, die wir von woanders bekommen haben. Von nur einer Schwierigkeit wird die Lesart, die wir vorgeschlagen haben, in Frage gestellt: Offensichtlich erregt das örtliche אפרָאָתָה Anstoß, für das man אל־אפרת erwarten dürfte. Da aber Ephrat in Wirklichkeit keine Person, sondern eine Gegend ist, wird man die Ortsangabe vielleicht ertragen können. Übrigens muss man zur Kenntnis nehmen, dass Verben des Eintretens, des Kommens usw. in Mundarten ohne Dazwischentreten einer Präposition ein direktes Objekt nach sich haben.

wife” and this וַתֵּלֶד, as it is custom amongst the Hebrews, prepared by the former mention of their meeting, see v. 21. In this way, even things that would otherwise stand alone or be torn off can be inserted into connecting flow of those reports that we received from elsewhere. The version suggested by me is called into question by only one difficulty. The local אפרָאָתָה for which one could expect אל־אפרת stands in the way. But since Ephrath is actually not a person, but a region, it will probably be possible to tolerate the local aspect. By the way, one has to note that in dialects, verbs of entering, coming and so on usually have a direct object without a preposition.

p. 16

solum non cohaerere sed eatenus etiam repugnare quatenus v. 19 coll. v. 50. Kaleb procreare videtur *primogenitum* Ephrat., quae tamen v. 24 secundo demum matrimonio nubit Kalebo. Ast ne v. 18–21 quidem simplicis sunt naturae. Nam stemma Besaleelis ex Pentateucho desumptum primus Chronicographus huc inseruit eo jure ut Churum Besaleelis avum eundem esse vellet atque Churum filium Kalebi et Ephratae v.

S. 16

nur nicht zusammenhängt, sondern ihnen sogar insofern widerspricht, als Kaleb in V. 19 vergl. mit V. 50 den Erstgeborenen der Ephrata zu zeugen scheint, die sich doch nach V. 24 erst in zweiter Ehe dem Kaleb vermählt hat. Aber nicht einmal die V. 18–21 sind einfacher Natur. Denn Besaleels dem Pentateuch entnommene Ahnenreihe hat der Schreiber der Chronik als Erster hier in der Absicht eingefügt, nach seinem Wunsche Hur, den Großvater Besaleels denselben sein zu lassen wie Kalebs und Ephratas Sohn in V. 50 und in 4,4. Also muss man die Worte in V.

p. 16

cohere with the rest, but even contradicts it in so far as Caleb in v. 19 after a comparison with v. 50 seems to father Ephrathah’s firstborn. On the other hand, according to v. 24, Ephrathah married Caleb only as her second husband. But not even the verses 18–21 are all that simple. For the writer of Chronicles chose Besaleel’s pedigree from the Pentateuch. He did so in order to indulge to his wish that Hur, Besaleel’s grandfather, be the same as Caleb’s and Ephrathah’s son in v. 50 and in 4.4. Hence the words in v. 19 need to be compared

50. 4, 4. Verba igitur v. 19 suturae sunt comparanda qua scriptor noster duos quasi pannos consuit[17] eosque inter se satis diversos, quandoquidem v. 20. mere genealogicae est naturae ut qui in unum tendat Besaleelem, contra v. 18. ethnologicae.	19 mit einer Naht vergleichen, mithilfe derer unser Schreiber gleichsam zwei Tücher aneinandergenäht hat, und zwar voneinander recht verschiedene, da ja V. 20 rein genealogischer Natur ist, um auf einen einzigen Besaleel zu zielen, V. 18 dagegen ethnologischer Natur ist.	with a seam which our writer sewed together from two rather different cloths. For v. 20 is mainly genealogical in kind so as to point towards a single Besaleel. Conversely, v. 18 is of ethnological kind.
Jam illuc unde profectus sum redibo: versibus 18 sqq. frustula continentur undique conquisita aliena singula a singulis. V. 42 sqq. e contrario ea etiam re declarant cognationem suam cum v. 10 sqq., quod singula quae hic traduntur nomina in majus quoddam et solidum compacta sunt systema. Quamquam enim ne ea quidem quae v. 25–41. v. 42–55 continentur omnia necessario inter se cohaerent, facile tamen utrobique discernitur solidum quoddam, cui „offendet fragili quaerens illidere dentem.“[18] At in v. 18 sqq. non invenitur nucleus cui se agglutinarint deinde cetera, sed farrago duntaxat sunt omnia ex meris congesta fragmentis.	Nunmehr werde ich dorthin zurückkehren, von wo ich aufgebrochen bin: In den Versen 18 ff sind überallher zusammengesuchte, nicht zusammengehörige, völlig vereinzelte kleine Stückchen enthalten. Die V. 42 ff erklären im Gegenteil ihre Verwandtschaft mit den V. 10 ff, weil einzelne Namen, die hier überliefert werden, in ein bestimmtes größeres und festes System eingefügt sind. Obwohl nämlich nicht einmal diejenigen Namen, die in V. 25–41 und V. 42–55 enthalten sind, alle notwendig miteinander zusammenhängen, kann man doch in beiden Fällen etwas Festes unterscheiden, auf das „beißen wird, wer seinen Zahn in Zerbrechliches zu schlagen sucht.“ Jedoch kann man in V. 18 ff nicht den Kern finden, an den sich daraufhin das Übrige anhängte, sondern es ist alles bloß ein aus reinen Bruchstücken zusammengestelltes Allerlei.	I shall now return to from where I started in the first place: In vv. 18 ff. are contained scattered small bits and pieces not belonging together, gathered together from virtually everywhere. On the contrary, vv. 42 ff. declare kinship with vv. 10 ff. because single names handed down here have been inserted into a bigger and a somewhat solid system. Even though not even all the names contained in vv. 25–41 and vv. 42–55 necessarily cohere with one another, one can easily discern in either passage something solid, “which he is going to chew who is seeking to dig his teeth into something fragile.” However, in vv. 18 ff. one cannot find the central core to which the rest could be attached, as it is nothing but a collection of separate fragments.
His omnibus clare cognoscitur, uter Kaleborum locum hîc teneat antiquiorem	Aus all diesem ergibt sich deutlich, welcher der beiden Kalebs hier den älteren und den rechtmäßigeren	From this can be seen clearly which of the two Calebs holds the older and more justified place

17 Im Original steht *eonsuit*.

18 Hor. *serm*. 2,1,78 und 77; in dieser Reihenfolge.

et legitimiorem. Talia de industria tacebo, quae de argumento versuum v. 18 sqq. v. 42 sqq. repeti possunt pro his contra illos, maxime ratione sedium habita, quibus Kalibbaei v. 42 sqq. arctissime conjunguntur cum Jerachmeelaeis, illi v. 18 sqq. longe separantur.	Platz einnimmt. Ich werde absichtlich solches verschweigen, was man über das Argument der Verse V. 18 ff und V. 42 ff für diese und gegen jene wiederholen kann, wobei man besonders auf die Wohnsitze Rücksicht genommen hat, durch die die Kalebiter in V. 42 ff aufs Engste mit den Jerachmeelitern verbunden werden, aber Erstere von Letzteren in V. 18 ff weit getrennt werden.	here. I am deliberately going to leave out what can be said about the argument of vv. 18 ff. and vv. 42 ff. for these and against those. Meanwhile, much attention has been paid to their dwelling places through which the Calebites are closely linked with the Jerahmeelites in vv. 42 ff. while the former become widely separated from the latter in v. 18 ff.
Quo autem modo factum est ut hunc in locum deferrentur v. 18 sqq? quid fuit quod ad *Ramum* attraxerit haec additamenta quum argumento suo jungerentur solis versibus 42 sqq.? Oritur suspicio, id ipsum fuisse vinculum v. 18 sqq. inter et v. 10 sqq., quod sicut illi ita etiam hi sint interpositicii.	Wie aber ist es dazu gekommen, dass V. 18 ff an diese Stelle verschoben wurden? Was war es, das Ram diese Zusätze zugezogen hat, als sie mit ihrem Argument nur den V. 42 ff verbunden wurden? Es entsteht der Verdacht, dass eben dies das Band zwischen V. 18 ff und V. 10 ff gewesen ist, weil auch diese ebenso wie jene dazwischengesetzt sind.	But how did vv. 18 ff. come to be shifted to this place? What was it that attracted these additions to Ram, while they were connected by their argument only with vv. 42 ff.? There is a rising suspicion that just that was the bond between vv. 18 ff. and vv. 10 ff. since they have both been inserted.
Supra vidimus (p. 13 not. 2) explicari quidem posse quodammodo, cur non Jerachmeel primus in recensum venerit ut decebat primogenitum, sed Ram. Tamen graviora quominus[19] sic explicetur obstant argumenta. Quippe toto coelo inter se	Wir haben oben gesehen (S. 13, Fußnote 2), dass man zwar gewissermaßen erklären kann, warum nicht Jerachmeel als Erster in der Zählung kam, wie es sich für den Erstgeborenen gehört hätte, sondern Ram. Jedoch stehen ziemlich schwerwiegende Argumente dagegen, es so zu erklären, zumal da ein himmelweiter	We saw above (p. 13, footnote 2) that there is a possible explanation why Jerahmeel did not come first in the enumeration – as he should have, being the firstborn – but instead Ram. However, there are rather strong arguments against such an explanation. For there is a huge
p. 17	**S. 17**	**p. 17**
differunt quae de Ramo v. 10 sqq. traduntur et quae de reliquis Chesronis fili-	Unterschied zwischen dem besteht, was über Ram in V. 10 ff und dem, was über die übrigen Söhne Hez-	difference between what has come down to us about Ram in vv. 10 ff. and about the rest of Hez-

19 Im Original steht *quomiuus*.

is. Differunt genere et indole, si quidem de Jerachmeele et Kalebo magnae urbes gentes familiae trahunt origines, a Ramo David. Differunt constructione: quum enim illius quo Jerachmeelaei et Kalibbaei junguntur syntagmatis ipsa procul dubio natura suppeditaret adumbrationem, quam in definitiorem[20] deinde formam imitando effingebat ingenium humanum, eam seriem quae a Ramo proficiscitur facile cognosces[21] mera arte esse confectam.

rons überliefert wird. Sie unterscheiden sich hinsichtlich ihrer Abstammung und natürlichen Anlage, da ja von Jerachmeel und Kaleb große Städte, Geschlechter und Familien ihre Ursprünge herleiten, David aber von Ram. Sie unterscheiden sich hinsichtlich ihrer Zusammensetzung: Denn gerade die Eigenart jener Zusammensetzung, durch die die Jerachmeeliter und die Kalebiter verbunden werden, lieferte ohne Zweifel eine deutliche Skizze. Diese Skizze gestaltete daraufhin durch Nachahmung menschliche Intelligenz zu einer bestimmteren Form aus. Daraus wird man leicht erkennen, dass diejenige Reihe, die von Ram ihren Anfang nimmt, ein reines Kunstprodukt ist.

ron's sons. They differ with respect to their descent and natural disposition. Just as big cities, tribes and families trace themselves back to Jerahmeel and Caleb, so also does David to Ram. They differ with respect to their composition: For it was doubtless the quality of this connecting of the Jerahmeelites and the Calebites that dropped a big enough hint here. This hint was then through imitation arranged by human intelligence into a more definite form. Therefore, one will easily recognize that the series starting from Ram is a product of mere art.

Usque ad Boazum noti fuisse videntur majores Davidis. Inde quum deficeret memoria transsiliebatur ad Salmam patrem urbis Betlechem v. 51. 54, ubi habitabat familia Isaei. Prorsus enim incredibile est, Salmam eum de quo Isaei avus natus esse fertur, alium esse atque illum, de quo ceteri genus repetebant Betlechemaei. Eadem plane ratione – ut unum de multis proferam exemplum – stemma Samuelis 1. Sam. 1, 1. ascendit usque ad ejus atavum, tum transsilit in

Bis zu Boas scheinen die Vorfahren Davids bekannt gewesen zu sein. Als dann die Erinnerung nachließ, wurde die Erinnerung übersprungen zu Salmon, dem Vater Betlehems in V. 51 und 54, wo Isais Familie wohnte. Es ist nämlich geradezu unglaublich, dass derjenige Salmon, von dem Isais Großvater geboren worden sein soll, ein anderer sei als jener Salmon, auf den die übrigen Betlehemiter ihr Geschlecht zurückführten. In derselben Absicht – um nur ein Beispiel aus vielen zu bringen – geht die Ahnenreihe Samuels in 1Sam 1, 1 hinauf bis zum Großvater seines Urgroßvaters, springt dann zu einer gewissen ephrai-

David's ancestors seem to have been known up to Boas. When memory faded, one jumped over to Salmon, Bethlehem's father in vv. 51 and 54 where Isai's family lived. For it is virtually unbelievable that the Salmon, presumably fathered by Isai's grandfather, is other than the Salmon to which the rest traced down Bethlehem's tribe. To give one out of many examples: with the same purpose does Samuel's pedigree in 1. Sam. 1.1 go back to the grandfather of his great-grandfather, but then jumps to a certain ephraimite family (Tachat or Tochut in 1 Chr. 7.20), before ending with

20 Im Original steht *definitorem*.
21 Im Original steht *cognoses*.

familiam quandam Ephraimaeam (Tachat vel Tochu 1 Chr. 7, 20), desinit denique in nomen regionis ubi sita erat Rama patria Samuelis = Suph 1 Sam. 9, 5.

mitischen Familie (Tachat oder Tochut in 1Chr 7,20), hört schließlich auf mit dem Namen einer Gegend, wo Rama, die Heimat Samuels, lag = Suph in 1Sam 9,5.

the name of a region, where Rama was, Samuel's home town = Suph in 1 Sam. 9.5.

Sed quidni Salmam antecedunt v. 11 eidem qui antecedunt eum v. 51 coll. v. 50? Nimirum David dignus erat qui descenderet de prisco illo qui tempore Mosis floruit principe tribus Judaeae. Itaque Nachshon filius Amminadabi constituebatur pater Salmae, eo aptius quia inde simul evenit affinitas quaedam vetustate sancta supremarum duarum potestatum, regiae dico et sacerdotalis. Amminadab enim socer fuit Aharonis Exod. 6, 23. Cur totius denique stemmatis auctor nominaretur Ram, e notione appelativa vocis רָם explicari potest.

Aber warum gehen Salmon in V. 11 nicht dieselben Ahnen voraus, die ihm in V. 50 (vgl. V. 51) vorausgehen? Ohne Zweifel war David würdig, von jenem Fürsten der jüdischen Sippe abzustammen, der zur Zeit des Mose in Blüte stand. Daher wurde Nahshon, Amminadabs Sohn, als Vater Salmons aufgestellt. Dies war umso passender, als daher zugleich eine gewisse durch das hohe Alter heilige Nähe der zwei höchsten Amtsgewalten entstanden ist, nämlich der königlichen und der priesterlichen. Denn Amminadab war nach Ex 6,23 der Schwiegervater Aarons. Weshalb schließlich der Urheber der ganzen Ahnenreihe Ram genannt wurde, kann man aus dem namengebenden Begriff des Wortes רָם erklären.

But why do not the same ancestors precede Salmon in v. 11 who precede him in v. 50 after a comparison with v. 51? David was without doubt dignified enough to be descended from that well-known prince of the Jewish tribe flourishing around the time of Moses. This is why Nahshon, Amminadab's son, was set up as Salmon's father. This was even more convenient since there was a certain closeness of the two highest authorities emerging from this. And this closeness of the two was almost holy, given their old age, namely the kingly and the priestly. For Amminadab was Aaron's father-in-law according to Exod. 6.23. Why was the author of this pedigree called Ram, then? This can be explained by the generic term רָם.

Verum unde, quaeritur, notitia nominis Ram filii Chesronis? Neque enim in construendis stemmatis nova fingebantur nomina, sed antiquitus tradita in novam duntaxat cogebantur conjunctionem. Nullus dubito, quin proprie idem sit ac Ram *nepos* Chesronis ex Jerachmeele natus v. 25. Desumpti scilicet sunt v. 10 sqq. ex libro Ruth. 4, 19 sqq. Etiam ibi quidem Ram ex Chesrone pro-

Aber woher, fragt man, kommt der Begriff des Namens Ram, des Sohnes Hezrons? Denn man dachte sich bei der Aufstellung von Ahnenreihen keine neuen Namen aus, sondern man zwängte lediglich von alters her überlieferte Namen in eine neue Verbindung. Ich zweifle gar nicht, dass es im Wesentlichen derselbe Ram ist wie der Ram, Enkel Hezrons, der in V. 25 dem Jerachmeel geboren wird. Natürlich sind die V. 10 ff aus dem Buch Ruth 4, 19 ff genommen. Auch dort wird erzählt, dass Ram von Hezron ge-

Where, one may ask, does the term of Ram's name, Hezron's son, come from? For when setting up pedigrees, one did not invent new names. Rather, one only crammed names handed down over a long period into a new connection. I do not have the slightest doubt that we are talking by and large the same Ram as Hezron's grandson, born to Jerahmeel in v. 25. Of course, vv. 10 ff. are taken from the book of Ruth 4.19 ff. There Ram is also said to have been fathered by Hezron. It happens

creatus esse narratur, verum quum saepissime fiat ut unum alterumve membrum omittatur in connectendis his seriebus – exemplorum copiam reperies ubicumque duae ejusdem argumenti series ex-	zeugt worden sei. Es kommt aber höchst oft vor, dass das eine oder andere Mitglied bei der Verbindung dieser Ahnenreihen ausgelassen wird. Eine Menge Beispiele kann man überall dort finden, wo zwei Reihen gleichen Inhalts vor-	every so often that one or the other member of a line is left out when joining those ancestral series. A lot of examples can be found where there are two comparable series
p. 18	**S. 18**	**p. 18**
stant quae conferri possint – haec narratio per se optime convenit cum accuratiore illa, Ram. fuisse nepotem Chesronis 1 Chr. 2, 25. Noster demum scriptor quum ea quae subordinari debebant Jerachmeeli coordinabat, satis incaute ex uno duos effinxit Ramos.	handen sind, die man vergleichen kann. Daher passt diese Erzählung an sich bestens zu jener genaueren, dass nämlich Ram nach 1Chr 2,25 der Enkel Hezrons gewesen sei. Als schließlich unser Schreiber das, was man Jerachmeel hätte unterordnen müssen, ihm beiordnete, erdichtete er recht unachtsam aus einem Ram zwei.	with the same content. That is why this story matches up so well with this more precise one, namely that Ram was Hezron's grandson according to 1. Chr. 2.25. After all, our writer rather inconsiderately made two Rams out of one when coordinating what should have been subordinated to Jerahmeel.
Sequitur non magis versus 10–17 cum vetere illo Chesronaeorum catalogo v. 25 sqq. primitus cohaesisse quam v. 18–24. Quod confirmatur etiam ea re quod hic desunt breves significationes illae quae occurrunt in exordio et fine serierum Jerachmeelis et Kalebi. Patet autem postquam v. 10 sqq. interpositi sunt, etiam in v. 9 interpolari oportuisse Rami nomen, id quod fiebat loco haud satis apto.	Es folgt, dass die Verse 10–17 zuerst nicht mehr mit jenem alten Verzeichnis der Hezroniter in V. 25 ff zusammenhingen als mit V. 18–24. Dies wird auch durch die Tatsache bekräftigt, dass hier jene kurzen Andeutungen fehlen, die am Anfang und Ende der Reihen Jerachmeels und Kalebs begegnen. Nachdem aber die V. 10 ff eingeschoben worden waren, musste man offenbar auch in V. 9 den Namen Ram einfügen, was an einer denkbar ungeschickten Stelle geschah.	Consequently, the verses 10–17 did not at first cohere more with that old table of the Hezronites in vv. 25 ff. than with vv. 18–24. This also becomes clear by the lack of those short clues; clues that occur at the beginning and at the end of the series of Jerahmeel and Caleb. Having inserted the verses 10 ff., though, one obviously felt obliged to also insert the name Ram in vv. 10 ff. which happened in the least appropriate position.
Restant qui examinentur v. 25–55. Ac primum quod catalogum Jerachmeelaeorum attinet, apparet v. 25–33 arctissime inter se esse connexos. Alia vero est	Es bleiben noch die V. 25–55 zur Untersuchung. Und was zunächst das Verzeichnis der Jerachmeeliter angeht, so sind offensichtlich die V. 25–33 äußerst eng miteinander verbunden. Eine andere aber ist die	Vv. 25–55 remain to be examined. Firstly, as far as the table of Jerahmeel's descendants is concerned, vv. 25–33 are obviously very tightly connected with each other. Yet the mindset of verses

ratio versuum 34–41. Cohaerent quidem nunc cum antecedentibus, sed alius sunt naturae, mere scilicet genealogicae; posterioris videntur aetatis – deducunt enim genus Jarchae ad tempora post exilium usque, ut videtur – denique, id quod gravioris est momenti, *pone* epilogum v. 33 collocati sunt. Accedit quod copula qua junguntur versui 31, satis infirma esse probatur. Simplicia verba „et filii Shesanis = Achlai“ – quo tandem jure sic restringi licet „non fuerunt sane Sheshani filii sed filiae” v. 34? Mirum etiam quod v. 31 non dicitur, Achlai fuisse *filiam* Sh., v. 34 tacetur, filiam Sh. fuisse *Achlai*. Denique 11, 41 Achlai nomen videtur esse viri non mulieris – quod tamen haud ita multum ponderis habet.

Denkart der Verse 34–41. Sie hängen zwar jetzt mit den vorausgehenden zusammen, sind aber anderen, nämlich rein genealogischen, Wesens. Sie scheinen aus einer späteren Zeit zu sein. – Sie führen nämlich das Geschlecht Jarchas bis zu Zeiten nach dem Exil, wie es scheint – schließlich hat man sie, und das ist von größerer Bedeutung, *hinter* der Schlussrede in V. 33 platziert. Hinzu kommt, dass die Verbindung, mit der sie an Vers 31 angeschlossen werden, sich als ziemlich schwach erweist. Mit welchem Recht dürfen denn die einfachen Worte „und die Söhne Sheshans = Achlai“ – eigentlich „Sheshan hatte freilich keine Söhne, sondern Töchter“ aus V. 34 einschränken? Merkwürdig ist auch, was in V. 31 nicht gesagt wird, nämlich dass Achlai die *Tochter* des Sh. gewesen sei, und was in V. 34 verschwiegen wird, dass *Achlai* die Tochter des Sh. gewesen sei. Schließlich scheint der Name Achlai in 11,41 der eines Mannes, nicht der einer Frau zu sein – doch das hat nicht so viel Gewicht.

34–41 is a different one. They do now cohere with the preceding verses, but they are of a different, purely genealogical kind. They appear to be from later times and to take Jarhah's lineage to a post-exilic time. After all, they were placed – and this is of paramount importance – *behind* the epilogue in v. 33. Moreover, the link joining them to v. 31 proves to be a rather weak one. By what right can the simple words “and Sheshan's sons = Ahlai” be restricted by “Sheshan evidently did not have any sons, but only daughters” in v. 34? What we are told in v. 31 seems also odd, namely that Ahlai was Sh.'s *daughter*. Likewise, v. 34 remains silent about the fact that *Ahlai* was Sh.'s daughter. After all, in 11.41 Ahlai appears to be a man's, not a woman's name. However, this does not have too much weight.

Eodem quo prior pars quae Jerachmeelaeos continet, clauditur etiam altera epilogo v. 50: “אֵלֶּה הָיוּ בְּנֵי” vid. v. 33. Quae sequuntur recte jam Bertheau ut appendicem segregavit, quam tamen hoc loco jam invenisse videtur Chronicographus: ipse enim alibi (v. 18 sqq.) eam inseruisset. Sed quae praecedunt, eane re vera omnia ex uno fluxerunt fonte? Sine dubio v. 42–45 nullo modo

Mit derselben Schlussrede wie der erste Teil, der die Jerachmeeliter enthält, schließt auch der zweite Teil in V. 50: “אֵלֶּה הָיוּ בְּנֵי” s. V. 33. Was folgt, hat schon Bertheau richtig wie einen Anhang abgesondert, den jedoch der Schreiber der Chronik selbst schon an dieser Stelle vorgefunden zu haben scheint: Selbst nämlich hätte er ihn anderswo (V. 18 ff) eingefügt. Aber ist tatsächlich alles, was vorangeht, aus einer einzigen Quelle geflossen? Ohne Zweifel können V. 42–45 nicht getrennt werden, aber hinsichtlich der V. 46–

The second part closes in v. 50 with the same epilogue as the first containing Jerahmeel's descendants: “אֵלֶּה הָיוּ בְּנֵי”, see v. 33. What follows was already correctly separated as an appendix by Bertheau. The writer seems to have already found it in this place, though. Presumably, he himself would have inserted it somewhere else (vv. 18 ff.). But did everything that comes before really flow from a single source? Surely, vv. 42–45 cannot, by any means, be torn apart. But as far as vv. 46–49

possunt diffindi, sed de v. 46–49 dubitari potest. Quum enim duabus hi versus constare videantur particulis – v. 47 et 49 inter se cohaerere inde cognoscitur quod a Shaaph., in quem desinit v. 47, incipit rursus v. 49 **(FN 1)**;

49 kann man zweifeln. Da nämlich diese Verse aus zwei kleineren Teilen zu bestehen scheinen – dass die V. 47 und 49 miteinander zusammenhängen, wird daraus erkennbar, dass V. 49 wieder mit Shaaf beginnt, auf den V. 47 endet **(FN 1)**;

are concerned there might be some doubt. Since these verses seem to consist of two parts – that vv. 47 and 49 cohere with each other can be seen from the fact that Shaaph who marks the end of v. 47, again marks the beginning of v. 49 **(FN 1)**.

FN 1: lectio v. 49 aeque ac v. 48 satis est corrupta: sed quum in

FN 1: Der Text von V. 49 genauso wie der von V. 48 ist ziemlich korrupt. Aber da offen-

FN 1: The text of v. 48 as well as that of v. 49 is rather corrupt. But since it is

p. 19

cum v. 46, qui ipse plane similis est versui 48 eique sine dubio adjungendus, non cohaerere inde quod Epha alium tenet locum v. 46, alium v. 47 –, una tantum cum versibus superioribus jungi potest, una vero etiam jungi *debet;* ambas enim a versibus 42–45 esse alienas idcirco non placet quia sic explicari non posset qua via *post v. 49* delatus sit epilogus v. 50ª. Inde autem quod epilogus qui citra omnem dubitationem genuinus est, subsequitur versum 49, hunc v. conjecerim et versum 47, a quo pendet, primitus cum v. 42–47 cohaesisse; quae mihi conjectura ea re videtur confirmari quod v. 49 item ac v. 42–45 mos est auctores gentium insignire appositis urbium nominibus quarum „patres" fuisse dicebantur, veluti Shaaph Abi Mad-

S. 19

dass die Verse 47 und 49 mit V. 46, der seinerseits dem Vers 48 völlig ähnlich und mit ihm ohne Zweifel zu verbinden ist, nicht zusammenhängen, sieht man daran, dass Epha in V. 46 eine andere Stellung einnimmt als in V. 47 – kann nur ein einziger Anhang mit den vorhergehenden Versen verbunden werden, einer *muss* aber auch damit verbunden werden. Dass beide nämlich nicht zu den Versen 42–45 gehören, kann man schon deswegen nicht durchgehen lassen, weil man dann nicht erklären kann, auf welchem Wege der Epilog aus V. 50ª *nach V. 49* verschoben worden ist. Daher aber, weil der Epilog, dessen Echtheit über jeden Zweifel erhaben ist, unmittelbar auf V. 49 folgt, möchte ich vermuten, dass dieser Vers und Vers 47, von dem er abhängt, zuerst mit V. 42–47 zusammengehangen haben. Diese Vermutung scheint mir dadurch gestärkt zu werden, dass es in V. 49 ebenso wie in den V. 42–45 üblich ist, die Urheber der Geschlechter durch Beifügung der Namen

p. 19

On the other hand, they do not cohere with v. 46 which is very similar to v. 48 and undoubtedly is to be joined with it. This can be seen from the fact that in v. 46 Epha takes a different position from that in v. 47. Only one of the two appendices can be joined with the preceding verses, but one also *must* be joined. For one cannot admit that they both belong to vv. 42–47, simply because this makes it impossible to explain how the epilogue in v. 50ª got shifted *behind* v. 49. On the other hand, the authenticity of the epilogue immediately following v. 49 is beyond any doubt whatsoever. That is why I would wish to make the conjecture that this v. and verse 47 from which it depends originally cohered with vv. 42–47. It seems to me that this conjecture is being confirmed by the fact that there is the custom in v. 47 as well as in v. 49 to denote the authors of tribes by adding names of cities whose "fathers" they

manna, Sheva Abi Makbena. Quod vero Jehdai v. 47 disertis verbis cum praecedentibus non connectitur, minime quidem offenderet in cap. 4, offendit tamen in cap. 2, ubi accurate semper de omnibus narratur quibus quique vinculis inter se nexi sint. Inde explicaverim quia irrepente versu 46 mutilatum sit initium sequentis v. 47.

von Städten zu kennzeichnen, deren „Väter“ diese angeblich gewesen seien, wie zum Beispiel Shaaph Abi Madmanna, Sheva Abi Makbena. Dass aber Jehdai in V. 47 mit deutlichen Worten mit dem Vorhergehenden nicht verbunden wird, würde zwar keineswegs in Kap. 4 Anstoß erregen, erregt aber doch in Kap. 2 Anstoß, wo immer genau von allen erzählt wird, durch welche Bande sie jeweils untereinander verknüpft sind. Von daher möchte ich erklären, dass der Anfang des folgenden Verses 47 dadurch, dass sich V. 46 einschlich, verstümmelt worden ist.

were said to have been, for example Shaap Abi Madmanna, Sheva Abi Makbena. However, the fact that Jedhai in v. 47 is clearly not connected with what comes before would not cause the slightest offence in chap. 4, yet it does in chap. 2 where we are always told precisely who is connected to whom and by which bonds. Departing from there I would wish to explain that it was by verse 46 sneaking in that the beginning of the following v. 47 became mutilated.

Paucis jam verbis repetam totius disquisitionis summam. Titulus v. 9 proprie sic sonabat: „Et filii Chesronis etc. = Jerachmeel et Kelubai“. Sequebatur expositio v. 25: „et fuerunt filii Jerachmeelis primogeniti Chesronis cett.“ ad v. 33 usque: „hi fuere filii Jerachmeelis“, denique v. 42 „et filii Kalebi fratris Jerachmeelis cett.“ ad v. 49 usque „hi fuere filii Kalebi”. Hoc schemate, quod etiam nunc translucet satisque clare, bene perspecto facile erit internoscere fundamentum capitis secundi ab additamentis.

Mit wenigen Worten möchte ich nun ein Fazit der ganzen Untersuchung ziehen. Die Ankündigung von V. 9 lautete im Wesentlichen so: „Und die Söhne Hezrons usw. = Jerachmeel und Kelubai“. Es folgte die Exposition in V. 25: „Und sie waren die Söhne Jerachmeels, des Erstgeborenen Hezrons usw.“ bis hin zu V. 33: „Dies waren die Söhne Jerachmeels“, schließlich V. 42 „und die Söhne Kalebs, des Bruders Jerachmeels usw.“ bis hin zu V. 49 „dies waren die Söhne Kalebs“. Wenn man dieses Schema, das auch jetzt noch ziemlich klar durchscheint, gut durchschaut, wird es leicht sein, die Grundlage des zweiten Kapitels von den Hinzufügungen zu unterscheiden.

In a few words, I would now wish to draw a conclusion from the whole exploration. The announcement of v. 9 was – strictly speaking – this: “And the sons of Hezron etc. = Jerahmeel and Chelubai”. The explanation followed in v. 25: “and they were the sons of Jerahmeel, Hezron’s firstborns etc.” all the way through to v. 33: “these were the sons of Jerahmeel”, finally in v. 42 “and the sons of Caleb, Jerahmeel’s brother etc.” all the way through to v. 49 “these were the sons of Caleb”. Provided one properly understands this pattern shining through quite clearly even now, it will become easy to tell the foundation of the second chapter from the additions.

B. 1 Chr. 4, 1–23.

Pariter ac 1 Chr. 2 etiam 1 Chr. 4 continetur catalogus Chesronaeorum, pari-

B. 1Chr 4,1–23

Genau wie 1Chr 2 enthält auch 1Chr 4 ein Verzeichnis der Hezroniter, genauso geht auch hier eine ge-

B. 1. Chr. 4.1–23

Just as in 1. Chr. 2, so 1. Chr. 4 also contains a table of Hezron’s descendants. Similarly, there is

ter etiam hic praecedit brevis quidam titulus qui indicet partitionem sequentis expositionis v. 1. Haec vero illi minus bene videtur respondere **(FN 1)**. Churum	wisse kurze Ankündigung voraus, die die Einteilung der folgenden Exposition in V. 1 anzeigen soll. Letztere aber scheint Ersterer weniger gut zu entsprechen **(FN 1)**. Hur	even here some short preceding title that indicates the partition of the following exposition of v. 1. The latter seems to correspond less well to the former, though **(FN 1)**. We
Fortsetzung FN 1 von S. 18: aperto sit, אֶת־שְׁוָא demum esse objectum verbi ילד, שֵׁעַף subjectum, scribendum esse censeo וַיּוֹלֶד pro וַתֵּלֶד. – V. 47 pro גישן cum LXX lego גרשן; cf. Orig. comment. in Joan. 1, 24. (de la Rue 1V, p. 141c). Litera י est quasi ר minimum.	**Fortsetzung FN 1 von S. 18:** kundig ist, dass אֶת־שְׁוָא schließlich das Objekt des Verbs ילד und שֵׁעַף das Subjekt ist, meine ich, man müsse וַיּוֹלֶד schreiben anstelle von וַתֵּלֶד. – In V. 47 lese ich anstelle von גישן mit der LXX גרשן; vgl. Orig. comment. in Jaon. 1,24 (de la Rue IV, p. 141c). Der Buchstabe י ist gleichsam ein sehr kleines ר.	**FN 1 of p. 18 continued:** obvious that אֶת־שְׁוָא is after all the object to the verb ילד, and שֵׁעַף the subject, I opt for writing וַיּוֹלֶד instead of וַתֵּלֶד. – In v. 47 I read גרשן with the LXX instead of גישן; cf. Orig. comment. in Joan. 1.24. (de la Rue 1V, p. 141c). The letter י is like a very tiny ר.
FN 1: Bertheau l. l. p. 37: Auffallend ist, dass in den folgenden Namen v. 2–20 diese Eintheilung fast gar nicht weiter hervortritt.	**FN 1:** Bertheau, a. a. O., S. 37: Auffallend ist, dass in den folgenden Namen v. 2–20 diese Eintheilung fast gar nicht weiter hervortritt.	**FN 1:** Bertheau, ibid. p. 37: It is striking that this division does almost not get further to the foreground in the following names vv. 2–20.
p. 20 quidem et Shobal. etiam v. 2 sqq. non minus ac v. 1 reperimus, inverso illo quo v. 1 enarrantur ordine ita quidem, ut primus in censum veniat (v.2 sqq.) Shobal, qui v. 1 ultimus est, secundus Chur, qui in titulo est penultimus – quam eandem rationem proficiscendi in recensu ab ultimo invenimus saepius, e. g. 2, 28–30. v. 43 sq. Ad Chur. pertinent etiam v. 5–10, Ash-chur et Qos. De	**S. 20** freilich und Shobal finden wir auch in V. 2 ff nicht weniger als in V. 1. Nach Umkehrung jener Reihenfolge, in der sie in V. 1 aufgezählt werden, finden wir sie allerdings so, dass als Erster Shobal zur Aufzählung kommt (V. 2 ff), der in V. 1 der Letzte ist, als Zweiter Hur, der in der Ankündigung der Vorletzte ist. – Eben dieselbe Vorgehensweise, bei einer Aufzählung mit dem Letzten anzufangen, finden wir öfter, z. B. in 2,28–30 und V. 43 f. Auf Hur, Ashchur und Koz beziehen sich auch V. 5–10. Siehe, was wir	**p. 20** do find, of course, Hur and Shobal also in vv. 2 ff. no less than in v. 1. After switching this order, however, we find them in such a way that Shobal is enumerated first (vv. 2 ff.). Meanwhile, Shobal is last in v. 1, Hur second, being the penultimate in the announcement. Exactly this pattern of starting an enumeration with the last can be found rather often, e.g in 2.28–30 and vv. 43 f. The vv. 5–10 are also referring to Hur, Ashhur and Koz. See what we discussed in footn. 1 on p. 14. How-

illo vide quae disseruimus pag. 14 not. 1, verum etiam Qos gentem esse Churaeam inde apparet, quod Ja'bes v. 9, familia inter Acharchelaeos nobilissima, adnumeratur ei, quum 2, 55 Churaeis jungatur. Sed ulterius hac via pergere difficile videtur. Quo enim modo congruit Kelub, qui sequitur Churum v. 11, cum Karmi qui eum antecedit v. 1?

auf S. 14 Fußn. 1 dazu an Erörterungen angestellt haben; dass aber Koz ein huritisches Geschlecht ist, wird auch daher deutlich, dass ihm in V. 9 Jabez, eine äußerst vornehme Familie unter den Nachkommen Aharhels, zugerechnet wird, während sie in 2,55 mit den Huritern verbunden wird. Aber weiter auf diesem Wege weiterzugehen scheint schwierig. Wie nämlich stimmt Kelub, der auf Hur in V. 11 folgt, mit Karmi überein, der ihm in V. 1 vorangeht?

ever, that Koz is a tribe of Hur also becomes clear from the fact that Jabez, a highly noble family of Aharhel's sons is accounted to him whereas it is connected with the descendants of Hur in 2.55. However, to continue along this road seems difficult. For how does Chelub following Hur in v. 11 match with Carmi who precedes him in v. 1?

Altera respondebo quaestione. Unde Karmi filius Zerach irrepsit inter filios Chesronis? Eo minus hic erat illi locus, quandoquidem ita disposita sunt nomina v. 1 prolata, ut qui praecedit semper sit pater ejus qui proximus sequitur, excepto uno Karmi qui hunc turbat ordinem. Filius enim Chesronis idemque pater Churi non est כַּרְמִי, qui ut nunc sonant verba medius inter utrumque collocatus est, sed כלב (כלבי 2, 9). Atqui hic idem qui כלב pro כרמי v. 1 exspectatur, v. 11 in eo ipso loco invenitur quo redire debebat antepenultimus eorum qui v. 1 memorantur. Ergo citra omnem dubitationem pro כרמי v. 1 legendum est כלבי.

Ich werde mit einer Gegenfrage antworten. Von wo aus hat sich Karmis Sohn Serach zwischen Hezrons Söhne eingeschlichen? Umso weniger war dies ein Platz für ihn, als die in V. 1 genannten Namen so angeordnet sind, dass, wer vorangeht, immer der Vater des unmittelbar Folgenden ist, mit der einen Ausnahme Karmis, der diese Ordnung durcheinanderbringt. כַּרְמִי ist nämlich nicht Hezrons Sohn und zugleich Hurs Vater, sondern כלב (כלבי 2,9). Karmi ist, wie die Worte nun klingen, als Mittlerer zwischen beide gestellt worden. Und doch kann man genau diesen כלב, den man anstelle von כרמי in V. 1 erwartet, in V. 11 an eben dieser Stelle finden, wohin jener als Drittletzter derer hätte zurückversetzt werden müssen, die in V. 1 erwähnt werden. Also muss man ohne jeden Zweifel in V. 1 כלבי anstelle von כרמי lesen.

I shall answer by asking another question. From where did Carmi's son, Zerah, sneak into Hezron's sons? This was even less a place for him since the names in v. 1 are in such an order that the preceding is always the following person's father. Carmi is the only exception. He disturbs the order. For כַּרְמִי is not Hezron's son and simultaneously Hur's father, but כלב (כלבי 2.9) is. As these words sound now, Carmi was put in the middle of the two others. And yet exactly this כלב – expected instead of כרמי – can be found in exactly this place where he should have been put as third from last of those mentioned in v. 1. Hence, without doubt, in v. 1 we have to read כלבי instead of כרמי.

כלבי amplectitur in expositione versus 11–15. Etenim quum Qenizzaeum v. 13 sq. semper cum Kalebo jungi constet, Kalebum qui excipit illum v. 15 si

כלבי umfasst in der Exposition die Verse 11–15. Denn da Qenaz in V. 13f bekanntlich immer mit Kaleb verbunden wird, da Kaleb, der auf jenen in V. 15 folgt, bekanntlich nicht derselbe *ist* wie Kelub in

In the exposition, כלבי covers vv. 11–15, for Kenaz in v. 13 f. is always known to be connected with Caleb. Likewise, the Caleb who follows after him in vv. 13 f. is known not to *be* the same as

non re vera eundem *esse* ac Kelub. v. 11, at saltem eundem *haberi* ab eo, qui nostrum hoc ordine composuit catalogum, vel inde apparet quod et ipsi non minus quam Kelubo adscripti sunt Bne Qenaz.

Qui resident versus 16–23, si quidem omnino ad hos etiam pertinet schema v. 1 propositum – id quod necessarium non est – respondere debent secundo et primo ex nominibus ibi enumeratis. Re-vera Chesronaeae vel Peresaeae gentes sunt quae hic recensentur. Neque enim solum nomina gentilia occurrunt, quae cum paribus Chesronaeorum componi licet, veluti Jeter Shammai Maakati – conferatur etiam Jehalelel 4, 16 cum Mehalelele filio Peres Neh. 11, 4 – , sed oppidorum quoque nomina ibi his gentibus assignant sedes suas, ubi secundum alias quas habemus relationes habitabant

V. 11, aber wenigstens von dem für denselben *gehalten wird*, der unser Verzeichnis in dieser Reihenfolge zusammengestellt hat, so ist doch wohl von daher klar, dass die Söhne des Qenaz auch ihm selbst nicht weniger als Kaleb zugeschrieben worden sind.

Die übrigen Verse 16–23, wenn sich überhaupt das in V. 1 vorgeschlagene Schema auch auf diese bezieht – was nicht notwendig ist –, müssen dem zweiten und dem ersten der dort aufgezählten Namen entsprechen. In der Tat sind es die Geschlechter der Hezroniter oder der Pereziter, die hier gezählt werden. Und es kommen nämlich nicht nur Geschlechternamen vor, die man mit den entsprechenden der Nachfahren Hezrons gleichstellen darf, wie zum Beispiel Jeter, Schammai und Maakati – man mag auch Jehalelel in 4,16 mit Mehalelel, dem Sohn des Perez, in Neh 11,4 vergleichen –, sondern auch die Namen von Städten weisen dort diesen Geschlechtern ihre Wohnsitze zu, wo besonders die Kalebiter wohnten gemäß anderen Berichten, die

Chelub in v. 11, yet *taken to be* the same by the one who composed our table in this order. It is therefore clear the Bne Kenaz were ascribed to him no less than to Chelub.

The remaining verses 16–23, provided the concept proposed in v. 1 applies to them – which is by no means necessary – need to correspond to the second and first names enumerated there. Indeed, the tribes of Hezronites and Perezites are enumerated there, for not only do there occur names of tribes which can be matched with according names of the Hezronites, e.g. Jeter, Shammai and Maakati. One may also compare Jehalelel in 4.16 with Perez' son Mahalelel in Neh. 11.4, but there, also names of cities allocate to these tribes their respective dwelling places where the Calebites particularly dwelt, according to other reports

p. 21

maxime Kalibbaei. Statuendum ergo erit, tales v. 16 sqq. recenseri familias gentesque quae Shobali Churo Kalebo nequibant aut subordinari quia nimirum cum nullo eorum cohaerebant, aut coordinari quia magnis illis gentibus multo erant minores. Itaque hae quum

S. 21

wir haben. Man wird also feststellen müssen, dass in V. 16 ff solche Familien und Geschlechter gezählt werden, die Shobal, Hur oder Kaleb entweder nicht untergeordnet werden konnten, weil sie natürlich mit keinem dieser zusammenhingen, oder nicht beigeordnet werden konnten, weil sie viel kleiner waren als jene großen Geschlechter. Da man daher zwar

p. 21

we have. Strictly speaking, in vv. 16 ff. those families and tribes are counted that could neither be subordinated to Shobal, Hur or Caleb because they did obviously not cohere with any of them, nor be coordinated because they were much smaller than these big tribes. Thus, on the one hand nothing specific could be said about them,

accuratius nihil de eis definiri posset, constaret vero necessitudinem intercedere inter has omnes gentes, nullis intermediis membris statim de communi omnium patre deducebantur, sive de Peres sive de Chesrone quorum alter ab altero haud ita multo magis differt quam ab Adnane Maadd. – Ceterum non huc pertinet Shela v. 20–23, qui appendicis instar Chesronaeis additus esse videtur (Bertheau).

nichts Genaueres über sie festlegen konnte, all diese Geschlechter aber doch bekanntlich durch Verwandtschaft verbunden waren, wurden sie ohne irgendwelche Zwischenglieder stracks vom gemeinsamen Vater aller abgeleitet, sei es von Perez, sei es von Hezron, die sich beide voneinander nicht so viel mehr unterscheiden als Maadd von Adnan. Übrigens gehört Schela in V. 20–23 nicht hierher, der wie ein Anhängsel den Hezronitern hinzugefügt worden zu sein scheint (Bertheau).

yet on the other there was a well-known kinship between all these tribes. They were therefore derived straightforwardly, without any linking element, from the common father of them all, whether it be Perez or Hezron. Neither of them differs from the other any more than does Maadd from Adnan. – By the way, Shelah in vv. 20–23 does not belong here, who seems to have been added to the Hezronites like an appendix (Bertheau).

Verumenimvero connexus quo singulas versuum 2–20 inter se junctas esse particulas probasse mihi videor non fluxit e re sed arte est confectus. Ipsa enim disponendi ratio, qua patrem deinceps excipit filius, non sapit rei naturam sed disponentis ingenium, qui quidem digereret non quae ex viva notitia ipse primus consignavit, sed quae ex variis documentis collegit. Propterea etiam ea quae hoc schemate agglutinata sunt, propria indole haud[22] ita arcte cohaerere facile cognoscitur. Inde quidem minime sequitur quod singuli qui hic memorantur non in fixum quoddam systema relationum ita redacti sunt, ut

Aber tatsächlich ergab sich die Verknüpfung, durch die, wie ich glaube nachgewiesen zu haben, einzelne Teile der Verse 2–20 untereinander verbunden worden sind, nicht aus der Sache, sondern sie ist durch Kunstfertigkeit zustande gekommen. Denn allein schon die planvolle Anordnung, nach der der Sohn den Vater ablöst, lässt nicht auf das Wesen der Sache, sondern auf das Talent eines Ordnenden schließen. Der freilich brachte nicht in eine Ordnung, was er aus eigener Erfahrung selbst als Erster verbürgte, sondern was er aus verschiedenen Schriftstücken sammelte. Deswegen kann man auch leicht erkennen, dass die Dinge, die durch dieses Schema zusammengefügt worden sind, durch ihre eigene natürliche Anlage nicht so eng zusammenhängen. Daraus folgt freilich keineswegs, dass Einzelne, die hier erwähnt

Indeed, the connection by which I believe to have shown certain parts of vv. 2–20 to have been connected with each other did not flow out of the matter itself, but was brought about by skill. For the style of the arrangement whereby the son succeeds the father does not reflect the nature of the matter, but reflects the genius of the person making the arrangement. He, of course, did not set in order what he as the first person put his seal to, but what he collected from different documents. It is therefore easy enough to see that the things glued together by this concept are not connected very tightly by their nature. We cannot, of course, deduce from this that single individuals mentioned here have not been put into any fixed system of reports in such a way that everyone could

22 Im Original steht *hand*.

de unoquoque constituatur qua propinquitate ceteris omnibus cognatus sit. Verum inde quod e. g. Qenaz bis diversis recensetur locis v. 13. v. 15, quod pater Gedoris v. 4 appellatur[23] P'nuel v. 18 Jered, quod in v. 11. v. 15 aut junguntur qui nihil nisi nomen habent simile aut in duos dividuntur qui proprie unus idemque sunt.	werden, nicht in irgendein festes System von Berichten gebracht worden seien, sodass von einem jeden festgestellt werden könnte, in welchem Verwandtschaftsverhältnis er zu allen Übrigen stehe. Aber daher kommt es, dass z. B. Qenaz zweimal an verschiedenen Stellen in V. 13 und in V. 15 gezählt wird, dass Gedors Vater in V. 4 Penuel, in V. 18 aber Jered heißt, dass in V. 11 und in V. 15 entweder die verbunden werden, die nur den Namen gemeinsam haben, oder die in zwei geteilt werden, die eigentlich ein und derselbe sind.	be shown to have this or that particular relationship to all the rest. Yet this is why Kenaz is counted twice in different places, namely in v. 13 and v. 15. This is why Gedor's father is called Penuel in v. 4, but Jered in v. 18. This is why in vv. 11 and 15 we find people connected who only share a common name or who are divided in two although they are actually one and the same.
Quae quum ita sint[24] sequitur, non ita singulas hujus indicis partes inter se esse nexas, ut ab aliis aliarum repeti possint rationes. Veluti si haec illave constaret pertinere ad tempora post exilium, idcirco etiam cetera eisdem tribuere temporibus non liceret. Immo per se singula spectari volunt et examinari **(FN 1)**.	Da sich dies so verhält, folgt, dass die einzelnen Teile dieser Liste nicht so miteinander verknüpft sind, dass man von einem auf den anderen schließen könnte. Wenn zum Beispiel von diesem oder jenem feststünde, dass es sich auf Zeiten nach dem Exil bezieht, wäre es deswegen nicht erlaubt, das Übrige denselben Zeiten zuzuordnen. Im Gegenteil: Die einzelnen Dinge wollen für sich betrachtet und geprüft werden **(FN 1)**.	This being the case, it follows that the individual parts of this list are not connected in such a way that one could be accountable to the other. If for instance this or that clearly referred to times after the exile, we would not be allowed to classify the rest as also belonging to these times. On the contrary, some matters call for individual inspection and consideration **(FN 1)**.
FN 1: Facere non poteram quin fere omnibus quae de compositione locorum 1 Chr. 2. 4. disserui dissentirem a sententia ea quam de hac re protulit Bertheau, cujus tamen commentariis plurima et optima debeo.	**FN 1:** Ich musste beinahe in allem, was ich über die Zusammenstellung der Stellen 1Chr 2 und 4 gesagt habe, von der Meinung abweichen, die Bertheau hierzu vertreten hat, dessen Kommentierungen ich jedoch sehr viele und sehr gute Hinweise verdanke.	**FN 1:** In almost everything I said about the composition of 1. Chr. 2, 4 I had to disagree with the opinion Bertheau put forward regarding the matter, a man to whose commentaries I owe a great many, and even the best insights.

23 Im Original steht *appellotur*.
24 Vgl. Cic. *Catil.* 1,10.20.

p. 22

3. De argumento historico horum catalogorum.

Tandem aliquando[25] via munita ad eruendam medullam progredi licet quae sterilibus absconditur catalogis illis in quibus haec nostra versatur disquisitio. Indoles vero materiei cujus habemus copiam nos vetat moliri perfectam quandam et quam vere dicere possis restructionem rerum gentiliciarum Judaeae tribus. Verum est quadam prodire tenus si non datur ultra.[26] Quae cognosci possunt – ultra posse nemo obligatur[27] – sic distributa proponemus ut primum disputemus de rebus intestinis potissimum ac domesticis illius variarum gentium et familiarum conjunctionis quae Chesron appellatur, deinde externas spectemus quae intercedunt ei cum aliis tribubus et nationibus necessitudines ac rationes.

S. 22

3. Über die historische Aussagekraft dieser Namenslisten

Endlich einmal ist es gestattet auf festem Wege zur Freilegung des Marks voranzuschreiten, das sich in jenen fruchtlosen Verzeichnissen verbirgt, mit denen sich diese unsere Untersuchung beschäftigt. Aber die natürliche Anlage des Materials, wovon wir eine Menge haben, verbietet uns, eine vollkommene Wiederherstellung der Geschlechter betreffenden Angelegenheiten der judäischen Sippe zu unternehmen, die die Bezeichnung wirklich verdient. Es ist aber schon etwas, bis zu einem gewissen Punkt voranzukommen, über den hinauszukommen nicht möglich ist. Für das, was erkannt werden kann – über Können hinaus wird niemand verpflichtet – werden wir folgende Verteilung vorschlagen: Dass wir zuerst hauptsächlich die inneren und heimatlichen Angelegenheiten jener Verbindung verschiedener Geschlechter und Familien, die Hezron heißt, abhandeln; dass wir daraufhin die äußeren Verbindungen und Verhältnisse betrachten, die für ihn mit anderen Sippen und Nationen bestehen.

p. 22

3. On the historical value of these lists of names

We are finally permitted to proceed on firm grounds in order to expose the marrow hidden within these fruitless lists of names, the focus of our investigation. Yet the nature of the material, of which we possess a lot, forbids us to launch a perfect and proper reconstruction of the lineage-related affair of the Judean tribe. However, it is quite something to get to a certain point beyond which it is impossible to go. As for the things that can be understood – nobody will be pushed into anything beyond that – we shall propose the following: first of all, we shall discuss the inner and domestic affairs of that conjoining of various tribes and families named Hezron. Then, we shall consider the external links and relations he has with other tribes and nations.

25 Cic. *Catil.* 2,1.
26 Hor. *epist.* 1,1,32.
27 Römischer Rechtsgrundsatz.

A.

Ex omnibus quae fuere gentibus Judaeis 1 Chr. 2 perinde ac 1 Chr. 4 unius fere Chesronis – a quo Peres 1 Chr. 4, 1 haud magnopere differt **(FN 1)** – habetur ratio. Num forte idcirco, quia Chronicographus huic nimio quodam et miro faverit prae ceteris studio? Sed quam obnixe ille laboret de ceteris etiam congerere aliqua quae huc pertineant, abunde patet e 2, 6; ibi enim, ut expleat lacunam, vel desperatissimos non aspernatur fontes quos mihi crede nunquam adisset si meliores suppeditassent (v. Bertheau ad l. 1.). De solis igitur Chesronaeis invenisse videtur quae hoc nostro loco in usum suum convertere poterat. Quod casu accidisse opinetur si cui libebit. Causae facile perspicientur quum ipsos primum Chesronaeos accuratius cognoverimus. Quod ita fiet ut proficisca-

A.

Aus allen jüdischen Geschlechtern, die es gegeben hat, wird in 1Chr 2 ebenso wie in 1Chr 4 fast nur auf ein einziges, nämlich das Hezrons, Bezug genommen. Von diesem unterscheidet sich Perez in 1Chr 4,1 kaum **(FN 1)**. Vielleicht etwa darum, weil der Schreiber der Chronik diesen mit einem gewissen zu großen und wundersamen Eifer vor den Übrigen begünstigte? Aber wie beharrlich jener sich anstrengt, auch über die Übrigen einiges zusammenzutragen, was hierhergehört, ist aus 2,6 völlig klar. Um eine Lücke zu schließen, verschmäht er dort nämlich nicht die hoffnungslosesten Quellen, die er – glaube mir – niemals aufgesucht hätte, wenn bessere zur Verfügung gestanden hätten (s. Bertheau zur Stelle). Allein über die Hezroniter scheint er also gefunden zu haben, was er an dieser unserer Stelle für seinen Zweck verwenden konnte. Dass dies durch Zufall geschehen ist, mag einer meinen, wenn er dazu Lust verspüren wird.

Die Gründe werden sich erst leicht durchschauen lassen, wenn wir die Hezroniter selbst genauer kennengelernt haben. Dies wird so geschehen, dass wir den Anfang machen

A.

Out of all tribes of Judah which ever existed, Hezron's is almost the only one taken into account by 1. Chr. 2 as well as by 1. Chr. 4. Perez in 1. Chr. 4.1 is not very different from him **(FN 1)**. Is this maybe because the writer of Chronicles favoured him above others with a somewhat exaggerated and peculiar zeal? Yet it is perfectly clear from 2.6 how much he is struggling to gather relevant information about others, too. For in order to fill the gap he does not reject the most hopeless sources there which – believe me – he would never have used had better ones been at hand (s. Bertheau on this section). Consequently, he seems to have found out about the Hezronites only what he could use here for his purpose. Should someone be inclined to think that this happened by chance, he may do so.

The reasons will become clearer once we have known the Hezronites a little better. This shall happen as follows: We shall

FN 1: neque enim Chamul, frater Chesronis ullo modo cum ipso potest comparari et satis ambiguae videtur originis. Quippe invenitur apud Simeonem etiam, qui easdem fere ac Peres obtinebat

FN 1: Denn auch nicht Hamul, der Bruder Hezrons, kann in irgendeiner Weise mit ihm selbst verglichen werden und scheint von ziemlich unklarem Ursprung. Allerdings findet sich auch bei Simeon, der ungefähr dieselben Wohnsitze innehielt wie Perez,

FN 1: Hamul, Hezron's brother, cannot, in any respect, be compared with him and seems to be of rather unclear origin. However, there is a certain tribe named Hamuel to be found with Simeon. At any rate, in the Thesaurus, Gesenius interprets the

sedes, gens quaedam Chamuel. Gesenius quidem in Thesauro vocem חָמוּל quippe quam חמל derivet interpretatur = clementiam expertus, verum ubi contulerimus בְּתוּל Jos. 19, 4 cum בְּתוּאֵל 1. Chr. 4, 30 quas easdem esse, urbes nemo est quin concedat, veri videtur similius חמול scribi pro חֲמוּאֵל 1 Chr. 4, 26 = quem defendit inviolatumque vult Deus; neque enim cum punctatoribus, qui singularem eam, in quam abierat usu communi vox חָם, notionem nolebant in Deum transferri, pronunciandum est חֲמוּאל, sed חֲמוּאל = יַחְמַי 1 Chr. 7, 2.

ein gewisses Geschlecht Hamuel. Gesenius jedenfalls deutet im Thesaurus den Begriff חָמוּל, den er ja von חמל ableitet, als „jemand, der Milde erfahren hat". Aber sobald wir בְּתוּל in Jos 19,4 mit בְּתוּאֵל in 1Chr 4,30 vergleichen, Städte, von denen jeder zugeben muss, dass es dieselben sind, scheint es wahrscheinlicher zu sein, חמול anstelle von חֲמוּאֵל in 1Chr 4,26 = „den Gott verteidigt und unverletzt will" zu schreiben. Denn nicht darf man mit den Punktatoren, die nicht wollten, dass dieser einzigartige Begriff, auf den hin sich das Wort חָם vom üblichen Gebrauch entfernt hatte, auf Gott übertragen werde, חֲמוּאל in 1Chr 7,2 aussprechen, sondern חֲמוּאל = יַחְמַי.

expression חָמוּל, which he derives from חמל = "someone who has experienced clemency". But as soon as we compare בְּתוּל in Josh. 19.4 with בְּתוּאֵל in 1. Chr. 4.30 – cities that everyone will agree to be the same – it seems more probable in 1. Chr. 4.26 to write חמול instead of חֲמוּאֵל = "he whom God defends and whom he wants unhurt". For we are not to pronounce with the punctators חֲמוּאל in 1. Chr. 7.2, but חֲמוּאל = יַחְמַי because they did not want this unique notion to be transferred onto God. Yet the word חָם had shifted from its normal use into this direction.

p. 23

mur a bipartito eo schemate, quod fundamentum quasi esse secundi 1 Chr. capitis modo vidimus (1 Chr. 2, 9. 25–33. 42–49), cetera ad hoc aliquo modo conemur referre.

Hunc vero in finem cognosci ante omnia debet cujus sint aetatis et alia et maxime ea quibus ut basi utemur 2, 25 sqq. v. 42 sqq. Facile autem videbis accuratiora hic cognosci non posse, sed id maxime, utrum ad tempora praeexilica an postexilica pertineant res relatae – de *rebus* enim agitur quando

S. 23

mit diesem zweigeteilten Schema, von dem wir eben gesehen haben, dass es gleichsam die Grundlage des zweiten Kapitels von 1Chr ist (1Chr 2,9.25–33.42–49). Die übrigen Dinge wollen wir hierauf in irgendeiner Weise zu beziehen versuchen.

Zu diesem Zweck muss man vor allem erkennen, welches Alter sowohl die anderen Partien als auch besonders diejenigen haben, die wir wie eine Grundlage von 2,25 ff und V. 42 ff benutzen werden. Leicht wird man nämlich sehen, dass man hier Genaueres nicht erkennen kann, und zwar besonders dies, ob sich nämlich die berichteten Dinge auf vorexilische oder nachexilische Zeiten beziehen. – Es geht näm-

p. 23

begin with this partitioning which we just saw to be the basis, so to speak, of the second chapter of 1. Chr. (1. Chr. 2.9; 25–33; 42–49). Let us try to relate the rest to this in one way or another.

In order to do this, it is crucial to understand the age of the other parts and, above all, of the ones we are going to use as a basis of 2.25 sqq, namely vv. 42 ff. It will be easy enough to see that it is impossible to discern more accurate details. This is the case even more so with respect to the question whether the reported things refer to pre- or post-exilic times. For we are dealing with *things*

viguerint, non de *literis* quando conscriptae sint.

lich um die *Dinge*, als sie noch frisch waren, nicht um die *Schriften*, als sie verfasst wurden.

when they were living and flourishing, not with *writings* when they were composed.

Jam in universum quidem ordine et loco, quem tenent c. 2. c. 4, mihi videtur probari talia in his capitibus deposuisse Chronicographum, quae etiamsi ex parte aliqua usque in ipsius adhuc vigerent tempus, veteris tamen omnia viderentur esse originis. Sane hac re non impeditur quominus talia quoque huc irrepserint quae ad sola valent tempora postexilica **(FN 1)**, verum fundamentum huc etiam pertinere totius expositionis c. 2. non facile creditur. Immo internâ etiam indole sua ea quae de Jerachmeelaeis 2, 25 sqq. et de Kalibbaeis[28] 2, 42 sqq. referuntur, aetati tribuuntur praeexilicae. Videbimus enim sedes quas gentes modo dictae obtinebant secundum 2, 25 sqq. 42 sqq., congruere cum sedibus ubi Davidis et Judicum aetate eas habitasse scimus. Easdem vero post exilium occupaverant Idumaei; et quamquam colonias aliquas in has australes regiones deduxisse videntur reversi Judaei, hi tamen

Überhaupt scheint mir schon insbesondere durch die Reihenfolge und die Stelle, die die Kap. 2 und 4 einnehmen, nachgewiesen zu werden, dass der Schreiber der Chronik in diesen Kapiteln solches niedergeschrieben hat, das doch alles alten Ursprungs zu sein scheint, selbst wenn es zu einem gewissen Teil bis zu seiner eigenen Zeit noch frisch war. Natürlich lässt sich dadurch nicht verhindern, dass auch solches sich hier eingeschlichen hat, was nur für nachexilische Zeiten gilt (**FN 1**). Aber dass die Grundlage der ganzen Exposition von Kap. 2 auch hierher gehört, kann man nicht leicht glauben. Im Gegenteil werden diejenigen Dinge, die über die Jerachmeeliter in 2,25 ff und über die Kalebiter in 2,42 berichtet werden, sogar durch ihre eigene innere natürliche Anlage dem vorexilischen Zeitalter zugeordnet. Wir werden nämlich sehen, dass die Wohnsitze, die die eben genannten Geschlechter gemäß 2,25 ff und 42 ff innehatten, mit denjenigen Wohnsitzen übereinstimmen, wo sie nach unserem Wissen im Zeitalter Davids und der Richter gewohnt haben. Dieselben Wohnsitze hatten aber nach dem Exil die Edomiter besetzt. Und obwohl die zurückgekehrten Judäer einige Niederlassungen in diesen südlichen Gegenden

Broadly speaking, it seems obvious to me by the order and position of ch. 2 and 4 that the writer of Chronicles has put down things of such a kind in these chapters that even though they kept their relevance up to his own time, nonetheless all seem to be of ancient origin. Of course, one cannot prevent things concerning post-exilic times from sneaking in altogether (**FN 1**). But it is difficult to believe that the whole basis of the exposition of ch. 2 belongs here. On the contrary, the things reported about the Jerahmeelites in 2.25 and the Calebites in 2.42 are even by their inner nature ascribed to a pre-exilic time. For we will see that according to 2.25 ff. and 42 ff. the dwelling places of the tribes just mentioned are congruent with the places we know they dwelt at during the time of David and the Judges. The Edomites had occupied these same dwelling places after the exile. Yet, while the Judeans who had returned also seem to have founded some branches in these southern regions, they are neither clearly said to have been Jerahmeelites or Calebites, nor can they either be put together with the former because they mainly dwelled in cities – without doubt be-

28 Im Original steht *Kasibbaeis*.

neque diserte narrantur fuisse Jerachmeelaei aut Kalibbaei, neque aut cum illis possunt componi quia *oppida* maxime habitabant, Idumaeorum metu sine dubio coacti – id quod non fecisse Jerachmeelaeos mox probabitur –, aut cum his, quia ea oppida maximam partem non habitabant, quae 2, 42 sqq. assignantur Kalibbaeis. Cf. Neh. 11, 25 sqq. Scriptorem denique eum qui stemma Elishamae v. 35–41 connexuit cum Sheshan. v. 31, credidisse oportet, ae-

FN 1: Cf. 1. Chr. 4, 22: „[29]veteres sunt res", quandoquidem his probatur verbis viguisse etiam Chronicographi aetatem memoria,[30] quanto temporis intervallo res ante relatae distarent a praesenti rerum statu. De rebus ante exilium gestis si intelliguntur verba illa, quid sibi velint nescio. Sane illae ad unam omnes aetate Chronicographi erant עַתִּיקִים, sed hoc cur erat praedicandum hoc solo loco?

gegründet zu haben scheinen, so wird von diesen dennoch weder deutlich erzählt, dass sie zu den Jerachmeelitern oder Kalebitern gehören, noch entweder mit jenen zusammengestellt werden können, weil sie besonders Städte bewohnten, ohne Zweifel aus Furcht vor den Edomitern – bald wird nachgewiesen werden, dass die Jerachmeeliter dies nicht getan haben – oder mit diesen, da sie die Städte zum größten Teil nicht bewohnten, die in 2,42 ff den Kalebitern zugewiesen werden. Vgl. Neh 11,25 ff. Derjenige Schreiber schließlich, der die Ahnenreihe Elishamas in V. 35–41 mit der Sheshans in V. 31 verknüpft hat,

FN 1: Vgl. 1Chr 4,22: „alt sind die Dinge", da ja durch diese Worte nachgewiesen wird, dass auch das Zeitalter des Schreibers der Chronik in vollem Besitz des Gedächtnisses war, durch einen wie großen Zeitraum die zuvor berichteten Dinge vom gegenwärtigen Bestand der Dinge entfernt waren. Wenn jene Worte als welche von Ereignissen vor dem Exil verstanden werden, weiß ich nicht, was sie bedeuten sollen. Natürlich waren jene Ereignisse allesamt im Zeitalter des Schreibers der Chronik עַתִּיקִים, aber warum hätte man das ausgerechnet an dieser Stelle verkündigen sollen?

cause they were fearing the Edomites – what the Jerahmeelites did not do, as we shall prove shortly –, or with the latter because they did not dwell in most of the cities ascribed to the Calebites in 2.42 ff. Cf. Neh. 11.25 ff. Finally, the writer who connected Elishama's pedigree in vv. 35–41 with Sheshan's in v. 31

FN 1: Cf. 1. Chr. 4.22: "old are the things", for by these words the era of the chronicler is proved to have been in full possession of the memory how huge the time gap between the things just told and the present state of things actually was. If these words are to be understood as referring to events before the exile I have no clue what they mean. Of course, those events were without any exception all עַתִּיקִים at the chronicler's time, but why should this be proclaimed only in this place?

29 Im Original kommen erst die Anführungszeichen unten, dann das Leerzeichen (vgl. p. 15).
30 Im Original steht *memoriam*.

p. 24

tatem suam ad quam sine dubio perduxit stemma illud, a Sheshanis aetate distare intervallo novem generationum i.e. 360 annorum secundum eam computandi rationem qua utebantur Hebraei.
Constituta hoc modo aetate relationum 1 Chr. 2, 25–33. 42–49 quamvis vaga definitione, nunc earum argumentum erit examinandum.

1. Ut *Jerachmeelis* quae fuerit ad fratrem Kalebum, de quo solo accuratiora quaedam habemus narrata, ratio recte perspiciatur, proficiscar a verbis quibusdam Palgravii (Central Arabia I, p. 35), quae huc transscribam. “Arab nationality”, inquit, “is and always has been based on the divisions of families and clans. These clans were soon by the nature of the land itself divided each and every one into two branches, correlative indeed, but of unequal size and importance. The greater section remained as townsmen or peasants in the districts best susceptible of culture and permanent occupation, where they still kept up much of their original clannish denominations and forms, though often blended and even at times obliterated

S. 24

muss geglaubt haben, sein eigenes Zeitalter, auf das jene Ahnenreihe ohne Zweifel hinführt, sei vom Zeitalter Sheshans neun Generationen entfernt, d. h. 360 Jahre gemäß derjenigen Rechenmethode, die die Hebräer normalerweise benutzten.
Nachdem auf diese Weise das Alter der Berichte in 1Chr 2,25–33 und 42–49 in einer gleichwohl ungenauen Bestimmung festgelegt ist, wird nun deren Aussagekraft zu prüfen sein.

1. Damit man das Verhältnis, das Jerachmeel zu seinem Bruder Kaleb gehabt hat, recht versteht, werde ich mit einigen Worten Palgraves beginnen (Central Arabia I, S. 35), die ich hier abschreiben werde. “Arab nationality”, sagt er, is and always has been based on the division of families and clans. These clans were soon by the nature of the land divided each and every one into two branches, correlative indeed, but of unequal size and importance. The greater section remained as townsmen or peasants in the districts best susceptible of culture and permanent occupation, where they still kept up much of their original clannish denominations and forms, though often blended and even at times obliterated by the fusion inseparable from civil and social organization. The other and lesser portion devoted themselves to pastoral life. They too retained their original clannish and family demarkations, but unsoftened by civilization and unblended by the links of close-drawn so-

p. 24

must have thought his own time – towards which that pedigree doubtless leads, to be separated from Sheshan’s by nine generations, i.e. 360 years according to the calculation method used by the Hebrews.
Having determined, however vaguely, the age of the reports in 1. Chr. 2.25–33; 42–49, we now need to examine their evidential value.

1. In order to rightly understand the relationship between Jerahmeel and his brother Caleb I shall start with some of Palgrave’s words (Central Arabia I, p. 35), which I am going to copy here: “Arab nationality”, he says, “is and always has been based on the division of families and clans. These clans were soon by the nature of the land divided each and every one into two branches, correlative indeed, but of unequal size and importance. The greater section remained as townsmen or peasants in the districts best susceptible of culture and permanent occupation, where they still kept up much of their original clannish denominations and forms, though often blended and even at times obliterated by the fusion inseparable from civil and social organization. The other and lesser portion devoted themselves to pastoral life. They too retained their original clannish and family demarkations, but unsoftened by civilization and unblend-

by the fusion inseparable from civil and social organization. The other and lesser portion devoted themselves to a pastoral life. They too retained their original clannish and family demarkations,[31] but unsoftened by civilization and unblended by the links of close-drawn society; so that in this point they have continued to be the faithful depositaries of primeval Arab tradition and constitute a sort of standard rule for the whole nation. Hence when genealogical doubts and questions of descent arise, as they often do among the fixed inhabitants, recourse is often had to the neighbouring Bedouins for a decision unattainable in the complicated records of town life"[32] (**FN 1**). Ganz ähnlich, wenn auch nicht völlig gleich, verhält sich die Sache, wenn man zwei Söhne Hezrons miteinander vergleicht. Dies ist so gemeint, dass Jerachmeel im Verhältnis zu

ed by the links of close-drawn society; so that in this point they have continued to be faithful depositaries of primeval Arab tradition and constitute a sort of standard rule for the whole nation. Hence when genealogical doubts and questions of descent arise, as they often do among the fixed inhabitants, recourse is often had to the neighbouring Bedouins for a decision unattainable in the complicated records of town life" **(FN 1)**. Rather similar, though not identical, is the matter of comparing Hezron's two sons. I mean to say that Jerahmeel, in

31 Bei Palgrave steht *demarcations.*

32 „Arabische Nationalität ist und war immer gegründet auf die Unterteilung von Familien und Clans. Diese Clans wurden bald jeder einzelne durch die natürliche Beschaffenheit des Landes in zwei zwar aufeinander bezogene, aber in Größe und Bedeutung ungleiche Ableger geteilt. Der größere Teil blieb als Städter oder Bauern in den für Bebauung und dauerhaftes Wohnen geeignetsten Bezirken, wo sie viele ihrer ursprünglichen clanbedingten Wertvorstellungen und Erscheinungsformen beibehielten, wenngleich oft vermischt oder manchmal sogar zerstört durch von ziviler und sozialer Organisation untrennbare Verschmelzung. Der andere und kleinere Teil verschrieb sich dem Hirtenleben. Auch sie behielten ihre ursprünglichen und clan- und familienbedingten Abgrenzungen, aber nicht durch Zivilisation aufgeweicht und unvermischt mit den Verbindungen einer nahegelegenen Gesellschaft; sodass sie in diesem Punkt weiterhin Verwahrer urzeitlicher arabischer Überlieferung waren und somit eine Art Richtschnur darstellten. Wenn also genealogische Zweifel oder Fragen der Abstammung aufkommen, wie es oft der Fall ist bei fest Eingesessenen, nimmt man oft die benachbarten Beduinen für eine Entscheidung in Anspruch, die mit Hilfe der komplizierten Akten des Stadtlebens nicht zu erreichen wäre."

habitants, recourse is often had to the neighbouring Bedouins for a decision unattainable in the complicated records of town life" (**FN 1**). Simillime, licet non plane item, se habet res, quando comparantur inter se duo filii Chesronis, ita quidem ut Jerachmeel respondeat, ratione

FN 1: Haec Palgravii verba ad *gentium* tantum restringi debent genealogias, (de *personarum* enim vid. Sprenger l. l. p. CXXVII) et ne sic quidem ex omni parte merentur fidem. Sed quae subtractis subtrahendis remanebunt veritatis residua, vel ea in nostrum hic sufficient usum.

FN 1: Diese Worte Palgraves muss man nur auf die Genealogien von Geschlechtern beschränken (über die von Personen nämlich s. Sprenger, a. a. O., S. CXXVII), und auch so verdienen sie nicht in jeder Hinsicht Vertrauen. Aber was nach Abzug dessen, was abzuziehen ist, als Rest an Wahrheit übrig bleibt, das wird wohl für unseren Zweck hier ausreichen.

FN 1: These words of Palgrave's only need to be restricted to genealogies of tribes (on those concerning people see Sprenger, ibid., p. CXXVII). Even then do they not deserve to be trusted in every respect. However, having subtracted what has to be subtracted, what then remains of the truth will be sufficient for our purpose here.

p. 25

habita Kalebi, nomadicae parti tribus alicujus Arabicae qualem describit Palgravius. Etenim casu non est factum quod nusquam excultior invenitur – ut vidimus p. 10 – articulatio corporis ethnologici quam apud Jerachmeelem. Immo ut mos ille schemate genealogico depingendi res gentilicias fluxit primarie e tali societate, quae magnae familiae erat similior quam artificiosae ac contortae structurae civitatis quae recte

S. 25

Kaleb dem nomadischen Teil irgendeiner arabischen Sippe entspricht, wie sie Palgrave beschreibt. Denn es ist nicht durch Zufall so gekommen, dass man nirgends eine vollkommenere Einteilung der ethnologischen Gliederung findet als bei Jerachmeel – wie wir auf S. 10 gesehen haben. Im Gegenteil: Wie jene Sitte, in einem genealogischen Schema genealogische Belange darzustellen, vornehmlich aus einer solchen Gemeinschaft hervorgegangen ist, die einer großen Familie ähnlicher war als dem künstlichen und verdrehten Aufbau einer Bürgerschaft, die den Namen

p. 25

relation to Caleb, corresponds to the nomadic part of some Arabic tribe as Palgrave describes it.

For it did not happen by chance that nowhere else can a more sophisticated articulation of the ethnological body be found – as we saw on p. 10 – than with Jerahmeel. Quite the contrary: just as this custom of presenting genealogical matters in a genealogical table used to flow primarily out of a society more similar to a big family rather than an artificial and contorted structure of a political body worthy of that name, it later doubtlessly

dici potest, ita postea etiam ibi sine dubio maxime viguit, ubi antiqua patriarcharum fidelius servabatur vitae consuetudo, sic quidem ut sanguinis vis jungens et dirimens ceteris omnibus causis, quibus homines inter se solent conciliari et abalienari, aut re vera praevaleret aut certe secundum conscientiam popularem praevalere judicaretur. Porro ne id quidem forte accidit quod quum apud Kalibbaeos non solum 2, 42–49 sed etiam v. 50–55 c. 4, 1 sqq. plurima occurrant urbium nomina, nulla fere exstant 2, 25–33. Aperte inde sequitur oppida si quae omnino Jerachmeelaeis fuerint tamen non paris atque apud Kalibbaeos fuisse momenti. Quippe incolebant extremas Negeb Judaici partes ut prima quaedam Israelaeorum statio 1 Sam. 27, 10. 30, 29. Ipsa autem sedium suarum indole vetabantur oppidanorum vel agricolarum vivere in morem. Nominantur quidem עָרֵי הַיְרַחְמְאֵלִי 1 Sam 30, 29, sed ibidem etiam עָרֵי הַקֵּינִי et vel עִיר עֲמָלֵק 1 Sam. 15, 5. Ut taceam Amaleqaeos, de Qenaeis nemo dubitat quas secuti sint vitae institutiones. Sic etiam Jerachmeelaei qui utrobique ubi praeter 1 Chr. 2 eorum fit mentio junguntur Qenaeis, non quidem

verdient, so stand sie später auch dort ohne Zweifel in Blüte, wo die alte Lebensgewohnheit der Patriarchen treuer bewahrt wurde. Das ist freilich so gemeint, dass die verbindende und trennende Kraft des Blutes aus allen übrigen Gründen, aus denen sich die Menschen für gewöhnlich füreinander gewinnen und voneinander entfremden, entweder tatsächlich sehr stark war oder sicherlich gemäß dem allgemein verbreiteten Bewusstsein als sehr stark beurteilt wurde. Ferner ist es auch kein Zufall, dass fast keine Städtenamen in 2,25–33 vorhanden sind, während bei den Kalebitern nicht nur in 2,42–49, sondern auch in V. 50–55 und in Kap. 4, 1 ff sehr viele Städtenamen begegnen. Offenkundig folgt daraus, dass Städte dort doch nicht die gleiche Bedeutung gehabt haben wie bei den Kalebitern, falls überhaupt welche den Jerachmeelitern gehört haben sollten. Sie bewohnten allerdings die entlegensten Teile des jüdischen Südlandes, wie eine gewisse erste Stellung der Israeliten es in 1Sam 27,10.30, 29 tut. Aber durch die natürliche Anlage ihrer Wohnsitze selbst wurde es ihnen verwehrt, nach der Sitte von Städtern oder Landmännern zu leben. Zwar werden in 1 Sam. 30,29 עָרֵי הַיְרַחְמְאֵלִי genannt, aber ebendort auch עָרֵי הַקֵּינִי und in 1Sam 15,5 sogar עִיר עֲמָלֵק. Um nicht von den Amalekitern zu sprechen: Was die Keniter betrifft, zweifelt niemand daran, von welchen Lebensgewohnheiten sie sich leiten ließen. Sie waren freilich nicht wie arabische Nomaden, die sich hauptsächlich an Kamelherden freuen, sondern hielten wie Schaf-

flourished enormously also where the customary life of the patriarchs was observed more closely. This means of course that the joining and separating power of blood either really did predominate for different reasons from those that usually cause people to unite or separate, or was surely judged to be predominating in the grassroots opinion. Furthermore, it is not even a coincidence that there are hardly any city names to be found in 2.25–33 while a lot of city names occur with the Calebites, not only in 2.42–49, but also in vv. 50–55 and in ch. 4.1 ff. It obviously follows from this that cities did not have the same importance there as they did for the Calebites, if the Jerahmeelites possessed any at all. However, they inhabited the most remote parts of the Negev, just like a certain post does in 1. Sam. 27.10; 30.29, but because of the natural setting of their dwelling places itself they were hindered from living according to the customs of townsmen and peasants. It is true that in 1. Sam. 30.29 the עָרֵי הַיְרַחְמְאֵלִי are mentioned, but the עִיר עֲמָלֵק are also mentioned right there, and in 1. Sam. 15.5 even the עִיר עֲמָלֵק. Setting aside the Amalekites, to focus on the Kenites, there is no doubt about the lifestyle that they followed. They were not quite like the Arabic nomads enjoying their flocks of camels, but more like shepherds, controlling the land between the nomads and the peasants.

fuere Arabicorum instar nomadum, qui camelorum gregibus potissimum gaudent, sed ut ovium pastores medias quasi inter illos et agricolas tenuere partes.	hirten gleichsam die mittleren Teile zwischen jenen und den Landmännern unter ihrer Kontrolle.	
Ad habitandi consuetudinem refero nomen עֲטָרָה, quae fuit mater potentissimae Jerachmeelaeorum gentis 1 Chr. 2, 26. Sunt enim עֲטָרוֹת Num. 32, 3. 34 sq. Jos. 16, 5. 7. 18, 13. 1 Chr. 2, 54 singularis quaedam species habitaculorum, fortasse rotundis moenibus munitorum (**FN 1**). Inveniuntur	Auf die Siedlungsgewohnheit beziehe ich den Namen עֲטָרָה, die nach 1Chr 2,26 die Mutter des übermächtigen Geschlechts der Jerachmeeliter war. Es sind nämlich die עֲטָרוֹת aus Num 32,3.34 f und Jos 16,5.7.18,13 und 1Chr 2,54 eine geradezu einzigartige Erscheinungsform von vielleicht mit runden Mauern befestigten Wohnplätzen (**FN 1**). Man findet	I refer the name עֲטָרָה as being the dwelling place which, according to 1. Chr. 2.26 is also the name of the mother of the most powerful tribe of the Jerahmeelites. I do this because the עֲטָרוֹת from Num. 32.3; 34 f. and Josh. 16.5;7;18.13 and 1. Chr. 2.54 are an absolutely unique species of dwelling places surrounded by round walls (**FN 1**). However, one can also
FN 1: Synonyma est vox Machaerus, Ewald. G. G. A. 1868 p. 2035. Conjici potest, Mikwâr nihil aliud esse quam versionem nominis Hebraei עטרות in aliam dialectum Semiticam. Etenim Machaerus sita erat in monte Atarus. Sed mons ille nomen videtur traxisse de urbe homo-	**FN 1:** Gleichbedeutend ist das Wort Machaerus, Ewald G. G. A. 1868 p. 2035. Man kann vermuten, dass Mikwâr nichts anderes ist als eine Übersetzung des hebräischen Namens עטרות in eine andere semitische Mundart. Denn Machaerus lag im Atar-Gebirge. Aber jenes Gebirge scheint seinen Namen von einer gleich-	**FN 1:** A synonym is the word Machaerus, Ewald G. G. A. 1868 p. 2035. One may suppose Mikwâr to be none other than the translation of the Hebrew name עטרות into another Semitic dialect, for Machaerus was situated in the Atar mountains. However, these mountains seem to have received their name from the homo-
p. 26	**S. 26**	**p. 26**
autem etiam alia gentium nomina a habitandi consuetudine desumpta, veluti חֶצְרוֹן quod Jos. 15, 3 alternat cum חָצֵר Num. 34, 4, item יְרִיעוֹת 1 Chr. 2, 18. Imprimis provoco ad Num. 24, 21 ubi Qenaeis quos cum Jerachmeelaeis arcte	aber auch andere Namen von Stämmen, die nach ihrer Gewohnheit, sesshaft zu sein, ausgesucht sind, wie zum Beispiel חֶצְרוֹן in Jos 15,3, das sich mit חָצֵר in Num 34,4 abwechselt, ebenso יְרִיעוֹת in 1Chr 2,18. Besonders mache ich auf Num 24,21 aufmerksam, wo den Kenitern, von denen wir eben gesehen	find other names of tribes picked out from the custom of dwelling like חֶצְרוֹן in Josh. 15.3, alternating with חָצֵר in Num. 34.4, likewise יְרִיעוֹת in 1. Chr. 2.18. I draw the attention to Num. 24.21 in particular, where to the Kenites whom we just saw cohere closely with the Jerahmeelites is ascribed

cohaerere modo vidimus mirus quidam in rupibus collocandi nidos suos tribuitur mos, unde vel nominis ipsorum קִינִים a קַן repetuntur rationes.	haben, dass sie eng mit den Jerachmeelitern zusammenhängen, die geradezu wundersame Sitte zugeschrieben wird, ihre Nester auf Klippen zu platzieren, woher sich wohl die Begründungen für ihren eigenen Namen קִינִים von קַן ableiten lassen.	the amazing custom of placing their nests on rocks. Presumably, from there can be derived the reasons for their name קִינִים from קַן.
2. Jerachmeel si nomini inest omen bene vixit fortasse, bene latuit[33] certo. Prorsus obscuratur a fratre minore qui quamquam et ipse non ex omni parte deseruit simplices patrum mores – non enim sine causa Gazez (fortasse melius pronunciatur *Gazaz)* 1 Chr. 2, 46 nomen suum gessisse putandus est; cf. etiam 1. Sam. 25 – tamen in politicas magis formas eos mutavit. Penes Kalibbaeos enim ante Davidis tempora erat hegemonia totius tribus Judaeae: recorderis sis Kalebum **(FN 1)**, filium Jephunne, qui Josuae fuit secundanus,[34] recorderis Othnielem unde incipit series judicum. In eorum finibus Hebron sita erat, patriarcharum sancta commercio, caput Judaeae. In eis maxime nisum fuisse Davidem initio regni sui ex 1 Sam. 30, 26 sqq. 2 Sam. c. 2–5 cognoscitur, patris deinde exemplum male	2. Jerachmeel hat vielleicht gut gelebt, wenn seinem Namen ein Vorzeichen innewohnt, gut verborgen war er sicherlich. Er wird geradezu von seinem jüngeren Bruder in den Schatten gestellt, von dem man annehmen muss, dass er nämlich nicht ohne Grund in 1Chr 2,46 Gazez (vielleicht spricht man es besser *Gazaz* aus) als seinen Namen getragen hat, obwohl er auch selbst die einfachen Sitten der Väter nicht vollständig hinter sich gelassen hat; vgl. auch 1Sam 25. – Jedoch hat er diese Sitten zu politischeren hin verändert. Die Herrschaft über die ganze jüdische Sippe war nämlich vor den Zeiten Davids im Besitz der Kalebiter: Man erinnere sich doch an Kaleb **(FN 1)**, den Sohn Jephunns, der nach Josua den zweiten Rang hatte, man erinnere sich an Othniel, von wo die Reihe der Richter ihren Anfang nimmt. In deren Gebiet lag Hebron, heiliger Gemeinschaftspunkt der Patriarchen, Hauptstadt Judäas. Aus 1Sam 30,26 ff und 2Sam Kap. 2–5 erfährt man, dass David sich zu Beginn seiner Königsherrschaft auf diese Gegend besonders gestützt habe. Ferner hat der Sohn nach 2Sam 15,8–	2. Jerahmeel may have had a blessed life, if his name provides a good omen. He was certainly well-hidden. He is virtually overshadowed by his younger brother who we need to believe has a reason for his name *Gazez* (maybe better pronounced as *Gazaz*) in 1. Chr. 2.46. He did not leave behind his father's customs completely, though; cf. also 1 Sam. 25. However, he did change these customs into political ones, for at the times of David the power over the whole Judean tribe was in the hands of the Calebites. One may recall Caleb **(FN1)**, Jephunneh's son, second in rank after Joshua. One may recall Othniel from where the line of judges begins. In their realm was Hebron, the holy place, common of the patriarchs, capital of Judea. From 1. Sam. 30.26 ff. and 2. Sam. chap. 2–5 we know David to have stayed there at the beginning of his kingship. Furthermore, according to 2. Sam. 15.8–10 the son imitated his father's example in a bad manner. After all, the region inhabited by the Calebites was somehow the centre and the for-

33 Ov. *trist.* 3,4,25.
34 Im Original steht *secundarum*.

imitatus est filius 2 Sam. 15, 8 –10. Denique sicuti regio quam colebant Kalibbaei totius Judaeae quasi centrum et arx erat, ipsos bene sibi conscios fuisse se esse florem et robur popularium, apparet ex 1 Sam. 25, 3: „vir erat durus et malignus utpote Kalibbaeus.“ Quippe verbis והוא כלבי hic innuitur mirandum non esse Nabalem talem esse natum qualis ante describitur; simplici enim enunciationi cuidam historicae non erat hic locus, prae-

10 das Beispiel seines Vaters schlecht nachgeahmt. Schließlich war gleichsam die Gegend, die die Kalebiter besiedelten, gewissermaßen der Mittelpunkt und die Burg ganz Judäas. Dass sie selbst sich voll bewusst waren, die Blüte und Kraft der Volksnahen zu sein, wird ersichtlich aus 1Sam 25,3: „Der Mann war hart und böswillig, nämlich ein Kalebiter.“ Natürlich wird hier durch die Worte והוא כלבי angezeigt, dass man sich nicht darüber wundern müsse, dass Nabal als ein solcher geboren worden ist, als der er zuvor beschrieben wird. Denn für eine einfache historische Ankündigung war hier kein Platz, zumal

tress of the whole of Judea. That they were fully aware of being the dominant force in full flower can be seen from 1. Sam. 25.3: “The man was hard and malicious, for he was a Calebite.” Of course, the words והוא כלבי give the nod to it being no surprise that Nabal was born just as he is previously described, since there was no room here for a historical declaration, even

Fortsetzung FN 1 S. 25: nyma, quae saepius memoratur in V. T., non autem sita est in loco posterioris Machaeruntis.

Fortsetzung FN 1 von S. 25: lautenden Stadt bezogen zu haben, die öfter im A. T. erwähnt wird, aber nicht an der Stelle des späteren Machaeruns liegt.

FN 1 from p. 25 continued: nymous city mentioned quite often in the O.T., although it does not lie where the later Machaeruns did.

FN 1: Dubium nemini esse potest quin Kaleb, celeberrimus ille terrae sanctae explorator, fuerit heros eponymus eorum qui circa Hebronem habitabant Kalibbaeorum, i.e. eorum qui 1 Chr. 2, 42 sqq. recensentur. Eandem enim ille Hebronem a Josua assignatam accepit (Jos. 15. cf. Jud. 1). Gens Chesronaea, clarissimum sibi adscisse videtur nomen ducis. Itaque *Bne* Kaleb proprie idem significat quod medii aevi termino technico appellatur „*homines* (die Leute) N. N.“, arabice أَهْلُ فلانٍ.

FN 1: Für niemanden kann zweifelhaft sein, dass Kaleb, jener höchstgefeierte Kundschafter des Heiligen Landes, der gleichnamige Held derjenigen Kalebiter war, die um Hebron herum wohnten; d. h. derjenigen, die in 1Chr 2,42 ff gezählt werden. Jener hat nämlich dasselbe Hebron von Josua durch Zuteilung empfangen (Jos 15; vgl. Ri 1). Der Stamm Hezrons scheint den höchst berühmten Namen seines Anführers für sich in Anspruch genommen zu haben. Daher bezeichnet *Bne* Kaleb eigentlich dasselbe, was mit dem mittelalterlichen Fachterminus „Die Leute N. N.“, auf Arabisch أَهْلُ فلانٍ heißt.

FN 1: No-one can doubt that Caleb, this most celebrated explorer of the Holy Land, was the homonymous hero of those Calebites who dwelled around Hebron, i.e. of those who are counted in 1. Chr. 2.42 ff, for he received the same Hebron from Joshua by allocation (Josh. 15, cf. Judg. 1). Hezron’s tribe seems to have assumed its leader’s most famous name. That is why *Bne* Caleb denote the same as the medieval technical term “the people n.n.”, in Arabic أَهْلُ فلانٍ.

p. 27

sertim quum si Maonem habitabat Nabal v. 2, illam Kalibbaeorum esse urbem nemo ignoraret[35] 1 Chr. 2, 45. Maleficum vero et scelestum hominem non videmus Nabalem, sed stolide ferocem.

Quomodo differat Kaleb a fratre, qui utpote sedes priscas institutionesque retinens jure habebatur senior, docent etiam urbium nomina quae nulla occurrunt 2, 25 sqq. haud pauca 2, 42 sqq. Quamquam ne hic quidem tot sunt re vera quot effecit Bertheau. Immo praevalent vel in v. 43–45 nomina vere gentilicia. De Mesha dubium esse non potest, sed ne Bne Maresha quidem cum Maresha urbe (Mich. 1, 15. Jos. 15, 44) debent confundi. Quid enim? ab oppidulo quodam Sephelae intra fines propemodum Philisthaeorum sito, quod Seleucidarum demum aetate in majores crevit opes, origines repeti Hebronis ullo modo credibile? Quidni etiam dicitur v. 42 simpliciter: „filii K. erant Mesha ... et Maresha“, sed: filii K. erant Mesha et *Bne* Maresha, nisi idcirco ut ne quis gentem Maresha confundat cum

S. 27

da, wenn Nabal in V. 2 Maon bewohnte, nach 1Chr 2,45 jeder genau wusste, dass jene eine Stadt der Kalebiter war. Wir sehen Nabal aber nicht als einen böswilligen und verbrecherischen Menschen, sondern als einen töricht wilden.

Wie Kaleb sich von seinem Bruder unterscheidet, der nämlich mit Recht für den Älteren gehalten wurde, da er die vormaligen Wohnsitze und Einrichtungen beibehielt, lehren die Städtenamen. In 2,25 ff begegnen keine, aber nicht wenige in 2,42 ff. Indes sind es in Wirklichkeit nicht einmal hier so viele, wie Bertheau gefolgert hat. Ganz im Gegenteil herrschen wohl in V. 43–45 echte Sippennamen vor. Über Mesha kann es keinen Zweifel geben, aber auch die Bne Maresha darf man nicht mit der Stadt Maresha (Mich 1,15; Jos 15,44) verwechseln. Was denn? Ist es irgendwie glaubhaft, dass sich die Ursprünge Hebrons auf ein gewisses beinahe im Philistergebiet gelegenes Städtchen Sephela, das erst im Seleukidenzeitalter zu größerem Reichtum anwuchs, zurückführen lassen? Warum wird nicht in V. 42 auch einfach gesagt: „Die Söhne K.s waren Mesha ... und Maresha“, sondern: Die Söhne Kalebs waren Mesha und *Bne* Maresha, wenn nicht darum, damit niemand das Geschlecht Maresha mit jener gleichnamigen Stadt verwechselt, die in 1Chr 4,21 Schela zugeteilt wird (**FN 1**)?

p. 27

more so, since, provided Nabal dwelled in Maon, everyone knew from 1. Chr. 2.45 that this was a city of the Calebites. But we do not see Nabal as a malicious and criminal, but as a foolishly wild human being.

We are also taught by the city names in how far Caleb differs from his brother who was rightly hold to be the elder for retaining the old dwelling places and customs. No city names whatsoever do occur in 2.25 ff., but not just a few do in 2.42 ff., though they are in fact not as numerous as Bertheau concluded. On the contrary, in vv. 43–45 names predominate that indicate really belonging to a particular tribe. While Mesha is beyond doubt, not even Bne Maresha are to be confused with the City Maresha (Mich. 1.15, Josh. 15.44). What? Is it at all credible that the origins of Hebron can be traced back to Sephela, almost in Philistine territory, which only gained power in Seleucid times? Why does it not simply say in v. 42: “C.'s sons were Mesha ... and Maresha”, but instead says “C.'s sons were Mesha and *Bne* Maresha”, unless in order to avoid confusing the tribe Maresha with the homonymous town assigned to Shela in 1. Chr. 4.21 (**FN 1**)? Also, no less are Qorach (Gen. 35.5; 14; 16, Exod. 6.21), Shammai

---

35 Im Original steht *ignorabat*.

oppido illo homonymo, quod 1 Chr. 4, 21 Shelae tribuitur **(FN 1)**?[36] Neque minus Qorach (Gen. 35, 5. 14. 16. Exod. 6, 21) Shammai (1 Chr. 2, 28. 4, 17) Racham, abbreviatum quoddam Jerachmeel **(FN 2)**, nomina sunt mere gentilia, quibus accensendum etiam erit Reqem (Peshit. Jud. 6, 3. Cureton, spicileg. Syriac. 15, 20).

Und nicht weniger sind Qorach (Gen 35,5.14.16; Ex 6,21), Schammai (1Chr 2,28.4,17), Racham, ein irgendwie abgekürztes Jerachmeel (**FN 2**) reine Geschlechternamen, denen auch Reqem zugeordnet werden muss (Peshit. Jud. 3,6. Cureton, spicileg. Syriac. 15,20).

(1. Chr. 2.28; 4.17), Raham (short for Jerahmeel) (**FN 2**), pure family names denoting that they belong to a tribe to which Reqem should also be included (Peshit. Jud. 3.6. Cureton, spicileg. Syriac. 15.20).

Adde quod etiam urbium nomina quae hic inveniuntur ex parte prius fuere gentium. Sic Hebronem constat quidem nomen esse urbis, sed factum demum est ex nomine gentis: pluries enim ut gentium seu – id quod nobis hic idem valet – personarum nomen reperitur Cheber et talium quas cum Kalibbaeis constat esse cognatas 1 Chr. 4, 18. Jud. 4, 11. 17: atqui חֶבֶר ab חֶבְרוֹן sic differt ut יֶתֶר ab יִתְרוֹ quod ipsum idem est ac יִתְרוֹן vel יִתְרָן. Porro nomen Shema crebrae in his australibus Palaestinae regionibus gerunt tribus et fami-

Man nehme noch hinzu, dass die Namen von Städten, die sich hier finden, teilweise vorher die von Geschlechtern gewesen sind. So steht freilich fest, dass Hebron der Name einer Stadt ist. Aber er ist erst aus dem Namen eines Geschlechts zum Namen einer Stadt gemacht worden. Mehrfach nämlich kann man Cheber wie einen Geschlechternamen finden oder aber – was für uns hier genauso zählt – als den Namen von Personen, und zwar solcher, die nach 1Chr 4,18; Ri 4,11.17 bekanntlich mit den Kalebitern verwandt sind: Und doch unterscheidet sich חֶבֶר von חֶבְרוֹן so wie יֶתֶר von יִתְרוֹ, was selbst dasselbe ist wie יִתְרוֹן oder יִתְרָן. Ferner tragen zahlreiche Sippen und Fami-

In addition, the city names found here were partly names of tribes before. In this manner Hebron is certainly the name of a city, but it was at last made into one out of the name of a tribe. Heber can be found as a name of a tribe several times or – what is equally valid to us here – as a name of a people, more particularly as the name of people who are known to be related to the Calebites according to 1. Chr. 4.18, Judg. 4.11; 17: however, חֶבֶר differs from חֶבְרוֹן just like יֶתֶר does from יִתְרוֹ, which is itself the same as יִתְרוֹן or יִתְרָן. Furthermore, numerous clans and families in these southern

36 Im Original steht ein Punkt.

FN 1: 1 Chr. 4, 21 Maresham nomen esse *urbis* inde cognoscitur quod genitivi instar sequitur statum constructum אֲבִי. Ubicumque enim invenitur in c. 2. et c. 4. st. cstr. אֲבִי, sequens genitivus continet nomen urbis alicujus.	**FN 1:** Dass in 1Chr 4,21 Maresha der Name einer *Stadt* ist, kann man daran erkennen, dass eine Genitiv-Form dem Status constructus אֲבִי folgt. Überall dort, wo man in Kap. 2 und Kap. 4 den St. cstr. אֲבִי findet, enthält der folgende Genitiv den Namen irgendeiner Stadt.	**FN 1:** In 1. Chr. 4.21 Maresha is a city name. This can be seen from the fact that a genitive follows the construct state אֲבִי. Wherever in chap. 2 and 4 one finds the cstr. st. אֲבִי, the genitive that follows contains the name of some city.
FN 2: Ew. §. 274 c. Sic LXX 1 Sam. 1. 1. pro יְרֹחָם legerunt יְרַחְמְאֵל, Dresdense enim יְרַמְאֵל (!) potius quam Hebraeum.[37]	**FN 2:** Ew. §. 274 c. So lasen die Übersetzer der LXX in 1 Sam. 1,1 יְרַחְמְאֵל anstelle von יְרֹחָם. יְרַמְאֵל (!) ist nämlich eher Dresdnerisch als Hebräisch.	**FN 2:** Ew. §. 274 c. In this manner, the LXX reads יְרַחְמְאֵל in 1. Sam. 1.1 instead of יְרֹחָם, for יְרַמְאֵל (!) is Dresden dialect rather than Hebrew.
p. 28	**S. 28**	**p. 28**
liae (שֶׁמַע = שִׁמְעוֹן, יִשְׁמָעֵאל), quam ob causam postea demum judicandum est in urbem esse translatum Jos. 15, 26 **(FN 1)**. Fortasse plura etiam his duobus addi possunt similia, sed nihil definio.	lien in diesen südlichen Gegenden Palästinas den Namen Shema (שֶׁמַע = שִׁמְעוֹן, יִשְׁמָעֵאל), weshalb man zu dem Urteil gelangen muss, dass es sich erst später in Jos 15,26 in eine Stadt verwandelt hat (**FN 1**). Vielleicht kann man diesen zwei Beispielen noch mehr ähnliche hinzufügen, aber da lege ich mich in keiner Weise fest.	parts of Palestine have the name Shema (שֶׁמַע = שִׁמְעוֹן, יִשְׁמָעֵאל), which is why one has to draw the conclusion that it only later became a city like in Josh. 15.26 (**FN 1**). It might be possible to add further examples to these two, but I shall not commit myself to it.
Ad circumscribendos sedium fines, quas obtinebant Kalibbaei, nihil refert utrum gentile originitus an locale sit	Für die Eingrenzung des Gebietes der Wohnsitze spielt es keine Rolle, ob ein bestimmter Name ursprünglich ein Geschlechts- oder Ortsname ist, solan-	For encompassing the area of dwelling places, it is not important if a certain name was originally that of a tribe or a place as long as it later became

37 Der letzte Halbsatz ist ein Seitenhieb auf Otto Thenius, *Die Bücher Samuels,* KEH 4 (Leipzig: Weidmann'sche Buchhandlung, 1842), 2, wo Thenius die in der Septuaginta belegte Form *Ιερεμεηλ* in hebräischen Buchstaben schreibt. Thenius war Dresdner und hat hauptsächlich dort gewirkt; vgl. Wilhelm Haan, *Sächsisches Schriftsteller-Lexicon. Alphabetisch geordnete Zusammenstellung der im Königreich Sachsen gegenwärtig lebenden Gelehrten, Schriftsteller und Künstler nebst kurzen biographischen Notizen und Nachweis ihrer in Druck erschienenen Schriften* (Leipzig: Robert Schäfer's Verlag, 1875), 337–338.

nomen quoddam, dummodo postea in urbem transierit; ab urbis enim homonymae situ repetere licet sedem etiam gentis. Ziph Hebron Tappuach Joqdeam Maon Betsur (v. 42–45), quas una excepta Joqdeam vel ad nostra usque tempora „agnoscit locus suus",[38] ad unam omnes sitae erant in montanis Judae – si montana Judae sic intelliguntur ut fit Jos. 15 –, in eis scilicet hujus regionis partibus quae Jos. 15, 48 sqq. secundo tertio quarto loco recensentur. – In eandem ducimur regionem versibus 47. 49, quibus gens quaedam memoratur sine dubio quidem cum ante recensitis relata sed anceps quo modo. Urbs enim Gibea in tertia montanorum Judae sita erat provincia Jos. 15, 57, ibidem fortasse Makbena, quum paris atque Gibea dicatur esse patris. Madmanna vero v. 49 magis in austrum vergebat Jos. 15, 31. – Aksa denique filia Kalebi v. 49 familias innuit Kalibbaeorum alienae miscuisse se genti, quae intra illorum deinde fines fixerit sedem. Aliunde constat, Othnielem generum fuisse Kalebi

ge er nur später auf eine Stadt übergegangen ist. Man darf nämlich den Wohnsitz eines Geschlechts auf die Lage der gleichlautenden Stadt zurückführen. Ziph, Hebron, Tappuach, Joqdeam, Maon und Betsur (V. 42–45), die mit der einzigen Ausnahme Joqdeam sogar bis in unsere Zeiten „ihr Ort erkennt", lagen alle ausnahmslos in den Bergregionen Judas – wenn man Bergregionen Judas so versteht, wie es in Jos 15 der Fall ist –, nämlich in denjenigen Teilen dieser Gegend, die in Jos 15,48 ff an zweiter, dritter und vierter Stelle gezählt werden. In dieselbe Gegend werden wir in den Versen 47 und 49 geführt, in denen ein gewisses Geschlecht erwähnt wird, das ohne Zweifel mit den zuvor aufgezählten in Beziehung steht. Aber es ist ungewiss, welcher Art diese Beziehung ist. Die Stadt Gibea nämlich lag nach Jos 15,57 in der dritten Provinz der Bergregionen Judas, ebendort vielleicht auch Makbena, da man sagt, sie habe den gleichen Vater wie Gibea. In V. 49 lag Madamma jedoch mehr gen Süden als in Jos 15,31. – Aksa schließlich, die Tochter Kalebs, zeigt in V. 49 an, dass die Familien der Kalebiter sich mit einem anderen Geschlecht vermischt hätten, das sich innerhalb des Gebietes jener niedergelassen habe. Anderswoher ist bekannt, dass Othniel der Schwiegersohn Kalebs gewesen ist und dass er von seinem Schwiegervater denjenigen Teil

that of a city, for one may attribute the dwelling place of a tribe to the position of a homonymous city. Ziph, Hebron, Tappuach, Joqdeam, Maon and Betsur (vv. 42–45), which all but Joqdeam "their place knows well" up to our times, were all situated together in the mountain regions of Judah – if the mountain regions of Judah be defined as in Josh. 15 –, namely in those parts of this region that come second, third and forth in the enumeration in Josh. 15.48 ff. We are being led into the same region in verses 47 and 49 where a certain tribe is mentioned that has a relationship with the ones enumerated before. What kind of relationship this is, is uncertain, because, according to Josh. 15.57 the city of Gibeah was situated in the third province of the mountain regions of Judah. It may be Makbenah is also there, for she is said to have the same father as Gibeah. Madmannah in v. 49 on the other hand was situated more south than in Josh. 15.31. – Finally, there is Caleb's daughter Achsah where v. 49 hints at a mixing of the families of the Calebites and another tribe that had settled down inside their territory. From elsewhere Othniel is known to have been Caleb's son-in-law and have been given by his father-in-law that part of the mountain regions of Judah where

38 Hi 7,10.

absque socro concessam accepisse eam montanorum Judae partem, ubi sita erat Debir, primam scilicet, quae enumeratur Jos. 15, 48 sqq.	der Bergregionen Judas zugestanden bekommen hat, wo Debir lag, und zwar den ersten Teil, der in Jos 15,48 ff aufgezählt wird.	Debir was. This was, no doubt, the first part enumerated in Josh. 15.48 ff.
Sunt igitur montana Judae, quantaquanta describuntur Jos. 15, ubi sedebant qui hic recensentur Kalibbaei. Versus austrum contingebant fratres suos Jerachmeelaeos, in Negeb enim Judae porriguntur urbe Madmannah.[39] Easdem plane regiones Jud. 1 occupasse narratur Kaleb, easdem fere etiam Davidis tempore colebant Kalibbaei (1 Sam. 25.30, 14).	Es sind also die Bergregionen Judas, in der Größe, wie sie in Jos 15 beschrieben werden, wo die saßen, die hier als Kalebiter aufgezählt werden. Gegen Süden grenzten sie an ihre jerachmeelitischen Brüder. In das Südland Judas nämlich reichen sie durch die Stadt Madmannah. In Ri 1 wird erzählt, dass Kaleb offenbar dieselben Gegenden besetzt habe. Die Kalebiter bewohnten etwa dieselben Gegenden auch zur Zeit Davids (1Sam 25.30,14).	We are thus talking about the mountain regions of Judah of the size described in Josh. 15 where those who are numbered here as Calebites dwelt. Southwards they bordered onto their Jerahmeelite brothers reaching down to the Negev of Judah by the city of Madmannah. Caleb is said, in Judg. 1, to have occupied these same regions. The Calebites are reported to have dwelt there at the times of David (1 Sam. 25,30.14).
Tractatis jam versibus 42–49, reliquos qui conferri possunt videmus ex parte in tales ducere regiones, quae longissime distant ab Hebrone. V. 50^b–55 enim recensentur Bne Chur (v. Bertheau) primogeniti Ephrat, alterius ut ex v. 19 comperimus Kalebi uxoris. Illis sedes assignatur in septen-	Nachdem die Verse 42–49 schon behandelt sind, sehen wir, dass die übrigen, die man zum Vergleich heranziehen kann, zum Teil in solche Gegenden führen, die sehr weit von Hebron entfernt sind. In V. 50^b–55 nämlich werden die Bne Hur (s. Bertheau) als die Erstgeborenen Ephrats aufgezählt, der zweiten Frau Kalebs, wie wir aus V. 19 erfahren haben. Jenen werden Wohnsitze in möglichst nörd-	Having treated verses 42–49 we see the remaining verses that can be compared leading us into regions far away from Hebron. In vv. 50^b–55 Bne Hur (s. Bertheau) are listed as those firstborn to Ephrathah. She was Caleb's second wife as we learned in v. 19. Dwelling places as far in the north of Judah
FN 1: si quidem urbs illa omnino exstitit. Suspiciosa enim mihi videtur esse lectio Jos. 15, 26.	**FN 1:** Wenn freilich jene Stadt überhaupt existiert hat. Die Lesart in Jos 15,26 erscheint mir nämlich verdächtig.	**FN 1:** If ever this city existed at all. The variant in Josh. 15.26 seems suspicious to me.

39 Weiter oben auf Seite 28 steht Madmanna.

p. 29	S. 29	p. 29
trionalibus quam maxime Judaeae partibus vicinis Benjaminaeorum finibus. Satis definite circumscribitur oppidis Qirjatjearim, Betlechem, Betgader, Sor'a, Eshtaol, Netopha, Aterot-bet-Joab. Quaeritur num hi Kalibbaei cum eis qui circa Hebronem in medium usque Negeb habitabant ullo modo debeant componi.[40]	lichen Teilen Judas zugewiesen, die dem Gebiet der Benjaminiter benachbart sind. Ziemlich eindeutig wird es durch die Städte Kirjatjearim, Betlehem, Betgader, Sor'a, Eshtaol, Netopha und Aterot-bet-Joab eingegrenzt. Man fragt sich, ob wohl nicht diejenigen Kalebiter mit denjenigen, die um Hebron herum bis in die Mitte des Negevs wohnten, in irgendeiner Weise zusammengestellt werden sollen.	as possible are assigned to them, close to the Benjaminites. They are defined quite clearly by the cities Kirjat-jearim, Bethlehem, Betgader, Sor'a, Eshtaol, Netophah and Aterot-bet-Joab. One wonders if these Calebites are to be joined with those who used to dwell from Hebron up to the centre of the Negev.
Debent si scriptoris nostri sequimur sententiam. Appellat quippe disertis verbis eum Kalebum, unde Churi repetit genus, filium Chesronis v. 18 sqq. Nec utique eum huc inseruisset aut v. 18 aut v. 50, ni eundem credidisset atque eum qui v. 9. v. 42 sqq. memoratur. Atqui confirmatur scriptoris sententia et nominibus gentilibus Shobal Manachat v. 50. 52. 54, quae itidem inveniuntur apud Edomaeos, populum Kalibbaeis Hebroniticis et genere et situ affinem, et ea re, quod v. 55 ceteris Churaeis junguntur familiae quaedam Qenaeorum similes.	Sollen sie, wenn wir der Ansicht unseres Schreibers folgen. Er nennt ja mit wohl klaren Worten denjenigen Kaleb, von dem er das Geschlecht des Hur herleitet, in V. 18 ff den Sohn Hezrons. Er hätte ihn jedenfalls hier weder in V. 18 noch in V. 50 eingefügt, wenn er nicht geglaubt hätte, dass es derselbe sei wie der, der in V. 9 und V. 42 ff erwähnt wird. Und doch wird die Ansicht des Schreibers bestätigt, und zwar sowohl durch die Geschlechternamen Shobal und Manachat in V. 50, 52 und 54, die sich gleichfalls bei den Edomitern finden, einem Volk, das den hebronitischen Kalebitern sowohl durch sein Geschlecht als auch seine Lage nahesteht, als auch durch die Tatsache, dass in V. 55 mit den übrigen Huritern einige Familien verbunden werden, die den Kenitern ähnlich sind.	They are, if we follow our writer's opinion. For he calls him Caleb from the point where he traces Hur's lineage, Hezron's son in v. 18 ff. At any rate, he would neither have inserted him here in v. 18 nor in v. 50, had he not believed him to be the same as the one mentioned in v. 9 and vv. 42 ff. The writer's opinion is also confirmed by the tribal names of Shobal and Manachat in vv. 50, 52 and 54. These are also to be found with the Edomites, a people close to the Hebron Calebites by both their lineage and their location as well as by the fact that in v. 55 some families similar to the Kenites are linked with the remaining Hurites.
Verumenimvero non crediderim eosdem eodem tempore Kalibbaeos obtinuisse et australes et septentrionales Judaeae	Aber tatsächlich möchte ich nicht glauben, dass dieselben Kalebiter zur selben Zeit sowohl die südlichen als auch die nördlichen Teile Judas besetzt hielten,	However, I do not wish to believe that those same Calebites simultaneously occupied both the southern and northern regions of Judah, even more so

40 Im Original steht ein Fragezeichen.

partes, praesertim quum ante exilium ne ulla quidem mentio occurrat in libris V.T. historicis aliorum Kalibbaeorum, quam qui circa Hebronem habitabant. Conjicio potius, recensum illum v. 50 sqq. respicere tempora postexilica.
Gravissimis haec conjectura nititur argumentis, quae jam secundum ordinem proferam.

1) *Gentium* quae hic recensentur trium nulla fit mentio ante exilium, contra post exilium non solum Chariphi (Neh. 7, 24. 10, 20), sed etiam Salmae, quippe qui ea aetate qua liber Ruth conscribebatur esse putaretur auctor Betlechemaeorum. Adde Bet Joab, notam temporibus post exilium familiam Neh. 7, 11. Esra 2, 6. 8, 9. – Sed etiam *urbes* potissimum tales v. 50 sqq. concurrunt quae post exilium majoris fuisse videntur momenti. Quae Salmae tribuuntur, sunt Betlechem, Netopha, Aterot-bet-Joab: etenim Manachat nomen est gentile – id quod cognoscitur et inde quod pars altera habitat Sor'ae pars altera alibi, et inde quod idem Manachat ben Shobal etiam Gen. 36, 23 apud Edomaeos invenitur cf. 1 Chr. 2, 52. Atqui omnes illae urbes recoluntur post exilium, immo Aterot-bet-Joab, eadem sine

zumal in den geschichtlichen Büchern des A. T. vor dem Exil nicht einmal eine einzige Erwähnung anderer Kalebiter begegnet, außer der derer, die um Hebron herum wohnten. Ich vermute eher, dass jene Aufzählung in V. 50 ff nachexilische Zeiten in den Blick nimmt.
Diese Vermutung stützt sich auf äußerst schwerwiegende Beweisgründe, die ich nunmehr der Reihe nach vorbringen werde.

1) Die drei *Geschlechter*, die hier aufgezählt werden, werden vor dem Exil überhaupt nicht erwähnt, dagegen aber nach dem Exil nicht nur Harif (Neh 7,24.10,20), sondern auch Salmon, der ja zu der Zeit, als das Buch Ruth geschrieben wurde, für den Stammvater der Betlehemiter gehalten wurde. Man nehme auch ruhig noch Bet Joab dazu, eine nach Neh 7,11 und Esra 2,6.8,9 zu nachexilischen Zeiten berühmte Familie. – Aber auch *Städte* kommen in V. 50 ff besonders solche vor, die nach dem Exil von größerer Bedeutung gewesen zu sein scheinen. Die, die Salmo zugeteilt werden, sind Betlehem, Netopha und Aterot-bet-Joab: Denn Manachat ist ein Geschlechtername – was man sowohl daran erkennen kann, dass der eine Teil in Sora wohnt, der andere anderswo, als auch daran, dass man denselben Manachat ben Shobal auch in Gen 36,23 bei den Edomitern findet (vgl. 1Chr 2,52). Und doch werden all jene Städte nach dem Exil wieder bewohnt. Ja, sogar Aterot-bet-Joab, ohne Zweifel dieselbe Stadt wie „das Tal der Handwerker“ (vgl. 1Chr 4,14) wird vor dem

since there is not a single occurrence of other Calebites in the historical books of the O.T. before the exile except for those dwelling around Hebron. I suppose rather that this enumeration in v. 50 ff. refers to post-exilic times.

This conjecture is based on very important arguments which I shall now present sucessively.

1) The three *tribes* enumerated here are not mentioned at all before the exile. On the contrary, after the exile not only Harif (Neh. 7.24; 10.20), but also Salmon, who was believed to be the Bethlehemites' progenitor when the book of Ruth was written, are mentioned. One may also consider Bet Joab, a famous family in post-exilic times according to Neh. 7.11 and Ezra 2.6, 8.9. – But the *cities* occurring in vv. 50 ff. seem to be of greater importance in post-exilic times, too. To Salomo are attributed Bethlehem, Netopha and Aterot-bet-Joab: for Manachat is the name of a tribe. This is clear from two things: One part dwells in Zorah, the other elsewhere. And the same Manachat ben Shobal can also be found in Gen. 36.23 with the Edomites (cf. 1 Chr. 2.52). And yet all these cities are being re-inhabited after the exile; even Aterot-bet-Joab, without doubt the same as "the valley of craftsmen" (cf. 1 Chr. 4.14), is mentioned nowhere before the exile, but for the first time in Neh. 11.35. Furthermore,

dubio ac „vallis fabrorum“ (conf. 1 Chr. 4, 14), ante exilium nusquam memoratur, sed primum Neh. 11, 35. Porro

Exil nirgends erwähnt, sondern zum ersten Mal in Neh 11,35. Ferner

p. 30

Shobalaeorum gentis quidem non invenitur notitia in libb. Esr. Neh., verum urbium Qirjatjearim Esra 2, 25 = Neh. 7, 29, Sor'a Neh. 11, 29. Ergo si exceperis Betgader, de qua quum a Charipho repetantur ejus origines, dubitari nequit num post exilium restituta sit, una[41] remanebit Eshtaol v. 53 quae non diserte temporibus Esrae et Nehemiae memoratur. Verum hoc satis superque ea re compensatur, quod oppidi Ateroth-bet-Joab nulla fit mentio *ante* exilium: neque enim eadem est res, ubi de paucis, quae ex libb. Esr. Neh. novimus, urbium nominibus tot hic concurrunt quot de multis, quae memorantur in ceteris omnibus V. T. libris historicis. – Denique ipsum *Ephratae* nomen v. 50 quod ante exilium de sola Bethlechem usurpari videmus, in psalmo quodam serioris aetatis regionis est nomen, quae Qirjatjearim etiam amplectitur, cf. *ψ*. 132, 6 (vid. Delitzsch. Hitzig.).

S. 30

findet man zwar keine Kenntnis vom Geschlecht der Schobaliter in den Büchern Esr und Neh, wohl aber Kenntnis von den Städten Kirjatjearim in Esra 2,25 = Neh 7,29 und Sora in Neh 11,29. Wenn man also Betgader ausnehmen möchte, die ohne Zweifel nach dem Exil zurückgeführt worden ist, da ihre Ursprünge sich auf Hariph zurückführen lassen, wird als einzige Eshtaol in V. 53 übrig bleiben, die nicht ausdrücklich zu Zeiten Esras und Nehemias erwähnt wird. Aber dies wird mehr als genug dadurch ausgeglichen, dass die Stadt Ateroth-bet-Joab *vor* dem Exil gar nicht erwähnt wird. Es ist nämlich nicht dasselbe, wobei von den wenigen Städtenamen, die wir aus den Büchern Esr und Neh kennen, hier so viele vorkommen wie von den zahlreichen, die in allen übrigen Geschichtsbüchern des A. T. erwähnt werden. – Schließlich ist in V. 50 der Name *Ephrata*, der, wie wir sehen, vor dem Exil für Betlehem allein benutzt wird, in irgendeinem Psalm späterer Zeit der Name einer Gegend, die auch Kirjatjearim umfasst, vgl. *ψ*. 132,6 (s. Delitzsch und Hitzig).

p. 30

there is no awareness of the Shobalites to be found in the books of Ezra and Neh., but there is mention of their cities: Kirjatjearim in Ezra 2.25 = Neh. 7.29 and Zorah in Neh. 11.29. Thus, if one agrees to except Betgader which was without doubt led back after the exile because its origins can be traced down to Harif. Alone Eshtol in v. 53 will remain, not explicitly mentioned in Ezra's and Nehemiah's times. However, this is balanced more than sufficiently by the fact that the city of Ateroth-bet-Joab is not mentioned at all *before* the exile. Indeed, it is not a comparable case where, out of the few city names we know from the books of Ezra and Neh., an equal number are mentioned here, but these occur in all the other historical books of the O.T. taken together – Finally, the name *Ephrathah* in v. 50 which we see used before the exile for Bethlehem only in some psalm of a later time is the name of a region comprising also Kirjatjearim, cf. *ψ*. 132.6 (s. Delitzsch and Hitzig).

41 Im Original steht *úna* (mit Akut).

2.) Versum 55, quem cum superioribus cohaerere cur negetur idoneae non inveniuntur causae, luce clarius est respicere tempora seriora **(FN 1)**. Omnino enim animadverti potest, quod attinet ad מִשְׁפָּחוֹת quales v. 55 enarrantur, talia collegia *post* exilium maxime familiarum instar recenseri. Peculiariter autem quod attinet ad מִשְׁפְּחֹת סֹפְרִים, hae prius non exsistebant quam סֵפֶר הַתּוֹרָה. Deinde quae sequuntur nomina שׁוכתים תרעתים שמעתים appositio sine dubio sunt antecedentium "מִשפחות ס, adjectiva scilicet relativa (sg. שׁוֹכָתִי) ad unum omnia a femininis derivata שׁוֹכָה שִׁמְעָה תרעָה. Miror autem omnia haec feminina non solum esse appellativa sed tales etiam appellare notiones quae perinde ac ספר pertinent ad instituta religionis. Nam תְּרֵעָה – sic legit traditio Hebraeorum vetustissima neque sane aliter potest legi **(FN 2)** – terminus technicus est musices sacrae; שְׁמָעָה (aram. שְׁמַעְתָּה) idem valet atque Halacha, traditionem nimirum significat legis (vid. exemplorum copiam

2.) Dass Vers 55, bei dem sich keine passenden Gründe finden lassen, warum er nicht mit den früheren zusammenhängen sollte, spätere Zeiten betrifft, ist sonnenklar (**FN 1**). Überhaupt kann man nämlich wahrnehmen, was die מִשְׁפָּחוֹת angeht, welche in V. 55 aufgezählt werden, dass solche Gemeinschaften besonders *nach* dem Exil genauso wie Familien durchgezählt werden. Was insbesondere die מִשְׁפְּחֹת סֹפְרִים betrifftt, diese gab es nicht früher als den סֵפֶר הַתּוֹרָה. Was daraufhin auf die Namen שׁוכתים, תרעתים und שמעתים folgt, ist ohne Zweifel eine Beifügung zu den vorangehenden "מִשפחות ס, nämlich Relativ-Adjektive (Sg. שׁוֹכָתִי), die allesamt von den Feminina שׁוֹכָה, שִׁמְעָה und תרעָה abgeleitet sind. Ich wundere mich aber, dass all diese Feminina nicht nur Gattungsbezeichnungen sind, sondern auch solche Vorstellungen hervorrufen, die sich in gleichem Maße wie ספר auf Einrichtungen der Religion beziehen. Denn תְּרֵעָה – so liest die älteste Überlieferung der Hebräer und man kann fürwahr nicht anders lesen (**FN 2**) – ist ein Terminus technicus der heiligen Musik. שְׁמָעָה (aram. שְׁמַעְתָּה) hat denselben Wert wie die Halacha, bezeichnet freilich eine Gesetzesüberlieferung (s. die Menge an Beispielen

2.) It is as clear as daylight that v. 55 refers to later times because one cannot find convincing reasons to deny its coherence with the preceding verses (**FN 1**). Generally speaking, one can perceive, as far as the מִשְׁפָּחוֹת enumerated in v. 55 are concerned, that such communities are being counted as families, above all *after* the exile. In particular, as far as theמִשְׁפְּחֹת סֹפְרִים are concerned, those did not exist earlier than the סֵפֶר הַתּוֹרָה. What then follows the names שׁוכתים תרעתים שמעתים is without doubt in apposition to the preceding "מִשפחות ס, namely relative adjectives (sg. שׁוֹכָתִי), all without exception derived from the feminine forms שׁוֹכָה שִׁמְעָה תרעָה. However, I am amazed that all these feminine forms indicate that not only they belong to a class of words, but also provoke connotations referring to institutions of religion to the same degree as ספר does. For תְּרֵעָה – such reads the oldest tradition of the Hebrews, and one cannot in fact do otherwise (**FN 2**) – is a technical term of holy music. שְׁמָעָה (aram. שְׁמַעְתָּה) has the same value as the Halacha, indisputably denotes the tradition of the Law (See the numerous examples

FN 1: cf. in universum: Andr. Murray, de Kinaeis. Hamb. 1718.

FN 2: Non intelligo quomodo Bertheau vocem תרעתים derivare potuerit a תרע. Quorsum hîc Chaldaismus quum suppetat שׁוֹעֲרִים quod in libro Chronicorum saepissime usurpatur? Sed si tandem Chaldaismum oportet inveniri, sit etiam Chaldaismus, nempe תָּרָעִים. – Punctatoribus quum תִּרְעָתִים scribebant unus erat metus, ne nimium prodigerent punctorum et atramenti. Saepissime enim, ubi vera evanuerat nominum propriorum pronunciatio, ea tutissimi ire sibi videbantur via, ut vocalibus quam maxime parcerent.

FN 1: Vgl. insgesamt: Andr. Murray, De Kinaeis. Hamb. 1718.

FN 2: Ich verstehe nicht, wie Bertheau das Wort תרעתים von תרע hat ableiten können. Wozu hier ein Chaldaismus, wo doch שׁוֹעֲרִים ausreicht, das im Buch der Chroniken höchst oft benutzt wird? Aber wenn man schon einen Chaldaismus finden muss, dann soll es auch ein Chaldaismus sein, also doch wohl תָּרָעִים. – Als die Punktatoren תִּרְעָתִים schrieben, hatten sie nur eine Furcht, nämlich zu viel an Punkten und Schwärze zu verschwenden. Sobald sich nämlich die Aussprache der Eigennamen verloren hatte, schien ihnen der Weg des möglichst sparsamen Umgangs mit Vokalen als der sicherste.

FN 1: Cf. in general: Andr. Murray, De Kinaeis. Hamb. 1718.

FN 2: I do not understand how Bertheau derived the word תרעתים from תרע. What do we need a chaldaism for, while שׁוֹעֲרִים suffices, used many times in the books of Chronicles? But if one is to find a chaldaism, then let it be a chaldaism indeed, תָּרָעִים. – When the punctuators wrote תִּרְעָתִים, they were only worried about wasting too many points and too much black ink. For when the pronunciation of proper names had been lost they believed they were erring on the safe side by using as few vowels as possible.

p. 31

vocis hujus in Talmud. usitatissimae congestam a Levy in lexico Chald.): de שׂוּכָה = סֻכָּה conf. Levit. 23, 34 sqq. Mihi collato imprimis antecedenti סוֹפְרִים dubium non est, quin tanquam appellativa explicari debeant תִּרְעָתִים שׁוּכָתִים שְׁמָעָתִים.[42] Quamquam appellationes illas in Rekabaeos non quadrare objiciet aliquis. Dummodo quadret

S. 31

für dieses im Talmud höchst übliche Wort, die Levy im Lexikon Chald. zusammengetragen hat): Bezüglich שׂוּכָה = סֻכָּה vgl. Lev 23,34 ff. Ich habe besonders nach dem Vergleich dessen, was סוֹפְרִים vorausgeht, keinen Zweifel, dass תִּרְעָתִים, שְׁמָעָתִים und שׂוּכָתִים wie Gattungsnamen erklärt werden müssen. Indes wird jemand den Vorwurf erheben, dass jene Benennungen auf die Rechabiter nicht passen. Während סוֹפְרִים passt, so auch ähnlich gut תרעתים usw. Aber

p. 31

of this in the Talmud of this very common word gathered by Levy in the Lexicon Chald.). As regards שׂוּכָה = סֻכָּה cf. Levit. 23.34 ff. Especially having compared what precedes סוֹפְרִים I have no doubt that, תִּרְעָתִים שׂוּכָתִים שְׁמָעָתִים need to be explained as generic names. Meanwhile someone might object that these terms do not quite square for the Rechabites. While סוֹפְרִים does, so does תרעתים etc. in a similar manner, but this matches

42 Im Original fehlt dieser Punkt als Satzendzeichen.

סוֹפְרִים, aeque bene etiam תרעתים cett. Sed re vera optime conveniunt cum eis, quae aliunde de Rekabaeis habemus tradita. Ac primum quidem שוכתים facile explicatur consuetudine, quae religionis instar erat illis, non habitandi fixas domos. De תְּרֻעָה et שְׁמָעָה quae ad Levitarum magis quam Rekabaeorum pertinere videntur officia haec monere juvabit. Antiqua quaedam cum Levitis conjunctio Qenaeorum innuitur conjunctione Mosis cum Jetrone Qenaeo, qui *sacerdos* fuit Madianae prope Sinai montem: Qenaei ea re Levitarum fuisse videntur similes, quod si non singuli omnes fungebantur munere sacerdotali, ipso tamen genere erant „populus sacerdotum", sensu potiore et magis proprio quam Israelaei plerique. Sane pol concedendum est, Qenaeos qui secundum Num. 24, 21 sqq. ab Assyriis in exilium abducti sunt, hic solum et Jud. 1, 19 coll. v. 17 LXX **(FN 1)** cum Rekabaeis confundi; verum hi ea certe re illos aequabant quod ordo quidam religiosus et sacerdotalis erant et ipsi. Tum enim primum occurrimus eis, quum Jehu in regno Israelaeo restituit veri Dei cultum 2 Reg. 10, 15; neque temere Jonadab a rege illo tantopere honoratus esse cre-

tatsächlich stimmt das sehr gut mit dem überein, was wir anderswoher über die Rechabiter überliefert haben. Und zunächst kann man freilich שוכתים leicht mit der jenen eigentümlichen religionsähnlichen Gewohnheit erklären, keine festen Häuser zu bewohnen. Bezüglich תְּרֻעָה und שְׁמָעָה, die sich beide mehr auf die Dienste der Leviten als die der Rechabiter zu beziehen scheinen, wird es nützen, an dies zu erinnern. Eine gewisse alte Verbindung der Keniter mit den Leviten wird angezeigt durch die Verbindung des Mose mit dem Keniter Jetro, der ein *Priester* Midians nahe dem Berg Sinai gewesen ist. Die Keniter scheinen darin den Leviten ähnlich gewesen zu sein, dass sie, auch wenn nicht jeder einzelne das Priesteramt verrichtete, doch durch ihr Geschlecht selbst „das Volk der Priester" waren, in einem vorzüglicheren und eigentlicheren Sinne als die meisten Israeliten. Doch man muss wahrhaftig zugestehen, dass die Keniter, die nach Num 24,21 ff von den Assyrern ins Exil weggeführt worden sind, nur hier und in Ri 1,19, nach Vergleich mit V. 17 in der LXX (**FN 1**), mit den Rekabitern verwechselt werden. Aber diese kamen jenen sicherlich dadurch gleich, dass sie selbst ein gewisser religiöser und priesterlicher Stand waren. Wir begegnen ihnen nämlich zum ersten Mal, als Jehu im Reich Israel den Kult des wahren Gottes in 2Kön 10,15 wiederherstellt. Und man darf nicht glauben, dass Jonadab ohne guten Grund von jenem König zu eben dieser Zeit so sehr geehrt worden sei, als er ganz und gar mit der Ausrottung des Götzen-

very well what was handed down to us about the Rechabites from elsewhere. First of all, שוכתים can easily be explained by this peculiar religion-like custom not to dwell in permanent homes. As regards תְּרֻעָה and שְׁמָעָה, apparently both referring to the services of the Levites rather than those of the Rechabites it is useful to remember the following: a certain old connection between the Kenites and the Levites is indicated by the connection of Moses and the Kenite Jethro who was a Midian *priest* near Mount Sinai. The Kenites seem to have been equal to the Levites insofar as they were by their lineage "the people of priests", in a stronger and more proper sense than most Israelites, though not every single one of them actually held a priestly office. Yet, one has to concede indeed that the Kenites who were led away by the Assyrians into exile according to Num. 24.21 ff. are mixed up only here and in Judg. 1.19 with the Rechabites, compared with v. 17 in the LXX (**FN 1**). However, they certainly equaled them by the fact that they were themselves a certain religious and priestly class. We meet them for the first time when Jehu restores the cult of the true God in the empire of Israel in 2. Kgs 10.15. Also, one must not believe Jonadab, who was, at the time, completely focussed on annihilating idolatry, to have been so honored by this king without good reason. However, these words in Jer. 35.19 declare quite clearly: "Jonadab will never lack someone *who*

dendus est eo ipso tempore quum totus esset in exstirpanda idololatria. Diserte autem verba illa Jer. 35, 19: „nunquam deficiet Jonadabum, *qui stet coram me*“, sacerdotium fuisse insigne et peculium Rekabaeorum declarant, cujus possessione maxime gloriabantur, jactura maxime doluissent. Non nego ea quae ante exilium de ritu illorum narrantur, in eas formas non posse torqueri quales 1 Chr. 2, 55 describuntur. Sed sicuti Levitae mutabantur mutatis temporibus, ita et pari modo Rekabaei. Quos revertisse ex captivitate, in quam sine dubio abducti erant et ipsi (Jerem. 35), sequitur e Neh. 3, 14. Inde quidem accuratiora non possunt cognosci;

FN 1: LXX pro Masorethico רֶכֶב בַּרְזֶל לָהֶם legerunt רֵכָב בָּדוּל לָהֶם (ד pro ר, ו pro ז). Vertunt enim: *ὅτι Ρηχὰβ*[43] *διεστείλατο αὐτοῖς* (secessebat ab eis). Quam inepte, facile cernitur.

dienstes zu tun hatte. Aber ganz klar erklären jene Worte in Jer 35,19: „Niemals wird dem Jonadab einer fehlen, *der vor mir steht*“, sei ein bemerkenswertes Priesteramt und Eigentum der Rechabiter gewesen. Des Besitzes dieses Priesteramtes rühmten sie sich am meisten, über seinen Verlust hätten sie den größten Schmerz empfunden. Ich leugne nicht, dass das, was vor dem Exil über ihren heiligen Brauch erzählt wird, nicht in diejenigen Formen gedrängt werden kann, wie sie in 1Chr 2,55 beschrieben werden. Aber so wie die Leviten sich mit sich ändernden Zeiten veränderten, so veränderten sich in gleicher Weise auch die Rechabiter. Dass diese aus der Gefangenschaft zurückgekehrt sind, in die sie ohne Zweifel auch selbst weggeführt worden waren (Jer 35), folgt aus Neh 3,14. Von dort kann man auch nichts Genaueres erfahren.

FN 1: Die LXX-Übersetzer haben רֵכָב בָּדוּל לָהֶם anstelle des masoretischen רֶכֶב בַּרְזֶל לָהֶם gelesen (ד anstelle von ר, ו anstelle von ז). Sie übersetzen nämlich: *ὅτι Ρηχὰβ διεστείλατο αὐτοῖς* (trennte sich von ihnen). Wie unangemessen das ist, sieht man leicht.

stands before me” to have been a remarkable priestly office and a property of the Rechabites. They boasted much about it and would have been extremely sad in case of its loss. I do not deny that what we are being told about their holy customs before the exile cannot be crammed into the forms described in 1. Chr. 2.55. But as the Levites changed with changing times, so did the Rechabites. That they returned from captivity into which they themselves had, doubtless, been led (Jer. 35) follows from Neh. 3.14. Beyond this, of course, one is not able to ascertain anything with any accuracy.

FN 1: The LXX read רֵכָב בָּדוּל לָהֶם instead of the Masoretic רֶכֶב בַּרְזֶל לָהֶם (ד instead of ר, ו instead of ז). For they translate: *ὅτι Ρηχὰβ διεστείλατο αὐτοῖς* (she moved away from them). It can be easily seen how inappropriate this is.

43 Sic: ohne *spiritus asper.*

p. 32

verum hic succurrunt traditiones quaedam a LXX interpretibus servatae. Nam quum summum quo illi Rekabaeos amplectebantur studium inde cognoscatur quod eos ubique inveniebant in textu sacro ubi non debebant quaerere (vid. LXX Jud. 1, 19. 1 Chr. 4, 8. 12. 21. alios fortasse plures locos nescio quos), tanti studii causam non fuisse antiquarii curiositatem, et per se credendum est et cognoscitur ex inscriptione psalmi 70, quam fert apud LXX: *Τῷ Δαυίδ, υἱῶν Ἰωναδὰβ καὶ* **(FN 1)** *τῶν πρώτων αἰχμαλωτισθέντων*. Etenim composuisse quum dicatur psalmum David, quid restabit filiis Jonadab? Si semel cecinissent tum quum a Nebucadnezare abducebantur, neque ab eis esset appellatus neque ejus rei notitia usque ad auctores inscriptionis pertigisset. Neque enim hi a mera profecti sunt fictione sed aliqua certe re sunt nisi. Quae res si quid video alia nulla fuit quam quod aetate fere LXX virorum psalmus septuagesimus ita erat privum quasi filiorum Jonadab – de primis captivis qui sint nihil definio – peculium, sicut alii psalmi proprii dicuntur esse collegiorum Leviticorum, Asaph Heman Qorach. Juxta

S. 32

Aber hier kommen gewisse Überlieferungen zur Hilfe, die von der LXX bewahrt worden sind. Denn man kann das höchste Interesse, mit dem jene die Rechabiter verstanden, daran erkennen, dass sie diese überall im heiligen Text fanden, wo sie nicht hätten suchen dürfen (s. LXX Ri 1,19; 1Chr 4,8.12.21, vielleicht auch irgendwelche anderen recht zahlreichen Stellen). Trotzdem ist der Grund für solch großes Interesse nicht die Neugier eines Antiquars gewesen. Dies muss man einerseits an sich glauben, andererseits kann man es an der Überschrift von Psalm 70 erkennen, die er in der LXX trägt: *Τῷ Δαυίδ, υἱῶν Ἰωναδὰβ καὶ* **(FN 1)** *τῶν πρώτων αἰχμαλωτισθέντων*. Denn da nun David diesen Psalm komponiert haben soll, was wird für die Söhne Jonadabs übrig bleiben? Wenn sie einmal gesungen hätten, als sie von Nebukadnezar weggeführt wurden, wäre er weder nach ihnen benannt worden noch wäre die Kenntnis dieser Angelegenheit bis zu den Verfassern der Überschrift gelangt. Denn diese haben nicht bei schierer Erdichtung ihren Anfang genommen, sondern haben sich sicherlich auf irgendeine Tatsache gestützt. Diese Tatsache war, wie ich das sehe, keine andere, als dass etwa zur Zeit der LXX-Übersetzer der siebzigste Psalm gleichsam etwas so Eigenes der Söhne Jonadabs war – ich lege mich in keiner Weise fest, wer die ersten Gefangenen sind –, so wie man sagt, dass andere Psalmen den Levitenkollegien, Asaph, Heman oder Korach eigen sind. Neben jene Klassen von

p. 32

However, here we get help from certain traditions preserved by the translators of the LXX, for the extreme eagerness with which they embraced the Rechabites can be seen from the fact that they found them everywhere in the holy text, even where they should not have looked out for them (e.g. LXX Judg. 1.19, 1. Chr. 4.8; 12; 21, maybe also numerous other places). Nonetheless, the reason for this huge interest was not the curiosity of an antiquarian. This must on the one hand be believed by itself, on the other it can be understood from the title of Psalm 70 in the LXX: *Τῷ Δαυίδ, υἱῶν Ἰωναδὰβ καὶ* **(FN 1)** *τῶν πρώτων αἰχμαλωτισθέντων*. For since David is said to have composed the psalm, what will be left for Jonadab's sons? If they had sung once when they were being led away by Nebuchadnezzar, it would neither have been called after them nor would the knowledge of this matter have come through to the authors of the title. For they did not start with mere fiction, but had a basis in some fact. As far as I can see, this fact was no other than the seventieth psalm being something like a possession of Jonadab's sons round about the time of the LXX. Just like other psalms are said to belong to the Sacred Colleges of Levites, to Asaph, to Heman and to Qorach. By the way, I am, by no means, committing myself as to who the first captives are. Hence at that time when the title of the seventieth

illas ergo cantorum classes aetate illa, qua natus est titulus psalmi 70, ponebantur Rekabaei – id quod optime convenit cum 1 Chr. 2, 55.

Sängern also wurden zu jener Zeit, zu der auch die Überschrift des Psalms 70 entstanden ist, die Rechabiter gestellt – was bestens zu 1Chr 2,55 passt.

psalm came into being, the Rechabites were placed alongside these classes of singers – which matches quite well indeed with 1. Chr. 2.55.

Conveniunt vero itidem aliae quas aliunde de Rekabaeis postexilicis accepimus relationes, quibus affirmatur sacerdotalia illis competisse privilegia (ratione sine dubio habita verborum Jerem. 35, 19. ut facile cognoscitur). Neque enim solum ab Hegesippo narratur *εἷς τῶν ἱερέων τῶν υἱῶν Ρηχὰβ*[44] *τῶν μαρτυρουμένων ὑπὸ Ἰερεμίου*[45] *τοῦ προφήτου* adfuisse martyrio Jacobi (Eus. H. E. 2, 23),[46] sed etiam aliunde probavit Andreas Murray (l. l.), communem esse Judaeorum opinionem, quosdam Qenaeorum (= Rekabaeorum) senatui qui in metropoli gentis Judaicae erat magno adscriptos[47] fuisse; item e Rekabaeorum sanguine procreatos in templo Hierosolymitano sacrificia obtulisse. Quod *in templo Hierosolymitano*

Dazu passen aber gleichfalls andere Berichte, die wir anderswoher über die nachexilischen Rechabiter erfahren haben, durch die bestätigt wird, dass die priesterlichen Rechte ihnen zustanden (ohne Zweifel mit Rücksicht auf die Worte in Jer 35,19, wie man leicht erkennt). Denn nicht nur von Hegesipp wird erzählt, dass *εἷς τῶν ἱερέων τῶν υἱῶν Ρηχὰβ τῶν μαρτυρουμένων ὑπὸ Ἰερεμίου τοῦ προφήτου* beim Martyrium des Jakob dabeigewesen sei (Eus. H. E. 2,23), sondern auch anderswoher hat Andrew Murray (a. a. O.) nachgewiesen, dass es allgemeine Meinung der Juden sei, dass einige der Keniter (= der Rechabiter) in den großen Senat aufgenommen worden seien, den es in der Hauptstadt des jüdischen Geschlechts gab. Ebenso hätten einige Blutsverwandte der Rechabiter im Jerusalemer Tempel Opfer dargebracht. Dass sie im *Jerusalemer Tempel* priesterliche Rechte ausgeübt haben, möchte ich als Sage glauben. Diese kommt aber daher, dass in Wirklichkeit

Other reports which have come down to us about the Rechabites from elsewhere also match, and by these we are assured that they were lawfully entitled to priestly rights (without doubt with respect to the word in Jer. 35.19 as one can easily see). For not only Hegesippus tells us that *εἷς τῶν ἱερέων τῶν υἱῶν Ρηχὰβ τῶν μαρτυρουμένων ὑπὸ Ἰερεμίου τοῦ προφήτου* was present at Jacob's martyrdom (Eus. H. E. 2.23), but also from elsewhere did Andrew Murray (ibid.) provide evidence that it was opinion commonly held among the Jews that some of the Kenites (= Rechabites) had been put on the list of the big senate in the chief city of the Judean tribe. Likewise, people fathered by the blood of Rechabites are said to have offered sacrifices in the Jerusalem temple. I wish to believe as a tale that they exercised priestly rights in the *Jerusalem temple*. But this tale stems from the fact that in reality the priestly offices

44 Sic: ohne *spiritus asper*.

45 Im Original steht Ἰερεμίου *(mit spiritus asper)*.

46 Genauer: Eus. *H. E.* 2,23,17.

47 Im Original steht *adscriptas*.

exercuisse dicuntur jura sacerdotalia, fabulam crediderim, sed inde natam, quod re vera muneribus sacerdotalibus fungebantur quorum locum posteriores Judaei alibi cogitare non poterant	diejenigen die priesterlichen Ämter verwalteten, deren Platz die späteren Juden sich nirgendwo anders denken konnten	were held by those whose place the later Jews could think nowhere else
FN 1: particulam *καὶ* non expressit Aethiops.	**FN 1:** Die äthiopische Übersetzung hat die Partikel *καὶ* nicht.	**FN 1:** The particle *καὶ* is absent in the Ethiopian translation.
p. 33	**S. 33**	**p. 33**
quam in templo Hierosolymitano, praesertim quum illegitimos putare sacerdotes Rekabaeos per Jer. 35, 19. non liceret. Fortasse vero apud Hegesippum et Judaeos posteriores Rekabaeorum nomen in Essaeos translatum est, eadem ratione, qua temporibus superioribus Qenaeorum nomen transierat in Rekabaeos. Conf. enim Suid.: *Εσσαῖοι ἀπόγονοι* **(FN 1)** *Ἰωναδὰβ υἱοῦ Ρηχὰβ.*[48] Sed translatio nominis, si quidem re vera statuenda est, niti debet propinquitate quadam, qua connectebantur utrique, propinquitate non sanguinis, sed ingenii et morum. Atqui de Essaeorum cha-	als im Jerusalemer Tempel, zumal es nach Jer 35,19 nicht erlaubt war, die Rechabiter für unrechtmäßige Priester zu halten. Vielleicht aber ist der Name der Rechabiter bei Hegesipp und den Juden auf die Essener übergegangen, und zwar mit derselben Absicht, mit der in früheren Zeiten der Name der Keniter auf die Rechabiter übergegangen war. Vgl. nämlich Suid.: *Ἐσσαῖοι ἀπόγονοι* **(FN 1)** *Ἰωναδὰβ υἱοῦ Ρηχὰβ.* Da nun aber die Übertragung des Namens tatsächlich festzustellen ist, muss sie sich auf eine gewisse Verwandtschaft stützen, durch die sie beide verbunden wurden, und zwar nicht durch eine Verwandtschaft des Blutes, sondern durch eine der natürlichen Veranlagungen und des Charakters. Und doch kann es über das priesterliche Gepräge der Essener keinen	than in the Jerusalem temple, and this even more so since, according to Jer. 35.19, it was forbidden to consider the Rechabites as illegal priests. Maybe the name of the Rechabites was transferred, with Hegesippus and the later Jews, to the Essenes, for the same reasons that the name of the Rechabites was transferred to the Kenites in earlier times: cf. Suid.: *Εσσαῖοι ἀπόγονοι* (**FN 1)** *Ἰωναδὰβ υἱοῦ Ρηχὰβ.* However, since the translation of the name really is to be detected, it must be based on some sort of affinity connecting either of them, not an affinity of blood, but one of natural disposition and manners. And yet, the priestly character of the Essenes is beyond doubt (cf. Ritschl, Entst. d. altkath. Kirche (1857) p. 179 ff.).

48 Sic: ohne *spiritus asper*.

ractere sacerdotali dubium esse non potest (v. Ritschl Entst. d. altkath. Kirche (1857) p. 179 sqq).

Zweifel geben (s. Ritschl, Entst. d. altkath. Kirche (1857) S. 179 ff).

Satis mihi videor probasse, res 1 Chr. 2, 50–55 relatas pertinere ad tempora postexilica. Collatis versibus 42–49 sequitur, Kalibbaeos ante exilium habitasse circa Hebronem, post exilium circa Hierosolyma. Post hoc, ergo propter hoc. Rekabaeorum instar (Jer. 35.) quum etiam reliqui עַם הָאָרֶץ Hiersolyma refugissent, inde Babylonem abducti sunt. Reversi autem veteres non recoluere sedes sed novas sibi elegerunt.

Ich glaube, zur Genüge nachgewiesen zu haben, dass das in 1Chr 2,50–55 Erzählte sich auf nachexilische Zeiten bezieht. Aus einem Vergleich mit den Versen 42–49 folgt, dass die Kalebiter vor dem Exil um Hebron herum gewohnt haben, nach dem Exil aber um Jerusalem herum. Nach diesem, also deswegen. Als auch die restlichen עַם הָאָרֶץ sich nach Jerusalem zurückgezogen hatten, sind sie genauso wie die Rechabiter (Jer 35) von dort nach Babylon weggeführt worden. Nach der Rückkehr aber haben sie nicht die alten Wohnsitze wiederbewohnt, sondern sich neue erwählt.

I believe that I have provided enough evidence for the fact that the things related in 1. Chr. 2.50–55 refer to post-exilic times. It follows from a comparison with verses 42–49 that the Calebites used to live around Hebron before the exile, but around Jerusalem after it. After that, hence because of that. When the rest of the עַם הָאָרֶץ had flown to Jerusalem, they were led away from there to Babylon just like the Rechabites (Jer. 35). After their return however, they did not dwell in their old places but chose new ones.

Allegorice haec res sic mihi videtur narrari 2, 18 sqq. Ephrat esse secundam Kalebi uxorem. – Secunda nimirum erat regio, quam habitabat relictis veteribus sedibus. Prima uxor vocatur עֲזוּבָה. Si Ephrat est nomen regionis, probabiliter etiam Azuba. Apparet, עֲזוּבָה significare *desertam* illam (cf. Seph. 2, 4. Jes. 62, 4. 12.), quam primum habitabant Kalibbaei, regionem. Accuratius etiam definitur appositione בַּת יְרִיעוֹת **(FN 2)**: vitae enim sub tentoriis degendae magis favebat Negeb Judae quam tali qualem agebant oppidani Ephrataei. Filii quos peperit Azuba, ei sunt Kalibbaei, qui

So scheint mir diese Angelegenheit in 2,18 ff allegorisch erzählt zu werden, dass Ephrat die zweite Frau Kalebs sei. Sie war freilich die zweite Gegend, die er nach der Zurücklassung der alten Wohnsitze bewohnte. Die erste Frau heißt עֲזוּבָה. Wenn Ephrat der Name einer Gegend ist, dann wahrscheinlich auch Azuba. Es scheint, עֲזוּבָה bezeichne jene verlassene (vgl. Zef 2,4; Jes 62,4.12) Gegend, die die Kalebiter zuerst bewohnten. Noch genauer wird es durch die Beifügung בַּת יְרִיעוֹת bestimmt **(FN 2)**: Denn das Südland Judas begünstigte eher ein Leben, das in Zelten geführt wurde, als ein solches, wie es die städtischen Ephraimiter führten. Die Söhne, die Azuba geboren hat, sind diejenigen Kalebiter, die von den Chaldäern gezwungen worden sind, ihre Mutter zu

I believe 2.18 ff to be allegorical where it says that Ephrath is Caleb's second wife. She was evidently the second region where he dwelled having left behind his old dwelling places. The first wife is called עֲזוּבָה. Provided Ephrath is the name of a region, then probably so is Azubah. עֲזוּבָה seems to denote this deserted (cf. Zeph. 2.4; Isa. 62, 4. 12) region inhabited by the Calebites at first. It is defined even more accurately by the enclosure of בַּת יְרִיעוֹת **(FN 2)**: For the Negev of Judah was more suitable for living in tents than it was for the urban Ephrathites. The sons born to Azubah were forced by the Chaldeans to leave their mother behind. Their names seem to be symbolical as well. For יֵשֶׁר means the same as the diminutive יְשֻׁרוּן.

matrem deserere a Chaldaeis sunt coacti. Etiam eorum nomina videntur esse symbolica, nam יֵשֶׁר idem valet ac deminutivum יְשֻׁרוּן, שׁוֹבָב denominatio fere solennis est Judaeorum apud Jeremiam, veluti 3, 14. 22. 31, 22, unde

verlassen. Auch deren Namen scheinen symbolisch zu sein. Denn יֵשֶׁר bedeutet dasselbe wie das Deminutiv יְשֻׁרוּן. שׁוֹבָב ist die beinahe feierliche Bezeichnung der Juden bei Jeremia, wie in 3,14.22.31,22, von wo es

שׁוֹבָב is almost as solemn an expression for the Jews in Jeremiah as in 3.14,22, 31.22, from where

FN 1: *ἀπόγονοι* ex conj. Scaligeri pro *πρόγονοι* codd. confirmatur paraphrasi Cedreni. Vide Gaisford.

FN 1: *ἀπόγονοι* für *πρόγονοι* aufgrund einer Konjektur Scaligers wird durch die Codices nach einer Paraphrase des Kedrenos bestätigt. Siehe Gaisford.

FN 1: *ἀπόγονοι* for *πρόγονοι* by a conjecture of Scaligers' is affirmed by the codices through a paraphrase of Cedrenus. See Gaisford.

FN 2: Lectio: וְאֶת־יְרִיעוֹת quum de una tantum muliere agi eaque Azuba pateat ex verbis sequentibus, sine dubio est falsa. Jeriot aliqua relatione cum Azuba debet cohaerere; ego simplicissimam elegi. Sed quaelibet alia in meum hic sufficit usum.

FN 2: Die Lesart וְאֶת־יְרִיעוֹת ist zweifelsohne falsch, da aufgrund der folgenden Worte offensichtlich ist, dass es nur um eine einzige Frau geht, und zwar Azuba. Jeriot muss durch irgendeine Beziehung mit Azuba zusammenhängen. Ich habe die einfachste Beziehung ausgewählt. Aber jede beliebige andere reicht hier für meinen Zweck.

FN 2: The variant וְאֶת־יְרִיעוֹת is downright wrong, since it is evident from the following words that we are dealing with one single woman here, namely Azubah. Jerioth is bound to cohere with Azubah in some respect. I chose the easiest one. But any other suffices here for my purpose.

p. 34
transfertur Jes. 57, 17; אַרְדּוֹן denique derivari potest a radice, quae Hebraeis significat „conculcare", Aramaeis „castigare".
Digestis sic quae c. 2. de Kalibbaeis continentur relationibus fere omnibus duos nacti sumus quasi polos, ad quos reliquas quae maxime cap. 4, 1–20 recensentur familias Kalibbaeas distribuamus, prout situ sedium suarum aut

S. 34
nach Jes 57,17 übertragen wird. אַרְדּוֹן kann man schließlich von einer Wurzel ableiten, die für Hebräer „misshandeln", für Aramäer „bestrafen" bedeutet.

Nachdem wir nun so fast alle Beziehungen durchgenommen haben, die in Kap. 2 von den Kalebitern enthalten sind, haben wir gewissermaßen zwei Pole erreicht, auf die wir die übrigen kalebitischen Familien verteilen können, besonders die, die in Kap. 4,1–20 aufgezählt werden, je nachdem, ob sie durch die

p. 34
it is transferred to Isa. 57.17. Finally, אַרְדּוֹן can be derived from a root meaning "mistreat" to the Hebrews, "punish" to the Arameans.

Having thus classified almost all relations of the Calebites contained in ch. 2, we have reached two branches, so to speak. Onto these we can distribute the remaining Calebite families, especially those counted in chap. 4.1–20 according to whether they are drawn to this or that branch be-

ab hoc aut ab illo attrahuntur. Videmus autem duo[49] hic discerni posse elementa, partim praeexilica, partim postexilica. Quorum tamen sic plerumque est ratio, ut finis sermonis tendat proprie in praeexilica, postexilica eo maxime consilio afferat compilator ut aperiat quo ductus studio eas familias praeexilicas contulerit quas contulit.

Lage ihrer Wohnsitze von diesem oder jenem angezogen werden. Wir sehen aber, dass man hier zwei Elemente unterscheiden kann, teils die vorexilischen, teils die nachexilischen. Deren Plan ist meistens so, dass das Ende einer Passage sich eigentlich auf vorexilische Ereignisse richtet, der Kompilator aber nachexilische Ereignisse besonders in der Absicht hinzufügt, zu eröffnen, durch welches Interesse er dazu gebracht wurde, diejenigen vorexilischen Familien zusammenzustellen, die er zusammengestellt hat.

cause of the location of their dwelling places. However, we see that two elements can be distinguished here, namely the pre-exilic and the post-exilic ones. Their relationship is mostly such that the end of a paragraph is actually directed towards pre-exilic matters, but the compilator adds post-exilic ones so as to clarify the motive that drove him to bring together the particular pre-exilic families that he actually chose.

Sic lucidissime cernitur in Chur. atque Ash-chur. Ille in appositione quidem ut cognoscatur idem esse atque ille quem omnes lectores noverant, appellatur Abi Etam (v. 3; leg. וְאֵלֶּה בְּנֵי חוּר א“ ע“ v. Berth.), Abi Bethlechem (v. 4), verum in eo ipso qui proprie hic refertur sermonis contextu ne nominatur quidem aut Etam aut Betlechem, sed tales solummodo urbes quae in austro Judaeae jacebant. Idem plane valet in Ash-chur v. 5. 7. Ille quippe Ash-chur, qui post exilium quasi iterum natus est ex Ephrat, habitabat Teqoae 2, 24. Itaque etiam hîc, ne lectores opinentur nullum[50]

So kann man es höchst klar bei Hur und Ashchur sehen. Damit jener als derselbe erkannt wird wie jener, den alle Leser kannten, wird er zwar in einer Beifügung Abi Etam (V. 3; וְאֵלֶּה בְּנֵי חוּר א“ ע“ s. Berth.) oder Abi Betlehem (V. 4) genannt, aber in eben diesem Kontext der Passage, der hier eigentlich berichtet wird, wird weder Etam noch Betlehem eigentlich genannt, sondern nur solche Städte, die im Süden Judäas lagen. Genau dasselbe gilt für Ashchur in V. 5 und V. 7. Jener Ashchur freilich, der nach dem Exil gleichsam aus Ephrat wiedergeboren worden ist, wohnte nach 2,24 in Tekoa. Damit die Leser nicht meinen, sie hätten es hier mit keinem was weiß ich wie alten Geschlecht zu tun, wird es daher auch hier gleichsam durch Übergehen vom Schreiber in V. 5

This method can be seen most clearly in Hur and Ashhur. In order to identify him as the one known by all readers he is mentioned in apposition of the name Abi Etam (in verse 3 we read וְאֵלֶּה בְּנֵי חוּר א“ ע“ s. Berth.) or Abi Bethlehem (v. 4). However, in the context of this paragraph related here neither Etam nor Bethlehem are actually mentioned, but only those cities in the south of Judah. Exactly the same goes for Ashhur in v. 5 und v. 7. This Ashhur who was born to Ephrath after the exile, as it were, dwelt in Tekoa according to 2.24. In order to avoid the impression on the readers' side of having to do with I do not know how old a tribe, he is incidentally being introduced by the writer in v. 5 as Abi Tekoa. – But then, the dwelling pla-

49 Im Original steht *dua*.
50 Im Original steht *nullam*.

sibi cum gente nescio qua prisca esse negotium, quasi praetereundo a scriptore introducitur v. 5. ut Abi Teqoa – deinde vero earum, quae ei tribuuntur, familiarum sedes longissime a Teqoa remotae sunt, quandoquidem in ultimo sitae sunt Negeb. De Chepher enim (v. 6.) vid. Bertheau, Temeni (ibid.) denotat „australem“, Etnam (v. 7.) comparari debet cum Jitnan oppido quodam inter Negebaea enumerato Jos. 15, 23.

wie Abi Tekoa eingeführt. – Daraufhin aber sind die Wohnsitze derjenigen Familien, die ihm zugeteilt werden, äußerst weit von Tekoa entfernt, da sie ja am äußersten Rand des Negevs liegen. Was nämlich Chepher (V. 6) betrifft, s. Bertheau. Temeni (ebenda) bezeichnet er als „südlich“, Etnan (V. 7) muss man mit einer gewissen Stadt Jitnan vergleichen, die in Jos 15,23 unter den im Negev gelegenen aufgezählt worden ist.

ces of the families assigned to him are extremely far from Tekoa, being situated at the outer boundary of the Negev. As regards Hepher (v. 6), s. Bertheau. Temeni (ibid.) he calls “southern”, Etnan (v. 7) is to be compared with a certain city called Jitnan, named amongst those of the Negev in Josh. 15.23.

Hanc sequentes regulam conjicimus etiam Shobalis quae v. 2. recensentur, familias veteris esse originis, sed ut additamento innuitur finali (4, 2. cf. 2, 53.) tales quae in scriptoris nostri aetatem usque pertingebant. Pari modo Qos v. 8 sqq. nota quaedam fuit gens temporibus Esrae et Nehemiae; verum Jabes, nomen urbis 2, 55, aperte hic adhuc est nomen gentile v. 9 sq, et ענוב, quod Jos. 15, 50 scribitur ענב pronunciatur a LXXviris Ἀνωβ (cod. Alex.), nomen est oppidi prope

Dieser Regel folgend vermuten wir, dass auch die Familien Shobals, die in V. 2 aufgezählt werden, alten Ursprungs sind, aber, wie durch eine letzte Hinzufügung angezeigt wird (4,2; vgl. 2,53), solche, die ununterbrochen bis in die Zeit unseres Schreibers weiter existierten. In gleicher Weise war Koz in V. 8 ff ein gewisses berühmtes Geschlecht zu Esras und Nehemias Zeiten. Aber Jabez, der Name einer Stadt in 2,55, ist hier in V. 9f offensichtlich immer noch ein Geschlechtername. Und ענוב, das in Jos 15,50 ענב geschrieben und von den LXX-Übersetzern Ἀνωβ (cod. Alex.) ausgesprochen wird, ist der Name einer Stadt nahe

Following this rule, we suspect that Shobal’s families, also enumerated in v. 2, are of old origin. However, as if a last addition is being signaled, this holds for those ones that persisted until the time of our writer. In the same manner, Koz was a certain famous tribe in Ezra’s and Nehemiah’s times. But Jabez, in 2.55 the name of a city, is evidently still a family name here in vv. 9 f. And ענוב, written ענב in Josh. 15.50 and pronounced Ἀνωβ (cod. Alex.) by the translators of the LXX is the name of a city near

p. 35

Debir siti, in australibus Judaeae partibus. – Minus lucida sunt quae sequuntur, sed etiam hic singula quae serioris sunt aetatis (vide quae collegit Ber-

S. 35

Debir, in den südlichen Teilen Judäas. – Weniger klar ist, was folgt. Aber auch hier findet man einzelne Dinge, die in eine spätere Zeit gehören (siehe, was Bertheau auf S. 45 gesammelt hat, aber von dem,

p. 35

Debir, in the southern parts of Judah. – What follows, is less clear though. But here too we can find things belonging to later times (see what Bertheau collected, but from what the scholar collected dis-

theau p. 45, sed ab eis quae collegit vir doctus secerne quae inde conjecit) mixta inveniuntur corpori talium relationum quae non possunt non pertinere ad tempora praeexilica. Neque enim solum v. 15 usque ad Mare Rubrum ducimur, sed etiam v. 18 ad fines Aegypti.

In universum igitur constabit, corpus versuum 1–20 ad veteriorem referendum esse aetatem, sed veteres quae hic memorantur familias ad eam legem esse selectas ut tales tantum reciperentur quae usque in praesens quod fuit scriptoris[51] tempus florebant. Quodsi vero sic stant res, non profecto miramur, quod nullatenus fere inter se contingunt quae c. 2, 42–49 et quae c. 4, 1–20 traduntur: non enim illa pariter atque haec secundum singularem quandam et fortuitam rationem selecta sunt, sed secundum eam quae proxima erat, ut scilicet maximae et notissimae imprimis reciperentur gentes et familiae. Quamquam aliqua discrimina explicari etiam possunt ex diversis aetatibus, unum certe repeti debet ex diversis locis (scilicet Kaleb 4, 15).

was er als Gelehrter gesammelt hat, unterscheide, was er davon ausgehend für Schlüsse gezogen hat), mit Stoff solcher Berichte vermischt vor, die sich unbedingt auf vorexilische Zeiten beziehen müssen. Denn nicht nur werden wir in V. 15 bis ans Rote Meer geführt, sondern auch in V. 18 zum Gebiet Ägyptens.

Im Allgemeinen wird also feststehen, dass der Stoff der Verse 1–20 auf eine ältere Zeit bezogen werden muss, dass aber die alten Familien, die hier erwähnt werden, zu dem Zweck ausgewählt worden sind, nur solche aufzunehmen, die bis in die Gegenwart, die die Zeit des Schreibers war, in Blüte standen. Wenn aber wahrlich die Dinge so stehen, wundern wir uns in der Tat nicht darüber, dass sich keineswegs auch nur irgendwie miteinander verträgt, was in Kap. 2,42–49 und was in Kap. 4,1–20 überliefert wird: Ersteres ist nämlich nicht gleich wie Letzteres gemäß irgendeiner einzelnen und zufälligen Überlegung ausgewählt worden, sondern gemäß der, die am nächsten lag, nämlich vor allem die größten und bekanntesten Geschlechter und Familien aufzunehmen. Obwohl man einige Unterschiede auch aus den verschiedenen Zeiten heraus erklären kann, muss man einen sicherlich auf verschiedene Orte zurückführen (nämlich Kaleb in 4,15).

cern the conclusions he drew from it). These things, belonging to later times, are intermingled with a body of such reports that are bound to refer to pre-exilic times. For not only are we led in v. 15 up to the Red Sea, but also in v. 18 to the borders of Egypt.

Therefore, generally speaking, the material of verses 1–20 is certainly to be referred to later times. Yet the old families mentioned here were selected in order to admit only those families flourishing until the present, i.e. the writer's time. If matters truly stand like this, we shall indeed not be surprised that what has come down to us in ch. 2.42–49 and in ch. 4.1–20 does not match in the slightest: for the former was not selected in the same way as the latter, according to some singular and accidental consideration, but according to the one suggesting itself, namely to admit only the biggest and most famous tribes. Even though some differences can be explained by different times, one thing has to be attributed to different places (namely Caleb in 4.15).

51 Im Original steht *scriptori*.

* * *

Cognitis hoc modo quae de domesticis Chesronaeorum rebus cognosci possunt priusquam ad ultimam disquisitionis nostrae procedamus partem, revertemur ad quaestionem, qui factum sit quod inter omnes Judae gentes de solo fere Chesrone superstites manserint relationes ethnologicae accuratiores. Duae si quid video maxime sunt causae. Una, quod Chesron re vera inter reliquos omnes in quos stirps Judaea se diviserat ramos potentia et numero eminebat. Quod quum sequatur ex eis quae de Kalibbaeis conscripsi, accedit quod Gen. 38 narratur, Peres et Zerach heredes esse factos filiorum Judae *natu majorum*, non Shelam, cui proprie competebat hereditas; inter geminos autem illos deinde Peres vi magis quam jure primogeniti privilegium esse nactum. Potentissimi autem facti sunt Chesronaei quia simplicissimi manserunt, et haec est altera causa cur excultior apud eos cernatur membratura corporis gentilicii quam apud ceteros. Vide quae supra dixi de Jerachmeelaeis – eadem enim aliquatenus, com-

* * *

Nachdem wir nun auf diese Weise erkannt haben, was man über die Stammesangelegenheiten der Kalebiter erkennen kann, werden wir vor dem Übergang zum letzten Teil unserer Untersuchung zur folgenden Frage zurückkehren: Wie hat es geschehen können, dass unter allen Geschlechtern Judas fast nur von Hezron einigermaßen genaue ethnologische Berichte überlebt haben? Es gibt besonders zwei Gründe, wenn ich das richtig sehe. Der eine ist, dass Hezron tatsächlich unter allen übrigen Zweigen, in die sich der Stamm Juda aufgeteilt hatte, durch Macht und Zahl hervorragte. Obwohl dies schon aus dem folgt, was ich über die Kalebiter verfasst habe, kommt noch hinzu, dass in Gen 38 erzählt wird, Perez und Serach seien zu Erben der älteren Söhne Judas gemacht worden, nicht aber Schela, dem das Erbe eigentlich zustand. Unter jenen Zwillingen aber habe Perez eher mit Gewalt als mit Recht das Vorrecht des Erstgeborenen erlangt. Äußerst mächtig aber sind die Hezroniter geworden, weil sie äußerst einfach geblieben sind. Und dies ist der zweite Grund, warum man bei ihnen eine besser ausgebildete Gliederung des gesamten Geschlechts sehen kann als bei den Übrigen. Siehe auch, was ich weiter oben über die Jerachmeeliter gesagt habe – einigermaßen dasselbe wird nämlich

* * *

We have discerned by now what can be discerned with respect to the Calebites. Before proceeding to the last part of our enquiry we shall return to the following question: How did the only sufficiently accurate ethnological relationships, almost uniquely concerning Hezron, just happen to survive out of all the tribes of Judah? If I am not mistaken, there are mainly two reasons for this: Firstly, Hezron really did stand out, both numerically and by power, from all the other branches into which the Judean stock had divided. Although this already follows from what I have written about the Calebites, there is also another fact: In Gen. 38, Perez and Zerah are reported to have been made heirs of Judah's older sons, but not so Shelah who was actually entitled to the heritage. Among the twins Perez is said to have gained the prerogative of the firstborn more by violence than by right. Additionally, the Hezronites grew very powerful because they remained very simple. This is the other reason why flourishing tribal groupings can be found attached to them rather than with the rest. Consider what I said above about the Jerahmeelites – because rather the same

p. 36	**S. 36**	**p. 36**
paratione nimirum habita ceterorum Judaeorum, pertinebunt etiam in Kalibbaeos **(FN 1)**.	auch auf die Kalebiter zutreffen, wenn man sie mit den übrigen Juden vergleicht (**FN 1**).	will hold also for the Calebites when comparing them with the rest of the Jews. (**FN 1**).
B.	B.	B.
Graviore perfuncti labore jam ut proposuimus aggrediemur dicere de rationibus Chesronis, quae fuerint cum aliis gentibus.	Nachdem wir die schwerere Arbeit verrichtet haben, werden wir es nunmehr in Angriff nehmen, über die Verbindungen Hezrons mit anderen Geschlechtern zu sprechen, ganz wie wir es uns vorgenommen haben.	Having done the harder job we shall now as planned tackle the discussion of Hezron's relationships with other tribes.
Non semel supra animadvertimus paria haud raro apud diversa corpora gentilia inveniri familiarum nomina. Quod nemini videbitur mirum quando fit apud Jerachmeelaeos et Kalibbaeos (Shammai 2, 28. v. 44, Racham v. 44, cf. pag. 27 not. 2) – neque enim frustra appellantur fratres. Neque quum Chesronaeis conveniunt ex parte nomina gentilicia cum reliquis Judae filiis, praeter opinionem fit, neque quum nomina utriusque defunctorum filiorum Judae servantur apud superstites 2, 26. 4, 21. Verum ne id quidem offendit quod apud vicinas alias Israelaeorum tribus homonymae reperiuntur gentes: veluti apud Simeonem Zerach 2, 4. 4, 24. Chamul 2, 5. 4, 26 (v. pag. 22 not. 1) Jamin 2, 4. 4, 24; apud Ruben Chesron, Karmi 2,	Nicht nur einmal haben wir weiter oben wahrgenommen, dass man nicht selten bei verschiedenen verwandtschaftlichen Verbänden die gleichen Familiennamen findet. Dies wird niemandem verwunderlich scheinen, wenn es bei den Jerachmeelitern oder Kalebitern geschieht (Schammai in 2,28 und in V. 44, Racham in V. 44, vgl. S. 27 FN 2) – denn nicht umsonst werden sie Brüder genannt. Es geschieht weder wider Erwarten, wenn für die Hezroniter zum Teil die Geschlechternamen mit den übrigen Söhnen Judas zusammenpassen, noch wenn die Namen der beiden verstorbenen Söhne Judas bei den Überlebenden bewahrt werden. Aber auch das erregt keinen Anstoß, dass sich nämlich bei anderen benachbarten Sippen der Israeliten gleichlautende Geschlechter finden: wie zum Beispiel bei Simeon und Serach in 2,4 und 4,24, Hamul in 2,5 und 4,26 (s. S. 22 FN 1) und Jamin in 2,4 und 4,24, oder bei Ruben, Hezron und Karmi in 2,5.7 und 5,3. Natürlich bezeugt die Gleich-	We noticed above more than once that the same family names can fairly often be found dispersed amongst the different tribal bodies. Nobody will wonder at that when it happens with the Jerahmeelites or the Calebites (Shammai in 2.28 and v. 44, Raham in v. 44, cf. p. 27 FN 2). – For it is not in vain that they are called brothers. It is neither contrary to all expectation when for some Hezronites the family names match the rest of the sons of Judah nor when the names of either of the deceased sons of Judah are preserved by the survivors. However, not even the fact that homonymous names can be found in other neighbouring tribes causes offence: as for example with Simeon and Zerah in 2.4 and 4.24, Hamul in 2.5 and 4.26 (s. p. 22 FN 1) and Jamin in 2.4 und 4.24, or with Reuben, Hezron and Carmi in 2.5; 7 and 5.3. Of course, the similarity of names does not testify to similitude in all cases of those who have these

5. 7. 5, 3. Non ubique sane nominum paritas testatur paritatem etiam eorum qui gestant nomina, sed ibi certe ubi ceterae conspirant conditiones secundae. Etenim si *compluria* concurrunt paria nomina in duabus tribubus, si tribus illae insuper vicinae sunt inter se, denique si easdem ambae inhabitant regiones – quod de Simeone et Juda constat –, paribus nominibus sine dubio cognoscuntur pares familiae,[52] praesertim quum adhuc exstent relationes diserte testantes transisse familias ex altera tribu in alteram. 1 Chr. 2, 21. Contra si quis propter solam nominum paritatem vellet confundere gentes Hebraeas et Arabicas easque locorum et temporum intervallo quam maxime inter se distantes absurdum esset. Nimium probando probaret nihil.

heit der Namen nicht überall eine Gleichheit derer, die die Namen tragen; aber sicher dort, wo noch andere günstige Bedingungen zusammenwirken. Denn wenn *mehrere* gleiche Namen in zwei verschiedenen Sippen zusammenfallen, wenn diese Sippen zudem miteinander benachbart sind, wenn schließlich beide dieselben Gegenden bewohnen – was von Simeon und Juda feststeht –, lassen sich an gleichen Namen ohne Zweifel gleiche Familien erkennen, zumal da es noch Berichte gibt, die deutlich bezeugen, dass Familien von der einen Sippe zur anderen übergegangen sind. Das ist in 1Chr 2,21 der Fall. Wenn dagegen jemand allein wegen der Gleichheit der Namen hebräische und arabische Geschlechter miteinander verwechseln wollte, und zwar welche, die aufgrund des örtlichen und zeitlichen Unterschieds sehr weit voneinander entfernt sind, so wäre das absurd. Durch den Nachweis von zu vielem wiese er nichts nach.

names but only where other secondary conditions also converge. For if several *similar* names coincide in two different tribes, if moreover these tribes are neighbours of each other, if they lastly dwell in the same regions, – which is certain for Simeon and Judah –, these same families can undoubtedly be identified by the same names, even more so because there are still relationships which testify to families that have moved from one tribe to the other. This is the case in 1. Chr. 2.21. If on the contrary somebody wished to mix up Hebrew and Arabic families because of the similarity of names alone, namely two that are extremely far apart from each other by time and place differences, it would be absurd. By proving too much he would be proving nothing at all.

Eandem quam in comparandis Israelaeorum tribubus agnoscimus regulam adhibere etiam in alienas nationes per se

Wir werden an sich weniger geneigt sein, dieselbe Regel, die wir beim Vergleich der israelitischen Sippen anerkennen, auch auf andere Nationen anzuwenden.

We will be less inclined to apply the same rule recognized for the comparison of Israelite tribes as such

FN 1: Ambo gerebant nomen חֶצְרוֹן, repetendum a חצר, cujus videtur vel vices

FN 1: Beide trugen den Namen חֶצְרוֹן, zurückzuführen auf חצר, dessen Platz es in Jos 15,3 nach einem

FN 1: Both bore the name חֶצְרוֹן, derived from חצר, being, seemingly, their place of occupation,

52 Im Original steht *fomiliae*.

tenere Jos. 15, 3 coll. Num. 34, 4. Nusquam saepius inveniuntur nomina locorum cum חצר compositorum quam in Negeb Judae Jos. 15, 21 sqq. 1 Chr. 4, 31. Num. 34, 4. Atqui יֹשְׁבֵי חֲצֵרִים fuerunt et Qedaraei Jes. 42, 11, nomades vel seminomades illi sine dubio.

Vergleich mit Num 34, 4 zu haben scheint. Nirgends kann man häufiger Namen von Orten finden, die mit חצר zusammengesetzt sind, als im Südland Judas, wie in Jos 15,21 ff, in 1Chr 4,31 und in Num 34,4. Und doch waren die יֹשְׁבֵי חֲצֵרִים nach Jes 42,11 auch Kedarer. Erstere waren ohne Zweifel Nomaden oder Halbnomaden.

in Josh. 15.3, and cf. Num. 34.4. There is nowhere else that place names comprising חצר can be found except in the Negev of Judah, as we see in Josh. 15.21 ff., 1. Chr. 4.31, Num 34.4. And yet, the יֹשְׁבֵי חֲצֵרִים also were Kedarites according to Isa. 42.11 who were without doubt nomads or semi-nomads.

p. 37

minus erimus proni. Tamen apud Chesronaeos tot concurrunt nomina, quae eadem inveniuntur apud finitimos eorum australes, Edomaeos scilicet et Midianaeos, ut de casu cogitari nequeat. Ut vero[53] quanta sit apud utrosque nominum paritas recte perspiciatur, juvabit aliqua huc inserere grammatica de variis eorundem nominum propriorum formis. Non vero tam dicam hic de Beeljada Eljada Jojada Jada Jediael Jedaja similibusque inter se alternantibus quam de formalibus quibusdam terminationibus nominum et locorum et personarum, quae modo desunt, modo adduntur modo hac modo illa emergentes forma.

S. 37

Dennoch treffen bei den Hezronitern so viele Namen zusammen, die sich auch bei deren südlichen Nachbarn finden, nämlich den Edomitern und Midianitern, dass man nicht an Zufall denken kann. Damit man aber recht durchschauen kann, wie groß die Gleichheit der Namen bei beiden ist, wird es nützen, hier einige grammatikalische Bemerkungen über die verschiedenen Formen derselben Eigennamen einzufügen. Ich werde hier aber nicht so sehr über Beeljada, Eljada, Jojada, Jada, Jediael, Jedaja und ähnliche sprechen, die sich miteinander abwechseln, als vielmehr über einige formale Endungen von Orts- und auch Personennamen, die bald fehlen, bald hinzugefügt werden, wobei sie bald in dieser, bald in jener Form auftauchen.

p. 37

to other nations. Still, so many names found also at their southern neighbours, namely the Edomites and Midianites, come together at the Hezronites that it cannot be considered as chance. However, in order to rightly examine to what degree the names were similar for both of them it will be useful to insert here some considerations of grammar concerning the different forms of the same proper names. But I am not going to talk so much here about Beeljada, Eljada, Jojada, Jada, Jediael, Jedaja and the like, alternating with each other. Rather, I am going to talk about some formal endings of place names and also those of people. These endings are sometimes missing, sometimes added, while appearing now in this form, then in another.

53 Im Original steht *vera*.

יֶתֶר idem appellatur etiam יִתְרוֹ, יִתְרוֹ vero decurtatum quoddam esse יִתְרוֹן Ew. §. 163 h, cernitur ex יִתְרָן quod vices tenet formae יִתְרָא nullo alio modo a יתרו differentis quam quod Arabice pronunciatur illa, Hebraice haec – vel in eodem versu eadem persona vocatur deinceps שַׂלְמָא et שַׂלְמוֹן Ruth. 4, 20 sq. Formis deinde יֶתֶר, יִתְרוֹ (יִתְרָא), יִתְרֹן (יִתְרָן) quarta est adnumeranda forma יִתְרֹם (יִתְרָם), conf. גֵּרְשֹׁם ,גֵּרְשֹׁן Ew. §. 163 g.

יֶתֶר wird ebenso auch יִתְרוֹ genannt. Dass aber יִתְרוֹ nach Ew. § 163 h ein verkürztes יִתְרוֹן ist, sieht man an יִתְרָן, das die Alternativform יִתְרָא hat, die sich auf keine andere Weise von יתרו unterscheidet, als dass erstere arabisch, letztere hebräisch ausgesprochen wird. – Geradezu im selben Vers wird in Ruth 4,20f dieselbe Person nacheinander שַׂלְמָא und שַׂלְמוֹן genannt. Zu den Formen יֶתֶר, יִתְרוֹ (יִתְרָא), יִתְרֹן (יִתְרָן) muss noch יִתְרֹם (יִתְרָם) als vierte Form hinzugezählt werden, vgl. גֵּרְשֹׁן und גֵּרְשֹׁם, Ew. §. 163 g.

יֶתֶר is likewise called יִתְרוֹ, that יִתְרוֹ is short for יִתְרוֹן according to Ew. § 163 h, can be seen from יִתְרָן having the alternative form יִתְרָא differing from יתרו in no other way than that the former is pronounced in Arabic, the latter in Hebrew. – In Ruth 4.20 f., the same person is called first שַׂלְמָא and then שַׂלְמוֹן in almost the same verse. Moreover, a fourth form יִתְרוֹם (יִתְרָם) is to be added to the forms יֶתֶר, יִתְרוֹ (יִתְרָא), יִתְרֹן (יִתְרָן), cf. גֵּרְשֹׁן and גֵּרְשֹׁם, Ew. §. 163 g.

Similia reperiuntur in nominibus locorum **(FN 1)**. Promiscue usurpantur כְּנָע et כְּנַעַן, לַיִשׁ לַיְשָׁה לַיְשָׁם **(FN 2)**, עָפְרָה et עֶפְרוֹן. Cum simplici forma *katb* alternant etiam hîc auctae *katbā, katbōn* (katbān), *katbām* (katbēm katbōm). Accedit vero alia forma quae dualis est simillima et indolis magis videtur Aramaicae. Shomron Aramaice pronunciatur Shomrain, pro Ephron a Qeri legi jubetur Ephraim 2. Chr. 13, 19 **(FN 3)**. Crediderim equidem, pariter esse judicanda alia plura locorum nomina, quamquam minime nego haud raro etiam inveniri talia quae re vera pro dualibus debent haberi. Claudat denique agmen terminatio ת-. תּוֹחַ 1 Chr. 6,

Ein ähnlicher Befund zeigt sich bei Ortsnamen (**FN 1**). Vermischt benutzt werden כְּנָע und כְּנַעַן, לַיְשָׁם (**FN 2**) עָפְרָה und עָפְרָן sowie עָפְרָה und עֶפְרוֹן. Mit der einfachen Form *katb* wechseln sich auch hier die erweiterten Formen *katbā, katbōn* (katbān), *katbām* (katbēm, katbōm) ab. Es kommt noch eine andere Form hinzu, die dem Dual zum Verwechseln ähnlich ist und eher aramäischen Charakter zu haben scheint. Shomron wird auf Aramäisch Shomrain ausgesprochen, anstelle von Ephron soll man in 2Chr 13,19 nach Qere Ephraim lesen (**FN 3**). Ich für meinen Teil möchte glauben, dass mehrere andere Ortsnamen gleich zu beurteilen sind, obwohl ich keinesfalls leugne, dass man nicht selten auch solche findet, die tatsächlich für Dualformen gehalten werden müssen.

Die Endung ת- endlich mag den Zug beschließen. תּוֹחַ in 1Chr 6,

Similar findings can be obtained from names of places (**FN 1**). We find intermingled usage of כְּנָע and כְּנַעַן, לַיִשׁ, לַיְשָׁה and לַיְשָׁם (**FN 2**) as well as עָפְרָה and עֶפְרוֹן. The extended forms *katbā, katbōn* (katbān), *katbām* (katbēm, katbōm) alternate with the simple form *katb* here as well. There is another form very similar to the dual form which seems to be rather of Aramaic origin. Shomron is pronounced Shomrain in Aramaic. Instead of Ephron, we are to read Ephrain in 2. Chr. 13.19 following the Qere (**FN 3**). I personally wish to believe that several other place names are to be judged in a similar way. However, I do not deny in the slightest that there are also to be found those which are to be considered as dual forms.

The ending ת- may finally close the list. תּוֹחַ in 1. Chr. 6.

FN 1: Ceterum satis indefinitos video terminos, quibus nomina personarum vel gentium separantur a nominibus locorum.	**FN 1:** Übrigens sehe ich, dass die Kriterien ziemlich unbestimmt sind, nach denen Personen- oder Geschlechternamen von Ortsnamen getrennt werden.	**FN 1:** By the way, I do see that the criteria by which names of tribes and people are separated are quite undefined.
FN 2: pro quo ubique scribitur לשם. Mirum quantum fefellit viros doctos Masoretharum לֶשֶׁם quod sic est judicandum ut שֶׁמֶר 1 Chr. 7, 34; vid. pag. 30 not. 1). – לֵישֶׁם vel לֶשֶׁם a לַיִשׁ itidem fluit atque עֵיטָם ab עַיִט, עֵינָם vel ענם ab עַיִן.	**FN 2:** Hierfür wird überall לשם geschrieben. Es ist verwunderlich, wie sehr das לֶשֶׁם der Masoreten die Gelehrten getäuscht hat, welches so zu beurteilen ist wie שֶׁמֶר in 1Chr 7,34, s. S. 30 Fußnote 1). – לֵישֶׁם oder auch לֶשֶׁם entsteht ebenso aus לַיִשׁ wie עֵיטָם aus עַיִט, עֵינָם oder ענם aus עַיִן.	**FN 2:** For this, לשם is written everywhere. It is surprising how much the Masoretes' לֶשֶׁם baffled the scholars. This is to be evaluated in the same way as שֶׁמֶר in 1. Chr. 7.34, cf. p. 30 footnote 1). – לֵישֶׁם or לֶשֶׁם results from לַיִשׁ just as עֵיטָם from עַיִט, עֵינָם or ענם from עַיִן.
FN 3: אֲדַיִן اذن אָז. Cf. etiam ירושלַם, עֵינַיִם = *Αἴνων*, עֶגְלַיִם = עֶגְלוֹן.	**FN 3:** אֲדַיִן اذن אָז Vgl. auch ירושלַם, עֵינַיִם = *Αἴνων*, עֶגְלַיִם = עֶגְלוֹן.	**FN 3:** אֲדַיִן اذن אָז. Cf. *also* ירושלַם, עֵינַיִם = *Αἴνων*, עֶגְלַיִם = עֶגְלוֹן.
p. 38	**S. 38**	**p. 38**
20. appellatur תֹּחוּ 1 Sam. 1, 1, תַּחַת 1 Chr. 6, 11. **(FN 1).** E nominibus loci huc pertinet usitatissimum שָׁם תַּמָּן ثَمَّ.	20 heißt in 1Sam 1,1 תֹּחוּ, in 1Chr 6,11 תַּחַת. (**FN 1**). Von den Ortsbezeichnungen gehört hierher das sehr gebräuchliche שָׁם תַּמָּן ثَمَّ.	20 is called תֹּחוּ in 1. Sam. 1.1, in 1. Chr. 6.11 תַּחַת (**FN 1**). Out of the designation for places, the frequently used שָׁם תַּמָּן ثَمَّ belongs here.
Incredibile quantum augeantur hujusmodi exempla ubi pronunciatio Masoretharum comparatur cum pronunciatione eorundem nominum a LXX viris recepta. Facile hac re perducatur aliquis **(FN 2)** putare has omnes res in *scriptura* maxime niti vetere, quae eodem abbreviaturae signo varias notaverit terminationes; sicuti nunc etiam simile quid fit in libris Rabbinicis. Quamquam non negaverim,	Unglaublich, wie sehr sich derartige Beispiele vermehren, wo man die Aussprache der Masoreten mit der vergleicht, die wir von den LXX Männern für dieselben Namen weitergereicht bekommen haben. Leicht könnte wohl jemand dadurch dazu gebracht werden (**FN 2**) zu glauben, all diese Dinge stützten sich besonders auf die alte *Schrift*, da sie ja mit demselben Abkürzungszeichen verschiedene Endungen bezeichnet habe, so wie auch jetzt etwas Ähnliches in den Rabbinischen Büchern gemacht wird. Obwohl ich	It is incredible how the examples multiply when comparing the Masoretes' pronounciation with that of the same names as it has come down to us from the LXX. One (**FN 2**) could easily be led to believe that this had its origin in the old *writing* denoting various endings with the same abbreviation sign, such as is done even now in the Rabbinic books. Although I do not wish to deny that this or that may be due to ambiguity of old writing, provided such ambiguity did exist, in general, we

haec illa ad eam reduci posse, si qua fuit, veteris scripturae ambiguitatem, tamen in universum vetamur sic explicare quum inscriptionibus et Hieroglyphicis et Sinaiticis ubi eaedem occurrunt variationes, tum sermone Arabico. Neque enim solum صنعانى derivatur a صنعاء (Harir. Maq. 1), روحانى a روحاء, بهرانى a بهراء (Mufassal 92, 16), plane sic ut שֵׁלָנִי a שֵׁלָה; sed etiam عمرو in dialecto Arabica classica pronunciatur Amr, in ea quae leges constituebat orthographiae Amrû, apud Hebraeos עַמְרָם.

Abest ut in omnibus nominibus propriis omnes quae cogitari possunt terminationes promiscue putem adhibitas esse ab Hebraeis, quos contra constat Gibeonem et Gibeam bene distinxisse. Ne omnes quidem e pari fonte derivari possunt, sed de origine rei unde repetenda sit hic nihil definio, modo constet res.

His praemissis jam proferenda sunt nomina gentilicia quae Chesronaeis communia sunt cum finitimis populis. Ex quinque quae novimus Midianaeis inveniuntur duo[54] עֵיפָה 1 Chr. 1, 33. 2,

nicht leugnen möchte, dass dies und jenes auf diese Mehrdeutigkeit der alten Schrift zurückgeführt werden kann, wenn es denn eine solche gab, so verbietet es sich uns doch im Allgemeinen, bei der Erklärung von hieroglyphischen Inschriften und solchen vom Sinai so zu verfahren. Und doch begegnen auf diesen dieselben Unterschiede, und dann auch noch auf Arabisch. Denn nicht nur leitet sich صنعانى von صنعاء ab (Harir Maq. 1), روحانى von روحاء und بهرانى von بهراء, natürlich so wie שֵׁלָנִי von שֵׁלָה. Aber auch عمرو wird im klassisch-arabischen Dialekt Amr ausgesprochen, also in dem, der die Rechtschreibregeln festlegte, nämlich Amrû, bei den Hebräern עַמְרָם.

Es liegt mir fern zu glauben, die Hebräer hätten bei allen Eigennamen alle denkbaren Endungen durcheinander benutzt. Dagegen spricht schon, dass sie Gibeon und Gibeam wohl unterschieden haben. Und es können auch nicht alle Phänomene aus der gleichen Quelle abgeleitet werden. Aber was den Ursprung des Sachverhaltes angeht, auf den er zurückzuführen ist, lege ich mich hier in keiner Weise fest, solange nur der Sachverhalt an sich feststeht.

Unter diesen Voraussetzungen sind nunmehr einige Geschlechternamen anzuführen, die den Hezronitern mit den benachbarten Völkern gemeinsam sind. Von den fünfen, die wir aus Midian kennen, findet man zwei עֵיפָה in 1Chr 1,33 und 2,46f und עֵפֶר in 1,33

are prohibited from proceeding thus to explain hieroglyphic and Sinaitic inscriptions, while the same differences occur here as in Arabic. While not only is صنعانى derived from صنعاء (Harir Maq. 1), روحانى from روحاء and بهرانى from بهراء (Mufassal 92.16), so also such words as שֵׁלָנִי from שֵׁלָה. Again, just as عمرو is pronounced Amr in classical Arabic, i.e. the dialect that set the norms of orthography, namely Amrû, the Hebrews say עַמְרָם.

I am far from believing that the Hebrews used all possible endings in a random way with proper names. Already their making a clear difference between Gibeon and Gibeam speaks against that. We cannot even deduce that all phenomena come from the same source. However, as far as the origin of the matter is concerned, to which it is to be traced back, I do not commit myself in any way. Let only the matter itself be undisputed.

Under these conditions some family names found among the Hezronites and neighbouring peoples are now to be listed. Out of the five we know from Midian one finds two, namely עֵיפָה in 1. Chr. 1.33 and 2.46f as well as עֵפֶר in 1.33 and 4.15. Out of

54 Im Original steht *dua*.

46 sq. et עֵפֶר 1, 33. 4, 15. Ex Edomaeis tredecim, videlicet קֹרַח 1, 35. 2, 43; תֵּימָן 1, 36. 4, 6; קְנַז 1, 36. 4, 14 sq; נַחַת 1, 37 = נחם 4, 19 **(FN 3)**; שַׁמָּה 1, 37 = שַׁמַּי **(FN 4)** 2,	und 4,15. Aus den 13 edomitischen, nämlich קֹרַח in 1,35 und 2,43; תֵּימָן in 1,36 und 4,6; קְנַז in 1,36 und 4,14f; נַחַת in 1,37 = נחם in 4,19 **(FN 3)**; שַׁמָּה in 1,37 = שַׁמַּי **(FN 4)** in 2,	the 13 Edomite ones, namely קֹרַח in 1.35 and 2.43; תֵּימָן in 1.36 and 4.6; קְנַז in 1.36 und 4.14 f.; נַחַת in 1.37 = נחם in 4.19 **(FN 3)**; שַׁמָּה in 1.37 = שַׁמַּי **(FN 4)** in 2.
FN 1: sic legendum esse pro נחת facile cernitur ex 1 Chr. 6, 9. 22. 7, 20. coll. 1 Sam. 1, 1.	**FN 1:** Dass man so anstelle von נחת lesen muss, sieht man an 1Chr 6,9.22.7,20 nach Vergleich mit 1Sam 1,1.	**FN 1:** That one has to read like this instead of נחת can be seen from 1. Chr. 6,9.22.7,20 after a comparison with 1. Sam. 1.1.
FN 2: in exemplar transferens Masorethicum, quod conjecit P. A. de Lagarde de exemplari quo utebantur Graeci libri Proverbiorum interpretes, Anmm. zur griech. Uebers. der Provv. p. 4.	**FN 2:** wenn er auf die masoretische Vorlage überträgt, was P. A. de Lagarde von der Vorlage vermutet hat, die die Übersetzer des griechischen Proverbienbuches benutzten, Anmm. zur griech. Uebers. der Provv. S. 4.	**FN 2:** when transferring onto the Masoretic copy what P. A. de Lagarde suspected about the copy, used by the translators of the Greek book of Proverbs, Anmm. zur griech. Uebers. der Provv. p. 4.
FN 3: נַחַת נֹחָם נֹחַ = תֹּחַ תֹּחוּ תַּחַת. Consulto scripsi נֹחָם, etenim in Hebraismo non exsistit terminatio *-m*, quae ad rad. נָח accedens efficeret נַחַם. Memorabile videtur quod etiam nomen patriarchae נֹחַ secundum etymologiam Gen. 5, 29 propositam pronunciari poterat נֹחָם (= נחם = מְנַחֵם).	**FN 3:** נַחַת נֹחָם נֹחַ = תֹּחַ תֹּחוּ תַּחַת. Absichtlich habe ich נֹחָם geschrieben, denn beim Hebraismus gibt es keine Endung *-m*, die an die Wur. נָח angehängt נַחַם ergäbe. Denkwürdig erscheint, dass sogar der Name des Patriarchen נֹחַ gemäß der in Gen 5,29 vorgeschlagenen Etymologie נֹחָם (= נחם = מְנַחֵם) ausgesprochen werden konnte.	**FN 3:** נַחַת נֹחָם נֹחַ = תֹּחַ תֹּחוּ תַּחַת. I wrote נֹחָם on purpose, because a Hebraism does not have the ending *-m*, which added to the rt. נָח would give נַחַם. It seems noteworthy that even the name of the patriarch נֹחַ, according to the etymology proposed in Gen. 5.29, could be pronounced נֹחָם (= נחם = מְנַחֵם).
FN 4: שַׁמָּה שַׁמַּי = جلى גָּלָה; cf. עֲמָשָׂא עֲמָשַׂי.	**FN 4:** שַׁמָּה שַׁמַּי = جلى גָּלָה; vgl. עֲמָשָׂא עֲמָשַׂי.	**FN 4:** שַׁמָּה שַׁמַּי = جلى גָּלָה; cf. עֲמָשָׂא עֲמָשַׂי.
p. 39	**S. 39**	**p. 39**
28. 44. 4, 17 ; שׁוֹבָל 1, 38. 2, 52. 4, 1. sq; אוֹנָם 1, 40. 2, 28; מָנַחַת 1, 40. 2, 52. 54; אֶשְׁבָּן 1, 41. = אַחְבָּן 2, 29; יִתְרָן = יֶתֶר 2, 32. 4, 17; ארן **(FN 1)** 1, 42. 2,	28, in 2,44 und in 4,17; שׁוֹבָל in 1,38, in 2,52 und in 4,1f; אוֹנָם in 1,40 und in 2,28; מָנַחַת in 1,40, in 2,52 und 2,54; אֶשְׁבָּן in 1,41 = אַחְבָּן in 2,29; יִתְרָן = יֶתֶר in 2,32 und 4,17; ארן **(FN 1)** in 1,41 und 2,25;	28, in 2.44 and in 4.17; שׁוֹבָל in 1.38, in 2.52 and in 4.1 f.; אוֹנָם in 1.40 and in 2.28; מָנַחַת in 1.40, in 2.52 and 2.54; אֶשְׁבָּן in 1.41 = אַחְבָּן in 2.29; יִתְרָן = יֶתֶר in 2.32 und 4.17; ארן **(FN 1)** in 1.41

25; אֵלָה 1, 52. 4, 15; עִירָם 2, 54 = עִירוּ 4, 15. Edomaei et Midianaei soli sunt, de quorum rebus gentiliciis accuratiora habemus comperta; cogitari vero potest, Chesronaeos etiam cum aliis populis[55] sibi vicinis communes aliquas habuisse familias. Veluti Reqem 2, 44. et Sa̧lma 2, 54. nomina sunt tribuum circa Christi fere tempora in his regionibus degentium **(FN 2)**; Maaka pellex Kalebi 2, 48. 4, 19. originis est Kanaanaeae si ex voce licet concludere, Bat Pharao 4, 18. (Neh. 3, 12) sine dubio Aegyptiacae, si quidem satis late circumscribis Aegyptiorum fines.

אֵלָה in 1,52 und 4,15; עִירָם in 2,54 = עִירוּ in 4,15. Die Edomiter und Midianiter sind die Einzigen, über deren Stammesangelegenheiten wir Genaueres überliefert haben. Man kann sich aber denken, dass die Hezroniter auch mit anderen ihnen benachbarten Völkern irgendwelche gemeinsamen Familien gehabt haben. Wie zum Beispiel Reqem in 2,44 und Salmo in 2,54 Beişpiele von Sippen sind, die etwa um Christi Zeiten herum lebten (**FN 2**). Makka, die Nebenfrau Kalebs aus 2,48 und 4,19 ist kanaanäischen Ursprungs, wenn man aus dem Wort eine Schlussfolgerung ziehen darf. Bat Pharao in 4,18 (Neh 3,12) ist ohne Zweifel ägyptischen Ursprungs, sofern man freilich das Gebiet der Ägypter weit genug absteckt.

and 2.25; אֵלָה in 1.52 and 4.15; עִירָם in 2.54 = עִירוּ in 4.15. The Edomites and Midianites are the only ones about whose tribal matters we are quite accurately informed by the tradition. As one can easily realize, the Hezronites had some families in common with neighbouring peoples. E.g. Reqem in 2.44 and Salmo in 2.54 are examples of tribes living around the timeș of Christ (**FN 2**). Ma'acah, Caleb's concubine from 2.48 and 4.19 is of Canaanite origin, if a conclusion may be drawn from the sound of it. Bat Pharao in 4.18 (Neh. 3.12) is undoubtedly of Egyptian origin, provided one stakes out the Egyptian territory wide enough.

Ceterum minime nitor sola nominum conparatione. Sufficit quidem sola ad probanda quae probare volo. Neque enim casu factum esse potest, ut tantus hic cernatur concentus, qui in mirius etiam crescet ubi contuleris singula quaedam. Veluti 4, 15 inter quattuor qui ibi recensentur Kalebi filios tres reperiuntur Edomaeis gentibus aequivoci; 2, 52 duae familiae, Manachat et Sho-

Übrigens stütze ich mich nicht auf den Vergleich von Namen allein. Er allein reicht freilich, um nachzuweisen, was ich nachweisen will. Es kann aber nicht zufällig geschehen sein, dass man hier eine so große Übereinstimmung sieht, die ins schier Wunderbare anwachsen wird, wo man gewisse Einzelfälle vergleicht. Wie man zum Beispiel in 4,15 unter den vier Söhnen Kalebs, die dort aufgezählt werden, drei finden kann, die so heißen wie edomitische Geschlechter. In 2,52 werden zwei Familien, Manachat und

By the way, I do not rely on the comparison of names alone. It does of course by itself suffice to demonstrate what I wish to demonstrate. Yet it cannot have happened by pure chance that one can see such overall harmony. This harmony will grow to be even more miraculous when individual cases are compared. In 4.15, for instance, of the four sons of Caleb listed, three may be discovered to have equivalent names in the Edomite tribes. In 2.52, two families, Manachat and Shobal, are

55 Im Original steht *populi*.

bal, eodem plane modo inter se nectuntur quo homonymae alterae apud Edomaeos 1, 40. Sed accedit diserta historia. Singulas quasdam supra jam vidimus familias notari ut peregrinas, quum non directe a Kalebo deducuntur, sed filiam ejus in matrimonium duxisse vel concubinae fuisse narrantur. Verum aetate adhuc Davidis Chesronaei ad unum omnes, et Jerachmeelaei et Kalibbaei, a Judaeis genuinis clare distinguebantur. Etenim 1 Sam. 27 narratur David quamdiu Siqelag urbem teneret ab Akish Philisthaeorum rege sibi commissam, crebras inde praedaturus fecisse excursiones re vera in Geshuraeorum et Amaleqaeorum

FN 1: Temere Masorethae 1, 42. pronunciari volunt אֲרָן, contra 2, 25. אֹרֶן. Traditione sine dubio nulla poterant niti in his pronunciandis vocibus.
FN 2: De Reqem cf. Cureton Spic. Syr. 15, 20 et quae ille affert e Peshitta[56] quae Jud. 6, 3. pro קדם transpositis literis prioribus legit רקם, et ex Abulfida, Taqwim p. 227. Constat aetate Christi

Shobal, offensichtlich auf dieselbe Weise miteinander verknüpft wie andere gleichlautende bei den Edomitern in 1,40. Aber es kommt wohl gefügte Geschichte hinzu. Wir haben ja schon weiter oben gesehen, dass einige einzelne Familien wie ausländische bezeichnet werden, indem sie nicht direkt von Kaleb abgeleitet werden, sondern der Erzählung nach eine Tochter von ihm geheiratet haben oder Konkubinen gewesen sind. Aber noch bis zur Zeit Davids wurden die Hezroniter, sowohl die Jerachmeeliter als auch die Kalebiter, von den echten Juden deutlich unterschieden. Denn in 1Sam 27 wird erzählt, David habe, solange er die Stadt Siqelag hielt, die ihm vom Philisterkönig Achisch anvertraut war, von dort häufige Ausfälle zum Beutemachen gemacht, und zwar tatsächlich ins Gebiet der Geschuriter und Amalekiter,

FN 1: Grundlos wollen die Masoreten, dass in 1,41 אֲרָן gesprochen wird, und zwar gegen אֹרֶן in 2,25. Sie konnten sich ohne Zweifel bei der Aussprache dieser Wörter auf keine Überlieferung stützen.
FN 2: Was Reqem betrifft, vgl. Cureton Spic. Syr. 15,20 und was jener aus der Peshitta anführt, die in Ri 6,3 anstelle von קדם nach Vertauschung der vorderen Buchstaben רקם liest. Vgl. auch, was er aus Abulfida, Taqwim, S. 227 anführt. Reqem war be-

evidently connected in the same way as other homonymous ones of the Edomites in 1.40. Furthermore, clear history may be added. Above we saw some individual families with foreign names not being directly derived from Caleb. Instead they were reported to have married a daughter of his or to have been concubines. However, until David's time, the Hezronites, both the Jerahmeelites and the Calebites, were clearly distinguished from genuine Jews. For in 1. Sam. 27, David is reported to have made very frequent sallies into the territories of the Geshurites and the Amalekites from the city of Ziglag, while he was controlling it, entrusted to him by the Philistine king Ahish.

FN 1: The Masoretes had the temerity to want the pronunciation אֲרָן in 1.41, and this against אֹרֶן in 2.25. Surely, they could not support the pronunciation of these words by any tradition.
FN 2: As far as Reqem is concerned, cf. Cureton Spic. Syr. 15.20 and what he gathers from the Peshitta, reading רקם in Judg. 6.3 instead of קדם after swapping the first two letters. Cf. also what he gathers from Abulfida, Taqwim, p. 227. Reqem is

56 Im Original steht *Peshito*.

Reqem fuisse nomen Petrae quod utrum ab hac gente an a striato lapide (Robins. Pal. III, 79 sq.) sit ductum nescio. – Salmanorum nomine occurrit Plinii aetate tribus quaedam Nabataea, quacum Targumistae confundunt Qenaeos, profecti fortasse ab 1 Chr. 2, 55.

kanntlich zur Zeit Christi der Name der Stadt Petra. Allerdings weiß ich nicht, ob dieser von diesem Geschlecht oder vom geriffelten Stein abgeleitet ist. – Mit dem Namen Salmani begegnet zur Zeit des Plinius eine gewisse nabatäische Sippe, mit der die Targumschreiber die Keniter verwechseln, vielleicht ausgehend von 1Chr 2,55.

known to have been the name of the city of Petra at the time of Christ. However, I do not know whether the name was derived from this tribe or from the riffled stone. – With the name Salmans there occurs a certain Nabatean tribe at Pliny's time which the Targum writers mix up with the Kenites, maybe having their point of departure in 1. Chr. 2.55.

p. 40

fines, ut perhiberet in Negeb Juda, Negeb Jerachmeel, Negeb-Qain (v. 10). Inde colligitur Jerachmeelaeos quamquam socii fuerint Judaeorum ab ipsis tamen haud secus ac Qenaeos distingui *quoad genus*. Quod idem etiam apparet quum 1 Sam. 30, 29 in numero primorum Judae quibus David munera misisse dicitur, inveniuntur etiam qui habitant in oppidis Jerachmeelaeorum – non sunt Judaei sed instar Judaeorum. Minus vigebat Davidis aetate in genuinorum Judaeorum mentibus conscientia discriminis ratione habita Kalibbaeorum. Sed nota 1 Sam. 30, 14, ubi narrat servus Aegyptius, Amaleqaeos, qui impune praedandi occasionem nacti esse sibi videbantur, incurrisse in Negeb Philisthaeorum, in fines Judae, in Negeb denique Kalebi. Diserte igitur hic

S. 40

um sich in das Südland Judas, das Südland Jerachmeels und das Südland Quains auszubreiten (V. 10). Daraus kann man schließen, dass die Jerachmeeliter, obwohl sie Verbündete der Juden waren, von diesen selbst dennoch nicht anders als die Keniter *hinsichtlich ihres Geschlechts* unterschieden werden. Eben dasselbe tritt auch zutage, als in 1Sam 30,29 unter den Ersten Judas, denen David Geschenke geschickt haben soll, sich auch diejenigen finden, die in Städten der Jerachmeeliter wohnen – sie sind keine Juden, sondern nur wie Juden. Weniger stark war zur Zeit Davids in den Köpfen der echten Juden das Bewusstsein des Unterschieds im Hinblick auf die Kalebiter. Aber man beachte 1Sam 30,14, wo ein ägyptischer Sklave erzählt, die Amalekiter seien in der Meinung, eine Möglichkeit zu einem ungestraften Beutezug erlangt zu haben, ins Südland der Philister eingefallen, dann ins Gebiet Judas, schließlich ins Südland Kalebs. Deutlich werden also auch hier die Kalebiter von den eigentlichen Juden unterschieden.

p. 40

He did this in order to extend into the Negev of Judah, the Negev of Jerahmeel and that of Quains (v. 10). We can therefore conclude that the Jerahmeelites, despite being allies of the Jews, are not distinguishable from them in any other way than the Kenites *with respect to their descent*. Just the same thing also becomes evident when in 1. Sam. 30.29 among the princes of Judah to whom David is said to have sent presents are to be found also those dwelling in the cities of the Jerahmeelites. – They are not Jews, but like Jews. In David's time the awareness of differences with respect to the Calebites was less strong in the minds of the genuine Jews. But note 1. Sam. 30.14, where an Egyptian slave reports that the Amalekites, believing to have gained an opportunity of unpunished plundering, had invaded the Negev of the Philistines, the territory of Judah, and finally the Negev of Caleb. Hence a clear difference is being made between the Calebites and the proper Jews. This hap-

etiam Kalibbaei a Judaeis qui proprie sunt internoscuntur. Multo disertius autem idem fit Jos. 14. 15. Jud. 1. In catalogo quidem urbium Judaearum promiscuae cum ceteris recensentur etiam Kalibbaeae, at Jos. 15, 13 memorabilia leguntur verba וּלְכָלֵב נָתַן חֵלֶק בְּתוֹךְ בְּנֵי־יְהוּדָה, non בְּתוֹךְ אֶחָיו, et copiosa accurataque expositione 15, 14 sqq. 14, 6 sqq. explicantur causae, cur Kalebo, cui utpote Qenizzaeo proprie non competebat חֵלֶק בְּתוֹךְ בְּנֵי־יְהוּדָה, tamen amplae illae regiones quas postea possidebat, a Josua concessae sint. Denique provoco ad Gen. 38. Neque enim inane videtur quod Peres postremus ibi dicitur – vi, non jure ante Zerach in lucem prodiit – numero filiorum Judae accrevisse.

Viel deutlicher aber geschieht dasselbe in Jos 14 und 15 und in Ri 1. Im Verzeichnis der jüdischen Städte jedenfalls werden auch die kalebitischen Städte vermischt mit den übrigen aufgezählt. Aber in Jos 15,13 liest man die denkwürdigen Worte וּלְכָלֵב נָתַן חֵלֶק בְּתוֹךְ בְּנֵי־יְהוּדָה, nicht בְּתוֹךְ אֶחָיו. Und in einer umfangreichen und genauen Exposition in 15,14 ff und 14,6 ff werden die Gründe ausgebreitet, warum Kaleb, dem ja als Keni(zi)ter eigentlich חֵלֶק בְּתוֹךְ בְּנֵי־יְהוּדָה nicht zustanden, dennoch jene umfangreichen Gegenden, die er später besaß, von Josua zugestanden worden sind. Schließlich mache ich noch auf Gen 38 aufmerksam. Es scheint nämlich nicht inhaltlos zu sein, dass Perez dort als Letzter zur Zahl der Söhne Judas hinzugekommen sein soll. – Mit Gewalt, nicht mit Recht hat er vor Serach das Licht der Welt erblickt.

pens much more clearly though in Josh. 14 and 15 as well as in Judg. 1. At any rate, the Calebite cities are enumerated mixed up with the others in the table of Jewish cities. But in Josh. 15.13 one reads the noteworthy words וּלְכָלֵב נָתַן חֵלֶק בְּתוֹךְ בְּנֵי־יְהוּדָה, not בְּתוֹךְ אֶחָיו. Caleb who as a Kenite was actually not entitled to חֵלֶק בְּתוֹךְ בְּנֵי־יְהוּדָה was still granted by Joshua those huge regions he later possessed. The reasons for this are displayed in an extensive and accurate exposition in 15.14 ff. and 14.6 ff. Finally, I draw our attention to Gen. 38. It does not seem useless that there Perez is said to have come last into the number of Judah's sons. – Violently, not rightfully, did he come forward to see the light of the world before Zerah.

Sequitur ergo, potentissimam et amplissimam maximae Israelaeorum tribus partem eo demum tempore ceteris se adjunxisse, quo e rudi[57] indigestaque mole[58] jam emerserant conjunctiones aliquae familiarum fixis terminis circumscriptae (= tribus) quo adeo jam in

Es folgt also, dass der mächtigste und bedeutendste Teil der größten Sippe der Israeliten sich schließlich zu derjenigen Zeit den übrigen angeschlossen hat, zu der aus einer rohen und ungeformten Masse schon gewisse durch feste Grenzen umschriebene Familienverbindungen (= Sippen) aufgetaucht waren. Zu dieser Zeit waren einzelne Elemente dieser Sippe schon

It follows therefore that the vast majority of the biggest Israeli tribe finally joined the rest. This happened at a time when certain alliances between families (= tribes) marked by fixed boundaries had already emerged out of a rough and unordered mass. This was also the time when the individual elements of these tribes had already

---

57 Im Original steht *rude*.
58 Ov. *met.* 1,7.

unum coaluerant corpus singula harum tribuum elementa, ut nova quae accederent haud ita facile in tribus communionem reciperentur maneretque, postquam recepta sunt, memoria discriminis. Nihilominus *χάσμα*, quo Chesronaei separantur a reliquis popularibus suis, non est *ἀδιάβατον* quoddam.[59] Eadem enim via qua hi facti sunt Israelaei temporibus memoriae accessis, temporibus omnem memoriam antecedentibus ceterae omnes Israelaeorum familiae gentesque sensim in unius populi compagem concrevere. Non enim sententia carent antiquissimae illae Geneseos traditiones,

so sehr zu einem Körper zusammengewachsen, dass neue, die hinzukamen, nicht so leicht in die Sippen-Gemeinschaft aufgenommen werden konnten, und dass die Erinnerung an den Unterschied blieb, nachdem sie aufgenommen waren. Nichtsdestoweniger ist das *χάσμα*, durch das die Hezroniter von ihren übrigen Mitbürgern getrennt werden, in keiner Weise *ἀδιάβατον*. Auf demselben Wege nämlich, auf dem diese zu dem Gedächtnis zugänglichen Zeiten Israeliten geworden sind, sind alle übrigen Familien und Geschlechter der Israeliten zu aller Erinnerung vorausgehenden Zeiten kaum merklich zu einem Gefüge eines einzigen Volkes zusammengewachsen. Jene äußerst alten Überlieferungen der Genesis sind also nicht ohne Bedeutung.

grown together into one body to such a degree that incoming new ones could not easily be received into the tribe community. Moreover, the memory of difference persisted after their reception. Nonetheless, the *χάσμα*, by which the Hezronites are separated from their fellow countrymen, is not *ἀδιάβατον*. For in the same way they became Israelites at times accessible to memory, all remaining Israeli families and tribes can hardly be perceived to have grown into a single fabric of a single people at times preceding all memory. For these old traditions of Genesis do not lack meaning.

p. 41

quibus narratur, Israelem esse fratrem Edomi, consobrinum aliarum nationum cett.; immo multa adhuc nobis conspicua remanserunt hujusmodi consanguinitatum vestigia **(FN 1)**.

Non igitur est indoles materiei qua differt alter[60] יֵצֶר ab alteris, sed forma, quam diversam ex eadem creta finxit

S. 41

In diesen wird erzählt, Israel sei Edoms Bruder, ein Cousin anderer Nationen usw. Viele Spuren derartiger Blutsverwandtschaften sind uns ja sogar bis heute deutlich erhalten geblieben (**FN 1**).

Es ist also nicht die natürliche Anlage des Materials, hinsichtlich dessen sich ein יֵצֶר von den anderen unterscheidet, sondern die Form, die der Töpfer des Ge-

p. 41

In these we are told that Israel is Edom's brother, a cousin of other nations and so on. Many traces of such a blood relationship have even been preserved very well for us today (**FN 1**).

It is hence not the nature of the material with respect to which one יֵצֶר differs from the others, but the form of the container which the potter mould-

---

59 Vgl. Lk 16,26.
60 Im Original steht *alterum*.

vasis figulus.[61] Non in hoc solo exemplo cernitur quod ubique redit: lignum est idem olivae et oleastris, sed culta est illa.[62]

fäßes verschieden aus demselben gewachsenen Material gestaltet hat. Nicht allein an diesem Beispiel kann man erkennen, was überall wiederkehrt: Der Olivenbaum und die wilden Ölbäume haben dasselbe Holz, aber nur jener ist gezogen.

ed differently out of the same soft clay. Not only in this sole example do we see what occurs everywhere: The olive-tree and the oleasters are of the same wood, but only the former is cultivated.

Atque haec quidem hactenus. Putaverit quis parturisse montes, nasci ridiculum murem.[63] Me si quidem mus evenerit exercuisse montes non taedebit. Si vero cui videor nimis audacter disputasse, equidem citius ex errore quam ex confusione emergit veritas.[64]

Und dies wenigstens einmal so weit. Es könnte jemand meinen, die Berge hätten gekreißt, es werde eine lächerliche Maus geboren. Ich werde keinen Anstoß daran nehmen, Berge in Bewegung gesetzt zu haben, wenn eine Maus dabei herausgekommen ist. Wenn ich aber irgendjemandem allzu kühn meine Erörterungen angestellt zu haben scheine, so taucht sie allerdings schneller aus dem Irrtum als aus der Verwirrung auf, die Wahrheit.

Now then, no further than this. One could think that the mountains had been in labour, giving birth to a ridiculous mouse. If only a mouse is the result of my having shaken the mountains, I shall not think my time wasted. Should someone think me too daring in my discussion, the truth emerges indeed faster from error than from confusion.

FN 1: Spero opus vix fore declarato, ex hac sententia quam de veterrima Hebraeorum historia Ewaldium sequens profero, minime sequi, Abrahamum ceterosque patriarchas nunquam re vera exstitisse. Nomina fuere prius personarum quam in gentes transiere, quae illorum sibi nomina eodem modo ascivere quo Kalibbaei filii Chesronis appellave-

FN 1: Ich hoffe, man wird kaum erklären müssen, dass aus dieser These, die ich aus der uralten Geschichte der Hebräer Ewald folgend vorbringe, keineswegs folgt, dass Abraham und die übrigen Patriarchen in Wirklichkeit niemals gelebt hätten. Das waren Namen von Personen, bevor sie auf Geschlechter übergingen. Deren Namen nahmen diese Geschlechter auf dieselbe Weise für sich in Anspruch, wie sich die Kalebiter, die Söhne Hezrons, nach Ka-

FN 1: It hopefully goes without saying that it does not follow from the thesis I put forward – resulting from ancient Hebrew history and following Ewald – that Abraham and the other patriarchs never actually lived. These were names of people before they were transferred onto tribes. They took possession of the names of these people in the same way as the Calebites, Hezron's sons, called themselves Calebites because of Caleb, Jephun-

61 Vgl. Röm 9,19–23, hier besonders 9,21 (Töpfergleichnis).
62 Vgl. Röm 11,17–24 (Ölbaumgleichnis).
63 Hor. *ars* 139.
64 Francis Bacon, *N. O. II*, Aph. 20.

runt se ex Kalebo filio Jephunne, quo in hodiernum usque diem Scotorum tribus (clans) a ducibus suis sua repetunt nomina.

leb, Jephunns Sohn, nannten und wie bis auf den heutigen Tag die Sippen (clans) der Schotten sie auf ihre Anführer zurückführen, ihre Namen.

neh's son, and just like until today the Scottish clans attribute their names to their leaders.

3.2 Die Promotionsakte mit Übersetzung der lateinischen Partien

Zu Julius Wellhausens Promotionsverfahren aus dem Jahre 1870 gibt es eine Akte, die Akte „Lic Promotion Iulius Wellhausen". Sie wird im Universitätsarchiv in Göttingen aufbewahrt.[65]

Dieses Kapitel enthält die Transkription und deutsche Übersetzung der lateinischen Partien eben dieser Akte. Sie umfasst insgesamt 38 Seiten (davon 18 Leerseiten[66]) auf in der Regel beigem, teilweise stark nachgedunkeltem Papier der Größe A4. Nur die Seiten 3 und 10 sind grün, da sie Deck- und Rückblatt des Heftchens für die Vertretung der Thesen sind. Die Seiten 3–10 sind also zusammengebunden, kleiner als die anderen Seiten der Akte, haben in etwa die Größe von Wellhausens Dissertation, also ca. 20 cm × 13,5 cm. Nur die Seite 37 ist größer als alle anderen. Sie liegt der Akte gefaltet bei und misst ca. 65,5 cm × 48 cm. Die Seiten 5, 7, 8, 36 und 37 sind mit Text bedruckt, alle anderen Texte der Akte sind von Hand mit in der Regel schwarzer Tinte geschrieben. Nur Schoeberleins Kommentar „sehr bezeichnend" zu Wellhausens Ausdruck *somno* in dessen Lebenslauf auf S. 15 und Wiesingers Unterschrift auf S. 29 sind mit Bleistift geschrieben. Die größere Textmenge ist auf Latein verfasst. Lediglich die Gutachten und anschließenden Diskussionen zu Terminen und sonstigen Formalia sind in deutscher Kurrentschrift geschrieben und zum Teil schwer lesbar. Orthografie und Interpunktion des Originals habe ich beibehalten. Durchgestrichene noch lesbare Wörter oder Buchstaben habe ich in die Transkription mit aufgenommen und ~~durchgestrichen~~. Ein Wort auf S. 23 kann ich nicht lesen, dafür habe ich xxadx(x) gesetzt. Wo ganze Wörter hochgestellt erscheinen, sind diese vom Autor des jeweiligen Abschnittes erst nachträglich eingefügt („darübergeschrieben") worden. Bis auf eine Ausnahme sind alle im Text unterstrichenen Wörter auch im Original von den jeweiligen Autoren unterstrichen. Nur Wellhausens Ausdruck *somno* ist von Schoeberlein, nicht von Wellhausen, unterstrichen worden.

65 Ich hatte die Gelegenheit zur persönlichen Inaugenscheinnahme am Vormittag des 23. 08. 2019 im Universitätsarchiv Göttingen.

66 In der Seitennummerierung folge ich dem Scan, den ich vom Göttinger Universitätsarchiv zugesandt bekommen habe. Die vielen Leerseiten erklären sich dadurch, dass viele Seiten nur auf der Vorderseite beschrieben, die leeren Rückseiten mit aufgenommen sind.

S. 1
Lic Promotion
Iulius Wellhausen

1870

Nr. 190.

S. 2
Leerseite

S. 3
Leerseite (grün)

S. 4
Leerseite

S. 5

THESES QUAS SUMME VENERABILIS THEOLOGORUM ORDINIS AUCTORITATE ATQUE CONCESSU IN ACADEMIA GEORGIA AUGUSTA AD LICENTIATI IN S. S. THEOLOGIA GRADUM RITE CAPESSENDUM D. IX. M. JULII A. MDCCCLXX HORA XI PUBLICE DEFENDET JULIUS WELLHAUSEN DE REPETENTIUM COLLEGIO.	THESEN, DIE AUF VERANLASSUNG UND MIT ERLAUBNIS DES HÖCHST VEREHRENSWERTEN THEOLOGENSTANDES AN DER GEORG-AUGUST-UNIVERSITÄT ZUR RECHTEN ERLANGUNG DES GRADES EINES LICENTIATEN DER THEOLOGIE AM 9. JULI 1870 ZUR ELFTEN STUNDE ÖFFENTLICH VERTEIDIGEN WIRD JULIUS WELLHAUSEN AUS DEM KOLLEGIUM DER REPETENTEN.
ADVERSARIORUM PARTES SUSCIPIENT:	DIE ROLLEN DER GEGNER WERDEN ÜBERNEHMEN:
MAX. BESSER. GEORGIUS SAUERWEIN.	MAXIMILIAN BESSER, GEORG SAUERWEIN.

GOTTINGAE
TYPIS EXPRESSIT OFFICINA
ACADEMICA DIETERICHIANA
GUIL. FR. KAESTNER

IN GÖTTINGEN
GEDRUCKT BEI DER UNIVERSITÄTS-
DRUCKEREI DIETERICH
WIL. FR. KAESTNER

S. 6 Leerseite[67]

S. 7[68]

I.

Usus signi, quod vocari solet Shewa quiescens, tollendus est.

I.

Der Gebrauch des Zeichens, das für gewöhnlich Schwa quiescens heißt, ist aufzuheben.

II.

מורה (novacula) a radice ערה derivari debet pariter ac תַּעַר.

II.

מורה (Dolch) muss von der Wurzel ערה abgeleitet werden genau wie תַּעַר.

III.

Vallis acaciarum Joel. 4, 18 eadem est, quae nunc quoque appellatur Wâdi-'l-san*t*.

III.

Das Tal Schittim in Joel 4,18 ist dasselbe wie das, das nun auch Wâdi-'l-san*t* heißt.

IV.

Justitia quae Deo attribuitur in Vetere Testamento virtus est forensis.

IV.

Die Gerechtigkeit, die Gott im Alten Testament zugeschrieben wird, ist eine gerichtliche Tugend.

V.

Lectio *ἐγχωρίου* III Esr. 6, 24 Jos. Antiq. XI. 1, 3 ab erronea proficiscitur lectione ארזח pro ארזם (= *κεδρίνου*); vid. *ψ*. 37, 35 LXX.

V.

Die Lesart *ἐγχωρίου* in III Esr 6,24 und Jos. Antiq. XI. 1,3 rührt von der irrtümlichen Lesart ארזח für ארזם (= *κεδρίνου*) her; siehe Ps 37,35 in der LXX.

VI.

Forma *ἐπιούσιος* aliam derivationem non admittit nisi ab *ἡ ἐπιοῦσα*.

VI.

Die Form *ἐπιούσιος* lässt nur die Ableitung von *ἡ ἐπιοῦσα* zu.

---

67 S. 5 scheint fast durchgängig lesbar durch.
68 Die Thesen VIII und IX von S. 8 scheinen oberhalb des folgenden Textes durch.

VII.

Probari nequit, evangelium quod dicitur Hebraeorum ex Graeco fluxisse fonte.

VII.

Man kann nicht nachweisen, dass das Evangelium, das das der Hebräer heißt, aus einer griechischen Quelle geflossen sei.

S. 8

VIII.

Errant qui perhibent, Lutheranismum negativam solummodo agnoscere vim legis (Schneckenb. Vergl. Darst. p. 111).

VIII.

Diejenigen, die von sich geben, der Lutheranismus kenne nur die negative Seite des Gesetzes, irren. (Schneckenb. Vergl. Darst. S. 111).

IX.

Flacii sententia, quae est de peccato originis, quoad rem non differt ab ea, quam tuetur Formula Concordiae. [69]

IX.

Flacius' Meinung über die Ursünde unterscheidet sich in Bezug auf die Sache nicht von derjenigen, die die Konkordienformel im Auge hat.

S. 9 Leerseite

S. 10 Leerseite (grün)

S. 11

J. Wellhausens
Licentiaten-Promotion.

S. 12 Leerseite

S. 13

Julius Wellhausen natus sum Hamelae oppido quodam Calembergico 17. Maj. 1844. Pater meus († 1861) tum temporis antistitis munere fungebatur ad aedem Sancti Nicolai, quae est Hamelae. Institutionem

Als Julius Wellhausen bin ich zu Hameln geboren, einer niedersächsischen Stadt, und zwar am 17. Mai 1844. Mein Vater († 1861) bekleidete damals das Amt des Pfarrers an der Kirche Sankt Nicolai zu Hameln. Meine erste Schulausbildung

69 Die Thesen I–VII von S. 7 scheinen unterhalb des Textes durch. Der Querstrich geht durch die II.

scholasticam primam accepi in progymnasio Hamelensi, postea (1859) Hanoverae erudiri perrexi.
Vere 1862, quum maturatus probatus essem, Gottingam abii ibique ad studium theologicum me applicavi. Initio ea potissimum ad illud capessendum studium motus sum causa, ut sequerer vestigia patris. Quamquam accedebat, quod et ipse inde a parvulo vetera pietatis majorum nostrorum documenta in deliciis habebam eoque magis gaudebam eis, quo antiquiora mihi videbantur esse quoque difficiliora mihi erant intellectu. Ac primum quidem intra poesin sacram Germanicam hoc meum se continebat studium nescioque, num fuerit tum unum ex carmi-

erhielt ich im Hameln'schen Progymnasium, später (1859) habe ich meinen Bildungsweg in Hannover fortgesetzt.
Nachdem ich im Frühjahr 1862 mein Reifezeugnis erhalten hatte, ging ich nach Göttingen fort und widmete mich dort dem theologischen Studium. Anfangs war mein Hauptgrund für dieses Studium, dass ich in die Fußstapfen meines Vaters treten wollte. Indes kam dazu, dass auch ich selbst von klein auf die alten Dokumente der Frömmigkeit unserer Vorfahren als Kleinodien betrachtete und mich umso mehr an ihnen freute, je altertümlicher sie mir zu sein schienen und je schwieriger sie für mich zu verstehen waren. Und zunächst freilich beschränkte sich dieses mein Studium auf die sakrale germanische Poesie und ich weiß nicht, ob es damals irgendeines aus den Kirchenlie-

S. 14

nibus ecclesiasticis aetatis Reformatoriae et antereformatoriae quod novissem neque memoria comprehendissem. Parique melodias sacras amplectebar amore facileque omnes quas audiveram tenebam. Postea quum Hanoverae dialectum medii aevi discere coepissem, praecipue allectus sum concionibus Davidis, monachi illius Augustani[70] ordinis

dern der Reformations- und Vorreformationszeit gab, das ich kannte und nicht auch auswendig gekonnt hätte. Und mit gleicher Liebe schloss ich die heiligen Melodien ins Herz und behielt leicht alle, die ich gehört hatte. Nachdem ich später in Hannover begonnen hatte, Mittelhochdeutsch zu lernen, wurde ich vornehmlich angelockt durch die Predigten Davids, jenes Dominikanerorden-Mönchs

70 Aller Wahrscheinlichkeit nach handelt es sich um David von Augsburg, der von Berthold von Regensburg oft auf seinen Predigtreisen begleitet wurde. David ist allerdings nach Tilman Struve, „David von Augsburg," in *Lexikon des Mittelalters*, Bd. 3, hg. v. Robert-Henri Bauthier, Gloria Avella-Widhalm und Robert Auty (München und Zürich: Artemis, 1986), Sp. 604 kein Dominikaner, sondern Franziskaner. Ob Wellhausen sich hier einfach nur geirrt hat oder ob ein anderer David gemeint ist (Augusta ist mehrdeutig), ist nicht mit letzter Sicherheit zu entscheiden. Die erste Möglichkeit ist jedenfalls sehr wahrscheinlich.

praedicatorum, et Berchtholdi a Regino, Minoritae. Hac via speraveram me perrecturum esse Gottingae. Sed aliter res evenit ac cogitaveram. Primo semestri frustra tempus amisi et quia nihil proficere mihi conscius eram, tantum mihi movi stomachum, ut deficere a theologia in animo haberem, quasi penes illam esset culpa peccatorum meorum. Ab illa me desperatione retraxit Maximilianus Wolff, aequalis, qui tum temporis Tubinga huc reverterat imbutusque erat veneratione Baurii,[71] cujus collegia ipse audierat. Ille me vocavit ad historiae aetatis apostolicae studium – sit venia verbo – atque haud ita paulum temporis omnis in hoc eram. Socium habebam studiorum Carolum Knoke, qui una mecum lyceum Hanoveranum frequentaverat unaque inde in hanc literarum universitatem abierat.

aus Augsburg, und Bertholds von Regensburg, eines Minoriten. Auf diesem Wege hatte ich gehofft, in Göttingen fortfahren zu können. Aber es kam anders, als ich gedacht hatte. Im ersten Semester habe ich unnötig Zeit vergeudet. Und weil ich merkte, dass ich nicht vorankam, ärgerte es mich so sehr, dass ich vorhatte, die Theologie an den Nagel zu hängen, als ob die Schuld für meine Fehler bei ihr läge. Aus diesem Loch der Verzweiflung hat mich mein Altersgenosse Maximilian Wolff herausgezogen, der zur damaligen Zeit aus Tübingen hierher zurückgekehrt und der Verehrung für Baur voll war, dessen Vorlesungen er selbst gehört hatte. Jener rief mich zum Studium der Geschichte des apostolischen Zeitalters – mit Verlaub – und recht oft ging ich ganz darin auf. Als Kommilitonen hatte ich Karl Knoke, der mit mir zusammen das Gymnasium in Hannover besucht hatte und mit mir von dort an diese Universität für Geisteswissenschaften fortgegangen war.

Vacantiis autem Paschalibus 1863 fortuito Ewaldii liber, qui est de historia populi Israelitici, in manus

In den Osterferien 1863 aber fiel mir zufällig Ewalds Buch über Israelitische Geschichte in die

S. 15

meas incidit moxque hoc legendo sic revulsus sum, ut consilium caperem Hebraicae linguae discendae, cujus tum vix prima elementa tenebam, quum pessima usus essem institutione scholastica (quod attinet ad hanc linguam), qua eo eram imbutus odio, ut firmiter constitutum

Hände. Und durch dessen Lektüre war ich alsbald dermaßen hingerissen, dass ich den Beschluss fasste, Hebräisch zu lernen. Damals hatte ich darin kaum Grundkenntnisse, weil ich äußerst schlechten Schulunterricht gehabt hatte (was diese Sprache betrifft). Dadurch war ich dermaßen hasserfüllt, dass ich

71 Gemeint ist Ferdinand Christian Baur.

haberem, evitare quam maxime possem, quicquid Hebraicis scriptum esset litteris. Quamquam ab omni tempore mirum quantum delectebar, quum psalmis, quos magnam partem memoria tenebam, tum historicis Veteris Testamenti libris – prophetas enim nullo modo intelligebam. Maxime me delectabat a tenera pueritia, quod de Elia propheta narrat Scriptura I regg 17sqq; iterum iterumque relegi capita illa neque fuit quod aequipararem[72] cum illa narratione. Sed prorsus etiam postea acquiescebam in versione vernacula recepta neque opus esse rebar legendo textu originali, donec Ewaldius me excitaret ex somno.[73]	fest entschlossen war, nach Möglichkeit alles zu meiden, was auf Hebräisch geschrieben war. Indes ist es verwunderlich, wie sehr ich seit jeher meine Freude sowohl an Psalmen hatte, die ich zu einem großen Teil auswendig kannte, als auch an den Geschichtsbüchern des Alten Testaments – die Propheten nämlich sagten mir gar nichts. Am meisten erfreute mich seit zarter Jugend, was die Schrift in 1Kön 17 ff über den Propheten Elia erzählt. Immer wieder habe ich jene Kapitel gelesen und es gab nichts, das ich mit jener Erzählung vergleichen wollte. Aber ich war sogar später völlig zufrieden mit der vorhandenen deutschen Übersetzung und hielt die Lektüre des Originaltextes für unnötig, bis mich Ewald aus dem Schlaf aufweckte.
Inde ex eo tempore grammaticam Hebraeam tractando operam navabam sensimque totus in Veteris Testamenti studium translatus sum.	Daher bemühte ich mich seit dieser Zeit eifrig um die Behandlung der hebräischen Grammatik und bin nach und nach ganz auf das Studium des Alten Testaments gelenkt worden.
Quarto semestri meo (Mich 1863), favente facultate theologica summe veneranda, in coenobium theologiae studiosorum receptus sum gratissimaque amplector memoria ea tempora, quibus una cum Gualterio Hübbe, Carolo Kayser, Carolo Knoke cett.	In meinem vierten Semester (Mich. 1863) bin ich durch die Gunst der höchst ehrwürdigen theologischen Fakultät ins Kloster der Theologiestudierenden aufgenommen worden und erinnere mich höchst dankbar an diese Zeiten zurück, während derer ich mich gemeinsam mit Walter Hübbe, Karl Kayser, Karl Knoke und anderen

72 Die Form *aequipararem* ist eine Alternativform zu *aequiperarem*.

73 Schoeberlein hat *somno* mit Bleistift unterstrichen und ebenfalls mit Bleistift an den rechten Rand „sehr bezeichnend!“ geschrieben.

S. 16

ibi studiis incubui, duribus Repetentibus urbanissimis Hupfeldio, Crappio, Hansenio, Klostermannio. Philosophiae tractandae tum imprimis dedi operam, verum sine ordine et consilio, multa tangens, pauca tenens.

dort unter den harten und hochgebildeten Repetenten Hupfeld, Krapp, Hansen und Klostermann den Studien hingab. Damals widmete ich meine Aufmerksamkeit der Behandlung der Philosophie, jedoch unsystematisch und planlos, indem ich vieles berührte, aber nur weniges behielt.

Ad veterem Graecorum potissimum me convertebam doctrinam, allectus magis forma et lingua, quam argumentis.

Ich wandte mich besonders der alten Lehre der Griechen zu, mehr durch Form und Sprache denn durch Argumente angelockt.

Absolutis studiis, per aliquod tempus, cum interim functus essem examine theologico praevio[74] (April. 1865), pueros Ernesti Cammann, qui habitat Hanoverae, institui. Non multum ibi temporis conferre mihi licebat in studia theologica; quod suppetebat mihi in Vetere Testamento consumpsi legendo. Michael. 1867 quum docendo non discere[75] mihi viderer, discere autem quam docere mallem, Gottingam reverti, ubi nunc duce Henrico Ewald Semiticas linguas potissimum tracto, ut videam, num re vera tantus inde fructus in exegesim Veteris Testamenti redundet. Accedit quod Syriacam literaturam accuratius cognoscendi consilium est.

Als ich am Ende meiner Studien inzwischen das Erste Kirchliche Examen abgelegt hatte (im April 1865), habe ich für einige Zeit die Söhne Ernst Cammanns in Hannover unterrichtet. Nicht viel Zeit durfte ich dort für theologische Studien verwenden. Was mir an Zeit blieb, habe ich mit der Lektüre des Alten Testaments verbracht. Weil ich am Mich. 1867 durch Lehren nichts zu lernen glaubte, aber lieber lernen als lehren wollte, kehrte ich nach Göttingen zurück, wo ich nun unter Heinrich Ewalds Anleitung vornehmlich semitische Sprachen behandle, um zu sehen, ob sich dadurch tatsächlich für die Exegese des Alten Testaments ein so großer Ertrag ergibt. Außerdem habe ich vor, die syrische Literatur genauer kennenzulernen.

---

74 Das *examen praevium* ist ein in der Hannoverschen Kirche nach dem Abgange von der Universität abzulegendes Examen, das unserem Ersten Kirchlichen Examen bzw. der Ersten Theologischen Dienstprüfung vergleichbar ist; vgl. W. Müller, *Über das Verhältnis des geistlichen Standes zum Staate und den Einfluss dieses Standes auf die Erreichung des Staatszweckes; nebst Vorschlägen mancher Hindernisse, welche der größern Wirksamkeit desselben im Königreiche Hannover noch entgegenstehen* (Hannover: Hahnsche Hofbuchhandlung, 1832), 47–48.

75 Vgl. Sen. *epist.* 1,7,8.

Verum consilia[76] rerum gerendarum tacebo, ne ridendus fiam. Cetera nescio quae de me referri possint. Itaque jam finem ponam vitae huic oportet.

Aber meine Zukunftspläne werde ich verschweigen, um mich nicht lächerlich zu machen. Sonst weiß ich nichts über mich zu berichten. Daher muss ich diesen Lebenslauf[77] nun beenden.

S. 17

Ordini Theologorum Summe
Venerando
S.P.D.
J. Wellhausen, de repp. colleg.

Dem Theologenstande, dem höchst
Verehrenswerten
Entbietet seinen Gruß
J. Wellhausen, aus dem Kollegium der
Repetenten.

Diutius in hac Alma Literarum Universitate versandi ansam quaerens potius, quam miro aliquo docendi quae vix didici stimulatus desiderio, ambire Vos audeo, Viri summopere mihi Reverendi, ut admittere me velitis ad examinis pro licentiati honoribus capessendis periculum faciendum. Veteris Testamenti quod dudum amplexatus sum, in posterum etiam imprimis tractandi mihi esse consilium ex dissertatione, quam Vestro obtuli judicio, cognoscetis. Cujus quidem si satis monstrosum[78] Vobis videbitur thema, ca-

Obwohl ich eher einen Anlass suche, in dieser segenspendenden Universität der Wissenschaften zu bleiben, als aus irgendeinem wundersamen Verlangen heraus zu lehren, was ich selbst eben erst gelernt habe, getraue ich mich, Euch zu ersuchen, mir höchst verehrenswerte Männer, mich zulassen zu wollen, einen Versuch der Prüfung für die Erlangung der Ehren eines Licentiaten zu machen. Meinen Plan, das Alte Testament, das ich seit Langem hochgeschätzt habe, auch in Zukunft in besonderem Maße zu behandeln, werdet Ihr aus meiner Dissertation, die ich Eurem Urteil anheimgestellt

---

76 In Julius Wellhausen, *Briefe*, 788 steht *consilio*. Am Ende des letzten Buchstabens ist ein Abstrich zu erkennen, der dazu führt, dass man *consilia* lesen sollte.

77 Einige Sätze dieses Lebenslaufes finden sich fast wörtlich übersetzt oder paraphrasiert in Rudolf Smend, *Deutsche Alttestamentler in drei Jahrhunderten* (Göttingen: Vandenhoeck & Ruprecht, 1989), 100–102.

78 Das klassische Latein bevorzugt gegenüber *monstrosus* sehr deutlich das Wort *monstruosus;* vgl. Johann Philipp Krebs, *Antibarbarus der Lateinischen Sprache. Nebst einem kurzen Abriss der Geschichte der lateinischen Sprache und Vorbemerkungen über reine Latinität, siebente genau durchgesehene und vielfach umgearbeitete Auflage von J. H. Schmalz*, Bd 2 (Basel: Benno Schwabe, [7]1907), 99: „*Monstruosus, unnatürlich, abenteuerlich, seltsam* ist im Vergleich mit *monstrosus* die bessere, durch die Handschriften bei Cicero und anderen gebotene Form ..." (Krebs' Schrägdruck).

	habe, kennenlernen. Wenn Euch freilich deren Thema zu abenteuerlich erscheinen wird, so gestehe ich, dass mir dies eher durch Zu-
S. 18	
su illud magis quam consilio mihi contigisse fateor. Aliud enim exeunte semestri superiore tractare moliebar, sed ubi opus aggressus sum, cognovi prius de gentibus Judaeis mihi debere constare quam illud conficiam. Proinde ad earum[79] me protinus converti scrutanda vestigia, quod tantum mihi facessebat negotii, ut ad id absolvendum quod proposueram, tempus me deficeret.	fall denn durch Planung widerfahren ist. Gegen Ende des vergangenen Semesters war ich nämlich dabei, ein anderes Thema zu behandeln. Aber als ich die Arbeit angegangen war, stellte ich fest, dass ich mir vor dessen Behandlung zuerst über die jüdischen Stämme im Klaren sein müsse. Also bin ich sogleich umgeschwenkt auf die Untersuchung ihrer Spuren, was mir so viel Arbeit machte, dass mir zur Vollendung dessen, was ich mir vorgenommen hatte, die Zeit fehlte.
Queri igitur mihi restat	Es bleibt mir also zu klagen:
Amphora coepit	Man hat begonnen, eine Amphore herzustellen.
Institui currente rota cur urceus exit?[80]	Warum kommt bei laufendem Rad nur ein kleiner Krug heraus?
Vitae meae alteram, quae registraturam Vestram premat,[81] garrulam[82] expositionem nolite quaeso exigere; omnino vero ut[83] qua alias erga me	Bitte verlangt keine zweite schwätzerische Darstellung meines Lebens, die Euch zu meiner Zulassung drängen könnte; überhaupt aber bitte ich instän-

79 In Julius Wellhausen, *Briefe*, 7 steht *carum*. Man sollte *earum* (Gen. Pl. f.) lesen. Es bezieht sich inhaltlich auf *gentibus Judaeis* (Pl. f.) im Satz davor und hängt innerhalb des Satzes von *vestigia* als Genitivattribut ab.

80 Hor. *ars* 21–22. Das Zitat ist ohne Nennung des Autors oder der Stelle allein durch Absatz bzw. Einrückung hervorgehoben.

81 In Julius Wellhausen, *Briefe*, 7 steht *premet* (Fut. I). Wellhausens Schriftbild zeigt eher *premat* (Konj. Präs.). Das passt auch inhaltlich gut, da der Konjunktiv dem Relativsatz einen konsekutiven Sinn gibt.

82 Vgl. Hor. *epist*. 1,18,69 und *serm*. 1,9,13.33.

83 In Julius Wellhausen, *Briefe*, 7 steht *est*. Man sollte *ut* lesen. Dieses ist zwar redundant, da es durch das spätere *ne* ersetzt wird; aber so etwas kommt gelegentlich vor: vgl. etwa Cic. *Q. fr.* 3,2: *Opera datur, ut iudicia ne fiant* anstelle des zu erwartenden *Opera datur, ne iudicia fiant*. Vgl. auch Wellhausen, *De gentibus*, 27: *ut ne quis gentem Maresha confundat*.

usi estis immerita benignitate ea in posterum ne me destituatis oro rogoque.	dig darum, mir in Zukunft nicht dasjenige unverdiente Wohlwollen zu entziehen, das Ihr auch anderweitig immer mir gegenüber an den Tag gelegt habt.
Dabam Gottingae a.d. III Id. Maj. 1870.	Göttingen, den 13. Mai 1870

S. 19 Leerseite

S. 20 Leerseite

S. 21[84]
Der hochwürdigen Theologischen Fakultät
lege ich das Gesuch des Repetenten J. Wellhausen um Erwerbung des Licentiaten-Grades hiemit ergebenst vor und füge aus den Repetenten-Akten seine Vita bei, deren Vervollständigung wir ihm gern erlassen werden. In der von ihm zu diesem Behufe eingereichten Abhandlung: de gentibus et familiis Iudaeis, quae 1 Chron. 2.4. enumerantur, legt d. Verf. so viel Gelehrsamkeit und Scharfsinn an den Tag, dass über seine Zulassung zum mündlichen Examen kein Zweifel seyn dürfte.

Göttingen den 16: Mai 1870. Hochachtungsvoll Schoeberlein.
Einverstanden
Ehrenfeuchter
– Duncker
– Wiesinger
– Wagenmann
– Geß
Die Eingabe des Herrn Wellhausen bezieht sich auf licentia docendi. Das ist etwas anderes als die Würde des Lic. theol. welche die Befähigung zum Erwerbe des Doctorates bedeutet. Ich bin zwar einverstanden, ihn auf Grund der Arbeit zum Licentiatenexamen zuzulassen, ersuche aber Se Spectabilität, ihn anzuhalten, eine andere Eingabe anzufertigen, welche auch ein Zeitdatum tragen dürfte.
Ritschl.

---

84 Die Transkription der Seite 21 der Akte sowie Motivation und Nennung weiterführender Literatur zur Transkription aller anderen ihrer Seiten verdanke ich Bernhard Maier aus Tübingen. Seine Transkription habe ich hier mit zwei kleinen Änderungen übernommen.

S. 22 Leerseite

S. 23
An die hochwürdige Theologische Fakultät!

Anbei beehre ich mich den verehrten Herrn Collegen Wellhausens Thesen zu gefälliger Einsicht vorzulegen. Es wird gegen den Druck derselben nichts zu erinnern seyn.
Ferner bitte ich das Elogium für Wellhausen gefälligst zu prüfen und zu signiren.
Es wird nichts im Wege stehen, dass seine Habilitation, wie er wünscht, bereits am Sonnabend den 9: Juli stattfinde.
Hochachtungsvoll und ergebenst
Göttingen den 1: Juli 1870
Schoeberlein

Gegen d[85] gestellten Thesen habe ich meinerseits nichts einzuwenden. Habe den Entwurf des Diploms signirt, mit Weglassung des Titels der Dissertation einverstanden.
Ebenso ~~mit~~ dem vorgeschlagenen Termin der Disputation zustimmend.
Ehrenfeuchter

Ebenso; nur habe ich mir erlaubt eine Änderung in der Aufschrift der Thesen vorzuschlagen, die meiner Ansicht nach dem wirklichen Sachverhalt entspricht.
Außerdem möchte ich mir noch die Frage erlauben, ob die Dissertation nicht bis zu dem Tage der Disputation gedruckt sein wird.
Duncker

Ich habe nichts weiter zu erinnern ; xxadx(x)[86]
Wiesinger. Geß

Ich bin zwar, wie ich früher schon ausgesprochen, mit dem Prädikat *magna cum laude*[87] in Bezug auf die Leistungen des Examens nicht einverstanden und

---

85 Nur der erste Buchstabe des Wortes „die" ist klar lesbar. Die beiden anderen sind mit einem kleinen Haken lediglich angedeutet.

86 Das Wort ist sehr schwer lesbar. Gegen Ende des Wortes lese ich „ad", worauf vermutlich noch ein oder zwei Buchstaben folgen. Ob der „Haken mit Punkt darüber" hinter „erinnern" ein Semikolon oder bereits der erste Buchstabe des folgenden Wortes ist, lässt sich ebenfalls schwer sagen. Die Entscheidung für Semikolon scheint ein wenig näher zu liegen, da dies der Schriftvergleich mit den drei von Wiesinger gesetzten Semikola auf S. 27 unten nahezulegen scheint.

87 „Mit großem Lob" = „sehr gut".

hätte lieber eine andere, dem Sachverhalt entsprechende Fassung gewünscht zB *propter laudabilem Theologiae, Veteris Testamenti meritum, scientiamque*[88] oder etwas Aehnliches; füge mich aber dem Majoritätsbeschluss und habe signirt.
Mit den Thesen u mit dem Termin für die Disputation und Promotion einverstanden; über die Habilitation wird dann erst noch zu beschließen sein.
Wagenmann

Mit der letzten Bemerkung des Herrn Coll. Wagenmann einverstanden.
Ritschl

S. 24 Leerseite

S. 25
Die Gebühren für die Promotion
des Herrn Licentiaten Wellhausen
mit
= 9 P 15 g =
empfangen, bescheinigt.
Göttingen den 9: Juli 1870.
Hartig
Univ. Pedell.

S. 26 Leerseite

S. 27
An
die hochwürdige Theologische Fakultät!

Anbei beehre ich mich den hochgeehrten Herrn Collegen den Entwurf zu dem Fakultäts-Urtheil über die eingereichten Preisaufgaben, bei welchem ich mich der möglichsten Kürze befleißigte, vorzulegen, und bitte dasselbe gefälligst zu prüfen und zu signiren.

Herr Repetent Wellhausen wünscht das Licentiaten-Examen schon in der Woche nach dem Trinitatisfeste machen zu können. Es wird solches wohl in der

88 „Wegen des lobenswerten Verdienstes um die Theologie und das Alte Testament sowie einer lobenswerten Kenntnis beider"; vielleicht sollen die beiden letzten Wörter auch *meram, scientiam* heißen. Dann wären jedoch das Komma zwischen beiden und der doppelte Abstrich nach *scientiam* nicht zu erklären. Der Text ist hier jedenfalls schwer lesbar.

zweiten Hälfte der Woche möglich seyn. Wenn Herr Abt Ehrenfeuchter nicht am ersten Sonntag nach Trinitatis zu predigen hat, würde der Samstag wohl der geeignetste Tag seyn. Außerdem würde ich den Donnerstag vorschlagen, da ich freitags Societät habe. Doch bin ich auch an diesem Tage bereit, wenn es wünschenswerth erscheinen sollte. – Ich darf wohl Herrn Collegen Geß bitten, im Examen das Alte Testament zu übernehmen, Herrn Coll. Wiesinger, das Neue Testament, Herrn Coll. Wagenmann, die geschichtlichen Bücher. Ich selbst will Fragen aus der systematischen Theologie thun.
Hochachtungsvoll und ergebenst
Göttingen den 7. Juni 1870.

Schoeberlein
p.s.: Ich bin noch aufmerksam darauf geworden, daß nach der bestehenden Ordnung von Mag. Wellhausen auch eine Predigt zu halten sey. Es fragt sich, ob die hochw. Fakultät dieselbe von ihm verlangen werde. In diesem Falle würde er sie auch einige Zeit nach dem Examen selbst halten können.

Vor den Worten (Seite 2 des Entwurfs Zeile p.s. 2) „zu theilen“ – schlage ich vor hinzuzufügen: gleichmäßig. Die neuen Aufgaben pflegen dem Herkommen[89] nach auf ein besondres Blatt verzeichnet zu werden.
Hinsichtlich der ~~Pr~~ statutenmäßig ~~abzuhalten~~ von Wellhausen abzuhaltenden Predigt bin ich für Dispensation von derselben.
Ehrenfeuchter

Ad 1. habe ich signirt; ad 2 ist mir jeder der vorgeschlagenen Termine recht. Zur Uebernahme der Prüfung im N. T. bin ich bereit; für die Dispensation von der Predigt kann ich, solange die Verordnung besteht, nicht stimmen.
Wiesinger.

Ich bitte mit Herrn Abt um „gleichmäßig“, stimme aber mit Herrn CR Wiesinger für das Verlangen einer CC

S. 28

Predigt, da ich es nicht für wünschenswerth halte, den Gedanken an die Wichtigkeit praktischer Leistungen für die Docenten zurücktreten zu lassen. – Zum alttestmtl Examen am Samstag o: Donnerstag nach Trin. bin ich bereit.
Geß

---

89 Das Wort ist sehr schwer lesbar.

S. 29
An
die hochwürdige Theologische Fakultät!

An den gefaßten Fakultätsbeschluß erinnernd, beehre ich mich hiemit die hochgeehrten Herrn Collegen zu dem Licentiaten-Examen des Repetent Wellhausen auf morgen, Sonnabend den 18:, um 5 Uhr ergebenst zu mir einzuladen.

Göttingen den 17: Juni 1870
Hochachtungsvoll und ergebenst
Schoeberlein

Gesehen[90] dort[91] gedenke ich mich einzufinden
Ehrenfeuchter
~~Rits~~[92]
Geß
Duncker.
Wiesinger.[93]

Wenn ich nicht zu examinieren verpflichtet bin, so bitte ich meine Abwesenheit durch einen für morgen auf einige Stunden angemeldeten Familienbesuch zu entschuldigen.
Ritschl

Da mir von einem Fakultätsbeschluß nichts bekannt, so bitte ich um nachträgliche Mittheilung
Wagenmann

S. 30 Leerseite

90 Das Wort ist sehr schwer lesbar.
91 Das Wort ist sehr schwer lesbar.
92 Diese erste Hälfte von Ritschls Unterschrift ist nicht nur durchgestrichen, sondern auch nach links unten beinahe bis zur Unleserlichkeit verwischt. Nach „Rits“ ist der Schriftzug beendet.
93 Wiesinger hat an dieser Stelle mit Bleistift unterschrieben.

S. 31

P. P.	Nach Vorausschickung dessen, was vorausgeschickt
Ego	werden muss
Ludovicus Fredericus	(erkläre) ich,
Schoeberlein	Ludwig Friedrich Schoeberlein,
etc.	usw.
virum ornatissimum	den hochgeschmückten Mann
Iulium Wellhausen	Julius Wellhausen
Hamelensem	aus Hameln,
collegii theologici repetentium in	Mitglied der Repetenten des Theologischen
hac universitate socium	Kollegiums in dieser Universität,
superato magna cum laude	nach Bestehen des Examens magna cum laude, nach
examine, edita subtili et docta	der Herausgabe einer scharfsinnigen und gelehrten
dissertatione *	Dissertation und nach der öffentlich abgehaltenen
ac disputatione publice habita	Disputation
ex ordinis mei decreto	nach dem Beschluss meines Standes
Licentiatum S. S. Theologiae	zum Licentiaten der h. h. Theologie
etc.	usw.

* Die Angabe „de gentibus et familiis Iudaeis, quae I Chron. 2, 4 enumerantur" wird füglich wegbleiben können.
Eh. Dr. Ws. Wg. Rl. G

S. 32 Leerseite

S. 33 Leerseite

S. 34 Leerseite

S. 35 Leerseite

S. 36 (oben; Rest der Seite ist leer)

Der Rektor und Senat
der
Georg-August-Universität.

Göttingen, den ....

—

No. ....

S. 37

QUOD. FELIX. FAUSTUMQUE. SIT	MÖGE ES GLÜCKLICH UND GÜNSTIG SEIN;
AUSPICIIS. ET. INDULGENTIA	UNTER DEN VORZEICHEN UND DER NACHSICHT
AUGUSTISSIMI. ET. POTENTISSIMI. PRINCIPIS AC. DOMINI	DES ERHABENSTEN UND MÄCHTIGSTEN ANFÜHRERS UND HERRN,
DOMINI	DES HERRN
GUILELMI	WILHELM,
BORUSSORUM. REGIS	DES KÖNIGS DER PREUSSEN,
DOMINI. NOSTRI. LONGE. CLEMENTISSIMI	UNSERES BEI WEITEM SANFTMÜTIGSTEN HERRN,
ACADEMIAE. GEORGIAE. AUGSTAE	UNTER DEM WUNDERBAREN PROREKTORAT
PRORECTORE. MAGNIFICO	DER GEORG-AUGUST-UNIVERSITÄT
HENRICO. THÖL	HEINRICH THÖLS,
IURIS. UTRIUSQUE. DOCTORE. ET. PROFESSORE. PUBLICO. ORDINARIO	DES DOKTORS UND ÖFFENTLICH BERUFENEN ORDENTLICHEN PROFESSORS BEIDERLEI RECHTS,
COLLEGII. DE. IURE. RESPONDENTIUM ASSESSORE	DES ASSESSORS DES KOLLEGIUMS DERER, DIE ÜBER DAS RECHT AUSKUNFT GEBEN
REGI. AB. AULAE. CONSILIIS	DEM KÖNIG VOR GERICHT,
ORDINUM. GUELFICI. ET. LEOPOLDINI. AUSTRIACI. EQUITE	EINES RITTERS DES WELFEN- UND ÖSTERREICHISCHEN LEOPOLDSTANDES,
COLLEGII. DOCTORUM. IURIDICO. POLITICAE. FACULTATIS. VINDOBONENSIS. MEMBRO. HONORARIO	EHRENMITGLIEDS DES KOLLEGIUMS DER DOKTOREN NACH DEM URTEIL DER WIENER POLITISCHEN FAKULTÄT,
EGO	HABE ICH,
LUDOVICUS. FREDERIC. SCHOEBERLEIN	LUDWIG FRIEDRICH SCHOEBERLEIN,
PHILOSOPHIAE. DOCTOR. ET. ARTIUM. LIBERALIUM. MAGISTER	DOKTOR DER PHILOSOPHIE UND MAGISTER DER FREIEN KÜNSTE,
THEOLOGIAE. DOCTOR. HUIUSQUE. PROFESSOR. PUBLICUS. ORDINARIUS	DOKTOR DER THEOLOGIE UND HIERIN ÖFFENTLICH BERUFENER ORDENTLICHER PROFESSOR,
REGI. AUGUSTISSIMO. A. CONSILIIS. ECCLESIASTICIS	FÜR DEN HOCHERHABENEN KÖNIG VON DEN KIRCHLICHEN RÄTEN,
ORDINIS. GUELPHICI. QUARTAE. CLASSI. ADSCRIPTUS	EIN DER VIERTEN KLASSE DES WELFENSTANDES BEIGESCHRIEBENER,
SOCIETATIS. HISTORICO – THEOLOGICAE. LIPSIENSIS. SODALIS	MITGLIED DER LEIPZIGER HISTORISCH-THEOLOGISCHEN GESELLSCHAFT,

ORDINIS. THEOLOGORUM. H. T.
DECANUS. ET. PROMOTOR.
LEGITIME. CONSTITUTUS
VIRUM. ORNATISSIMUM

JULIUM. WELLHAUSEN

HAMELENSEM
COLLEGII. THEOLOGICI. REPETENTIUM. IN. HAC.
UNIVERSITATE. SOCIUM
SUPERATO. MAGNA. CUM. LAUDE.
EXAMINE. EDITA. SUBTILI. ET. DOCTA.
DISSERTATIONE
AC. DISPUTATIONE. PUBLICE. HABITA
EX. ORDINIS. MEI. DECRETO

LICENTIATUM. S. S.
THEOLOGIAE

RITE. CREAVI. CREATUM. RENUNTIAVI
ID. QUOD. PUBLICIS. HIS. LITERIS.
SIGILLO. THEOLOGORUM.
MUNITIS
TESTATUM. FACIO. AC. CONFIRMO
GOTTINGAE. DIE. IX M. IULII A.
MDCCCLXX.
Dr. Schoeberlein[94]
(SIGILLUM)
TYPIS. EXPRESSIT. ACADEMICA. DIETERICHIANA.
GUIL. FR. KAESTNER.

Z.Z. ZUM DEKAN UND FÖRDERER DES
THEOLOGENSTANDES RECHTMÄSSIG
BESTIMMT,
DEN HOCHGESCHMÜCKTEN MANN

JULIUS WELLHAUSEN

AUS HAMELN,
MITGLIED DER REPETENTEN DES THEOLOGISCHEN
KOLLEGIUMS AN DIESER UNIVERSITÄT,
NACH MIT SEHR GUT BESTANDENEM EXAMEN
UND HERAUSGABE EINER SCHARFSINNIGEN UND
GELEHRTEN DISSERTATION
UND EINER ÖFFENTLICH ABGEHALTENEN
DISPUTATION
NACH DEM BESCHLUSS MEINES STANDES

FEIERLICH ZUM LICENTIATEN
DER H.H. THEOLOGIE

ERNANNT UND ALS SOLCHEN AUSGERUFEN.
DIES BESTÄTIGE UND BEKRÄFTIGE
ICH MIT DIESEM ÖFFENTLICHEN
SCHREIBEN,
VERSEHEN MIT DEM SIEGEL DER THEOLOGEN
GÖTTINGEN, DEN 9. JULI
1870.
Dr. Schoeberlein
(SIEGEL)
GEDRUCKT VON DER DIETERICH'SCHEN VERLAGSBUCHHANDLUNG
WILH. FR. KAESTNER.

S. 38 Leerseite[95]

94 Schoeberleins eigenhändige Unterschrift.
95 Auf der unteren Hälfte scheint Text von S. 37 durch. Das Siegel von S. 37 hat sich durchgedrückt.

4. Kapitel: Analyse und Interpretation

> Es gibt kein anderes wissenschaftliches Geschichtsverständnis als das rationale; aber es muß damit beginnen, daß die kleine Ratio durch die große überwunden wird.[1]

Julius Wellhausens Dissertation ist ein fein gestaltetes und wohlüberlegtes Werk. Dieses 4. Kapitel bietet eine umfangreiche Analyse und Interpretation dieses Werkes. Zunächst werden wir den sprachlichen, sodann den stilistisch-literarischen Befund sichten und deuten. Es folgt, aufbauend auf die zuvor gewonnenen Erkenntnisse, eine ästhetische Gesamtdeutung der Dissertation Julius Wellhausens. Am Ende dieses Kapitels findet sich eine Analyse zu Wellhausens Argumentation und seinem Gedankengang sowie eine Darstellung und Einordnung seiner Ergebnisse.

4.1 Der sprachliche und stilistisch-literarische Befund

Rudolf Smend hat einmal die mangelnde Würdigung der literarischen Leistung Julius Wellhausens in wissenschaftlichen Kreisen beklagt: „Wäre der Sinn für literarische Qualität uns Fachleuten nicht in erschreckendem Maß abhandengekommen, dann wäre Wellhausens Werk schon darum unter uns lebendig wie sonst keins.“[2] So ist es ein erklärtes Ziel dieses Kapitels, zunächst die ästhetische Seite an Wellhausens Dissertation hervorzuheben, zu würdigen und so hoffentlich beizutragen zu einer gesteigerten Lebendigkeit des Frühwerkes Wellhausens.

4.1.1 Der sprachliche Befund

Wellhausens Dissertation ist, und das mag zunächst überraschen, auf Latein verfasst. Sie zeichnet sich durch ein durchkomponiertes Latein aus, das einige Besonderheiten aufweist. Wir haben es mit Gelehrtenlatein des 19. Jahrhunderts zu tun, das zwar in beinahe zahllosen Dokumenten vorliegt, allerdings im Gegensatz zur Literatur der goldenen und silbernen Latinität weitgehend

---

1 Martin Buber, *Moses* (Heidelberg: Lambert Schneider, ^{3}1966), 19–20.
2 Julius Wellhausen, *Grundrisse zum Alten Testament* 27, hg. v. Rudolf Smend (München: Chr. Kaiser, 1965), 5.

https://doi.org/10.1515/9783110779387-004

unerforscht ist. Daher können wir auf keine gesicherten Erkenntnisse bezüglich des zu dieser Zeit üblichen Sprachgebrauchs in diesem Bereich zurückgreifen, sondern lediglich die auffälligsten Abweichungen vom klassischen Latein konstatieren.[3] Wir werden hierfür vornehmlich Ciceros Sprachgebrauch und Quintilians Äußerungen zu gutem lateinischem Stil heranziehen. Wellhausen ist sich – jedenfalls spätestens 1878 – bewusst, dass das von ihm benutzte Latein nicht klassisch ist. So schreibt er am 11. Oktober 1878 über seine nunmehr über 8 Jahre zurückliegende Dissertation an Abraham Kuenen: „Das Latein ist zwar nicht klassisch, aber ich kann es noch immer verstehen und würde, das was ich sagen wollte, deutsch nicht besser ausdrücken können."[4] Damit haben wir zugleich einen Hinweis dafür, weshalb Wellhausen seine Göttinger Dissertation überhaupt auf Latein verfasst hat: Die sprachlichen Möglichkeiten des Lateinischen, die es ihm erlauben, seine Gedanken mindestens genauso gut, wenn nicht in einigen Fällen gar besser, präziser sprachlich wiederzugeben als im Deutschen. Darüber hinaus mag die Tatsache eine Rolle gepielt haben, dass Latein eben nicht allen Leuten verständlich ist. Somit muss er deutlich weniger de Wettes berechtigte Befürchtung teilen, „die Untersuchungen" seien „zu offen geführt".[5] Als ein dritter kommt eine Art Verbindung der ersten beiden Punkte hinzu: Manches kann man nämlich auf Latein nicht nur präziser, sondern auch ambivalenter ausdrücken. Ein Beispiel mag hier genügen: Wenn es um die Frage geht, ob der Schreiber der Chronik gewisse Dinge in seinen Quellen vorgefunden oder (frei) erfunden habe, kann man sich eines klaren Urteils enthalten, indem man etwa schreibt: „Chronicographus invenit" – „der Schreiber der Chronik hat vorgefunden" oder eben auch: „der Schreiber der Chronik hat erfunden". Richtig ist die Aussage in jedem Falle. Zuletzt, aber eventuell nicht mit dem geringsten Gewicht, mag die Wirkung des Lateinischen als Nachweis der Bildung des Verfassers einer solchen Arbeit eine Rolle gespielt haben. Wer auf Latein schreibt, hat eine gewisse Bildung und kann allein deshalb im 19. Jahrhundert mit einem gewissen Wohlwollen der Gutachter und Leser rechnen. Doch nun zum Text der Dissertation Wellhausens!

Als Erstes scheinen einige Bemerkungen zur Textgestaltung angebracht. Dazu werden zunächst die Druckfehler übersichtsartig genannt. Es folgen die

---

3 Vielleicht leistet diese Arbeit also mit diesem Kapitel einen ganz bescheidenen Beitrag zu einem viel größeren Forschungsprojekt, dem der Klassifizierung des Gelehrtenlateins des 19. Jahrhunderts, das bisher noch aussteht.

4 Julius Wellhausen, *Briefe*, 51.

5 De Wette, *Beiträge II*, 407–408.

sprachlichen Besonderheiten, die zu einem Eingriff in den Text Anlass geben, sodann jene, die aus anderen Gründen erwähnenswert scheinen. Drittens folgt eine Übersicht über die Verwendung der 3. Pers. Pl. Ind. Perf. Akt. bei Wellhausen. Sodann sollen einige ausgewählte Sätze syntaktisch analysiert werden. Wellhausens Schulung zeigt sich nicht nur im viel gelobten Stil der *Prolegomena* und anderer von ihm auf Deutsch verfasster Schriften, sondern bereits in seiner auf Latein verfassten Dissertation. Wir werden sehen, dass einige seiner Sätze bemerkenswerte stilistische und syntaktische Strukturen aufweisen, die nicht zufällig gewählt sein dürften. Vielmehr benutzt Wellhausen Stil und Syntax, um seinen Aussagen zusätzliches Gewicht zu verleihen. Es folgt ein kurzer Abschnitt über Satzschlüsse, sogenannte Klauseln, bevor wir ein erstes Zwischenfazit ziehen. Vor allem aber soll mit diesem ersten Teil des 4. Kapitels ein angemessener Eindruck vom sprachlichen Befund gegeben werden, der sich dem Leser bietet bei der Lektüre der Dissertation Wellhausens.

4.1.1.1 Textgestaltung

Es folgen einige Bemerkungen zur Gestaltung des lateinischen Textes. Insbesondere die Abweichungen der Ausgabe von 1870 sollen hier genannt und – wo nötig – begründet werden.

Zunächst finden sich die folgenden augenfälligen Druckfehler. Man liest auf

S. 4:	*pimogenitus*	anstelle von	*primogenitus,*[6]
S. 6:	*vebotenus*	anstelle von	*verbotenus,*[7]
S. 9:	*antitiqua*	anstelle von	*antiqua,*[8]
S. 14:	*nectuntus*	anstelle von	*nectuntur,*[9]
S. 16:	*eonsuit*	anstelle von	*consuit,*[10]
S. 16:	*quomiuus*	anstelle von	*quominus,*[11]
S. 17:	*cognoses*	anstelle von	*cognosces,*[12]
S. 17:	*definitorem*	anstelle von	*definitiorem,*[13]
S. 18:	*hand*	anstelle von	*haud,*[14]

6 Die Form *pimogenitus* gibt es nicht. Es fehlt an zweiter Stelle im Wort ein *r*.

7 Die Form *vebotenus* gibt es nicht. Es fehlt an dritter Stelle ein *r*.

8 Es handelt sich um ein Versehen bei der Worttrennung am Ende der Zeile *(anti-tiqua)*.

9 Die Form *nectuntus* gibt es nicht. Es muss *nectuntur* heißen.

10 Die Form *eonsuit* gibt es nicht.

11 Die Form *quomiuus* gibt es nicht. Als sechster Buchstabe muss ein *n*, als siebter ein *u* stehen.

12 Die Form *cognoses* gibt es nicht. Es fehlt an siebter Stelle ein *c*.

13 Es handelt sich aufgrund des Sinns aller Wahrscheinlichkeit nach um einen Druckfehler.

14 Die Form *hand* gibt es nicht.

S. 21:	*appellotur*	anstelle von	*appellatur,*[15]
S. 23:	*Kasibbaeis*	anstelle von	*Kalibbaeis,*[16]
S. 33:	*Ἱερεμίου*	anstelle von	*Ἰερεμίου,*[17]
S. 34:	*nullam*	anstelle von	*nullum,*[18]
S. 35:	*scriptori*	anstelle von	*scriptoris,*[19]
S. 36:	*fomiliae*	anstelle von	*familiae,*[20]
S. 37:	*vera*	anstelle von	*vero,*[21]
S. 39:	*populi*	anstelle von	*populis,*[22]
S. 39 FN 2:	*Peshito*	anstelle von	*Peshit(t)a.*[23]

Sodann gibt es sprachliche Besonderheiten, die einen Eingriff in den Text notwendig erscheinen lassen. Zu diesen zählen die folgenden:

S. 7: „... quanto convenientius ... sunt propagatae". Da es sich um eine rhetorische Frage oder einen Ausruf handelt, sollte ein Frage- oder Ausrufezeichen stehen (vgl. S. 27). Die Diktion der Stelle scheint eher einen Ausruf nahezulegen.

S. 9: „Quid quod vel fidem faciunt ... de vivo hausisse fonte." Da es sich um eine Frage handelt, sollte ein Fragezeichen stehen.

S. 12: „Mori denique ..." Im Original steht ein Fragezeichen, das vermutlich durch die durch *quid* eingeleitete indirekte Frage motiviert ist. In solchen

---

15 Die Form *appellotur* gibt es nicht. Es muss *appellatur* heißen.

16 Das lateinische Wort für die Kalebiter lautet *Kalibbaei*. In der Version, die die Bayerische Staatsbibliothek online gestellt hat, ist dieser Fehler bereits durch einen fetten senkrechten Strich, der sich wie ein ***l*** liest, behoben. In der Originalausgabe von 1870 ist der Fehler noch nicht behoben.

17 Es muss *spiritus lenis* anstelle von *spiritus asper* stehen.

18 Wegen des Bezugs auf das grammatikalische Subjekt des ACI *(negotium)* muss es *nullum* heißen. *Nullum* wird hier in einer Negationenhäufung gebraucht, d. h. in verstärkender Funktion des ohnehin negativen Ausdrucks *ne lectores opinentur. Nullum* ist hier also etwa vergleichbar dem redundanten „no" in Pink Floyds „We don't need no education".

19 Es handelt sich vermutlich um einen Druckfehler. Der Dativ *scriptori* passt nicht in den Zusammenhang. Es geht nicht um die Zeit, die der Schreiber zur Verfügung hatte (Dativus possessivus), sondern um die Zeit des Schreibers (Genitiv), also die, zu der er selbst lebte.

20 Das Wort *fomilia* gibt es nicht. Es muss *familia* heißen.

21 Es handelt sich aller Wahrscheinlichkeit nach um einen Druckfehler. Will man *vera* beibehalten, muss man es auf *paritas* beziehen. Das erscheint aber weder stilistisch elegant noch inhaltlich sinnvoll.

22 Weder der Gen. Sg. noch der Nom. Pl. von *populus* passt hier in den Zusammenhang. Wegen der Präposition *cum* ist der Abl. Pl. gefordert, der *populis* lautet.

23 Hier haben wir wieder ein *o*, wo ein *a* stehen sollte. Die Schreibung mit doppeltem *t* ist die üblichere.

Fällen ein Fragezeichen zu setzen, scheint relativ üblich gewesen zu sein: „Man kann die Frage aufwerfen, ob V. 42 die Worte *von ihnen von den Söhnen Simeons* auf die Sime'oniten überhaupt oder auf den V. 34 ff. beschriebenen Theil der Sime'oniten zu beziehen sind?"[24] Da heute das Satzendzeichen durch den formalen Hauptsatz festgelegt wird und *sciscitaris* deutlich als Aussage und nicht als Frage zu verstehen ist, scheint ein Punkt als Satzendzeichen angemessen (vgl. auch den Befund auf S. 29).

S. 23: Ich lese in FN 1 *memoria*, nicht *memoriam*, da *vigere* nur intransitiv gebraucht werden kann. Wellhausen dürfte die Wendung *memoria vigere* („im vollen Besitz des Gedächtnisses sein") gekannt haben.

S. 26: Anstelle von *secundarum* schlage ich vor, das nachklassische *secundanus* zu lesen. Die Stelle ist semantisch klar, aber syntaktisch schwierig. Der Gen. Pl. f. von *secundus* hat hier keinen rechten Bezug und ergibt keinen Sinn, auch nicht als Substantiv.

S. 27: In einem konjunktionalen Gliedsatz mit *quum causale* darf kein Indikativ stehen. Wegen des vorangehenden *praesertim* kann es aber nur *quum causale* sein. Daher ist *ignoraret* zu lesen; in allen anderen Fällen ist *quum causale* in Verbindung mit *praesertim* korrekt mit Konjunktiv konstruiert (S. 6; 29; 33; 36).

S. 27: „Quidni etiam dicitur ..." Es handelt sich um eine Frage mit Punkt am Ende. Auch wenn es eine rhetorische Frage ist, sollte ein Fragezeichen stehen (vgl. S. 7).

S. 28: „... agnoscit locus suus" ist Hi 7,10 entlehnt. Es ist als Zitat gekennzeichnet, aber ohne Stellenangabe. Im Vulgata-Text steht nichtreflexives *eius* anstelle des von Wellhausen verwendeten reflexiven *suus*.

S. 29: „Quaeritur num ..." Im Original steht ein Fragezeichen, das vermutlich durch die durch *num* eingeleitete indirekte Frage motiviert ist (vgl. die Bemerkung zu S. 12).

S. 30: Im Original steht auf *una* ein Akzent: *úna*.

S. 32: Ob es sich bei *adscriptas* um einen Druckfehler oder eine Unachtsamkeit handelt, die Wellhausen vielleicht aufgrund einer späteren Änderung des Subjekts des ACI unterlaufen ist, bleibt schwer zu sagen. Jedenfalls muss es wegen des Subjekts *quosdam* hier *adscriptos* heißen.

S. 34: *Dua* wird hier anstelle von *duo* als Form des Akk. Pl. n. von *duo* verwendet; vgl. S. 38, wo der Nom. Pl. n. von *duo* analog gebildet ist. Zur Form *dua* sagt Quint. *inst. orat.* 1, 5, 15: „Nam et ‚dua' et ‚tre'... sunt barbarismi."[25] Ob es sich um einen Druckfehler oder um eine versehentlich fal-

24 Bertheau, *Chronik*, 53.
25 „Denn sowohl ‚dua' als auch ‚tre'... sind Barbarismen."

sche Analogiebildung Wellhausens handelt, ist nicht ganz einfach zu sagen. Einerseits ist die Verwechslung von *a* und *o* auch ohne diese beiden Fälle von *duo*/*dua* die weitaus häufigste Art Druckfehler in Wellhausens Arbeit.[26] Andererseits spricht die Tatsache, dass an beiden Stellen die gleiche Form vorliegt, eher für die zweite Erklärung, zumal alle Adjektive und Substantive sowie einige Pronomina und auch Numeralia im Nom. und Akk. Pl. n. auf *-a* enden.

S. 38: Hier wird *dua* anstelle von *duo* als Form des Nom. Pl. n. von *duo* verwendet, s. o. die Ausführungen zu S. 34.

S. 40: Wellhausen verwendet hier *rude* als Abl. Sg. f. Der korrekte Ausgang des Ablativ Sg. der zweiendigen Adjektive der 3. Dekl. lautet *-i*. Es muss an unserer Stelle also *rudi* heißen. Vielleicht hat Wellhausen diese Form in irrtümlicher Analogie zum Bezugswort *mole* gebildet, das ebenfalls zur dritten Deklination gehört, aber zu den Substantiven derselben.

S. 41: Da יֵצֶר im Hebräischen maskulin ist, sollte auch das zugehörige Pronominaladjektiv *alter* maskulin sein. Vermutlich ließ sich Wellhausen beim Setzen des Neutrums *alterum* von einer oder mehreren der Übersetzungsvarianten „Bild(werk), Gebilde, Produkt, Tongefäß" (allesamt n.) für יֵצֶר leiten.

Im Folgenden seien noch einige sprachliche Besonderheiten von Wellhausens Latein zusammengestellt, die sich in klassischen Lehrbüchern so nicht finden:

S. 5: Zu *nunquam*: Wellhausen benutzt außer in *unumquemque* (S. 9) immer die Konsonantenverbindung „nq" anstelle von „mq". So heißt es bei ihm beispielsweise stets *nunquam*, niemals *numquam*.

S. 5: Der Ausdruck *nomadicos puta* klingt wegen des Imperativs recht eindringlich (vgl. S. 11: *ducum puta;* 11: *familias crede plures*; 18: *pone epilogum).* Vermutlich gehören auch die Wendungen mit *adde* (s. u. zu S. 7) hierher.

S. 5: Wellhausen benutzt immer *quum* als Konjunktion anstelle von *cum*. Wenn er *cum* benutzt, handelt es sich um die Präposition.

S. 5: Die Form *negligi* ist Nebenform zu klassisch üblichem *neglegi*. Entsprechend verwendet Wellhausen ausschließlich *intelligere* anstelle des im klassischen Latein häufigeren *intellegere* (S. 6 [2-mal]; 11 FN 1; 12; 23; 28; 30 FN 2).

S. 5: Die Form *statisticen* ist ein griechischer Akkusativ.

26 Vgl. S. 21; 32 (fraglich, ob Druck- oder Grammatikfehler); 36; 38; 40.

S. 6: Wellhausen scheint den Begriff *forma* im Zusammenhang mit Geschichte in enger Anlehnung an Bacons naturwissenschaftlichen Begriff der *forma* zu benutzen; vgl. Francis Bacon, *N. O. I*, Aph. 51: „Formae enim commenta animi humani sunt"; „Formen sind nämlich Erdichtungen des menschlichen Geistes". Dieser Zusammenhang ist für Wellhausens Argumentation zentral, da er daraus eine transitive Argumentationskette konstruieren wird: „Der Chronist schreibt Geschichte. Geschichte ist eine Form. Formen sind Erdichtungen des menschlichen Geistes. Also schreibt der Chronist Erdichtung des menschlichen Geistes." Vgl. auch *N. O. II*, Aph. 3, der mit der Aussage schließt: „Quare ex formarum inventione sequitur contemplatio vera et operatio libera." „Daher folgt aus der Auffindung der Formen die wahre Anschauung und freie Betätigung." (Vgl. S. 8)

S. 6: *Sponte* ohne KNG-kongruentes Possessivum kommt im klassischen Latein nicht vor.

S. 7: Wellhausen scheint eine Vorliebe für *adde* zu haben. Es findet sich zwar in Cic. *off.* 2,14, aber noch deutlich häufiger in der Dichtung, vor allem den horazischen Satiren: Hor. *sat.* 2,2,96; 2,3,70.275.321; 2,8,71 (vgl. S. 9 FN 1; 27; 29).[27]

S. 8: Zu Wellhausens Begriff *forma* im Zusammenhang mit Geschichte vgl. die Bemerkung zu S. 6.

S. 9: Wellhausen benutzt hier *minerva* anstelle von *Minerva*. Die Majuskel am Anfang kommt häufiger vor als die Minuskel; vgl. auch Hor. *ars* 385.

S. 9: Der Ausdruck *capitibus* in „in nostris capitibus 1 Chr 2,28 sqq." ist überraschend, da es sich nicht einmal um ein ganzes Kapitel, sondern nur um einige Verse daraus handelt. Anstelle von *capitibus* würde man hier *versibus* erwarten.[28]

S. 9: Hier kommt in FN 1 wieder *adde* vor (vgl. S. 7; 27; 29).

S. 11: Der Ausdruck *binis matribus* ist recht unglücklich gewählt, da er den Eindruck vermittelt, die Söhne hätten je zwei Mütter.

S. 11: *Subsumo* ist Neulatein, im klassischen Latein nicht belegt.

S. 11: *Ausim* ist eine Kurzform zu *ausus sim*.

S. 11: Wieder ein Ausdruck mit eindringlichem Imperativ *puta*: *ducum puta* (vgl. S. 5: *nomadicos puta;* S. 11: *familias crede plures*).

---

27 Man nehme bereits hier den sprachlichen Einfluss des Horaz auf Wellhausen wahr!

28 Ähnlich schillernd ist allerdings im Arabischen das Wort für Koran, قرآن, das unter anderem sowohl einen recht kurzen Textabschnitt einer Sure als auch die Gesamtheit aller 114 Suren bezeichnen kann; vgl. Hartmut Bobzin, *Der Koran: Eine Einführung* (München: C. H. Beck, [8]2014), 20. Auch im ersten Satz seiner Arbeit scheint Wellhausen mit dieser Doppelbedeutung von *caput* zu spielen.

S. 11: Auch der Ausdruck „familias crede plures“ klingt wegen des Imperativs recht eindringlich.

S. 12: Nur in FN 2 schreibt Wellhausen mit *Calebi* den Namen ein einziges Mal mit *C*, nicht mit *K* am Anfang.

S. 13: Der Dativ bei *interpono* ist nicht klassisch.

S. 15: *Parentium* ist gegenüber *parentum* die klassisch eher unübliche, wenngleich regelmäßig gebildete Form.

S. 16: Wellhausen benutzt hier *uter Kaleborum* anstelle des klassischen *uter Kaleb*. Insgesamt scheint er *uter* mit Genitiv zu bevorzugen (vgl. den Befund auf S. 36).

S. 18: In der Formulierung „satis incaute ex uno duos effinxit Ramos“ findet sich ein Wortspiel, das darin besteht, dass *Ramos* hier zwar der lateinische Akk. Pl. m. von *Ram* (רָם) ist, aber zugleich der Akk. Pl. m. von *ramus* (= Ast), was an dieser Stelle ebenso guten Sinn ergibt, weil die Beiordnung mit Jerachmeel hier zu zwei Ästen im Stammbaum führt. Die Großschreibung von *Ramos* schränkt den Effekt nur unwesentlich ein.

S. 23: Nur auf S. 23 steht zweimal *Idumaei* anstelle von *Edomaei*, welches Wellhausen normalerweise benutzt (S. 12 FN 2; 29 [2-mal]; 37; 38; 39 [3-mal]). Auf S. 41 liest man *Edomi*.

S. 26: Die Verstärkung von *recorderis* durch *sis* ist auffällig, da *sis* hier syntaktisch redundant ist. Es dient vermutlich der Verstärkung, der Eindringlichkeit des vielleicht ursprünglich optativen, nun deutlich iussiven Konjunktivs.

S. 27: Hier kommt wieder *adde* vor (vgl. S. 7; 9 FN 1; 29).

S. 28: Die Form *socro* ist die synkopierte Form zu *socero*.

S. 29: Hier kommt *adde* zum letzten Mal in Wellhausens Arbeit vor (vgl. S. 7; 9 FN 1; 27).

S. 30: Wellhausen benutzt den griechischen Gen. Sg. von *musica*: *musices*.

S. 33: Die Verbindung *reliqui* עַם הָאָרֶץ ist ungewöhnlich, da *reliqui* als vorangestelltes Adjektivattribut im Plural, עַם הָאָרֶץ aber im Singular steht. Handelt es sich um eine *constructio ad sensum?*

S. 35: *Ex* anstelle von *a* nach *repetere* in der Bedeutung „zurückführen auf“ ist im klassischen Latein ungewöhnlich.

S. 36: Die Form *compluria* ist nicht klassisch. Im klassischen Latein steht stets *complura*.

S. 36: Wellhausen benutzt hier die Formulierung *nomina utriusque filiorum defunctorum* anstelle der eher klassischen Konstruktion *nomina utriusque filii defuncti* (vgl. S. 16).

S. 38: „Sicuti ... simile quid fit“ wird hier verwendet anstelle von „sicuti ... aliquid simile fit“.

S. 39: Die mit „n" geschriebene Form *conparatione* überrascht etwas angesichts der Tatsache, dass Wellhausen als entsprechendes Verb immer *comparare* mit „m" benutzt.[29]

S. 41: Der Plural *consanguinitatum* des Abstraktums *consanguinitas* ist im klassischen Latein ungebräuchlich.

S. 41: In Fußnote 1 ist *illorum* (Pl. m.) auf das vorangehende *personarum* (Pl. f.) bezogen und somit allenfalls nach dem natürlichen, nicht dem grammatischen Geschlecht gebildet.

4.1.1.2 Zur Verwendung der 3. Pers. Pl. Ind. Perf. Akt.

In der 3. Pers. Pl. Ind. Perf. Akt. fällt die Verwendung poetischer Verbformen[30] einerseits und regulär gebildeter andererseits auf. Das Verhältnis zwischen beiden ist ziemlich ausgewogen, mit einem leichten Übergewicht der poetisch gebildeten Formen. Wellhausen verwendet in seinem Text insgesamt neunundzwanzig Formen der 3. Pers. Pl. Ind. Perf. Akt. Die zwölf regelmäßigen Formen sind die folgenden:

S. 14: *legerunt*
S. 15: *abierunt*
S. 18: *fuerunt* (Zitat)
S. 18: *fluxerunt*
S. 19: *fuerunt* (Zitat)
S. 27: *legerunt*
S. 31: *legerunt*
S. 33: *elegerunt*
S. 35: *manserunt*
S. 36: *fuerunt*
S. 41: *remanserunt*
S. 41 (FN1): *appellaverunt*

29 Vgl. Wellhausen, *De gentibus*, 3; 8; 16; 22 FN 1; 24; 34; 36; 38.

30 Diese Verbformen der 3. Pers. Pl. Ind. Perf. Akt. auf *-ēre* anstelle des regelmäßigen *-ērunt*, die wir von nun an als „poetische Verbformen" bezeichnen möchten, sind interessanterweise nicht nur für die römische Dichtung charakteristisch, sondern finden sich auch bei einem einzigen Prosa-Autor des 1. Jahrhunderts v. Chr. in nennenswerter Zahl: bei dem Historiker Sallust. Auch mit diesen Formen macht Wellhausen also auf einen Bezug zwischen Dichtung und Geschichtsschreibung aufmerksam.

Die siebzehn poetischen Formen finden sich an folgenden Stellen:

S. 4:	*suffecere*	anstelle von	*suffecerunt*
S. 5:	*discessere*	anstelle von	*discesserunt*
S. 6:	*accidere*	anstelle von	*acciderunt*
S. 7:	*fuere*	anstelle von	*fuerunt*
	transiere	anstelle von	*transierunt*
	fuere	anstelle von	*fuerunt*
S. 19:	*fuere*	anstelle von	*fuerunt* (Zitat)
	fuere	anstelle von	*fuerunt* (Zitat)
S. 22:	*fuere*	anstelle von	*fuerunt*
S. 25:	*fuere*	anstelle von	*fuerunt*
	tenuere	anstelle von	*tenuerunt*
S. 27:	*fuere*	anstelle von	*fuerunt*
S. 33:	*recoluere*	anstelle von	*recoluerunt*
S. 40:	*concrevere*	anstelle von	*concreverunt*

S. 41 (FN 1): alle in einem Satz, dem letzten der letzten Fußnote:[31]

fuere	anstelle von	*fuerunt*
transiere	anstelle von	*transierunt*
ascivere	anstelle von	*asciverunt*

Zu den Formen, die als in Zitaten vorkommend gekennzeichnet sind, lohnt es sich, in den Text der Vulgata und den der Septuaginta zu schauen und diese Stellen miteinander zu vergleichen. So lesen wir auf

S. 18:

v. 34:	Vulg.:	Sesan autem non habuit filios sed filias
	LXX:	καὶ οὐκ ἦσαν τῷ Σωσαν υἱοί, ἀλλ' ἢ θυγατέρες
	Wellhausen:	„non fuerunt sane Sheshani filii sed filiae“

und dann auf

S. 19:

v. 9:	Vulg.:	filii autem Esrom
	LXX:	καὶ υἱοὶ Εσερων
	Wellhausen:	„et filii Chesronis“

31 Aber *appellaverunt* als vierte und letzte Verbform des Satzes ist regulär prosaisch gebildet. Ist dies eine intendierte Parallele dazu, dass das letzte Zitat der Arbeit dem Prosa-Autor Francis Bacon entnommen ist, während diesem mehrere dichterische Zitate aus Horaz und Ovid vorangehen?

v. 25:	Vulg.:	nati sunt autem filii Hieramehel primogeniti Esrom
	LXX:	καὶ ἦσαν υἱοὶ Ιερεμεηλ πρωτοτόκου Εσερων
	Wellhausen:	„et fuerunt filii Jerachmeelis primogeniti Chesronis cett."
v. 33:	Vulg.:	isti fuerunt filii Hieramehel
	LXX:	οὗτοι ἦσαν υἱοὶ Ιερεμεηλ
	Wellhausen:	„hi fuere filii Jerachmeelis"
v. 42:	Vulg.:	filii autem Chaleb fratris Hieramehel
	LXX:	καὶ υἱοὶ Χαλεβ ἀδελφοῦ Ιερεμεηλ
	Wellhausen:	„et filii Kalebi fratris Jerachmeelis cett."
v. 49:[32]	Vulg.:	hii erant filii Chaleb
	LXX:	οὗτοι ἦσαν υἱοὶ Χαλεβ
	Wellhausen:	„hi fuere filii Kalebi"

Weder in der Vulgata noch in der Septuaginta gibt es für irgendeines dieser Versstücke textkritisch relevante Befunde.[33] Der Text ist also in beiden Übersetzungen so gesichert. Der Unterschied zwischen dem Vulgata-Text und Wellhausens „Zitaten" ist in allen Versen deutlich. Andererseits fällt die starke Ähnlichkeit zwischen dem Text der Septuaginta und Wellhausens „Zitaten" auf. Wellhausen scheint direkt aus der Septuaginta oder vielleicht auch aus dem hebräischen Original zu übersetzen. Bei den Phrasen in Anführungszeichen handelt es sich also nicht um Zitate im eigentlichen Sinne, sondern um Wellhausens eigene Übersetzung. Somit sind auch die Verbformen der 3. Pers. Pl. Ind. Perf. Akt. als Wellhausens Formen zu betrachten. Interessanterweise sind diese vier Formen von *esse* auch ausgewogen gebildet, zweimal prosaisch, zweimal poetisch.

Nun mag man einwenden, dass die poetischen Formen der 3. Pers. Pl. Ind. Perf. Akt. im Laufe der Zeit auch in der Prosa salonfähig geworden sind und daher bei Wellhausen nicht als poetisch zu gelten haben. Melanchton benutzt sie beispielsweise in seinen *Loci Communes* allenthalben. Das stimmt zwar; wenn man aber wie Wellhausen in seiner Arbeit Aussagen über dichterische Elemente der Geschichtsschreibung macht, dürfte die Wahl der poetischen und der regelmäßig gebildeten Formen bei der Formulierung des Textes mit Bedacht getroffen sein. Übrigens kehrt die eben besprochene Passage in den *Prolegomena* in beinahe wörtlicher Übersetzung wieder:

32 Im Original sind die Verse bis V. 49 genannt, man muss aber bis V. 50 gehen.

33 In der LXX gibt es eine für uns nicht relevante Variante: Der Codex Vaticanus (und höchstens eine weitere nicht genannte Minuskelhandschrift) hat in V. 34 Σωσαμ anstelle von Σωσαν.

> Aus der übrigen Umgebung tritt folgendes Schema hervor. „Die Bne Hesron sind Jerahmeel und Kelubai (Kaleb) (v. 9). Und die Bne Jerahmeel, des Erstgeborenen Hesrons, waren (v. 25) ... Das waren die Bne Jerahmeel (v. 33). Und die Bne Kaleb des Bruders Jerahmeel waren (v. 42) ... Das waren die Bne Kaleb (v. 50 init.)." Was in dieser Weise formell begrenzt und zusammengehalten wird (vgl. in letzterer Beziehung „Jerahmeel der Erstgeborene Hesrons", „Kaleb der Bruder Jerahmeels"), zeichnet sich auch inhaltlich gegenüber allem anderen aus. Es ist der Kern des Ganzen und bezieht sich auf die vorexilische Zeit. Schon das ungewöhnliche et fuerunt (v. 25. 33. 50) leitet darauf hin ...[34]

Hier formuliert Wellhausen so, als ob *fuerunt* in allen drei zitierten Versen der Vulgata stünde. Dies ist aber nur in V. 33 der Fall. Er geht jetzt bei der Versangabe korrekt bis V. 50, nicht nur bis V. 49 wie in seiner Dissertation.

4.1.1.3 Strukturanalysen ausgewählter Sätze

Im Folgenden werden einige ausgewählte Sätze syntaktisch nach der Einrückmethode analysiert. Das heißt, dass der Hauptsatz (HS) links steht, direkt vom Hauptsatz abhängige Nebensätze (Nebensätze erster Ordnung [NS1]) einfach nach rechts eingerückt sind, Nebensätze zweiter Ordnung (NS2) zweifach nach rechts usw. Wir werden sehen, dass Wellhausen eine Vielzahl von Satzstrukturen benutzt, was nicht nur der Abwechslung beim Lesen, sondern mitunter auch der Unterstreichung der im jeweiligen Satz oder weiteren Kontext gemachten Aussage dient.

S. 3 (erster Satz der Arbeit):

Nomina videntur esse	HS
quae primis capitibus prioris Chronicorum libri collecta reperiuntur,	NS1
mera nomina,	HS
quae	NS1
nihil narrent	
quod scire cupiamus,	NS2
nihil sibi elici patiantur	NS1
quod nostra referat.	NS2

Wellhausen eröffnet seine Arbeit mit einem sehr überlegt aufgebauten Satzgefüge, dessen Struktur sich auf den ersten Blick aus zwei Perspektiven analysieren lässt. In beiden Fällen spielt Parallelität eine prominente Rolle.

Einerseits haben wir insgesamt ein parallel aufgebautes Satzgefüge vor uns, in dem zweimal hintereinander auf ein Stück des Hauptsatzes ein durch

34 Wellhausen, *Prolegomena*, 212 (Wellhausens Sperrdruck).

quae eingeleiteter Relativsatz folgt, der sich jeweils auf *nomina* bezieht. Es ergibt sich also die Gesamtstruktur HS – NS1 – HS – NS1. Dieselbe Parallelität wiederholt sich nun innerhalb des zweiten durch *quae* eingeleiteten Relativsatzes (des zweiten NS1). Dieser hat zwei Prädikate (*narrent/patiantur*) mit jeweils demselben Objekt (*nihil*), woran sich jedes Mal ein durch *quod* eingeleiteter Relativsatz anschließt. Hier ergibt sich die Struktur NS1 – NS2 – NS1 – NS2, also dieselbe wie für das gesamte Satzgefüge, nur eine Abhängigkeitsstufe „tiefer".

Andererseits, und dies ist die von Wellhausen intendierte Lesart, zeigt der erste Teil des Satzgefüges (HS – NS1 – HS) eine *inclusio*, indem der Hauptsatz den ersten Nebensatz umschließt. Innerhalb dieses Nebensatzes haben wir wiederum eine *inclusio*, denn im Zentrum dieses Nebensatzes steht das eigentliche Thema der Arbeit. Er zeigt außerdem eine ähnliche Struktur wie der Hauptsatz, indem Subjekt und Prädikat sowohl im Hauptsatz als auch im Nebensatz den Rahmen bilden, sodass je nach Sichtweise entweder ein doppelter Rahmen (eine doppelte *inclusio*) oder ein Chiasmus entsteht. Letzterer weist auf der Satzgliedebene zudem eine parallele Struktur auf:

Nomina videntur esse	(Subjekt und Hilfsverben im HS)
quae	(Subjekt im NS1)
primis capitibus prioris Chronicorum libri	(„Thema" im NS1)
collecta reperiuntur,	(Prädikat(ivum) im NS1)
mera nomina	(Prädikat(snomen) im HS)

Zusätzlich beginnt und endet der Hauptsatz mit dem für Wellhausens Arbeit so wichtigen Wort *nomina*.[35] An diese *inclusio* schließt sich die eben besprochene parallele Struktur NS1 – NS2 – NS1 – NS2 an. Diese zweite Analyse stimmt mit weiteren Befunden überein. So gliedert sich der Satz bei dieser Analyse in zweimal dreizehn Wörter.

Damit ist in diesem ersten Satz der Arbeit bereits die Großstruktur der gesamten Arbeit abgebildet: Auch die ganze Arbeit wird von *nomina* gerahmt.[36] Ebenso enthält diese durch die Zitate mehrere Rahmen bzw. eine chiastische Großstruktur.[37]

35 Eine ganz ähnliche *inclusio* zeigt sich im letzten Satz der letzten Fußnote der Arbeit, ebenfalls mit dem Wort *nomina*.

36 Vgl. S. 238–239.

37 Vgl. S. 189.

S. 22 FN 1:

neque enim cum punctatoribus,	HS
qui singularem eam,	NS1
in quam abierat usu communi vox חָם,	NS2
notionem nolebant in Deum transferri,	NS1
pronunciandum est חַמּוּאל, sed חֲמוּאל = יַחְמַי 1 Chr. 7, 2.	HS

Dieses Satzgefüge ist deutlich chiastisch gebaut. Im Zentrum steht die *condicio sine qua non*, die Erkenntnis, dass sich חָם von seinem ursprünglichen Gebrauch entfernt hatte. Die Sätze, die grammatikalisch übergeordnet sind, enthalten die daraus abzuleitende Folgerung, dass deswegen die Lesart חַמּוּאל der Masoreten zu verwerfen und Wellhausens Vorschlag zu folgen sei.

S. 34:

Quorum tamen sic plerumque est ratio,	HS
ut finis sermonis tendat proprie in praeexilica,	NS1
postexilica eo maxime consilio afferat compilator	
ut aperiat	NS2
quo ductus studio eas familias praeexilicas contulerit	NS3
quas contulit.	NS4

Hier haben wir ein Satzgefüge vor uns, in dem an den Hauptsatz eine Reihe von Nebensätzen angefügt ist, die einer vom anderen abhängen.[38] Eine derartige Satzstruktur ist für Cicero sehr untypisch. Sie entspricht mehr der deutschen Syntax. Unsere besondere Aufmerksamkeit verdient der erste *ut*-Satz (*ut finis ... compilator*). Dieser weist eine deutlich chiastische Struktur mit jeweils vier Gliedern auf:

finis sermonis – tendat – proprie – in praeexilica,
postexilica – eo maxime consilio – afferat – compilator

oder in grammatischen Termini:

Subjekt – Prädikat – Adverb – (Richtungsangabe im) Akkusativ
Akkusativ(objekt) – Adverb – Prädikat – Subjekt.

Im Zentrum stehen die beiden Akkusative *praeexilica* und *postexilica*, also genau die Worte, die eine Antithese bilden, wie sie für Wellhausens Argumentati-

38 Vgl. die folgenden Beispiele von S. 39; 41 FN 1.

on wichtiger nicht sein könnte. Daher ist die Verwendung des Chiasmus im Zusammenhang mit dieser Aussage sicher kein Zufall, denn Wellhausen wird in seiner Arbeit nicht müde, eben die Bedeutung des Unterschieds von *praeexilica* und *postexilica* für ein adäquates Verständnis des von ihm behandelten Textes zu betonen.

S. 39:

Neque enim casu factum esse potest,	HS
ut tantus hic cernatur concentus,	NS1
qui in mirius etiam crescet	NS2
ubi contuleris singula quaedam.	NS3

Hier haben wir wieder ein Satzgefüge vor uns, in dem an den Hauptsatz eine Reihe von Nebensätzen angefügt ist, die einer vom anderen abhängen (vgl. S. 34; S. 41 FN 1). Neben der für Cicero relativ untypischen Satzstruktur liegt hier noch die für Cicero völlig ungewöhnliche „heroische“ Klausel *(singula quaedam)* vor.[39] Im weiteren Verlauf dieser Arbeit werden wir weiteren dichterischen Elementen in Wellhausens Arbeit begegnen und deren Funktion auf die Spur zu kommen versuchen.

S. 40:

Nihilominus χάσμα,	HS
quo Chesronaei	NS1
separantur[40]	
a reliquis popularibus suis,	
non est ἀδιάβατον quoddam.	HS

Hier haben wir ein Beispiel für abbildende Wortstellung in chiastischer Form vor uns, das an Deutlichkeit seinesgleichen sucht: Das Subjekt des Hauptsatzes, *χάσμα*, ist von seinem Prädikat *non est ἀδιάβατον quoddam* denkbar weit getrennt und bildet mit diesem einen Rahmen für das gesamte Satzgefüge *(inclusio)*. Man muss also auf der Brücke zur Überwindung des *χάσμα non ἀδιάβατον*, der „nicht unüberbrückbaren Schlucht“, trotzdem sehr weit gehen, will sagen: lesen. Um die Ausgewogenheit des Hauptsatzes noch zu steigern, geht dem Subjekt *χάσμα* genau ein Wort, *nihilominus*, voran und genau eins, *quoddam*, folgt dem aufs Subjekt bezogenen *ἀδιάβατον*. Zugleich umschließt der Haupt-

---

39 Vgl. Hans Rubenbauer, Johann B. Hofmann, *Lateinische Grammatik*, neubearbeitet von Rolf Heine (Bamberg: C. C. Buchners/ München: J. Lindauer/ München: R. Oldenbourg, 1977), 327.
40 Hervorhebung d. Vf. durch Fettdruck.

satz einen Relativsatz mit ähnlicher Struktur. Das Prädikat des Relativsatzes *(separantur)* steht im Zentrum des Chiasmus. Darüber hinaus ist bedenkenswert, dass *separantur* eine Trennung ausdrückt. Es steht genau in der Mitte zwischen beiden getrennten Gruppen (*Chesronaei* und *a reliquis popularibus suis*), vollzieht somit diese Trennung zugleich auf semantischer und auf stilistischer Ebene.

S. 41 die letzten drei Sätze des Haupttextes:
Satz 1: Putaverit quis parturisse montes, nasci ridiculum murem.
Satz 2: Me si quidem mus evenerit exercuisse montes non taedebit.
Satz 3: Si vero cui videor nimis audacter disputasse,
equidem citius ex errore quam ex confusione emergit veritas.

Ans Ende des Haupttextes seiner Arbeit stellt Wellhausen ganz kurze Sätze. An diesen wird sich beispielhaft zeigen, wie sehr Schwartz in seinem Nachruf auf Wellhausen mit seinem Hinweis recht hat, „daß unter seinen [Wellhausens] scheinbar einfachen und anspruchslosen Sätzen eine königliche Fülle des Wissens als fruchtbares Erdreich schlummert“.[41]

Ich habe die letzten drei Sätze ausgewählt, weil ihnen als viertletzter Satz die Abschlussformel „Atque haec quidem hactenus“ („Und dies einmal so weit“) unmittelbar vorausgeht. Mit dieser hatte Wellhausen schon seine wissenschaftliche Arbeit für die Bewerbung um die Repetentenstelle in Göttingen beendet.[42] Nicht so hier. Wellhausen geht noch deutlich weiter. Der erste Satz zitiert, bis auf das einleitende *putaverit quis*, Horazens *Ars Poetica 139*.[43] Im zweiten Satz kommen dieselben Substantive wie im ersten in umgekehrter Reihenfolge wieder vor und bilden so einen Chiasmus:

Satz 1: montes – murem
Satz 2: mus – montes

Ein ähnliches Bild mit jeweils drei Gliedern ergibt sich, wenn man die Verben betrachtet:

---

41 Eduard Schwartz, *Vergangene Gegenwärtigkeiten*, „Julius Wellhausen [1918]“, Bd. 1, *Gesammelte Schriften*, 326–361 (Berlin: Walter de Gruyter, 1938), hier 334.
42 Julius Wellhausen, *De iustitia dei erga singulos quid sentiat Vetus Testamentum*, abgedruckt in Julius Wellhausen, *Briefe*, 789–799, hier 799.
43 Abgesehen davon, dass die Aussage wegen der Abhängigkeit von *putaverit* als ACI erscheint.

Satz 1: putaverit – parturisse – nasci
Satz 2: evenerit – exercuisse – non taedebit

Putaverit entspricht *taedebit*: Beide sind Prädikate des Hauptsatzes, von denen jeweils die weiteren Aussagen abhängen. *Parturisse* und *exercuisse* stehen als abhängige Infinitive (der Vorzeitigkeit Akt.) je an zweiter Stelle als Verben, die die Anstrengung bezeichnen, die schließlich zum Ergebnis führt. Im Zentrum des Chiasmus stehen *nasci* und *evenerit*, um das Ergebnis der Anstrengung herauszustellen.

Eduard Schwartz spricht in seinem Nachruf auf Wellhausen unter Bezugnahme auf „Me si quidem mus evenerit exercuisse montes non taedebit" von einem an ein Horaz-Zitat angehängten Witz Wellhausens.[44] Ich kann Schwartz hier nur folgen und auch dann zustimmen, wenn er das Wort „Witz" wörtlich im Sinne von „geistreiche Äußerung" verstanden wissen wollte. Dass Wellhausen hier in diesem Sinne witzig ist, hat die vorangehende Analyse gezeigt.

Satz 2 hängt mit Satz 3 nicht zuletzt durch seine ähnliche Struktur zusammen. Beide sind Satzgefüge mit vorangestelltem Konditionalsatz. In beiden Hauptsätzen spricht Wellhausen von sich selbst. Mit Satz 1 hängt Satz 3 durch Zitate zusammen. Eröffnete ein Zitat die Dreiergruppe dieser Sätze, so schließt ein Zitat diese Gruppe ab: Bei *citius ex errore quam ex confusione emergit veritas* handelt es sich um eine Partie des Aphorismus 20 aus Francis Bacons *Novum Organum II.*[45] Somit wird hier durch die Zitate so etwas wie eine *inclusio* erreicht. In deren Zentrum steht Satz 2. Dieser enthält eine knappe Reflexion verbunden mit einem kurzen Fazit: Auch wenn viel Aufwand betrieben wurde, sorgt bei Wellhausen doch selbst ein noch so bescheidenes Ergebnis nicht für Schamgefühle. Angesichts der geleisteten Arbeit, die streckenweise geradezu als Pionierarbeit gelten darf, ist das vor allem geschickt vorgebrachte *captatio benevolentiae.* In Verbindung mit dem letzten Satz, dem Zitat aus Francis Bacon, wird schließlich ein Mindestwert von Wellhausens Arbeit sichergestellt: Selbst wenn einige oder gar alle Ergebnisse Wellhausens sich im Rahmen zukünftiger Forschung als falsch herausstellen sollten, so war doch sein Irrtum

44 Schwartz, *Gesammelte Schriften 1*, 338.

45 Es ist sehr wahrscheinlich, dass Wellhausen Bacons Satz „citius emergit veritas ex errore quam ex confusione" bewusst umgestellt hat. Damit erscheint *veritas* am Ende des Zitats und des Haupttextes seiner gesamten Arbeit. So schafft er zusammen mit deren erstem Wort *nomina* eine *inclusio* und formuliert so etwas wie eine Gesamtaussage seiner Arbeit: „Nomina ... veritas": „Die Namen ... sind Wahrheit" oder etwas freier: „Die Namen enthalten/vermitteln Wahrheit". Wir werden im Abschnitt 4.1.2.2 darauf ausführlicher zurückkommen.

nötig, um späteren Generationen von Forschern das Auffinden des richtigen Weges zu erleichtern.[46]

S. 41 FN 1 letzter Satz der letzten Fußnote:
Nomina fuere prius personarum
quam in gentes transiere,
quae illorum sibi nomina eodem modo ascivere
quo Kalibbaei filii Chesronis appellaverunt se ex Kalebo filio Jephunne,
quo in hodiernum usque diem Scotorum tribus (clans) a ducibus suis sua repetunt nomina.

Hier haben wir wiederum (vgl. S. 34) ein Satzgefüge vor uns, in dem an den Hauptsatz eine Reihe von Nebensätzen angefügt ist, die einer vom anderen abhängen. Lediglich die beiden letzten durch *quo* eingeleiteten Relativsätze sind von *eodem modo* abhängig und somit syntaktisch parallel. Wie im ersten Satz auf S. 3 weist auch dieser eine *inclusio* auf, die durch das Wort *nomina* – das erste und das letzte Wort des Satzes – erreicht wird. In Verbindung mit der *inclusio* des ersten Satzes von Wellhausens Arbeit ergibt sich also eine *inclusio* der gesamten Arbeit, einerseits durch das Wort *nomina*, andererseits aber auch durch die beiden ganzen Sätze.

4.1.1.4 Klauseln[47]

Im Rahmen der Satzanalyse eines Satzes von S. 39 haben wir gesehen, dass Wellhausen eine für Cicero höchst untypische Satzklausel, die sogenannte heroische Klausel[48] benutzt: *singula quaedam*. Diese heroische Klausel kommt bei

46 Ähnlich kann man Wellhausens Bemerkung zu Bertheau auf S. 21 FN 1 verstehen. Wellhausen schätzt ihn ganz offensichtlich als Wissenschaftler sehr, wenn dieser auch nach seinem, Wellhausens, Dafürhalten in vielen Punkten geirrt hat und Wellhausen ihm nun in seiner Arbeit mehrfach widersprechen zu müssen meint. Dennoch ist Wellhausen ihm ganz ausdrücklich dankbar („cuius tamen commentariis optima et plurima debeo"), unausgesprochen auch für dessen Irrtümer, die Wellhausen mit seiner Arbeit beseitigt zu haben meint. Was er Bertheau auf S. 21 zugesteht, nimmt er hier gegen Ende seiner Arbeit für sich selbst in Anspruch. Mit anderen Worten: Wellhausens Äußerung auf S. 21 FN 1 scheint direkt angewandte Philosophie im Sinne Francis Bacons zu sein, die er nun auch seinen eigenen Lesern ans Herz legen möchte.

47 Zu den folgenden Ausführungen über Klauseln vgl. Rubenbauer, Hofmann, *Lateinische Grammatik*, 326–327.

48 Mit heroischer Klausel (= Hexameterschluss nach der bukolischen Diärese) ist die Silbenfolge *lang – kurz – kurz – lang – anceps* gemeint. Die Silbe am Schluss ist stets eine *syllaba anceps*, also lang oder kurz.

Wellhausen insbesondere am Ende von Abschnitten auffallend häufig vor. Weitere Beispiele finden sich auf

S. 7: *esse videntur,*[49]
S. 18: *haud satis apto,*
S. 21: *esse videtur,*
S. 27: *nomine gentis,*
S. 33 FN 2: *sufficit usum.*

Cicero vermeidet diese heroische Klausel in seiner Kunstprosa, um eine klare Trennlinie zur epischen und elegischen Dichtung zu ziehen. Für Wellhausen trifft das offenbar nicht zu. Wie wir gesehen haben, integriert Wellhausen auch sonst dichterische Elemente in seinen Text.[50] Es sei an dieser Stelle aber auch bemerkt, dass sich bei Wellhausen neben der heroischen auch solche Klauseln finden, die ausgesprochen typisch für Cicero sind. Dies sind zum Beispiel der Doppelkretikus[51] auf

S. 14 FN 1: *nulla cognoscitur,*
S. 30 FN 2: *maxime parcerent*
und der katalektische Doppelkretikus/Kretikus mit Spondeus[52] auf
S. 5: *antecedentem,*
S. 6 FN 1: *(fu)tura praescires,*
S. 15 Forts. FN 1 v. S. 14: *(trans)ir(e) in objectum,*
S. 16: *(con)gesta fragmentis,*
S. 17 *esse confectam.*

Man kann also konstatieren, dass Wellhausen dichterische, bei Cicero völlig unübliche Klauseln verwendet, ebenso aber auch diejenigen, die in der klassischen Prosa geradezu prominent sind.

49 Bei Cicero findet sich in der Klausel zur Vermeidung des Hexameterausgangs *esse vide(n)tur* die umgestellte Formulierung *vide(n)tur esse* (Doppeltrochäus). Diese Reihenfolge findet sich bei Wellhausen auf S. 3 und auf S. 33, allerdings beide Male im Inneren des Satzes, nicht in der Klausel.

50 In Abschnitt 4.1.1.2 haben wir bereits die dichterischen Verbformen der 3. Pers. Pl. Ind. Perf. Akt. in Wellhausens Arbeit besprochen. In 4.1.2.1 wird eine Reihe dichterischer Zitate folgen.

51 Ein Kretikus hat die Silbenfolge *lang – kurz – lang*, ein Doppelkretikus also *lang – kurz – lang – lang – kurz – anceps*.

52 Ein Kretikus mit Spondeus hat die Silbenfolge *lang – kurz – lang – lang – anceps*.

4.1.1.5 Erstes Zwischenfazit

Auch wenn die Gesamtinterpretation noch aussteht, ist bereits jetzt ein wichtiger Punkt deutlich: Wellhausen strukturiert seine Arbeit auf mehreren Ebenen zugleich und schafft dadurch ein umso stärker zusammenhängendes Ganzes. Seine Aussagen werden geschickt durch rhetorisch-stilistische Figuren und den bewussten Einsatz der Syntax gestützt. Dies geschieht in zum Teil sehr subtiler Weise, denn erst nach einer detaillierten Analyse treten einige dieser Strukturen zutage. Insbesondere setzt Wellhausen Parallelismus, Chiasmus und *inclusio* auf syntaktischer und stilistischer Ebene ein. Zu diesen stilistischen Feinheiten scheinen die ziemlich zahlreichen und zu einem kleinen Teil sogar schweren sprachlichen Verstöße nicht recht zu passen. Ferner haben wir in Wellhausens grundsätzlich in Prosa gehaltener Arbeit dichterische Elemente gefunden, vor allem in Form der 3. Pers. Pl. Ind. Perf. Akt. und in Form der Klauseln. Die fortschreitende Analyse wird weitere Befunde dieser Art zutage fördern. Sie alle weisen in eine bestimmte Richtung.

4.1.2 Der stilistisch-literarische Befund

Wellhausens Arbeit hat stilistisch-literarisch viel zu bieten. In diesem Abschnitt werden wir verschiedene strukturierende Elemente, vor allem den Gebrauch von Zitaten, untersuchen, die Wellhausen in seiner Arbeit recht sparsam, aber zielführend einsetzt.

Ein für die folgenden Ausführungen grundsätzlicher Gedanke sei vorweggeschickt: Um literarisch ästhetisch Anspruchsvolles hervorbringen zu können, ist es überaus nützlich, geradezu unumgänglich, selbst viel gelesen zu haben. So wollen wir nicht zuletzt aufgrund einer Aussage von Eduard Schwartz von einer umfassenden Kenntnis der Literatur, insbesondere der lateinischen Dichtung, bei Wellhausen ausgehen: „[U]nd doch verfügte wenigstens Wellhausen über eine seltene Belesenheit...“[53] Ich sehe keinen Grund, Schwartz nicht beim Wort nehmen zu dürfen. Wir werden also für die gesamte weitere Untersuchung Wellhausens „seltene Belesenheit“ voraussetzen. Sie wird an einigen Stellen als Plausibilitätsargument dienen, wenn literarische Vernetzungen aufblitzen oder wir an Punkte gelangen, an denen man „einmal um die Ecke denken“ muss, um einen Gedanken besser zu erfassen.

---

53 Schwartz, *Gesammelte Schriften 1*, 334. Auf der folgenden Seite 162 wird der Satz vollständig zitiert.

Horaz scheint einer von Wellhausens lateinischen Lieblingsautoren gewesen zu sein. Denn Wellhausen hat ihn offensichtlich, insbesondere seine *Ars poetica*, intensiv gelesen. So zitiert er an entscheidenden Stellen seiner eigenen Arbeit aus verschiedenen Büchern des horazischen Werkes. Ein Grund dafür dürfte folgender gewesen sein:

> Wie man Horaz als Autorität für ethische Ansichten anrief, haben wir oben gesehen, aber viel häufiger rief man ihn an zur Bekräftigung ästhetischer Urteile. Ein überwältigendes Zeugnis für den gewaltigen Einfluß des Ästhetikers Horaz gab uns das Hamburger Gymnasialprogramm von Julius Bintz: ‚Der Einfluß der ars poetica des Horaz auf die deutsche Literatur des 18. Jahrhunderts' <1892>. Namentlich die dort ausgezogene Briefliteratur zeigt uns, wie jener Brief an die Pisonen (= *Ars poetica*; d. Vf.) ganz in das ästhetische Bewußtsein der Gebildeten aufgenommen worden war. Sollte jemand wie Bintz das 19. Jahrhundert durchmustern, die Auslese würde sicherlich nicht kleiner.[54]

Leider liegt eine solche Untersuchung für das 19. Jahrhundert bis heute für den deutschen Sprachraum nicht vor. Daher müssen wir uns mit dem begnügen, was Stemplinger erklärtermaßen für relativ sicher hält: Horaz hatte seinen Platz, und zwar einen der vorderen, in der Welt der Bildungsschicht auch des 19. Jahrhunderts, nicht zuletzt durch seine *Ars poetica*. Wellhausens Dissertation ist jedenfalls ein Indiz für die Richtigkeit dieser Vermutung Stemplingers.

4.1.2.1 Die Zitate in Wellhausens Arbeit

Wellhausen ist schon früh mit seiner dezenten Art, Zitate zu benutzen, aufgefallen. So sagt Eduard Schwartz in seinem Nachruf auf Wellhausen über dessen Verwendung von Zitaten sehr treffend mit einem Satz:

> Mit der Zitatenschleppe haben beide [Ewald und Wellhausen; d. Vf.] nie Staub aufgewirbelt, und doch verfügte wenigstens Wellhausen über eine seltene Belesenheit: Der Kenner spürt, daß unter seinen scheinbar einfachen und anspruchslosen Sätzen eine königliche Fülle des Wissens als fruchtbares Erdreich schlummert.[55]

Es ist in der Tat, wie Schwartz sagt. Die Zitate sind nicht besonders zahlreich. Aber sie sind bedeutsam. Wellhausen flicht sie sorgsam in den Fließtext ein. Daher sind sie teilweise nicht leicht zu entdecken. Sie sind pointiert gesetzt, lassen deutlich mehr Wissen als das an der Oberfläche der Sätze Sichtbare vermuten. In diesem Kapitel wollen wir so weit wie möglich das „fruchtbare Erd-

---

54 Eduard Stemplinger, *Horaz im Urteil der Jahrhunderte* (Leipzig: Dieterich'sche Verlagsbuchhandlung, 1921), 154.

55 Schwartz, *Gesammelte Schriften 1*, 334.

reich“ freilegen, das unter den Zitaten verborgen ist, mit anderen Worten: Wir wollen Wellhausens „seltene Belesenheit“ voraussetzen und prüfen, zu welchen Erkenntnissen über seine Dissertation man damit gelangen kann. Gehen wir also mitten in die Dinge hinein! Wellhausen zitiert an mehreren Stellen seiner Arbeit aus lateinischsprachiger Literatur, vornehmlich aus den Werken römischer Dichter der augusteischen Zeit. Im folgenden Teil dieser Arbeit werden wir die Zitate zunächst identifizieren, sodann kurz kommentieren und schließlich den Versuch einer Deutung ihrer Funktionen unternehmen.

Welche Stellen können nun als Zitate gelten? Wellhausens Arbeit enthält eine ganze Reihe davon.[56] Dabei ist der Übergang von Anspielung zu Zitat, von Zitat zu geflügeltem Wort naturgemäß fließend.[57] Man kann aus guten Gründen viele verschiedene Trennlinien für Zitate ziehen. Für die folgenden Ausführungen gelte eine Wortfolge als Zitat, wenn sie mindestens drei Wörter des Originals enthält und sich klar einem Autor zuordnen lässt. Dabei wollen wir auch dann noch von einem Zitat sprechen, wenn Wellhausen die Formen der Wörter des ursprünglichen Zitats verändern musste, um das Zitat in den syntaktischen Zusammenhang seines Satzes einzufügen.[58] Die Zitate 1 und 12 sind Sonderfälle. Hier handelt es sich um besonders sorgfältig gestaltete, kryptische Zitate, wie Herman Meyer dieses Phänomen nennt. Er bietet eine Definition für

> [...] das kryptische Zitat, das dem Durchschnittsleser verborgen bleibt und sich nur den Kennern offenbart. Beim kryptischen Zitat handelt es sich weniger um ein einfaches Verstecken als vielmehr um ein regelrechtes Versteckspiel. Der Sinn des Spiels besteht darin, dass das Zitat entdeckt wird, weil es nur dadurch zu seiner spezifischen Wirkung gelangt. Zwischen dem offenbaren und dem kryptischen Zitat gibt es daher keinen kategorialen, sondern nur einen graduellen Unterschied. Kategorial ist es dagegen verschieden von der einfach versteckten Entlehnung, deren Entdeckung zwar philologische Befriedigung, aber keinen ästhetischen Reiz auslöst.[59]

Auch wenn die beiden bei Meyer folgenden Beispiele nur entfernt zu der Art, wie Wellhausen zu Beginn seiner Arbeit zitiert, passen, trifft die Definition doch sehr genau, was wir mit den Zitaten 1 und 12 vor uns haben. Wie wir sehen

---

56 Selbstverständlich kann man nie sicher sein, alle Zitate gefunden zu haben. Diejenigen Zitate, die im Folgenden aufgeführt sind, lassen allerdings eine sehr deutliche Struktur erkennen, die vermutlich auch durch weitere Zitate nicht wesentlich verändert werden dürfte.

57 Vgl. Herman Meyer, *Das Zitat in der Erzählkunst: Zur Geschichte und Poetik des Europäischen Romans* (Frankfurt a. M.: Fischer, 1988), 17.

58 Vgl. Sibylle Benninghoff-Lühl, *Figuren des Zitats: Eine Untersuchung zur Funktionsweise übertragener Rede* (Stuttgart/Weimar: J. B. Metzler, 1998), 55.

59 Meyer, *Das Zitat in der Erzählkunst*, 12–13.

werden, sind sie schwer zu entdecken, entfalten ihre Wirkung erst nach Entdeckung und sind ästhetisch ansprechend oder, je nach Begeisterungsfähigkeit für die Sache, geradezu genial gestaltet.

Die herkömmlichen, „offenen" Zitate sind vor allem den Werken Horazens und Ovids entnommen. Die Zitate 1, 4, 11 und 12 sind Zitate aus anderer Literatur: Der erste Satz von Wellhausens Arbeit enthält ein kryptisches Zitat des Anfangs der Chronik, Zitat 4 findet sich in abgewandelter Form bei Thomas à Kempis, der letzte Satz des Haupttextes ist ein Zitat aus Francis Bacons *Novum Organum*. Zitat 12, zu finden in der letzten Fußnote auf S. 41, ähnelt in seiner Struktur und Wirkweise der von Zitat 1. Nun kommen wir zu den einzelnen Stellen. Genannt wird immer zunächst die Seite in Wellhausens Arbeit, dann die Fundstelle des Originalzitats, daraufhin Wellhausens Formulierung mit deutscher Übersetzung, schließlich das Original mit deutscher Übersetzung.

Zitat 1: **S. 3:** 1Chr 1,1–4
Wellhausen: Nomina videntur esse quae primis capitibus prioris Chronicorum libri collecta reperiuntur, mera nomina ...
Die Namen, die man in den Anfangskapiteln des ersten Chronikbuches zusammengestellt finden kann, scheinen bloße Namen zu sein ...
Chronist: אדם שת אנוש קינן מהללאל ירד חנוך מתושלח למך נח שם חם ויפת.
Adam, Set, Enosch, Kenan, Mahalalel, Jered, Henoch, Metuschelach, Lamech, Noah, Sem, Ham und Jafet.

Zitat 2: **S. 3:** Hor. *ars* 25–26
Wellhausen: [Chronicographus] brevis esse laborans obscurus fit.
Er [der Schreiber der Chronik] wird aber dadurch unverständlich, dass er sich bemüht, sich kurz zu fassen.
Horaz: Brevis esse laboro, obscurus fio.
Ich bemühe mich, mich kurz zu fassen, werde aber dadurch unverständlich.

Zitat 3: **S. 5:** Hor. *carm.* 3,30,1
Wellhausen: [historiam majorum [...] sibi] exegisse monumentum aere perennius.
Die Geschichte der Vorfahren habe sich ... ein Denkmal errichtet, das dauerhafter als Erz sei.
Horaz: Exegi monumentum aere perennius.
Ich habe ein Denkmal errichtet, das dauerhafter ist als Erz.

Zitat 4: **S. 9:** Thomas à Kempis, *De imitatione Christi* 3,9,6
Wellhausen: unumquemque propria Minerva de vivo hausisse fonte
dass ein jeder nach seiner eigenen Kenntnis aus einer lebendigen Quelle geschöpft hat
Thomas: ex fonte vivo aquam hauriunt vivam
aus lebendiger Quelle schöpfen sie lebendiges Wasser

Zitat 5:	**S. 12:**	Hor. *serm.* 1,1,24–25
	Wellhausen:	Quamquam etiam elementa nova addi vetera consumi quid vetat? Indes, was verbietet es, sogar neue Grundstoffe hinzuzufügen, alte zu verbrauchen?
	Horaz:	Quamquam ridentem dicere verum / quid vetat? Indes, was verbietet es, lachend die Wahrheit zu sagen?
Zitat 6:	**S. 16:**	Hor. *serm.* 2,1,78 und 77; in dieser Reihenfolge
	Wellhausen:	[solidum quoddam], cui „offendet fragili quaerens illidere dentem". etwas Festes ..., auf das "beißen wird, wer seinen Zahn in Zerbrechliches zu schlagen sucht."
	Horaz:	fragili quaerens inlidere dentem / offendet solido. Den Zahn in Zerbrechliches zu schlagen suchend / wird er auf Festes beißen.
Zitat 7:	**S. 22:**	Hor. *epist.* 1,1,32
	Wellhausen:	[Verum] est quadam prodire tenus, si non datur ultra. Aber es ist schon etwas, bis zu einem gewissen Punkt voranzukommen, über den hinauszukommen nicht möglich ist.
	Horaz:	Est quadam prodire tenus, si non datur ultra. Es ist schon etwas, bis zu einem gewissen Punkt voranzukommen, über den hinauszukommen nicht möglich ist.
Zitat 8:	**S. 26:**	Ov. *trist.* 3,4,25
	Wellhausen:	[Jerachmeel] ... bene vixit fortasse, bene latuit certo. Jerachmeel hat vielleicht gut gelebt ... gut verborgen war er sicherlich.
	Ovid:	Bene qui latuit, bene vixit. Wer gut verborgen war, hat gut gelebt.
Zitat 9:	**S. 40:**	Ov. *met.* 1,7.
	Wellhausen:	e rudi indigestaque mole aus roher und ungeformter Masse
	Ovid:	rudis indigestaque moles rohe und ungeformte Masse
Zitat 10:	**S. 41:**	Hor. *ars* 139
	Wellhausen:	parturisse montes, nasci ridiculum murem die Berge hätten gekreißt, es werde eine lächerliche Maus geboren
	Horaz:	parturient montes, nascetur ridiculus mus Die Berge werden kreißen, eine lächerliche Maus wird geboren werden.
Zitat 11:	**S. 41:**	Francis Bacon, *N. O. II*, Aph. 20
	Wellhausen:	[equidem] citius ex errore quam ex confusione emergit veritas. Sie taucht allerdings schneller aus dem Irrtum als aus der Verwirrung auf, die Wahrheit.

Fr. Bacon: Citius emergit veritas ex errore quam ex confusione.
Schneller taucht die Wahrheit auf aus dem Irrtum als aus der Verwirrung.

Zitat 12: S. 41 FN 1: 1Chr 2, 1b–2; Kanon AT (Luther), Kanon NT

Wellhausen: Nomina fuere prius personarum quam in gentes transiere, quae illorum sibi nomina eodem modo ascivere quo Kalibbaei filii Chesronis appellaverunt se ex Kalebo filio Jephunne, quo in hodiernum usque diem Scotorum tribus (clans) a ducibus suis sua repetunt nomina.
Das waren Namen von Personen, bevor sie auf Geschlechter übergingen. Deren Namen nahmen diese Geschlechter auf dieselbe Weise für sich in Anspruch, wie sich die Kalebiter, die Söhne Hezrons, nach Kaleb, Jephunns Sohn, nannten und wie bis auf den heutigen Tag die Sippen (clans) der Schotten sie auf ihre Anführer zurückführen, ihre Namen.

1Chr 2,1b–2: רְאוּבֵן שִׁמְעוֹן לֵוִי וִיהוּדָה יִשָּׂשכָר וּזְבֻלוּן דָּן יוֹסֵף וּבִנְיָמִן נַפְתָּלִי גָּד וְאָשֵׁר.

Kanon AT: *Nomina – (... repetunt) nomina* (39 Wörter = 39 Schriften)[60]

Kanon NT: *nomina (eodem ...) – nomina* (27 Wörter = 27 Schriften)[61]

Es folgt nun ein kurzer allgemeiner Kommentar zu jedem der oben genannten Zitate.

Zu Zitat 1:

Dass Wellhausens erster Satz 1Chr 1,1–4 als Zitat enthalten soll, ist nicht unmittelbar einsichtig. Und doch ist es so. Es ist aber keines im herkömmlichen Sinne, sondern ein kryptisches. Was ist nun daran kryptisch? Zunächst kann man beobachten, dass Wellhausen mit seinen ersten dreizehn Wörtern ausschließlich über die Namen in den ersten Kapiteln, vielleicht sogar ausdrücklich ersten Versen,[62] des ersten Chronikbuches spricht. Ferner behauptet er, diese schienen nichts als *mera nomina*, „bloße Namen", zu sein. Genau die ersten 13 Wörter in 1Chr sind aber in der Tat bloße Namen.[63] Sie werden dort einer nach dem anderen schlicht aufgezählt (1Chr 1,1–4).[64] Und Wellhausens erster Hauptsatz (mit

60 Die Klammerbemerkung (clans) ist mitzulesen.

61 Die Klammerbemerkung (clans) ist wegen der Doppelzählung des mittleren *nomina* wegzulassen.

62 Vgl. die Formulierung „in nostris capitibus 1Chr 2,28 ff" auf S. 9 seiner Dissertation, wo ebenfalls mit *capita* nur einige Verse, nicht ganze Kapitel gemeint sind.

63 Der hebräische Text von 1Chr 1,1–4 hat genau dreizehn Wörter. Das vierzehnte Wort ist das erste in 1 Chr, das kein Name ist.

64 Vgl. die Beobachtung ganz zu Beginn des 4. Kapitels in Oeming, *Das wahre Israel*, 73.

dem ersten attributiven Relativsatz) hat genau 13 Wörter.[65] Zudem ist dieser erste Hauptsatz von *nomina* (= „Namen“) gerahmt. Damit hat der erste Satz der Dissertation Wellhausens die drei wesentlichen Eigenschaften, die Meyer in seiner Definition des kryptischen Zitats nennt. Es ist besonders schwer zu entdecken. Es entfaltet seine Wirkung erst nach Entdeckung. Es ist ästhetisch ansprechend.

Die Sorgfalt der Abbildung geht bis in die Wortstellung und Interpunktion hinein. Jeder der ursprünglichen vier Verse markiert eine Grenze für die grammatikalischen Kategorien im Satz:

V. 1			V. 2			
Adam	Seth	Enos	Kenan	Mahalaleel	Jered	(Chr)
Nomina	**videntur**	**esse**	**quae**	**primis**	**capitibus**	(Wel)
Subjekt	Hilfsverb	Hilfsverb	Rel.-Pron.	Ablativ	Ablativ	(Gr)

V. 3			V. 4		
Henoch	Methusalah	Lamech	Noah	Sem	Ham undJaphet[66]
prioris	**Chronicorum**	**libri**	**collecta**	**reperiuntur,**	**mera nomina ...**
Genitiv	Genitiv	Genitiv	Prädikativum	Prädikat	Prädikatsnomen

Zunächst zur Interpunktion: Der Beginn des Relativsatzes wird nicht durch Komma angezeigt, sein Ende schon. Das liegt vermutlich daran, dass noch zwei Wörter des lateinischen Hauptsatzes folgen, deren Entsprechungen im Original durch die Kopula verbunden und dadurch als die beiden letzten Elemente der Aufzählung vom Rest derselben ganz leicht unterschieden sind.[67]

Nun zur Wortstellung: Man sieht in der obigen Übersicht sehr deutlich, dass die von Wellhausen gewählte ungewöhnliche[68] Wortstellung dazu führt, dass eine Zuweisung der grammatikalischen Kategorien[69] an jeweils genau einen

---

65 Der Name „Bertheau“ wird in Wellhausens Dissertation ebenfalls genau 13-mal genannt Gibt es hier einen Bezug zu Zitat 1? Der Name „Ewald“ wird genau 12-mal genannt. Gibt es hier einen Bezug zu Zitat 12?

66 Dass „und“ und „Japhet“ hier zusammengeschrieben werden, ist dem hebräischen Original nachempfunden.

67 Andererseits würde der „Übergang von V. 1 nach V. 2“ dafürsprechen, den Relativsatz auch am Anfang durch Komma abzutrennen. Aber das Argument mit dem Komma ist hier nicht das entscheidende, sondern das der „grammatikalischen Einheiten pro Vers“.

68 Man würde *videntur esse* am Ende des ganzen Satzes, frühestens aber hinter dem Relativsatz erwarten.

69 Ein Hinweis an die Systematiker unter den Philologen: Ich bin mir bewusst, dass die in der Übersicht gewählten grammatikalischen Begriffe drei verschiedenen Kategorien angehören: Wortart, Kasus und Satzglied. Wenn man sich in der Übersicht auf eine oder auch nur zwei dieser drei Kategorien beschränken wollte, ginge das auf Kosten der Deutlichkeit.

Vers erfolgt. Wellhausen hat seinen ersten Satz so aufgebaut, dass die ersten drei Wörter, die Vers 1 entsprechen, das Subjekt und den verbalen Teil des Prädikats (die Hilfsverben) des Hauptsatzes enthalten, dass die Entsprechung zu V. 2 das Relativpronomen und die beiden Ablative enthält, die Entsprechung zu V. 3 die drei Genitive und die Entsprechung zu V. 4 das Prädikat des Relativsatzes und Wörter, die in den Bereich eines der beiden Prädikate gehören (Prädikativum zu *reperiuntur*; Prädikatsnomen zu *videntur esse)*.

Was für ein Beginn einer wissenschaftlichen Arbeit! Ferner halten wir fest: *Wie der Chronist eröffnet Wellhausen mit einem biblischen Zitat.*[70]

Zu Zitat 2:

An den Anfang seiner Zitatenreihe der augusteischen Dichter, die ebenfalls auf S. 3, also auf der ersten Seite seiner Arbeit, beginnt, stellt Wellhausen ein nicht kenntlich gemachtes Horaz-Zitat aus der *Ars poetica*. Auch das letzte Horaz-Zitat seiner Arbeit auf der letzten Seite, S. 41, ist der *Ars poetica* entnommen. Diese beiden Zitate hat Lizah Ulman bereits 1985 in ihrer neuhebräischen Übersetzung identifiziert.[71]

Offenbar stellt die *Ars poetica* für Wellhausen einen ganz eigenen Rahmen für Wellhausens Arbeit dar. Innerhalb dieses „poetischen" Rahmens finden sich mindestens sechs weitere Zitate, zwei von Ovid, vier von Horaz, jedoch keines mehr aus der *Ars*.

Was der Dichter Horaz, genauer: das Ich in den Versen 25–26 der *Ars poetica* über sich selbst sagt, sagt Wellhausen hier über den Schreiber der Chronik. Damit gibt er von Anfang an zu verstehen, dass er diesen – zumindest unter anderem – als Dichter einordnet, nämlich als einen, der sich in einem Dilemma befinde, in dem er sich für einen Weg entscheide, der uns heute das Verständnis seines Textes erschwert.

Zu Zitat 3:

Dies ist der erste Vers des letzten Gedichts von Horazens drittem Odenbuch. Wellhausen hat es nicht als Zitat gekennzeichnet. Auch dieses Zitat hat Lizah Ulman in ihrer neuhebräischen Übersetzung identifiziert.[72]

---

70 1Chr 1,1–4 ist ein verdichtetes Zitat von Gen 5. Zudem ist auffällig, dass 1Chr 1,1 mit א, dem ersten Buchstaben des hebräischen Alphabets, beginnt und 1Chr 1,4 mit ת, dem letzten Buchstaben, schließt. Sollte bereits in diesen ersten 4 Versen die ganze Welt enthalten sein? Adam, der erste Mensch, steht am Anfang. Darauf weist Mathys, „Bücheranfänge und -schlüsse", 5 hin (mit Verweis auf eine Randbemerkung der Masoreten). Zudem stehen die drei Söhne Noahs, Stammväter Europas, Asiens und Afrikas, also der damals bekannten Welt, am Ende.

71 Julius Wellhausen, *De gentibus et familiis Judaeis quae 1. Chr. 2.4. enumerantur*, ins Hebräische übers. Lizah Ulman (Jerusalem: Dinur Centre, 1985), 4; 38.

72 Wellhausen, *De gentibus*, Übers. Lizah Ulman, 6.

Ganz ähnliche Worte wie Horaz findet ausgerechnet Ovid gegen Ende des letzten Buches seiner Metamorphosen:

> Iamque opus exegi, quod nec Iovis ira nec ignis
> nec poterit ferrum nec edax abolere vetustas.[73]

Im Verlaufe dieses Kapitels werden wir auf weitere Parallelen zwischen Horaz und Ovid aufmerksam werden und hierzu Deutungsvorschläge machen.

Zu Zitat 4:
Es handelt sich um ein Zitat aus Thomas à Kempis, *De imitatione Christi.* Da das Bild des lebendigen Wassers aus der Quelle recht häufig ist, mag man auch andere Fundstellen identifizieren und bevorzugen; vgl. etwa Joh. 4,10–11. Der Übergang zum geflügelten Wort ist hier recht fließend.

Zu Zitat 5:
Ich verstehe den Rahmen des Satzes, namentlich die Wörter: „Quamquam ... quid vetat?" als Zitat. Außer den drei Wörtern, die sich genau in dieser Reihenfolge im Original finden, gibt es wie im Original einen ACI, der davon gerahmt wird. Es handelt sich um ein Zitat aus dem ersten Buch der Satiren des Horaz. Auch dieses Zitat hat Wellhausen nicht als solches gekennzeichnet. Bemerkenswert scheint auch, was nicht zitiert wird. Wellhausen lässt drei Wörter des Originals weg und ersetzt sie durch eigene: Das so eingängige „ridentem dicere verum"[74] des horazischen Originals hört man dennoch unwillkürlich mit, wenn man die Stelle kennt. Auch Wellhausen scheint bei aller Ernsthaftigkeit seines wissenschaftlichen Anliegens nicht zuletzt über die Zitate ein spielerisches Element, das aufgrund von Witz ein Lachen hervorzurufen vermag, in seine Arbeit zu integrieren.[75]

Zu Zitat 6:
Das Zitat ist das erste und einzige in der Reihe, das durch Anführungszeichen als Zitat gekennzeichnet ist. Der Stellennachweis findet sich bereits in Ulmans

---

73 Ov. *met.* 15,871–872: „Und nunmehr habe ich ein Werk vollendet, das weder Jupiters Zorn noch Feuer noch Schwert noch das nagende Alter wird vernichten können."

74 „Lachend die Wahrheit (zu) sagen".

75 Vgl. Schwartz, *Gesammelte Schriften 1*, 338; zu allgemein spielerischem Potential von Zitaten vgl. Meyer, *Das Zitat in der Erzählkunst*, 17. Ferner ist ein vom Adjektiv *verum* abgeleitetes Substantiv, *veritas*, das letzte Wort in Wellhausens Dissertation.

neuhebräischer Übersetzung.[76] Allerdings stehen die Wörter im Original in anderer Reihenfolge. Wieder wird Horaz nicht als Autor genannt. Doch gibt Wellhausen durch die Anführungszeichen spätestens hier zu erkennen, dass er ein Kenner der lateinischen Dichtung ist und damit über ein bestimmtes Bildungsniveau verfügt.

Zu Zitat 7:

Dies ist ein Zitat aus Horazens Episteln, das erste und einzige, das wörtlich, vollständig und in ursprünglicher Reihenfolge gesetzt ist. Wellhausen stellt nur zum Anschluss an den vorangehenden Satz das Wort *verum* voran.[77] Damit hat Wellhausen in seiner Arbeit aus beinahe jedem Genre zitiert, das Horaz zu bieten hat. Die einzige Ausnahme sind die Epoden. Zum Inhalt von Zitat 7 vgl. Hi 38,11.

Zu Zitat 8:

Dies ist ein Zitat aus Ovids Tristien-Partie zur Dädalus-und-Ikarus-Sage. Diese wird auch im 8. Buch[78] seiner Metamorphosen (siehe Zitat 9) behandelt und bei Horaz in Ode 4,2 erwähnt. Inhaltlich formuliert Ovid hier Epikurs Rat „λάθε βιώσας“[79] um. Auch dies ist ein Berührpunkt mit Horaz, der sich selbst als „Epicuri de grege porcum“ bezeichnet.[80] Man beachte das unmittelbar vorangehende, für den Satzzusammenhang leicht abgeänderte geflügelte Wort „si nomini inest omen“.[81] ohne welches der Anschluss „bene vixit fortasse“ gar nicht möglich oder verständlich wäre.

Zu Zitat 9:

Dies ist ein Zitat aus den Anfangsversen der Metamorphosen Ovids, wo die Schöpfung der Welt beschrieben wird. Auch in Chr geht es ja um eine Metamor-

76 Wellhausen, *De gentibus*, Übers. Lizah Ulman, 15.

77 Vgl. in Wellhausens Motivationsschreiben auf S. 18 der Promotionsakte das Zitat aus Ov. *epist. ex Pont.* 3,4,79, dem er ebenfalls *verum* voranstellt.

78 Ov. *met.* 8,183–235.

79 „Lebe im Verborgenen!“

80 Hor. *epist.* 1,4,16.

81 „Wenn in dem Namen ein Vorzeichen enthalten ist“: Es handelt sich um ein Wortspiel mit dem Namen Jerachmeel. Man könnte „wörtlicher“ formulieren: Wenn Gott sich seiner erbarmt hat“.

phose, nämlich die des Volkes Israel von Adam bis zur Beendigung des Babylonischen Exils durch Kyrus.[82]

Zu Zitat 10:
Dies ist das letzte Horaz-Zitat in Wellhausens Arbeit. Es ist wiederum der *Ars poetica* entnommen, dem einzigen Buch, aus dem zweimal zitiert wird. Eduard Schwartz macht bereits in seinem Nachruf auf Wellhausen auf dieses Zitat aufmerksam.[83] Damit schließt sich auf der letzten Seite seiner Arbeit der Rahmen, den Wellhausen auf der ersten Seite (s. o. zu Zitat 2) eröffnet hat. Es enthält eine versteckte *captatio benevolentiae*, insofern als der Autor sein eigenes Werk (mäuse-)klein redet. Dies wiederum geschieht aber gerade mit dem Ziel, entschiedenen Widerspruch gegen diese Einschätzung hervorzurufen.

Zu Zitat 11:
Es handelt sich um ein nicht kenntlich gemachtes Zitat aus Francis Bacons *Novum Organum*. Wellhausen verändert hier die Wortreihenfolge. Er stellt *emergit veritas* ans Ende des Zitats und damit *veritas* ans Ende seiner gesamten Arbeit. Dadurch wird einerseits das „Schlusswort“ *veritas* besonders hervorgehoben, andererseits wird der am Anfang der Arbeit durch das erste Wort *nomina* gesteckte Rahmen geschlossen, der geradezu als Motto von Wellhausens Arbeit gelten darf: „Nomina ... veritas.“[84] Der Nachweis, dass diese Aussage stimmt, ist ja ein Anliegen Wellhausens in seiner Arbeit.[85]

Darüber hinaus ist an diesem Zitat bemerkenswert, dass Wellhausen den Text seiner Arbeit nicht mit eigenen Worten, sondern eben mit denen Francis Bacons beendet. *Wie die Chronik schließt Wellhausen mit einem außerbiblischen Zitat.*[86]

---

82 Eine ganz ähnliche Formulierung findet sich bereits bei Friedrich Bleek, *Einleitung in das Alte Testament*, hg. v. Johannes Bleek und Adolf Kamphausen. Überarbeitet von Julius Wellhausen (Berlin: Reimer, ²1865), 394.

83 Schwartz, *Gesammelte Schriften 1*, 338.

84 „Die Namen sind/enthalten Wahrheit.“

85 Wenn man die Fußnoten mit in die Rahmenkonzeption einbezieht, ergibt sich ein Rahmen von *nomina*, dem ersten Wort des ersten Satzes, bis zu *nomina*, dem letzten Wort der letzten Fußnote; vgl. die Diskussion in Abschnitt 4.1.2.2.

86 Man bedenke, dass die Chronik zum Zeitpunkt ihrer Abfassung wohl noch nicht zu einer Sammlung biblische Autorität beanspruchender Schriften gehört haben kann. Daher ist das Kyrus-Edikt für die Zeit des Chronisten als außerbiblisch zu betrachten. Selbst für die älteren Bücher des Alten Testaments ist die Kanonizität zu Zeiten des Schreibers der Chronik heute noch unsicher (vgl. Gary Neil Knoppers, *I Chronicles 1–9* (New York u. a.: Bantam Doubleday Dell, 2004), 130: “Certain texts, such as the Pentateuch and the Prophets, may have been viewed as canonical by certain Jewish communities, but the status of a number of works in the Writings is unclear.”

Zu Zitat 12:
Die Tatsache, dass der letzte Satz der letzten Fußnote wie der erste Satz der Arbeit von *nomina* gerahmt wird, legt die Vermutung nahe, dass Wellhausen beide bewusst ähnlich strukturiert und nicht zuletzt eben dadurch aufeinander bezogen hat. Somit erscheint es recht wahrscheinlich, dass dieser letzte Satz der letzten Fußnote ein ähnlich strukturiertes Zitat wie der erste Satz der Arbeit enthält. Daher sei hier in aller Vorsicht ein Vorschlag gemacht, der diese Vermutung ernst nimmt, ohne Anspruch auf Notwendigkeit oder Vollständigkeit zu erheben.

Zunächst fällt auf, dass im letzten Satz der letzten Fußnote das Wort *nomina* gleich dreimal vorkommt, nämlich an erster, an 12. und an 39. Stelle. Von der ersten zur zweiten Nennung sind es also 12 Wörter (= Zahl der Stämme Israels), von der ersten zur dritten 39 (= Anzahl der Schriften im AT), von der zweiten zur dritten 27 (= Anzahl der Schriften im NT). Dies könnte Zufall sein, angesichts der zuvor angeführten Indizien scheint es mir allerdings recht wahrscheinlich, dass Wellhausen auch hier ein raffiniert getarntes Zitat untergebracht hat, mit dem er gegen Schluss seiner Arbeit den gesamten biblischen Kanon nach Luther in einem kryptischen Zitat unterbringt.

Wellhausen benutzt an mindestens fünf Stellen geflügelte Worte bzw. Redewendungen:

S. 21: „Quae quum ita sint"[87] ist eine von Cicero bevorzugte Einleitung einer Schlussfolgerung, die sich besonders in seinen Reden gegen Catilina und gegen Verres aber auch anderswo findet.

S. 26: „Si nomini inest omen"[88] ist dem heute noch geläufigen *Nomen est omen*[89] verwandt. Vgl. das erste und letzte Wort von Wellhausens Arbeit: „Nomina ... veritas." „Die Namen ... sind Wahrheit." Dieses geflügelte Wort enthält ein Wortspiel mit der Bedeutung des Namens Jerachmeel[90] und geht dem ersten Ovid-Zitat unmittelbar voran.

S. 33: „Post hoc, ergo propter hoc."[91] Auch wenn jede der beiden Aussagen *post hoc* und *propter hoc* in diesem Falle richtig sein mag, so ist die logische Verbindung von beiden im Sinne einer Kausalität (*ergo*) im Allgemeinen falsch. Allein aus einer Korrelation zweier Variablen kann man im Allgemeinen keine Kausalbeziehung folgern.

---

87 „Da sich dies so verhält".

88 „Wenn in dem Namen ein Vorzeichen enthalten ist".

89 „Der Name ist ein Vorzeichen".

90 „Der Herr wird sich erbarmen".

91 „Danach, also deswegen".

S. 36: "Nimium probando probaret nihil."[92] Wenn man zu viel beweist, sind die Beweise, die man liefert, nichts mehr wert. Damit ist dann also gar nichts, jedenfalls nichts Wesentliches, Nennenswertes oder Erstaunliches bewiesen.

S. 41: "Atque haec quidem hactenus."[93] Die gängige Form dieses geflügelten Wortes ist: „Sed haec hactenus", wie sie sich häufig bei Cicero, Quintilian und anderen Autoren findet. Wellhausen hat also auch hier einen eigenen kleinen Akzent im Lateinischen gesetzt.

Der Vollständigkeit halber sei hier noch auf das Zitat auf S. 28 hingewiesen. Es handelt sich um eine Stelle aus Hi 7,10, die als Zitat markiert ist. Es ist ein alttestamentliches Zitat, das im Rahmen einer alttestamentlichen Arbeit weitaus weniger überraschen dürfte als die oben genannten. Es gibt natürlich zahlreiche weitere biblische Zitate in Wellhausens Arbeit. Aber nur dieses ist zwar als Zitat gekennzeichnet, die Stelle wird jedoch nicht genannt. Dies ist bei den nicht biblischen Zitaten nur bei Zitat 6 (s. o. zu S. 16; Hor. *serm.* 2,1,78 und 77) der Fall.

Neben den Zitaten gibt es auf S. 41 noch zwei Anspielungen. Dort wird auf Röm 9,19–23, insbesondere auf 9,21 (Töpfergleichnis) und Röm 11,17–24 (Gleichnis vom Olivenbaum) angespielt. In Röm 9–11 verhandelt Paulus die Frage nach dem Heil der Juden angesichts des Christus-Geschehens. Dass auf eben diese Passage gleich zweimal auf der letzten Seite angespielt wird, dürfte kein Zufall sein, sondern passt zu dem positiven Ausblick auf die Zukunft ein paar Sätze später, bereitet diesen vielleicht auch vor.

Wenden wir uns nun den Funktionen der literarischen Zitate zu! Die oben angeführten literarischen Zitate erfüllen mindestens drei Funktionen, die im Folgenden herausgearbeitet werden sollen.

Zunächst zeugen die Zitate und Anspielungen von Wellhausens Bildung und Gelehrsamkeit und nehmen dadurch den Leser für den Autor ein. Durch Letzteres entsteht eine Art captatio benevolentiae.

Captatio benevolentiae liest man als Mittel in solch literarischen Kontexten immer wieder. Sie dürfte auch für Wellhausen eine Rolle spielen. Wer die Zitate, zumal die zahlreichen nicht gekennzeichneten, in Wellhausens Arbeit erkennt, nimmt beim Autor (und bei sich selbst) eine Bildung wahr, die über den Rah-

92 „Durch den Nachweis von zu vielem wiese er nichts nach." Oder etwas freier: „Indem er zu viel beweist, würde er gar nichts beweisen."

93 „Und dies einmal so weit."

men des behandelten Themas, ja der Theologie insgesamt, hinausgeht. Da es sich um eine Qualifikationsarbeit Wellhausens handelt, ist es nicht weiter verwunderlich, sondern eher zu erwarten, dass er nicht nur fachliche Kompetenz, sondern auch seine breitere literarische Bildung unter Beweis stellen möchte.[94] Er steht damit in einer recht langen Reihe, insbesondere was Horaz als „still" zitierten Autor angeht:

> Ungeheuer ist die Masse der ungenannten Horazzitate, wörtlicher oder referierender Art. Diese Zitate können ein Kompliment für den Angezogenen bedeuten, Anspielungen enthalten in sich schon eine zarte Huldigung oder lösen in dem Mitwisser das schöne Gefühl aus, die Absicht des Verfassers zu verstehen, erwecken beim verstehenden Leser eine angenehme Erinnerung an einen Lieblingsdichter, bewirken ein Zusammenschwingen gleicher Stimmungen.[95]

Dass Wellhausen dieser Eindruck gelungen ist, vielleicht nicht zuletzt aufgrund eines gekonnten Gebrauchs von Zitaten, lässt eine Formulierung Schoeberleins aus der Promotionsakte Wellhausen vermuten:

> In der von ihm zu diesem Behufe eingereichten
> Abhandlung: de gentibus et familiis Iudaeis, quae 1 Chron. 2.4.
> enumerantur, legt d. Verf. so viel Gelehrsamkeit und Scharfsinn an den
> Tag, dass über seine Zulassung zum mündlichen Examen kein Zweifel seyn
> dürfte.[96]

Diese Formulierung ist zwar sehr allgemein, aber sie ist die konkreteste, die es in der Promotionsakte zum Eindruck von Wellhausens Arbeit gibt. Immerhin spricht Schoeberlein von „Gelehrsamkeit und Scharfsinn". Dass Wellhausen diese unter fachlichen Gesichtspunkten an den Tag legt, wird wenig später auch in den Rezensionen von Hitzig und Nöldeke hinreichend betont.[97] Beide benutzen ebenfalls das Wort „scharfsinnig".[98] Schoeberleins Formulierung könnte also auch ein Hinweis auf literarischen Genuss sein, den Wellhausens Arbeit nicht zuletzt aufgrund der Zitate von römischen Dichtern bietet. Hinzu kommt noch Wellhausens Latein, das in vielen Fällen einen anspruchsvollen Periodenbau und differenzierten Wortschatz erkennen lässt. Kurzum: Wellhausen hat

94 Dieser Satz referiert eine persönliche Mitteilung von Jan Christian Gertz vom 29. 05. 2019.

95 Stemplinger, *Horaz im Urteil der Jahrhunderte*, 155.

96 Promotionsakte Wellhausen, 21.

97 Ferdinand Hitzig, „Julius Wellhausens De gentibus et familiis Judaeis quae 1. Chr. 2.4 enumerantur," *Heidelberger Jahrbücher* 63 (1870), 881–887 und Theodor Nöldeke, „Julius Wellhausens De gentibus et familiis Judaeis quae 1. Chr. 2.4 enumerantur," *LZD* 43 (1870), Sp. 1155 f.

98 Hitzig, „Wellhausen", 882 und Nöldeke, „Wellhausen", Sp. 1156.

einen durchaus eigenen Stil entwickelt, der beeindruckt. So jedenfalls urteilt auch Schwartz in seinem Nachruf auf Wellhausen:

> Die Dissertation *De gentibus et familiis Iudaeis quae 1. Chron. 2. 4. enumerantur*, bewegt sich in Ewaldschen Gedankengängen, die wichtigsten Termini kehren in den Skizzen wieder. Ihr Latein, frei von ciceronianischen Allüren, aber deutlich und kräftig, bringt es fertig, einen mit Metaphern vollgepfropften Ewaldschen Satz in kurze die konkreten Bilder scharf wiedergebende Wendungen zusammen zu ziehen und am Schluß an einen Horazvers einen echt Wellhausenschen Witz zu hängen.[99]

Insgesamt darf man also davon ausgehen, dass Wellhausen durch seine Zitate, so sie denn wahrgenommen werden, nicht nur einen irgendwie positiven Eindruck bei seinem Lesepublikum hinterlässt, sondern in der Tat lectoris benevolentiam captat.[100]

Sodann weisen die Zitate über sich hinaus. Sie dienen der Unterstützung der These des Autors, dass der Schreiber der Chronik Geschichtsschreibung und Dichtung zugleich verfasst hat.

Hierfür sehe ich 3 Argumente:

1. Argument:

Wellhausen weist an mehreren Stellen seiner Arbeit ausdrücklich darauf hin, dass das Geschichtswerk des Chronisten auch deutliche Kennzeichen von Dichtung trägt. Die literarischen Zitate, die der römischen Dichtung der augusteischen Zeit entnommen sind, geben auch Wellhausens Text selbst damit einen zusätzlichen dichterischen Charakter. Wir wollen nun die deutlichsten Stellen aus Wellhausens Arbeit betrachten, die in die oben genannte Richtung weisen. Es heißt auf

S. 6: Non ergo tam spectabatur ortus historicus gentis cujusdam, quam praesens qualis tum esset status, sive de hac sive de illa origine profectus erat; statisticae magis quam historicae sunt indolis indices ethnographici, quamquam satis est consentaneum, haud pauca etiam in eis reperiri quae nequaquam ex praesenti quodam rerum statu sed solummodo ex traditione poterant hauriri, talia maxime quae historicis accidere temporibus. Accuratius sic possunt dirimi elementa: materies maximam partem est

99 Schwartz, *Gesammelte Schriften 1*, 338; in Fußnote 1 wird die lateinsiche Textstelle zitiert, die Schwartz als Witz bezeichnet: *Atque haec quidem hactenus ... non taedebit.*

100 „... des Lesers Wohlwollen erheischt."

statistica, sed in formam redacta est historicam quondam; illa hausta est e natura rerum, hanc de suo plerumque addidit ingenium humanum.[101]

S. 8: Exspectatur si quidem materies traditionum ethnologicarum maximam partem est statistica, quum non idem semper maneat status gentium, mutatis temporibus mutari etiam traditiones illas. ... Verum si statisticum est argumentum, alterius temporis alter etiam erit status; si historia est forma tantum, eadem materia plures admittet formas.[102]

S. 9: Etenim si semel accideret patrem duodecim gaudere filiis ex quibus deinde singulis magnae proficiscerentur tribus, mirum esset sed ferri posset; sin pluries accidit, cernitur non natura vel casus, sed humana mens.[103]

S. 17: [Q]uum enim illius quo Jerachmeelaei et Kalibbaei junguntur syntagmatis ipsa procul dubio natura suppeditaret adumbrationem, quam in definitiorem deinde formam imitando effingebat ingenium humanum, eam seriem quae a Ramo proficiscitur facile cognosces mera arte esse confectam.[104]

---

101 „Es wurde also nicht so sehr die historische *Entstehung* eines gewissen Stammes betrachtet als vielmehr sein damals gegenwärtiger *Bestand*, sei es, dass er aus diesem, sei es, dass er aus jenem Ursprung entstanden war. Die ethnografischen Register sind eher das Ergebnis einer *statistischen* als einer *historischen* Anlage, obwohl man sich zur Genüge einig ist, dass man nicht Weniges auch in ihnen findet, das keineswegs aus irgendeinem gegenwärtigen Zustand der Dinge, sondern nur aus der Überlieferung geschöpft werden konnte, besonders solches, das zu historischen Zeiten passiert ist. Genauer kann man die Grundbausteine so auseinanderhalten: *Das Material* ist zum größten Teil statistisch, aber es ist in eine gewisse historische *Form* gebracht worden. Ersteres ist aus der Natur der Dinge geschöpft, Letztere hat zumeist menschlicher Scharfsinn nach seiner Kraft hinzugefügt." (Wellhausens Schrägdruck).

102 „Wenn freilich *das Material* der ethnologischen Überlieferungen zu einem großen Teil statistisch ist, ist zu erwarten, dass sich nach der Änderung der Zeiten auch die Überlieferungen ändern, da der Bestand der Geschlechter nicht immer derselbe bleibt ... Wenn aber das Argument ein statistisches ist, so wird der Bestand einer anderen Zeit auch ein anderer sein. Wenn Geschichte nur eine *Form* ist, wird derselbe Stoff mehrere Formen zulassen." (Wellhausens Schrägdruck)

103 „Denn wenn es einmal vorkäme, dass ein Vater sich an zwölf Söhnen freute, aus denen dann jeweils große Sippen hervorgingen, so wäre es verwunderlich, aber möglich. Wenn das aber mehrfach vorkommt, kann man darin nicht Natur oder Zufall, sondern das menschliche Vorstellungsvermögen entdecken."

104 „Denn gerade die Eigenart jener Zusammensetzung, durch die die Jerachmeeliter und die Kalebiter verbunden werden, lieferte ohne Zweifel reichlich Andeutung. Diese Andeutung gestaltete daraufhin menschliche Intelligenz zu einer bestimmteren Form durch Nachahmung aus. Daraus wird man leicht erkennen, dass diejenige Reihe, die von Ram ihren Anfang nimmt, ein reines Kunstprodukt ist." Man bedenke den kurzen gedanklichen Weg von *arte confectam* zu *arte poetica*, zumal *conficere* und *ποιεῖν* Bedeutungsüberschneidungen haben!

S. 18: Noster demum scriptor ... satis incaute ex uno duos effinxit Ramos.[105]

S. 21: Verumenimvero connexus ... arte est confectus. Ipsa enim disponendi ratio, qua patrem deinceps excipit filius, non sapit rei naturam sed disponentis ingenium.[106]

2. Argument

Die Verteilung der poetischen Formen und der Zitate über Wellhausens gesamte Arbeit hinweg ist auffällig.[107] Sowohl die Verwendung der poetischen Formen als auch die der literarischen Zitate ist gegen Anfang und Ende der Arbeit am dichtesten. In erhöhtem Maße ist dies gegen Ende der Arbeit auf S. 40 und S. 41 der Fall, insbesondere auf der letzten Seite, S. 41. Allein hier finden sich zwei Zitate und darüber hinaus zwei Anspielungen auf einer einzigen, gerade einmal halb bedruckten Seite. Dieser Befund, der deutlich dichtere Gebrauch poetischer Formen und die beiden letzten Zitate auf S. 41, nämlich aus Horazens *Ars poetica* und aus Bacons *Novum Organum*, verweist – ohne, dass der Name in Wellhausens Arbeit je fiele – auf Aristoteles. Wie kommt man darauf? Mindestens vier Anhaltspunkte sprechen dafür:

Der erste setzt wiederum Wellhausens Belesenheit und damit zusammenhängende Vernetzungen voraus. Aristoteles ist nämlich der einzige Autor, der jeweils ein Werk mit diesen beiden Titeln, eine *Ars Poetica* und ein *Organum*, geschrieben hat.[108] Wenn beide Werktitel auf so engem Raum zusammen aufgerufen werden, kann man auf Aristoteles kommen.

Der zweite Anhaltspunkt besteht darin, dass Wellhausen an Aristoteles besondere Freude gehabt und ihn sehr früh in seinem Leben regelmäßig gelesen zu haben scheint. Dies kann man aus einer Bemerkung am Ende seines Briefes an Gustav Teichmüller vom 11. März 1866 schließen: „Bitte grüßen Sie von mir die ganze aristotelische societät".[109] Wellhausen hat offenbar an so manchen

---

105 „Unser Schreiber schließlich ... erdichtete recht unachtsam aus einem Ram zwei."

106 „Aber tatsächlich ist die Verknüpfung ... durch Kunstfertigkeit zustande gekommen. Denn allein schon die planvolle Anordnung, nach der der Sohn den Vater ablöst, lässt nicht auf das Wesen der Sache, sondern auf die Intelligenz eines Ordnenden schließen."

107 Vgl. 4.1.1.2 und 4.1.2.1.

108 Francis Bacon hat sein Werk vermutlich ganz bewusst in Abgrenzung zu Aristoteles nicht einfach *Alterum Organum*, sondern *Novum Organum* genannt. Nach Bacons Ansicht gehörte die Wissenschaft auf ein gänzlich neues Fundament gestellt und völlig umgestaltet. Ihr Sinn sei die Verbesserung des menschlichen Daseins. Die Auseinandersetzung mit Aristoteles ist in Bacons Werk ein wesentlicher Punkt. Vgl. etwa *N. O. I*, Aph. 77.

109 Julius Wellhausen, *Briefe*, 3–4.

Sitzungen dieser Sozietät mit Gewinn teilgenommen und erinnert sich gern an diese und all ihre Mitglieder zurück.

Drittens wird diese Verbunden- und Vertrautheit Wellhausens mit Aristoteles, insbesondere in Abgrenzung zu Platon, von Eduard Schwartz durch die folgende Aussage in seinem Nachruf auf Wellhausen bestätigt:

> Bis ins Alter hinein blieb ihm eine starke Bewunderung für die Menschen und Dinge ruhig abwägende Art des Aristoteles, während Plato ihn nie gefaßt hat: ‚er gibt mir keine Antwort auf das, was mich quält', hat er mir einmal gesagt oder geschrieben.[110]

Viertens – und dies dürfte ein höchst gewichtiger Punkt sein – baut Wellhausens gesamte Argumentation von Beginn an[111] auf der aristotelischen Denkfigur *ὕλη – μορφή* (bzw. *εἶδος*), also lateinisch *materia* (bzw. *materies*) – *forma*,[112] auf und schließt auch mit dieser auf der letzten Seite.[113] Damit erhält seine Arbeit einen konzeptuellen Rahmen.

---

110 Schwartz, *Gesammelte Schriften 1*, 332. Dem steht kaum ernsthaft entgegen, dass Wellhausen sich in jungen Jahren im Rahmen seiner Bewerbung um eine Göttinger Repetentenstelle ganz ausdrücklich auf Platons *Phaidros* und *Symposion* sowie die sprichwörtlich gewordene sokratische Hebammenkunst beruft. So heißt es in Wellhausens Schreiben von Mitte Januar 1868 an die theologische Fakultät: „Verum ut desint adhuc vires, tamen ἔρωτος illius Platonici mihi sum conscius speroque fore, ut aliquantulum conferre possim ad excitandum etiam in commilitonibus eum amorem. Proinde oro rogoque, ut copiam mihi detis probandae artis meae obstetriciae." – „Aber wenn auch bis jetzt die Kräfte fehlen, bin ich mir doch jenes bekannten platonischen *ἔρως* bewusst und hoffe, in Zukunft ein klein wenig dazu beitragen zu können, diese Liebe auch bei meinen Kommilitonen zu erregen. Daher bitte ich Euch inständig darum, mir Gelegenheit zur Erprobung meiner Hebammenkunst zu geben." (Julius Wellhausen, *Briefe*, 6) Man kann dem jungen Wellhausen die durchaus positive Einstellung zu Platon hier ruhig glauben. Tut man dies nicht, so wird man wahrscheinlich immerhin bereit sein, ihm das Wissen darum zuzutrauen, was man wie in einem solchen Schreiben formulieren müsse, um möglichst hohe Aussicht auf Erfolg bei der Bewerbung zu haben – unabhängig davon, ob man alles ganz ehrlich so sieht, wie man es formuliert hat.

Man beachte noch die Verwendung des Ovid-Zitats „ut desint ... vires, tamen ..." (Ov. *epist. ex Pont.* 3,4,79), das durch *verum* eingeleitet, durch *adhuc* erweitert, hinter *tamen* in der Mitte abgebrochen und schließlich mit einem eigenen Gedanken weitergeführt wird. Auch hier darf man den Kontext, in diesem Fall besonders die Fortsetzung des Zitats nicht vernachlässigen und bei den Adressaten des Schreibens als bekannt voraussetzen. In V. 79b–80 heißt es nämlich weiter: „... est laudanda voluntas / Hac ego contentos auguror esse deos." – „... ist der gute Wille zu loben. Ich ahne, dass die Götter mit diesem (= gutem Willen; d. Vf.) zufrieden sind." Warum sollten es die Menschen also nicht sein? Somit muss man Wellhausen die Stelle geben. Wir sehen hier ein weiteres Beispiel für geschickte *captatio benevolentiae.*

111 Vgl. Wellhausen, *De gentibus*, 6; 8–9.

112 „Stoff – Form"

113 Vgl. Wellhausen, *De gentibus*, 41.

Wellhausens Kunstgriff besteht nun ferner darin, diese von Aristoteles ursprünglich in Bezug auf die „stoffliche" Welt entwickelte Denkfigur auf sein eigenes Geschichtskonzept zu übertragen, Geschichte gleichsam mit einer *μορφή* – *forma* zu identifizieren. [114] Die *materia* sei zum größten Teil statistisch, aber sie sei in eine gewisse historische *Form* gebracht worden,[115] und zwar in eine aus vielen möglichen.[116] Damit wiederum tritt Wellhausen in Dialog mit der *Poetik* des Arisoteles, wo das Gegensatzpaar *ποίησις* – *ἱστορία*[117] entfaltet wird. Was in der *Poetik* des Aristoteles steht, benutzt Wellhausen für seine Deutung des Befundes in den Kapiteln 2 und 4 des 1. Chronikbuches. In Kapitel 9 der aristotelischen *Poetik* heißt es:

> Φανερὸν δὲ ἐκ τῶν εἰρημένων καὶ ὅτι οὐ τὸ τὰ γενόμενα λέγειν, τοῦτο ποιητοῦ ἔργον ἐστίν, ἀλλ' οἷα ἂν γένοιτο κατὰ τὸ εἰκὸς ἢ τὸ ἀναγκαῖον. ὁ γὰρ ἱστορικὸς καὶ ὁ ποιητὴς οὐ τῷ ἔμμετρα λέγειν ἢ ἄμετρα διαφέρουσιν (εἴη γὰρ ἂν τὰ Ἡροδότου εἰς μέτρα τεθῆναι καὶ οὐδὲν ἧττον ἂν εἴη ἱστορία τις μετὰ μέτρου ἢ ἄνευ μέτρων)· ἀλλὰ τούτῳ διαφέρει, τῷ τὸν μὲν τὰ γενόμενα λέγειν, τὸν δὲ οἷα ἂν γένοιτο. διὸ καὶ φιλοσοφώτερον καὶ σπουδαιότερον ποίησις ἱστορίας ἐστίν· ἡ μὲν γὰρ ποίησις μᾶλλον τὰ καθόλου, ἡ δὲ ἱστορία τὰ καθ' ἕκαστον λέγει. ἔστιν δὲ καθόλου μέν, τῷ ποίῳ τὰ ποῖα ἄττα συμβαίνει λέγειν ἢ πράττειν κατὰ τὸ εἰκὸς ἢ τὸ ἀναγκαῖον, οὗ στοχάζεται ἡ ποίησις ὀνόματα ἐπιτιθεμένη· τὸ δὲ καθ' ἕκαστον, τί Ἀλκιβιάδης ἔπραξεν ἢ τί ἔπαθεν.[118]

Während Aristoteles zwischen Dichtung und Geschichtsschreibung eine klare Trennlinie zieht, produziert der Schreiber der Chronik gemäß Wellhausens Analyse je nach Quellenlage und schriftstellerischer Agenda mal diese, mal jene, tritt bald als Dichter, bald als Geschichtsschreiber hervor. Der Chronist operiert nach Wellhausen nicht nur als Historiker im aristotelischen Sinne, sondern er

114 Eine Identifikation mit einer wie auch immer gearteten *materia* findet gerade nicht statt.

115 Vgl. Wellhausen, *De gentibus*, 6.

116 Vgl. Wellhausen, *De gentibus*, 8.

117 „Dichtung – Geschichtsschreibung"

118 Arist. *poet.* 1451a36–1451b11: „Klar ist aber auch aus dem Gesagten, dass es nicht Aufgabe des Dichters ist, das Geschehene zu sagen, sondern das, wovon man wohl erwarten dürfte, dass es gemäß der Wahrscheinlichkeit und der Notwendigkeit geschieht. Denn der Geschichtsschreiber und der Dichter unterscheiden sich nicht darin, dass dieser in Versen, jener in Prosa schreibt (Man könnte nämlich auch Herodots Worte in Verse setzen und es bliebe wohl um nichts weniger Geschichtsschreibung, sei es mit Metrum oder ohne Metren): Sondern der Unterschied besteht darin, dass der Eine das Geschehene sagt, der Andere das, wovon man wohl erwarten dürfte, dass es geschieht. Daher ist Dichtung auch etwas Philosophischeres und Ernsthafteres als Geschichtsschreibung. Denn die Dichtung sagt eher das Allgemeine, die Geschichtsschreibung aber das Spezielle. Es gehört aber zum Allgemeinen, was jeweils wem in welcher Verfassung zu sagen oder zu tun zukommt gemäß der Wahrscheinlichkeit oder der Notwendigkeit. Eben hierauf zielt die Dichtung ab, obwohl sie Namen hinzufügt. Zum Speziellen aber gehört, was Alkibiades getan oder erlebt hat."

fingiert, er dichtet, erdichtet auch.[119] Damit stellt Wellhausens Ansatz eine Synthese zwischen Philosophie und Geschichtsschreibung dar. Um diese Synthese zu erreichen, bedient sich Wellhausen zwar einer aristotelischen Denkfigur aus der *Metaphysik*,[120] richtet sich mit eben dieser aber zugleich gegen eine andere aus der Poetik; genauer gesagt: Er verwendet sie, um eine Synthese beider Konzepte herbeizuführen.

Wir können im Bereich der literarischen Vernetzungen noch einen Schritt weitergehen. Wenn Wellhausen schon aus Francis Bacon zitiert und mit ihm und Horazens *Ars poetica* das Poetik-Kapitel des Aristoteles zum Verhältnis von Dichtung und Geschichtsschreibung aufruft, so dachte er dabei vielleicht auch an das, was Francis Bacon in *The Advancement of Learning* zum Verhältnis von Dichtung und Geschichtsschreibung zu sagen hat:

> *Poesy* is a part of learning in measure of words for the most part restrained, but in all other points extremely licensed, and doth truly refer to the imagination; which, being not tied to the laws of matter, may at pleasure join that which nature hath severed, and sever that which nature hath joined; and so make unlawful matches and divorces of things; *Pictoribus atque poetis, etc.*[121] It is taken in two senses in respect of words or matter; in the first sense it is but a character of style, and belongeth to arts of speech, and is not pertinent for the present: in the latter it is, a hath been said, one of the principal portions of learning, and is nothing else but *feigned* history, which may be styles as well in prose as in verse.
>
> The use of this *feigned history* hath been to give some shadow of satisfaction to the mind of man in those points wherein the nature of things doth deny it, the world being in proportion inferior to the soul; by reason whereof there is, agreeable to the spirit of man,

---

119 Die Tatsache, dass Wellhausen dem Schreiber der Chronik ein solches literarisches Unternehmen unterstellt und mit Argumenten nachweist, sagt noch nichts darüber, ob Wellhausen dieses für gelungen hält. Es finden sich auch in seiner Dissertation Stellen, die bereits Zweifel daran aufkommen lassen, dass das Ergebnis Wellhausens ungeteilte Zustimmung finden könnte. Als Beispiel seien hier drei kurze Passagen aus Wellhausens Arbeit auf Deutsch genannt: S. 12: „Denn nicht fügen sich die Glieder, die von überall her zusammengetragen worden sind, zu einem einzigen und einfachen Körper zusammen.“ S. 14: „Denn sie wachsen nicht zu einem einzigen festen Gefüge zusammen, sondern sind woher auch immer zusammengesuchte Bruchstücke“ und S. 16: „... sondern es ist alles bloß ein aus reinen Bruchstücken zusammengestelltes Allerlei.“ Allerdings sind solche Stellen längst nicht so zahlreich und noch weniger auch nur annähernd so polemisch wie die im Chronik-Kapitel der späteren *Prolegomena*. In seiner Dissertation sind es eher die Fehltritte, denen er Nachsicht entgegenbringen möchte. Deutlich überwiegend finden sich Anzeichen dafür, dass Wellhausen das Vorgehen des Schreibers der Chronik vielmehr verstehen und schätzen möchte; vgl. hierzu vor allem das gesamte 1. Kapitel seiner Arbeit: *De sermone ethnologico*. Viel mehr Wohlwollen und Verständnis als dort kann man dem Schreiber der Chronik kaum entgegenbringen.

120 Vgl. die Diskussionen Arist. *Metaphys*. 1069a18–1093b29 (Bücher XII–XIV (Λ–N)).

121 Hor. *ars* 9.

> a more ample greatness, a more exact goodness, and a more absolute variety, than can be found in the nature of things. Therefore, because the acts or events of *true history* have not that magnitude which satisfieth the mind of man, *poesy* feigneth acts and events greater and more heroical: because *true history* propoundeth the successes and issues of actions not so agreeable to the merits of virtue and vice, therefore poesy feigns them more just in retribution, and more according to revealed providence: because true history representeth actions and events more ordinary, and less interchanged, therefore poesy endueth them with more rareness, and more unexpected and alternative variations: so as it appeareth that poesy serveth and conferreth to magnanimity, morality, and to delectation. And therefore it was ever thought to have some participation of divineness, because it doth raise and erect the mind; whereas reason doth buckle and bow the mind into the nature of things.[122]

Wir wollen uns mit der Besprechung einiger weniger, für uns relevanter Punkte begnügen. Dazu gehen wir den Text der Reihe nach durch. Bacon führt Folgendes aus: Dichtung sei nicht an die Gesetze der materiellen Welt gebunden, dürfe ohne Rücksicht auf die Natur nach Belieben Dinge zusammenfügen und trennen. Wir erinnern uns: Bei Aristoteles ist der Dichter nicht so frei. Dichtung habe sich an den Gesetzen der Wahrscheinlichkeit und Notwendigkeit zu orientieren. Weiter bei Bacon: Als Beleg, also quasi als Rechtfertigung seiner Aussage, bringt er ein Zitat aus der *Ars poetica* des Horaz. Als ob es so wäre, weil Horaz es sagt! Dieses Zitat wird hier nur durch den Dativ *pictoribus atque poetis* angedeutet, weil es als allgemein bekannt vorausgesetzt wird. Die Fortsetzung lautet: *quidlibet audendi semper fuit aequa potestas.*[123] Der zweite Teil des ersten Abschnittes enthält einen Schlüsselsatz des Textes: Dichtung sei nichts anderes als vorgetäuschte Geschichte, die in Prosa oder in Versen formuliert sein könne. Wir erinnern uns wieder: Aristoteles argumentiert im 9. Kapitel seiner Poetik genau anders herum: Auch wenn man Herodots Geschichtsschreibung in Verse setze, bleibe sie doch Geschichtsschreibung. Hier bei Bacon erfahren wir: Dichtung in Versen oder ohne Verse bleibe Dichtung. Das spielt für Wellhausen eine Rolle, denn er hat es in seiner Untersuchung mit einem beinahe ausschließlich in Prosa verfassten Text[124] zu tun, in dem er von Bacon benannte Elemente von Dichtung identifiziert. Wir kommen zum zweiten Abschnitt, der noch gewichtigere Aussagen enthält, direkt mit einer solchen beginnt: Der Nutzen dieser vorgetäuschten Geschichte sei es gewesen, dem menschlichen Geist in denjenigen Punkten eine Andeutung von Befriedigung zu verschaffen, in denen die Natur

---

122 Francis Bacon, *The Advancement of Learning*, hg. v. G. W. Kitchin (London/Melburne: Dent, 1973), 82 (Kitchins Schrägdruck).

123 „Maler und Dichter hatten schon immer günstige Gelegenheit, sich alles Mögliche zu erlauben."

124 Als Ausnahmen dürfen die Psalm-Zitate in 1Chr 16,8–36 und 2Chr 6,41 gelten.

der Dinge es versage, da die Welt im Verhältnis zur Seele minderwertig sei. Hier klingt an, dass jede Dichtung ein utopisches Element enthält. Ein paar Sätze weiter heißt es dann, Dichtung täusche größere und heldenhaftere Handlungen und Ereignisse vor, weil Handlungen und Ereignisse wahrer Geschichte nicht die Größe hätten, den menschlichen Geist zu befriedigen. Weil die wahren Ereignisse nicht in Einklang mit den Verdiensten der Tugend und Laster stünden, täusche die Dichtung eben diese vor als welche, die „der offenbarten Vorsehung („revealed providence") eher entsprechen".

Während der erste Satz gut zu dem passt, was Aristoteles in seiner Poetik sagt, hat der zweite eine theologische Dimension, wie man an „revealed providence" erkennt. Hier wird Dichtung als zur göttlichen Sphäre gehörig eingeschätzt. Wieder tritt hier der utopische Aspekt von Dichtung hervor. In den letzten Sätzen des Textes bleibt es nach einer Anspielung auf Horazens *Ars poetica*[125] bei der Nähe von Dichtung zum göttlichen Bereich: Dichtung als vorgetäuschte Geschichte habe gegenüber der wahren Geschichte den Vorteil, Teilhabe am Göttlichen zu vermitteln, indem sie den Geist erhebe, während wahre Geschichte ihn niederhalte.

Insgesamt drängt sich bei der Lektüre dieser Passage von Bacon vor dem Hintergrund der Chronik und Kritik an ihr die Frage auf: Sind das nicht Sätze, die eine passende Erklärung und geradezu Rechtfertigung für das Vorgehen des Schreibers der Chronik liefern können? Vielleicht haben wir hier einen Text vor uns, der Wellhausen in seiner Dissertation noch daran hinderte, polemisch gegen den Schreiber der Chronik zu werden. Später in seinen *Prolegomena* mag er anders darüber gedacht und geurteilt haben. Doch das sind nur Vermutungen, wenngleich nicht ganz aus der Luft gegriffene. Aber nun zurück zum eigentlichen Thema und damit zum nächsten Argument:

3. Argument

Auch dieses 3. Argument stützt sich auf Wellhausens Belesenheit und damit verbundene Vernetzungen. Es bezieht sich auf Zitat 9, dasjenige aus Ovids Metamorphosen. Bei einschlägig Vorgebildeten rufen Zitate immer auch das gesamte Werk, zumindest aber den Werktitel und inhaltlich zentrale Stellen des eben zitierten Werkes auf – wie etwa Gen 1,1, Ex 1,1 usw. oder Ps 22,2 in der jüdischen Tradition. In Bezug auf Zitat 9 (Ov. *met.* 1,7) ist dies vor dem Hintergrund von Wellhausens Arbeit vor allem das Proömium der Metamor-

---

125 "[P]oesy serveth and conferreth to magnanimity, morality, and to delectation" ist eine Anspielung auf Hor. *ars* 333: *Aut prodesse volunt aut delectatre poetae.* – „Dichter wollen entweder nützen oder erfreuen."

phosen (Ov. *met.* 1,1–4). In Zitat 9 liegt das Proömium gerade einmal drei Verse hinter uns. Wellhausen scheint dieses Proömium der Metamorphosen Ovids als Schablone für die Vorgehensweise des Schreibers der Chronik vor Augen zu haben. [126] Es lautet:

> In nova fert animus mutatas dicere formas
> corpora; di, coeptis (nam vos mutastis et illas)
> adspirate meis primaque ab origine mundi
> ad mea perpetuum deducite tempora carmen![127]

Ovids Programm für seine Metamorphosen ist somit nach Wellhausens Darstellung gewissermaßen die Niederschrift des mutmaßlichen Programms des Schreibers der Chronik, wie bereits einige im 1. Argument zitierte Stellen aus Wellhausens Arbeit zeigen. Wir gehen das Proömium jetzt Vers für Vers durch. Im Einzelnen sind die Parallelen zwischen diesem und der Chronik die folgenden:

V. 1: *fert animus:* Bereits Gerhard von Rad schreibt:

> Man weiß, daß der Chronist den Ablauf der geschichtlichen Ereignisse nach eigenem Willen weithin neu geformt hat, teils nach Maßgabe vorhandener zeitgenössischer Verhältnisse, teils seinen eigenen noch nicht realisierten Tendenzen entsprechend.[128]

Der Sitz der eigenen Tendenzen ist für den Römer der *animus*. Wie Ovid nicht anders kann, als mit seinem Werk die neue Welt- und vor allem Friedensordnung des Kaisers Augustus *(ad mea tempora)* zu preisen, da er diese selbst hat entstehen sehen, schickt sich der Schreiber der Chronik an, den durch das Kyrus-Edikt markierten Beginn der neuen Ära für Israel und Israels Weg dorthin – ausgehend von dessen Ursprung: Adam – ausführlich in Worte zu fassen.[129]

---

126 Der Chronist kann natürlich Ovids Proömium nicht gekannt haben, da Ovid und er keine Zeitgenossen waren. Ovid hat deutlich später gelebt. Wir stellen hier lediglich literarische Parallelen fest, die nicht auf literarischer Abhängigkeit beruhen können, aber eben deshalb besonders reizvoll sind. Die Parallelen ergeben sich vielmehr aus vergleichbaren Entstehungsbedingungen für die jeweilige Literatur.

127 Ov. *met.* 1,1–4:
„In neue Körper verwandelte Formen zu singen heißt mich
der Geist. Ihr Götter, dem Beginnen (denn Ihr habt auch jene verwandelt),
dem meinen, seid gewogen und vom ersten Ursprung der Welt
führt das Lied ununterbrochen bis zu meinen Zeiten!"

128 Gerhard von Rad, *Das Geschichtsbild des chronistischen Werkes*, BWANT 54 (IV/3) (Stuttgart: Kohlhammer, 1930), 2–3.

129 Damit sei nicht postuliert, dass der Chronist ein Zeitgenosse des Kyrus gewesen sei!

mutatas formas: Auch der Schreiber der Chronik präsentiert die überlieferte Geschichte in neuer Form. Er kann gar nicht anders, da gemäß Wellhausen Geschichte immer eine Form ist, die sich im Laufe der Zeiten wandeln kann, teilweise sogar muss.[130]

in nova corpora: Die verwandelten Formen werden gemäß Wellhausen auch in der Chronik in neue Körper „gezwängt".[131] Vgl. auch v. Rad, der davon spricht, dass der Chronist die Geschichte „neu geformt" habe.[132]

V. 2: *nam vos mutastis et illas:* Die Veränderung der Verhältnisse, der Lauf der Geschichte (= die Veränderung der Formen) sind Ergebnisse göttlichen Ratschlusses und Handelns. So wird es auch in der Chronik dargestellt. Insbesondere ist Kyrus von Gott geschickt. Bei Wellhausen gipfelt diese Erkenntnis später in seinen *Skizzen und Vorarbeiten* von 1884 in einem einzigen Satz, dem „enthusiastischen Credo": „Es gibt keinen Gott als Jahve und Israel ist sein Prophet."[133]

V. 3: *primaque ab origine mundi:* Ovid beginnt mit der Schöpfung der Welt aus dem Chaos (darauf folgt unmittelbar Zitat 9: *rudis indigestaque moles),* der Schreiber der Chronik beginnt beim Anfang Israels: bei Adam. Und er endet beim Kyrus-Edikt. Damit gilt: „Chr schildert die Geschichte Israels von Anfang bis ‚Anfang'."[134]

V. 4: *ad mea tempora:* Wie Ovids Metamorphosen bis in die augusteische Zeit hineinreichen, so berichtet der Chronist bis in die nachexilische Zeit hinein.

Perpetuum carmen: Sowohl für Ovid als auch den Chronisten sind beide Wörter hier wichtig; zunächst zu

carmen: Hier spielen die Bedingungen für das Entstehen von Literatur eine Rolle: Wer Veränderungen von Verhältnissen derart positiv wahrnimmt wie Ovid den Sieg Oktavians bei Actium und die folgende *Pax*

---

130 Vgl. zum Beispiel Wellhausen, *De gentibus*, 8.

131 Vgl. Wellhausen, *De gentibus*, 5.

132 Von Rad, *Das Geschichtsbild des chronistischen Werkes*, 2–3.

133 Julius Wellhausen, *Skizzen und Vorarbeiten*. Erstes Heft (Berlin: Reimer, 1884), 81. Die Entwicklung dieses Gedankens beginnt bereits auf S. 80. Zur Formulierung vergleiche man das muslimische Glaubensbekenntnis: لا إلهَ إلا ألله ومُحَمَّد رَسول ألله – „Es gibt keinen Gott außer Gott und Muhammad ist der Gesandte Gottes." Oft wird auch freier übersetzt: „Es gibt keinen Gott außer Gott und Muhammad ist sein Prophet." Darauf spielt Wellhausen hier an.

134 Japhet, *1 Chronik*, 33.

Augusta oder wie der Chronist die im Kyrus-Edikt verheißene Möglichkeit zur Rückkehr nach Jerusalem aus dem Exil, wird schlicht und einfach den Drang verspüren zu singen.[135] Nicht zufällig dürfte daher sämtliche in Chr zitierte Dichtung dem Psalter entnommen sein.[136] Nun zu

perpetuum: Der Aspekt, dass die Entwicklungen bei Ovid und in der Chronik als „stetig, ununterbrochen" dargestellt werden, hat den Grund, dass damit die göttliche Vorsehung hervorgehoben wird, die seit langem bestand und nun in der erlebten Gegenwart eine gute, von den Menschen lang ersehnte Erfüllung findet.[137]

Die Parallelen zwischen dem Proömium der Metamorphosen Ovids und der Chronik sind zahlreich und deutlich. Wir dürfen also davon ausgehen, dass Wellhausen diese Parallelität erkannt und bei der Abfassung seiner Arbeit benutzt hat.

Schließlich geben die Zitate Wellhausens Arbeit eine eigene Struktur, die neben die herkömmlich durchzählende, formale Gliederung tritt, sich aber durchaus daran orientiert. Sie haben oft reflektierenden Charakter, strukturieren die Arbeit dadurch auf einer Meta-Ebene und bilden eine eigene Art von Rahmung.

Um dies plausibel zu machen, werden wir die Zitate nochmals kurz durchgehen. Dabei werde ich einerseits die strukturelle Funktion des Zitats im Kontext von Wellhausens Arbeit aufzeigen, andererseits eine knappe Deutung des Reflexionscharakters eines jeden Zitats geben.

Zitat 1: Nomina videntur esse, quae primis capitibus prioris Chronicorum libri collecta reperiuntur, mera nomina ...

Die Namen, die man in den Anfangskapiteln des ersten Chronikbuches zusammengestellt finden kann, scheinen bloße Namen zu sein ...

Zitat 1 auf S. 3 eröffnet als erster Satz der Arbeit diese mit einem biblischen Zitat, wenn auch einem kryptischen. Damit beginnt der Rahmen, der erst mit dem letzten Satz der letzten Fußnote der Arbeit, Zitat 12, ebenfalls einem krypti-

135 Auch hiermit sei nicht postuliert, dass der Chronist ein Zeitgenosse des Kyrus gewesen sei! Solche Freude kann angesichts des als kollektive Katastrophe empfundenen Exils auch Generationen später noch lebendig sein. Vgl. etwa das Pessach-Fest, das heute noch voller Freude über den Auszug aus Ägypten gefeiert wird.

136 Siehe 1Chr 16,8–36; 2Chr 6,41.

137 Wellhausen, *Skizzen und Vorarbeiten*, 80–81.

schen Zitat, geschlossen werden wird.[138] Zitat 1 reflektiert den Eindruck, den man beim ersten Lesen der ersten Kapitel der Chronik bekommt.

Zitat 2: [Chronicographus] brevis esse laborans obscurus fit.

Er [der Schreiber der Chronik] wird aber dadurch unverständlich, dass er sich bemüht, sich kurz zu fassen.

Zitat 2 eröffnet auf S. 3 einen im doppelten Sinne „poetischen" Rahmen, der bis zu Zitat 10 reicht. Doppelt „poetisch" ist er insofern, als erstens beide Zitate der *Ars poetica* des Horaz entnommen sind und diese zweitens alle weiteren Zitate der augusteischen Dichtung rahmen.

Wellhausen formuliert mit Zitat 2 das methodische Dilemma des Schreibers der Chronik. Er lässt dieser viele Dinge weg, die zumindest für ein heutiges Verständnis höchst hilfreich sein könnten. Hier wird somit eine wichtige Bedingung formuliert, die der folgenden Untersuchung notwendig zugrunde liegt.

Zitat 3: [historiam majorum ... sibi] exegisse monumentum aere perennius.

die Geschichte der Vorfahren habe sich ... ein Denkmal errichtet, das dauerhafter als Erz sei.

Die Zitate 3 und 5 rahmen das 1. Kapitel „De sermone ethnologico".[139] Auf S. 5 wird mit Zitat 3 zu Beginn des Kapitels zunächst eine geschichtstheoretische Betrachtung angestellt. Die Geschichte selbst ist hier handelndes Subjekt, das unabänderliche Fakten gleichsam für die Ewigkeit schuf.

Zitat 4: unumquemque propria Minerva de vivo hausisse fonte

dass ein jeder nach seiner eigenen Kenntnis aus einer lebendigen Quelle geschöpft hat

Zitat 4 auf S. 9 steht etwa in der Mitte des 1. Kapitels. Es reflektiert die Möglichkeit, dass verschiedene Schreiber nicht voneinander abgeschrieben, sondern jeder für sich, unabhängig von den anderen, unterschiedliche relevante Quellen benutzt haben könnte.

---

138 Betrachtet man nur den Haupttext von Wellhausens Arbeit, so wird man sagen wollen, der Rahmen schließe sich mit Zitat 11.

139 Mit dem Begriff der Rahmung der Kapitel durch Zitate ist nicht gemeint, dass diese außerhalb der Kapitel stehen. Sie stehen immer innerhalb und finden sich auf der ersten bzw. letzten Druckseite des betreffenden Kapitels.

Zitat 5: Quamquam etiam elementa nova addi vetera consumi quid vetat?

Indes, was verbietet es, sogar neue Grundstoffe hinzuzufügen, alte zu verbrauchen?

In Zitat 5 wird zum Abschluss des 1. Kapitels auf S. 12 eine rhetorische Frage gestellt, die geschichts- bzw. literaturtheoretischen Charakter hat. Die erwartete Antwort lautet: Nichts. Auch im Bereich der Geschichtsschreibung ist alles im Fluss. Und das darf auch so sein.

Zitat 6: [solidum quoddam], cui „offendet fragili quaerens illidere dentem."

etwas Festes ..., auf das „beißen wird, wer seinen Zahn in Zerbrechliches zu schlagen sucht."

Zitat 6 auf S. 16 ist antizyklisch gesetzt. Es steht etwa in der Mitte des 2. Kapitels. Das 2. Kapitel wird als einziges nicht direkt von literarischen Zitaten, sondern von den beiden durch literarische Zitate gerahmten Kapiteln 1 und 3 gerahmt.[140] In Zitat 6 wird in Form eines Bildes allgemein formuliert, was passiert, wenn man die Verse 1Chr 2,25–41 und 42–55 weiter zu „zerkleinern" versucht. Es finden sich in beiden Abschnitten Versgruppen, die ursprünglich und aufs Engste zusammengehören, daher nicht getrennt werden können und dürfen. Hier wird also ein Forschungsergebnis Wellhausens durch ein Zitat verdeutlicht und zusammengefasst.

Zitat 7: [Verum] est quadam prodire tenus, si non datur ultra.

Aber es ist schon etwas, bis zu einem gewissen Punkt voranzukommen, über den hinauszukommen nicht möglich ist.

Die Zitate 7 und 9 rahmen das 3. Kapitel „De argumento historico horum catalogorum". In Zitat 7 auf S. 22 geht es darum, dass jede Wissenschaft ihre Grenzen hat und diese nicht überschreiten kann. Wer jedoch bis an eine solche Grenze herankommt, hat bereits Nennenswertes geleistet. Dies ist die zu Anfang des 3. Kapitels angestellte Reflexion.

Zitat 8: [Jerachmeel]... bene vixit fortasse, bene latuit certo.

Jerachmeel hat vielleicht gut gelebt ... gut verborgen war er sicherlich.

Zitat 8 auf S. 26 steht etwa in der Mitte des 3. Kapitels. Darin wird ein Aphorismus Ovids auf die Situation des Jerachmeel bezogen. Hier macht Wellhausen

140 Wir haben hier also eine Rahmung durch Elemente vor uns, die selbst gerahmt sind. Dieser Struktur werden wir noch auf anderer Ebene in Wellhausens Arbeit begegnen (vgl. 4.1.2.2).

also aus der allgemeinen Aussage des Originals eine speziellere für seine Zwecke. Die Reflexion besteht in der Erkenntnis, dass sich im vorliegenden Fall das Allgemeine im Speziellen bei Jerachmeel wiederfindet.

Zitat 9: e rudi indigestaque mole

aus roher und ungeformter Masse

Zitat 9 steht gegen Ende des 3. Kapitels auf S. 40. Es hat für sich genommen keinen reflektierenden Charakter, wohl aber die gesamte Aussage, in die es eingebunden ist. Es geht um die historischen Bedingungen, unter denen es zum Zusammenschluss von Familien zu Clans kam, und um die Zeiten, zu denen das passierte.

Zitat 10: parturisse montes, nasci ridiculum murem

die Berge hätten gekreißt, es werde eine lächerliche Maus geboren

Mit Zitat 10 auf S. 41 schließt Wellhausen den durch die beiden *Ars*-Zitate gesteckten Rahmen um die weiteren Zitate der augusteischen Dichtung. Zitat 10 steht schon außerhalb des letzten Kapitels und stellt somit als Rahmenelement eine Verbindung von der eigentlichen Untersuchung zum Ausblick her.

In Zitat 10 findet sich Selbstreflexion des Autors, die zugleich die Funktion einer *captatio benevolentiae* hat, indem unhörbar zu Widerspruch aufgerufen wird, was die behauptete Bedeutungslosigkeit des Ergebnisses angeht. Wenn man den syntaktischen Zusammenhang des Zitats bei Wellhausen mit ins Auge fasst, sieht man, dass die im Zitat enthaltene Reflexion sogar noch von der potentiellen „Fremdreflexion" *putaverit quis* abhängt.

Zitat 11: [equidem] citius ex errore quam ex confusione emergit veritas.

Die Wahrheit taucht [allerdings] schneller aus dem Irrtum als aus der Verwirrung auf.

Wie Zitat 1, so steht auch Zitat 11 auf S. 41 außerhalb des durch die beiden *Ars*-Zitate des Horaz gesteckten inneren Rahmens. Zitat 11 ist Teil eines Aphorismus von Francis Bacon. Der reflektierende Charakter dieses Satzes liegt auf der Hand.

Zitat 12: Nomina fuere prius personarum quam in gentes transiere, quae illorum sibi nomina eodem modo ascivere quo Kalibbaei filii Chesronis appellaverunt se ex Kalebo filio Jephunne, quo in hodiernum usque diem Scotorum tribus (clans) a ducibus suis sua repetunt nomina.

Das waren Namen von Personen, bevor sie auf Geschlechter übergingen. Deren Namen nahmen diese Geschlechter auf dieselbe Weise für sich in Anspruch, wie sich

> die Kalebiter, die Söhne Hezrons, nach Kaleb, Jephunns Sohn, nannten und wie bis auf den heutigen Tag die Sippen (clans) der Schotten sie auf ihre Anführer zurückführen, ihre Namen.[141]

Die rahmende Funktion der Zitate sei hier noch einmal vor dem Hintergrund der formalen Struktur von Wellhausens Arbeit verdeutlicht und zusammenfassend übersichtlich dargestellt:

Zitat 1: 1Chr 1,1–4
  Zitat 2: Hor. *ars* 25–26
    Zitat 3: Hor. *carm.* 3,30,1
      1. Kapitel: Zitat 4: Th. à Kempis, *De imit. Chr.* 3,9,6
    Zitat 5: Hor. *serm.* 1,1,24–25
      2. Kapitel: Zitat 6: Hor. *serm.* 2,1,78; 77
    Zitat 7: Hor. *epist.* 1,1,32
      3. Kapitel: Zitat 8: Ov. *trist.* 3,4,25
    Zitat 9: Ov. *met.* 1,7
  Zitat 10: Hor. *ars* 139
Zitat 11: Francis Bacon, *N. O. II, Aph. 20*
Fußnote: Zitat 12: 1Chr 2,1b–2

Wellhausens Arbeit umgibt ein doppelter Rahmen aus Zitaten: Sie wird einerseits von den Zitaten 1 und 11 (innerbiblisches – außerbiblisches Zitat) und den Zitaten 2 und 10, dem „poetischen" Rahmen, eingefasst. Insbesondere stehen diese vier Zitate außerhalb der 3 Kapitel seiner Arbeit.

Das 1. Kapitel wird von den Zitaten 3 und 5 gerahmt und enthält Zitat 4.

Das 2. Kapitel wird nicht eigens von Zitaten gerahmt. Es hat als mittleres Kapitel selbst ein Zitat in der Mitte.

Das 3. Kapitel wird von den Zitaten 7 und 9 gerahmt. Es enthält Zitat 8.

Man sieht hier sehr deutlich: Wellhausens Arbeit ist ein großer Chiasmus. Wellhausen bildet die chiastische Anlage der „Vorhalle", wie sie zum Beispiel Williamson, Knoppers und zuletzt sehr prominent Sparks[142] durch ihre Analy-

---

141 Zitat 12 erscheint als Fußnote, wirkt wie eine Fußnote zu den ersten 11 Zitaten seiner Arbeit; außerdem verlangt es als kryptisches Zitat sehr viel Reflexion. Es schließt die Zitatenreihe und die letzte Seite von Wellhausens alttestamentlicher Dissertation, als solle hier daran erinnert werden, dass sich alle vorangehenden Betrachtungen auf Texte des biblischen Kanons beziehen, als sei seine (wissenschaftliche) Arbeit ein Gottestdienst gewesen: *Veritas – Amen.*

142 Vgl. James T. Sparks, *The Chronicler's Genealogies: Towards an Understanding of 1 Chronicles, 1–9* (Atlanta: Society of Biblical Literature, 2008), 29.

sen zutage gefördert haben, allein durch die Positionierung der Zitate in seiner Arbeit ab.

Ferner darf mit dem Vorhergehenden als nachgewiesen gelten, dass die Zitate in Wellhausens Arbeit pragmatische Funktion (*captatio benevolentiae*), gliedernde Funktion (Rahmung) und reflektierende Funktion (Möglichkeiten und Stand der eigenen wissenschaftlichen Untersuchung, Zusammenhang von Dichtung und Geschichtsschreibung) haben.

4.1.2.2 Weitere Strukturelemente in Wellhausens Arbeit

Wie weiter oben erwähnt, strukturiert Wellhausen seine Arbeit außer mit der üblichen formalen Gliederung zusätzlich informell. Abgesehen von der Doppelrahmung durch Zitate gibt es zum Beispiel einen Rahmen, der durch das erste und letzte Wort der Arbeit, *nomina* (S. 3) und *veritas* (S. 41) entsteht. Bezieht man die Fußnoten in dieses letztgenannte Rahmen-Konzept mit ein, so entsteht ein durch *nomina* und *nomina* gesteckter Rahmen. Es liegt also eine Ringkomposition vor. Zu weiteren anaphorischen Elementen kommen wir im Anschluss an die Diskussion der Rahmen. Darüber hinaus gibt es noch ein Strukturelement, das über alle in der Arbeit gesteckten Rahmen hinausreicht. Sehen wir uns diese Gliederungselemente nun der Reihe nach an! Wir beginnen mit der formalen Gliederung.

Wellhausens Arbeit hat eine dreigliedrige formale Struktur, wenn man die Einleitung nicht mitzählt. Sie wird auch in seiner Arbeit nicht als Einleitung bezeichnet.[143] Der Text beginnt ganz unvermittelt. Nur die Hauptkapitel 1., 2. und 3. haben lateinische Überschriften. Die beiden Unterkapitel A. und B. des 2. Kapitels tragen die behandelten Stellen aus 1Chr als Überschrift. Die Gliederung sieht insgesamt so aus:

[Einleitung]
1. De sermone ethnologico
1.
2.
3.
2. De compositione locorum 1. Chr. 2. 4, 1–23.
A. 1. Chr. 2
B. 1. Chr. 4, 1–23

143 Vielleicht unterbleibt die Bezeichnung der Einleitung absichtlich, um eine dreigliedrige Struktur zu erhalten.

3. De argumento historico horum catalogorum

A. 1.

2.

1)

2)

B.

Dies ist ein für eine wissenschaftliche Arbeit völlig normaler und übersichtlicher Aufbau. Interessant sind nun die weiteren Beobachtungen. In den folgenden Abschnitten sollen weitere Gliederungsebenen herausgearbeitet werden.

Dies sind die Rahmen, die nur dann als solche erkennbar werden, wenn man die betreffenden Zitate auch als solche wahrnimmt. Wir haben bereits in 4.1.2.1 die beiden durch Zitate gesteckten Rahmen der Arbeit identifiziert. Der erste, äußere Rahmen aus Zitat 1 und 11 umfasst die Arbeit als ganze, der Rahmen aus Zitat 2 und 10 alle weiteren Zitate aus der augusteischen Dichtung. Durch diese Rahmen, insbesondere den durch die beiden *Ars*-Zitate gesteckten, gibt Wellhausen zu verstehen, dass es in seiner Arbeit auch um Dichtung, „poesis" – „Machung", geht. Diesen Punkt nicht aus dem Auge zu verlieren, rät Wellhausen auf diesem literarischen Wege seinen Lesern „auf all ihren Wegen".

Sodann gibt es eine Rahmung durch *inclusio*. Die Rahmung, die durch den Haupttext konstituiert wird, wird durch die Wörter *nomina* und *veritas* gebildet. Beide stehen im Nominativ und bilden somit in Form eines Nominalsatzes die Aussage: „Die Namen sind Wahrheit", oder etwas freier übersetzt: „Die Namen enthalten/vermitteln Wahrheit". Damit macht Wellhausen bereits allein durch diese zwei Rahmenwörter eine seiner Hauptaussagen. Denn diesen Namen lässt sich nach Wellhausens Untersuchung viel mehr Gehalt, ja, „Wahrheit" entlocken, als es vorher der Fall war.

Um diese Rahmung zu erreichen, hat Wellhausen die Wortreihenfolge des Originals bei Francis Bacon umgestellt: *emergit veritas* steht nun am Ende des Zitats und damit seiner gesamten Arbeit. Dadurch wird zunächst einmal das „Schlusswort" *veritas* besonders hervorgehoben.

Man kann sich nun fragen, ob Wellhausens Dissertation eigentlich auch Verkündigung in Predigt- oder Gebetsform ist. Immerhin ist – und das erst nach Umstellung des Bacon-Zitats - das letzte Wort seiner Arbeit *veritas* = אמת = amen.[144] Vielleicht lässt sich dies aber auch als Hinweis auf den *veritas*-Begriff von Francis Bacon verstehen, den Bacon an anderer Stelle erklärt und der ebenfalls bestens in Wellhausens Konzept passt: „Recte enim Veritas Temporis filia

144 Vgl. Wellhausen, *De gentibus*, Übers. Lizah Ulman, 38, wo האמת in stilistischer Abbildung des lateinischen Originals auch ganz am Ende des letzten Satzes steht.

dicitur, non Authoritatis."[145] Es ist ja eine prominente These in Wellhausens Arbeit, dass sich „Wahrheit" für den Schreiber der Chronik weniger aus der Autorität seiner Quellen, sondern vielmehr aus der Zeit der Abfassung der Chronik heraus ergibt.[146]

Wer vernetzt denkt, wird bei dem Wort *nomina* an den Anfang des Buches Exodus erinnert, das in der jüdischen Tradition den Namen שְׁמוֹת = *nomina* trägt. Dieser leitet sich bekanntlich aus dem ersten sinntragenden Wort des Buches, שְׁמוֹת, ab. Interessanterweise wird auch in Exodus ein Rahmen von Ex. 1,1 bis zu Ex. 40,38 gesteckt. So wird aus שְׁמוֹת בְּנֵי יִשְׂרָאֵל in Ex. 1, 1 schließlich in Ex 40, 38 וְכָל־בֵּית־יִשְׂרָאֵל. Damit ist man terminologisch ganz nah an וְכָל־יִשְׂרָאֵל, wie es in 1Chr 9,1 et par. heißt.

Nun zu dem Rahmen, der durch das erste Wort von Seite 1 und das letzte Wort der letzten Fußnote von S. 41 gesteckt wird:

Wenn man die Fußnoten mit in die Rahmenkonzeption einbezieht, ergibt sich ein Rahmen von *nomina*, dem ersten Wort des ersten Satzes, bis zu *nomina*, dem letzten Wort der letzten Fußnote. Interessanterweise steht *nomina* zu Beginn der Arbeit als Subjekt im Nominativ, am Ende der Arbeit als Objekt im Akkusativ. Dies lässt die vorsichtige Deutung zu, dass die Namen zu Beginn als eigene Größen erscheinen, die sich nur schwer einordnen, um nicht zu sagen: beherrschen lassen, wie Wellhausen vor allem eingangs immer wieder betont, während diese Einordnung nach eingehenden Analysen am Schluss seiner Untersuchung deutlich leichter fällt. Dies wird durch die Objektfunktion von *nomina* im letzten Satz der Arbeit unterstrichen. Die Namen sind nun zumindest weitgehend bekannt, eingeordnet, verfügbar.

Doch die Rahmung geht noch weiter: Es entsprechen sich nicht nur das erste und das letzte Wort, sondern die erste und letzte Wortgruppe der Arbeit, wenn man auf syntaktischer Ebene denkt:

„Nomina videntur esse quae primis capitibus ... reperiuntur" (Anfang S. 3) und

„sua repetunt nomina" (Ende S. 41) weisen die gleiche grammatikalische Struktur[147] in genau umgekehrter Reihenfolge auf:

Subjekt *(nomina)* – Prädikat – Attribut zum Subjekt[148] (S. 3)
Attribut zum Objekt – Prädikat – aus dem Subjekt gewordenes Objekt (*nomina*) (S. 41).

145 Francis Bacon, *N.O. I*, Aph. 84: „Zurecht nämlich – sagt man – ist die Wahrheit eine Tochter der Zeit, nicht der Authorität."

146 Vgl. Wellhausen, *De gentibus*, 29; 34; 35.

147 Der Wechsel von Subjekts- zu Objektsfunktion bei *nomina* wurde kurz zuvor gedeutet.

148 Der durch *quae* eingeleitete Relativsatz ist ein Attributsatz zum Subjekt *nomina*.

Diese chiastische Struktur wird benutzt, um eine *inclusio* der gesamten Arbeit zu erzeugen. Anders ausgedrückt: Die Arbeit wird von einem dreigliedrigen Chiasmus gerahmt.

Und Wellhausen setzt noch einen drauf: Der Hauptsatz des ersten Satzes auf S. 3 beginnt und endet mit *nomina* („nomina videntur esse ... mera nomina"). Für den letzten Satz der letzten Fußnote auf S. 41 gilt das sogar für das ganze Satzgefüge („Nomina fuere prius personarum ... a ducibus suis sua repetunt nomina").

Während also der erste und letzte Satz der Arbeit je für sich eine *inclusio* mit dem Wort *nomina* bilden, bilden sowohl die Einzelworte *nomina* als auch die beiden Sätze (die je eine *inclusio* mit nomina aufweisen) eine *inclusio* der gesamten Arbeit Wellhausens. Wir haben hier also so etwas wie eine *inclusio ex inclusionibus*, einen Rahmen aus Rahmen, vor uns.

Insgesamt liegen hier somit drei durch das Wort *nomina* ineinander verschränkte *inclusiones* vor: erstens eine aus zwei einzelnen Wörtern, zweitens eine aus einer dreigliedrigen chiastischen Struktur, drittens eine aus zwei Sätzen, die selbst eine *inclusio* durch *nomina* aufweisen. Hier liegt offensichtlich wohlkonstruierte Rahmung vor.

Ferner steckt Wellhausen einen konzeptuellen Rahmen ab, der auf der aristotelischen Denkfigur *ὕλη – μορφή* (bzw. *εἶδος*), also lateinisch *materia* (bzw. *materies) – forma*[149] fußt. Mit Hilfe dieses Paares entwirft er ein Konzept für sein Geschichtsbild. Dieser durch *materia – forma* gebildete Rahmen beginnt auf S. 6 und wird auf S. 41, der letzten Seite, geschlossen. Damit haben wir in Wellhausens Dissertation Rahmungen in 3 Bereichen vorliegen. Eine erste erfolgt durch Zitate, eine zweite durch *inclusio* auf Wortebene und schließlich eine dritte auf konzeptueller Ebene.

Ferner finden sich bei Wellhausen verschiedene Schlüsselwörter und Leitmotive, die über weite Strecken seines Textes nicht nur immer wiederkehren, sondern auch die Argumentation voranbringen und stützen. Einige sollen hier exemplarisch genannt werden. Zwar gehört der Begriff „Leitmotiv" in die Literaturwissenschaft, daher mag dessen Anwendung auf eine wissenschaftliche Arbeit überraschen. Doch es dürfte bereits jetzt klar sein, dass Wellhausen mit seiner Arbeit nicht nur Wissenschaft betreibt, sondern auch ein Stück Literatur hervorbringt, das den Namen verdient.

Für Schlüsselwörter ist Worthäufigkeit ein erster Indikator. Dies trifft zunächst auf *gens*, *tribus* und *familia* zu. Auch wenn diese Wörter erwartungsgemäß häufig sind,[150] so sind sie doch nicht als die wichtigsten Schlüsselwörter

---

149 „Stoff – Form".

150 *Gens* hat 68, *tribus* 28, *familia* 41 Nennungen in Wellhausens Arbeit.

anzusehen, wenn man sie überhaupt als solche bezeichnen möchte. Da *gens* und *familia* bereits im Titel vorkommen und *tribus* als inhaltlich eng mit diesen beiden verwandt einzustufen ist, haben diese Wörter natürlich eine hohe Bedeutung für Wellhausens Arbeit, wenngleich diese nicht so hoch ist wie die anderer. Als eines der wichtigsten sei hier *nomen* bzw. *nomina* genannt, das in allen Kasus und Numeri insgesamt zweiundsiebzigmal vorkommt. Die herausragende Bedeutung von *nomina* in Wellhausens Arbeit ist in verschiedenen anderen Zusammenhängen deutlich geworden. Dieser Eindruck wird im kommenden Abschnitt, der von Wiederaufnahme und Rückgriff handelt, noch verstärkt werden.

Als Leitmotive in Wellhausens Arbeit begreife ich vor allem die Gegensatzpaare, die er entwickelt und diskutiert. Zwei seien hier genannt, das letzte auch ganz knapp besprochen!

Der erste für Wellhausen wichtige Gegensatz ist der der Geschichte[151] und der Statistik.[152] In diesem wird Geschichte zur reinen Form,[153] geradezu zur Ausdrucksform des jeweiligen Bestandes (*status*[154]), die sich mit wechselndem Bestand selbst ändert.[155]

Ein zweites wichtiges Leitmotiv scheint mir der Gegensatz von *ante exilium*[156] und *post exilium*[157] zu sein. Auf die Hervorhebung dieses Gegensatzpaares als Zentrum eines Chiasmus auf S. 34 in Wellhausens Arbeit wurde bereits auf S. 155–156 hingewiesen. *Ante exilium* und *post exilium* haben mit den genannten Varianten beide je 19, also insgesamt 38 Nennungen. Es ist eine ziemlich gleichmäßige Verteilung über die ganze Arbeit hin zu beobachten.[158] Das Motiv kommt durchschnittlich ziemlich genau einmal pro Seite vor. Wellhausen benutzt es mehrfach, um die ursprünglichen Stücke von den späteren Zusätzen der von ihm behandelten Texte zu trennen und diese Trennung zu begründen.[159] Insbesondere sei hier also ausdrücklich auf die Argumentationskraft hingewiesen, die dieses Gegensatzpaar für Wellhausen hat.

Außerdem arbeitet Wellhausen mit Wiederaufnahmen und Rückgriffen. Dies ist in einer wissenschaftlichen Arbeit nicht anders zu erwarten. Manche kündigt er an, zum Beispiel die Wiederaufnahme auf S. 16: „Jam illuc unde pro-

---

151 *Historia* hat 24 Nennungen.

152 *Statistica* hat 6 Nennungen.

153 *Forma* hat 19 Nennungen.

154 *Status* hat 15 Nennungen.

155 Vgl. vor allem Wellhausen, *De gentibus*, 5–8.

156 Es gibt hierzu die adjektivische Variante *praeexilicus, -a, -um*, seltener auch *antiqua* (*aetas*/*traditio*).

157 Es gibt auch noch die adjektivische Variante *postexilicus, -a, -um*.

158 Die Verwendung erstreckt sich von S. 9 bis S. 40 in Wellhausens Dissertation.

159 Wellhausen, *De gentibus*, 23; 29; 30; 33.

fectus sum redibo",[160] andere nicht. Wir werden nun ein Beispiel einer nicht angekündigten Wiederaufnahme studieren, das obendrein noch chiastisch gebaut ist. Wellhausen nimmt in der letzten Fußnote seiner Arbeit auf S. 41 einen Abschnitt von S. 7 aus dem Anfangskapitel wieder auf. Wir heben im Folgenden diejenigen Wörter durch Fettdruck hervor, die jeweils eine Entsprechung haben. Auf S. 7 heißt es zunächst:

(a) Sine dubio quidem nomina, quae exstant in schematis ethnologicis, haud exigua ex parte proprie et prius fuere nomina personarum, facta deinde sunt nomina gentium. Sicuti enim nunc etiam Arabes vel a vivo quodam duce nomen ducunt cujus filios se esse gloriantur.
[...]
(b) heroem illum revera nunquam exstitisse.
[...]
(c) Quousque perrexerint hoc modo Hebraei, [...] cerni potest [...] e Judic. 11, 2 ...

In der Fußnote auf S. 41 lesen wir die gleichen Punkte in umgekehrter Reihenfolge:[161]

(c^{1}) [...] ex hac sententia quam de veterrima Hebraeorum historia Ewaldium sequens profero, minime sequi
(b^{1}) Abrahamum ceterosque patriarchas nunquam re vera exstitisse.
(a^{1}) Nomina fuere prius personarum quam in gentes transiere, quae illorum sibi nomina eodem modo ascivere quo Kalibbaei filii Chesronis appellaverunt se ex Kalebo filio Jephunne, quo in hodiernum usque diem Scotorum tribus (clans) a ducibus suis sua repetunt nomina.

Im Einzelnen entsprechen sich hier:

(a)	nomina	–	(a^{1})	nomina[162]
	prius fuere nomina personarum	–		nomina fuere prius personarum
	facta deinde sunt nomina gentium	–		quam in gentes transiere
	Sicuti	–		eodem modo
	nunc etiam	–		in hodiernum usque diem
	Arabes	–		Scotorum

160 „Nunmehr werde ich dorthin zurückkehren, woher ich aufgebrochen bin."

161 Die Reihenfolge innerhalb der Punkte (a), (b), (c) kann im Vergleich zu der in den entsprechenden Punkten (a^{1}), (b^{1}), (c^{1}) variieren. Das ändert nichts an der Gesamtstruktur.

162 Auch in dieser Figur entsteht wieder eine Rahmung durch *nomina*.

	a vivo quodam duce	–		a ducibus suis
	ducunt	–		repetunt
	filios	–		ex ... filio
(b)	heroem illum	–	(b[1])	Abrahamum ceterosque patriarchas
	revera nunquam exstitisse	–		nunquam re vera exstitisse
(c)	Hebraei	–	(c[1])	Hebraeorum

Auch hier auf S. 41 wird also die Reihenfolge der besprochenen Punkte im Verhältnis zu S. 7 umgekehrt, sodass wiederum eine chiastische Struktur entsteht, die ihrerseits mit einem durch *nomina* gesteckten Rahmen verschränkt ist. So kunstvoll sind wir es ja bereits gewohnt bei Wellhausen.

Schließlich verwendet Wellhausen anthologischen Stil. Die Bezeichnung mag hier überraschen. Sie ist aus einem systematischen Grund gewählt. Als anthologischen Stil bei Wellhausen möchte ich seine Art verstehen, Beispiele zu benutzen. Er nennt häufig ausdrücklich nur ganz wenige aus einer viel größeren Menge:

S. 4:	„ut singulari hoc utar exemplo"[163]
S. 7–8:	„Aliorum exemplorum tantam ubique in Geneseos et Chronicorum potissimum libris invenies copiam, ut plura me taedeat huc congerere."[164]
S. 8–9:	„Ex multis quae suppeditant exemplis unum eligam Kalebi."[165]
S. 17:	„ut unum de multis proferam exemplum"[166]
S. 41:	„Non in hoc solo exemplo cernitur quod ubique redit."[167]

Diese fünf Beispiele mögen genügen. Sie zeigen einmal mehr, dass Wellhausen über die von Schwartz behauptete seltene Belesenheit verfügt und diese auch bis zu einem gewissen Grad bei seiner Leserschaft voraussetzt.

Nun bringt Wellhausen es außerdem tatsächlich fertig, auch noch über die von ihm selbst angelegten Rahmen seiner Arbeit hinaus Strukturen zu etablie-

---

163 „Um dieses eine Beispiel anzuführen".

164 „Besonders in den Büchern Genesis und Chronik wird man überall eine so große Fülle anderer Beispiele finden, dass ich hier nur sehr ungern mehr zusammentrage."

165 Aus den zahlreichen Beispielen, die vorhanden sind, werde ich eins, das des Kaleb, auswählen."

166 „Um nur ein Beispiel aus vielen zu bringen".

167 „Nicht allein an diesem Beispiel kann man erkennen, was überall wiederkehrt."

ren. Gemeint ist hier der literarisch-inhaltliche Bezug zwischen seiner Arbeit und dem Motivationsschreiben[168] für seine Promotion. Es gibt nämlich eine deutliche Parallele zwischen der Schlusspartie von Wellhausens Motivationsschreiben und dem Ende seiner eigentlichen Arbeit: Als am auffälligsten darf gelten, dass am Schluss beider je ein Zitat aus der *Ars poetica* des Horaz vorkommt. Das *Ars*-Zitat im Motivationsschreiben (Hor. *ars* 21–22) ist durch Absatzbildung und Verstrennung als besonderes Textstück kenntlich gemacht, das am Ende seiner eigentlichen Arbeit nicht.[169] Beide Zitate sind konzeptionell so eng miteinander verwandt, dass das Setzen gerade dieser beiden Zitate kein Zufall sein kann. Sie handeln von der vermeintlich enttäuschten Erwartung eines großen, geradezu großartigen Ergebnisses nach und trotz großer Anstrengung und Hoffnung. Hier spielt also *captatio benevolentiae* auch eine entscheidende Rolle.

Doch die Parallele geht noch weiter. In dem Zitat, das Wellhausen gegen Ende seines Motivationsschreibens bringt, findet sich das Ende seiner Arbeit verdichtet vorweggenommen. Denn neben konzeptionelle Verwandtschaft tritt am Ende seiner Arbeit mit der Anspielung auf das paulinische Töpfergleichnis (Röm 9,19–23) nun auch die inhaltliche. Mit anderen Worten: Das *Ars*-Zitat *amphora coepit*[170] / *institui currente rota cur urceus exit?*[171] aus dem Motivationsschreiben nimmt gleich zwei Passagen der letzten Seite (S. 41) von Wellhausens Arbeit vorweg und fasst diese zusammen: *forma, quam diversam ex eadem creta finxit vasis figulus*[172] auf inhaltlicher und *putaverit quis parturisse montes, nasci ridiculum murem*[173] auf konzeptioneller Ebene. Das ist nun wirklich ein literarischer Geniestreich à la Wellhausen.

4.1.2.3 Zweites Zwischenfazit

Die Analyse des stilistisch-literarischen Befundes hat den bis zum ersten Zwischenfazit entstandenen Eindruck bestätigt und erweitert: Wellhausen strukturiert seine Arbeit auf mehreren Ebenen, die aufeinander bezogen sind. Einerseits wurde unsere Analyse durch Zitate erweitert. Diese erfüllen pragmatische,

---

168 Siehe Promotionsakte, 18.

169 Vgl. Wellhausen, *De gentibus*, 41.

170 Man beachte den Hexameterschluss *amphora coepit* nach der bukolischen Diärese (vgl. den Abschnitt zu Klauseln auf S. 159–160).

171 „Man hat begonnen, eine Amphore herzustellen. Warum kommt ein kleiner Krug heraus, wenn das Rad läuft?“

172 „Die Form, die der Töpfer des Gefäßes verschieden aus demselben gewachsenen Material gestaltet hat.“

173 „Es könnte jemand meinen, die Berge hätten gekreißt, es werde eine lächerliche Maus geboren.“

gliedernde und reflektierende Funktionen. Andererseits haben wir Beispiele für Rahmungen durch Zitate, für Schlüsselwörter, *inclusiones* und Chiasmen gesehen. Auch Wiederaufnahmen, anthologischer Stil und Leitmotive kommen teilweise mehrfach vor und erleichtern die Orientierung in und das Verständnis von Wellhausens Arbeit. All diese Stilmittel lassen sich auch in der Chronik nachweisen.[174] Die Rahmung durch ein biblisches Zitat zu Beginn und ein nicht biblisches am Ende,[175] der die gesamte Arbeit gliedernde Chiasmus, erreicht durch Platzierung der Zitate, und die von Wellhausen benutzten Stilfiguren weisen darauf hin, dass er sich beim Abfassen seiner Arbeit ziemlich eng an die Chronik anlehnt.[176]

Angesichts dieser offensichtlichen Mühe, die sich Wellhausen mit der Strukturierung seiner Arbeit gemacht hat, muten die sprachlichen Verstöße ungewöhnlich, unerwartet, geradezu unerhört an. Sie lassen jedenfalls vermuten, dass Wellhausens Augenmerk auf inhaltlichen und strukturellen Gesichtspunkten seiner Arbeit lag, die er in einer Sprache verfasste, die eben nicht seine Muttersprache war.

4.2 Interpretation

In diesem Unterkapitel sollen viele der bisher beobachteten Phänomene zusammengeführt werden. Wenngleich jedes einzelne dieser Phänomene für sich genommen einigermaßen bedeutungslos erscheinen mag, ergibt sich doch aus der Zusammenschau aller ein recht eindeutiges und überzeugendes Bild der Gesamtanlage der Dissertation Wellhausens.

4.2.1 Einzelne Aspekte

Nur wenig fehlt noch, bevor wir zu einer literarischen Gesamtinterpretation von Wellhausens Göttinger Dissertation kommen können. Es folgt eine kurze Be-

174 Japhet, *1 Chronik*, 62–63.

175 Ganz Ähnliches findet wiederum Sara Japhet; vgl. Sara Japhet, *2 Chronik*, Übers. Dafna Mach, HThKAT (Freiburg u. a.: Herder, 2003), 511.

176 Eine solch sorgfältige Strukturierung einer wissenschaftlichen Arbeit ist auch zu Wellhausens Zeiten noch etwas Besonderes. Ein Vergleich mit Emil Kautzsch, *De Veteris Testamenti locis a Paulo Apostolo allegatis* (Leipzig: Metzger & Wittig, 1869) bringt dies deutlich zutage. Dort findet sich keine auch nur annähernd so ausgeklügelte Struktur, geschweige denn eine derart vielschichtige Verwendung von Zitaten. Kautzsch schreibt eine rein nach inhaltlichen Gesichtspunkten klar strukturierte Arbeit, wie sie auch im heutigen Wissenschaftsbetrieb noch erwartet wird.

sprechung einzelner Aspekte der bzw. zur Chronik, und zwar Wellhausens Chronik-Kapitel in den *Prolegomena*, Zitate in der Chronik, das Kyrus-Edikt, *imitatio* oder *μίμησις*, Formulierungen der jüngeren Chronik-Forschung, die *mutatis mutandis* auch auf Wellhausens Dissertation zutreffen.

Nach der Besprechung dieser Aspekte werden wir für die Gesamtinterpretation gewappnet sein, in der wir zeigen werden, dass Wellhausen die Chronik im Ganzen nicht nur nicht verachtet, sondern mit dem Schreiber der Chronik in literarischen Wettstreit (*aemulatio*) tritt.

4.2.1.1 Von der aemulatio zur contemptio: Zum Chronik-Kapitel in Wellhausens Prolegomena

Es ist auffällig und allgemein bekannt, dass Wellhausen im sechsten Kapitel seiner *Prolegomena* mit dem Titel „Die Chronik“[177] eben diese rhetorisch vollendet kritisiert, geradezu „verreißt“.[178] Einige Beispiele mögen hier genügen. So schreibt Wellhausen über die David-Erzählung: „Es liegt also eine beabsichtigte und in ihren Gründen sehr durchsichtige Verstümmelung der originalen Relation vor, die uns im Buche Samuelis erhalten ist“;[179] neun Seiten später liest man: „Doch dies besagt nichts gegenüber der Disharmonie des Gesamtbildes. Was hat die Chronik aus David gemacht!“[180] Auch die Parallelstellen zu den Büchern Samuel und Könige wiesen Defizite auf:

> Wo die Chronik mit den älteren kanonischen Geschichtsbüchern parallel geht, da enthält sie keine Bereicherung, sondern nur eine Verfärbung der Tradition durch zeitgenössische Motive.[181]

Nun sei noch auf den viel zitierten Abschnitt der *Prolegomena* hingewiesen, der als eine Art Fazit Wellhausens in Bezug auf die historische Brauchbarkeit der Chronik gelten darf:

> Wir haben es also bei den statistischen Verzeichnissen der Chronik, sofern sie sich auf das vorexilische Altertum beziehen, mit künstlichen Kompositionen zu tun. Es mag sein und ist mitunter nachweislich, daß dabei einzelne Elemente benutzt sind, die auf Überlieferung beruhen. Sicher ebenso viele sind aber auch erdichtet, und die Verbindung der Elemente, auf die es vor allem ankommt, stammt, wie Form und Inhalt zeigen, aus

177 Wellhausen, *Prolegomena*, 165–223.

178 Vgl. Oeming, *Das wahre Israel*, 62, und Willi, *Die Chronik als Auslegung*, 44.

179 Wellhausen, *Prolegomena*, 167.

180 Wellhausen, *Prolegomena*, 176.

181 Wellhausen, *Prolegomena*, 206.

spätester Zeit. Wer hier geschichtliche Erkenntnis über altisraelitische Verhältnisse sucht, muß sich darauf legen, das Gras wachsen zu hören.[182]

Wellhausens Kritik in den *Prolegomena* ist nicht immer rein sachlich vorgetragen, sondern teilweise ironisch bis polemisch. Hierfür seien zwei Beispiele angeführt. So liest man über die chronistischen Zusätze, die Uzzias Regierungsende erklären: „Nun ist die Sache kein Rätsel mehr."[183] Weiter unten heißt es dann zur Erzählung 2. Chr. 14,7 ff:

Das soll, der genau angegebenen Lokalität wegen (wobei jedoch Mersa statt Gath nicht eben nach alter Quelle schmeckt) glaubhaft sein, wenigstens nach Abzug der Unglaublichkeiten? Vielmehr nach Abzug der Unglaublichkeiten ist der Rest gleich Null.[184]

Doch enthält das Chronik-Kapitel der *Prolegomena* auch Hinweise auf einen differenzierteren Blick Wellhausens auf die Chronik. Besonders die immer wieder durchscheinende Differenzierung zwischen der „Unbrauchbarkeit" der Chronik für vorexilische Verhältnisse einerseits und ihre relative „Brauchbarkeit" für nachexilische andererseits tritt hier hervor:

In dem Gesamtbilde, welches sie (= die Chronik; d. Vf.) malt, spiegelt sich ihre eigene Gegenwart, nicht das Altertum wider. Nicht viel anders verhält es sich nun aber auch mit den Geschlechtsverzeichnissen, welche 1. Chronik 1–9 zur Einleitung vorangeschickt sind; auch sie haben im ganzen nur für die Abfassungszeit Geltung, sei es für deren wirkliche Verhältnisse oder für ihre Vorstellungen über die Vergangenheit.[185]

Hier sieht man, dass Wellhausen der Chronik durchaus historischen Wert zugesteht, allerdings nur für die nachexilische Zeit, nicht für die vorexilische, auch wenn sich der Text der Chronik vordergründig anders lesen mag. Ähnlich lässt sich der folgende Abschnitt verstehen:

Anders allerdings als mit den untergegangenen zehn Stämmen, von denen bisher die Rede war, steht es mit Juda und Benjamin und in gewisser Hinsicht mit Levi. Es läßt sich denken, dass hier eine lebendige ethno-genealogische Tradition die Gegenwart mit dem Altertum verbunden habe. Jedoch bei näherem Zusehen ergibt sich, daß das meiste, was der Chronist hier mitteilt, auf die nachexilische Zeit sich bezieht, und daß die wenigen Fragmente, die höher hinaufweisen, einem Zusammenhange eingearbeitet sind, der im ganzen sehr jungen Datums ist.[186]

182 Wellhausen, *Prolegomena*, 210 (Wellhausens Sperrdruck).
183 Wellhausen, *Prolegomena*, 201.
184 Wellhausen, *Prolegomena*, 203.
185 Wellhausen, *Prolegomena*, 206.
186 Wellhausen, *Prolegomena*, 210.

Es sei hier noch einmal betont: Auch nachexilische Verhältnisse sind historisch, auch wenn sie der Zeit der Abfassung der Chronik näher sind als vorexilische. Nach den beiden letzten Zitaten aus Wellhausens *Prolegomena* kann die Chronik wenigstens für diese nachexilische Zeit bis zu einem gewissen Grad historische Bedeutung beanspruchen. An drei Stellen der *Prolegomena* räumt Wellhausen zudem ganzen Kapiteln der Chronik zumindest relativ gute historische Glaubwürdigkeit ein: den Kapiteln 2 und (teilweise) 4 des ersten Chronikbuches.[187]

Zugegeben: Diese mitunter positiv anmutenden Stellen können das negative Gesamtbild, das Wellhausen in seinen *Prolegomena* von der Chronik im Hinblick auf deren historische Glaubwürdigkeit zeichnet, nicht zu einem insgesamt neutralen oder gar positiven wenden. Um einer ausgewogenen Darstellung willen schien es jedoch angebracht, auch positive Punkte zur Chronik in Wellhausens *Prolegomena* wahrzunehmen und zu nennen.

Um wie viel positiver ist das Bild der Chronik, das Wellhausen in seiner Göttinger Dissertation *De gentibus* zeichnet! Dies dürfte angesichts der zahlreichen Stellen, an denen sich Wellhausen in seiner Arbeit von 1870 an der Chronik orientiert, bereits jetzt klar sein. Es drängt sich somit die Frage auf, welche Gründe sich für diesen augenscheinlichen Sinneswandel zwischen 1870 und 1878[188] identifizieren lassen; anders ausgedrückt: Wie kommt es von der *aemulatio* zur *contemptio*? Folgende Punkte kann man, ihrem Gewicht und ihrer Wahrscheinlichkeit nach absteigend, hierzu anführen:

1. Wellhausen schreibt seine Dissertation ausdrücklich mit Fokus auf 1Chr 2.4. Über genau diese beiden Kapitel äußert er sich selbst in seinen späteren *Prolegomena* noch zwei- bzw. dreimal ausdrücklich positiv: „Am meisten historischen Wert haben die auf den Stamm Juda bezüglichen Register (2, 1–4, 23). Doch muss man den Stammbaum der Davididen Kap. 3 ausnehmen ...“,[189] „Wer Augen hat zu sehen, kann nur den beiden großen jüdischen Geschlechtslisten in Kap. 2 und Kap. 4 höheren Wert zugestehen“[190] und schließlich: „Während man also in Kap. 2 in der Tat auf einen alten und notwendig auf gute Tradition zurückgehenden Kern stößt, ...“[191]

---

187 Wellhausen, *Prolegomena*, 211–212; 214.

188 1878 unter dem Titel *Geschichte Israels I* veröffentlicht; ab der zweiten Auflage unter dem Titel *Prolegomena zur Geschichte Israels* bis zur 6. Auflage 1905. Der Einfachheit halber wird hier nach der 6. (und damit letzten) Auflage von 1905 zitiert.

189 Wellhausen, *Prolegomena*, 211.

190 Wellhausen, *Prolegomena*, 212.

191 Wellhausen, *Prolegomena*, 214; was unmittelbar auf die zitierte Stelle in Wellhausens *Prolegomena* folgt, schränkt die Glaubwürdigkeit von Kap. 4 im Verhältnis zu Kap. 2 ein. Für eine größere Glaubwürdigkeit von 1Chr 4 plädiert Galil, “The formation of I Chr 2:3–4:23 and the election of King David”, 713.

Solch eine vernichtende Kritik wie in den *Prolegomena* ist also allein von der Eingrenzung des Themas auf diese beiden Kapitel her nicht zu erwarten. Sie wäre im Rahmen seiner Dissertation geradezu als „am Thema vorbei“ einzustufen.

2. Wellhausen legt mit seiner Dissertation erklärtermaßen eine Arbeit vor, die als Vorbereitung, quasi als *Prolegomenon*, zu einer weitaus größer angelegten gedacht ist.[192] Daher ist denkbar, dass ihm diese seine Dissertation allein noch nicht genügend belastbare Details lieferte – jedenfalls nach seinem Standard –, die solch eine vernichtende Kritik der Chronik wie in den *Prolegomena* unter sachlichen Gesichtspunkten gerechtfertigt hätten.
3. Wellhausen schreibt 1870 eine Dissertation und damit eine Qualifikationsarbeit. Daher hat Wellhausen das Ziel, nicht nur fachlich, sondern auch formal eine ansprechende Arbeit abzuliefern. Eine Arbeit, die sich formal an der Chronik orientiert, diese aber zugleich inhaltlich völlig „verreißt“, widerspricht der von der Rhetorik gebotenen Einheit von Inhalt und Form.[193]
4. Da es sich um eine Qualifikationsarbeit im Fach Altes Testament handelt, erschiene es eher ungeschickt, ein Buch des alttestamentlichen Kanons ausgerechnet im Rahmen einer solchen Arbeit zu kompromittieren.
5. Wellhausen ist 1870 erst 26 Jahre alt. Es könnte ihn in diesem Alter vielleicht noch Scheu davon abgehalten haben, die Chronik allzu hart zu kritisieren.

Man kann hier ehrlich gesagt nur mutmaßen. Es mag einer, es mögen mehrere, es mag keiner der fünf oben angegebenen Gründe gewesen sein, der zu einem solchen Perspektivenwechsel bei Wellhausen führte. Auch über die vorgeschlagene Wahrscheinlichkeitsrangfolge der Gründe ließe sich vielleicht in einzelnen Fällen streiten. Zur Erklärung sei hier nur so viel angemerkt: Je gewichtigere und je explizitere Belege wir von Wellhausen selbst haben, desto wahrscheinlicher muss uns ein möglicher Grund erscheinen. Daher steht „die explizite Eingrenzung des Themas in Verbindung mit Wellhausens positiven Bemerkungen zu 1Chr 2.4 in den *Prolegomena*“ am Anfang der Liste; deshalb folgen die „Mög-

---

192 Vgl. Promotionsakte, S. 18 (aus Wellhausens Motivationsschreiben): „Aliud enim exeunte semestri superiore tractare moliebar, sed ubi opus aggressus sum, cognovi prius de gentibus Judaeis mihi debere constare quam illud conficiam.“ – „Gegen Ende des vergangenen Semesters war ich nämlich dabei, ein anderes Thema zu behandeln. Aber als ich die Arbeit angegangen war, stellte ich fest, dass ich mir vor dessen Behandlung zuerst über die Jüdischen Stämme im Klaren sein müsse.“

193 Gerade auf die Form seiner Dissertation ist Wellhausen aber auch 1878 erklärtermaßen noch stolz; vgl. den Brief Wellhausens an Abraham Kuenen vom 11. Oktober 1878 in Julius Wellhausen, *Briefe*, 52.

lichkeit des Charakters einer Vorarbeit“ auf Platz zwei und die „der rhetorischen Regelbefolgung“ auf Platz drei. Für den vierten Punkt haben wir immerhin einen impliziten Hinweis Wellhausens: Er erweist sich in seiner Göttinger Dissertation als ein Meister der *captatio benevolentiae* und würde dieser wahrscheinlich nicht unnötig in derselben Arbeit entgegenwirken wollen. Für den fünften Punkt schließlich haben wir keinen Beleg. Dieser stellt lediglich eine mehr oder weniger plausible psychologische Mutmaßung dar und ist daher als der unwahrscheinlichste Grund anzusehen.

Ein Vergleich von Wellhausens Blick auf die Chronik in seinen beiden Arbeiten *De gentibus* einerseits und *Geschichte Israels I/Prolegomena* andererseits legt in der Tat einen einigermaßen radikalen Sinneswandel bei Wellhausen von der ersten zur zweiten Arbeit nahe. Wenn aber nun der erste und zweite Punkt die wahrscheinlichsten Gründe für diesen Sinneswandel darstellen – und davon gehen wir aus –, dann ist dieser am wahrscheinlichsten als das Ergebnis eines jahrelangen Erkenntnisprozesses zu erklären. An dessen Anfang steht der ostentativ spielerische Umgang mit dem zu behandelnden Text der Chronik (1Chr 2.4) im Rahmen einer *aemulatio* im Jahre 1870. Unser nächster „Messzeitpunkt“ liegt erst 8 Jahre später: 1878. Die *Geschichte Israels I*, die Wellhausen in diesem Jahr veröffentlicht, enthält zudem die heftigste je von Wellhausen vorgetragene Kritik an der Chronik. Die darauffolgenden Auflagen der *Prolegomena* bieten vergleichsweise abgeschwächte Formen davon, sind aber immer noch negativ genug. Leider können wir nicht mit Sicherheit wissen, wann genau sich Wellhausens Einstellung geändert hat, ob es sich wirklich um eine Zeitspanne oder doch einen Zeitpunkt handelte. Ersteres erscheint wesentlich wahrscheinlicher. Der im Vergleich zu in *De gentibus* erweiterte Blickwinkel der *Prolegomena* spricht dafür. Fokus sind dort nicht mehr nur zwei Kapitel der Chronik, sondern nahezu das ganze Alte Testament. Ein solches Maß an Erweiterung erreicht man nicht über Nacht. Dafür sind Jahre nötig. Dabei können wir zwar weder ausschließen, dass Wellhausen bereits 1870 einen wie weit auch immer ausgereiften Entwurf für die *Geschichte Israels I*, die späteren *Prolegomena*, im Kopf hatte, noch dass es einen ganz präzisen Zeitpunkt zwischen 1870 und 1878 gab, zu dem ihm bewusst wurde, dass die Chronik ein viel problematischeres Buch im biblischen Kanon sei, als er es bisher gesehen hatte. Selbst wenn es diesen Zeitpunkt gab – die Bemerkung Wellhausens zu seiner eigenen Dissertation „Sie werden wenig Weisheit darin finden“[194] im Brief vom 11. Oktober 1878 an Abraham Kuenen scheint das zumindest nicht ganz auszuschließen –, so ist dieser präzise Zeitpunkt doch ohne vorherige lange und intensive

194 Julius Wellhausen, *Briefe*, 50–51.

Entwicklungsphase ganz und gar undenkbar. Während dieser Entwicklungsphase hatte Wellhausen sich über die Bedeutung der Chronik innerhalb des alttestamentlichen Kanons klar zu werden, insbesondere über ihr Verhältnis zu den Büchern Samuel und Könige, aber auch zum Pentateuch. Erst im Rahmen einer solch grundsätzlichen Untersuchung wie den *Prolegomena* können hinreichend viele Zusammenhänge über die Stellung, Bedeutung und historische Glaubwürdigkeit der Chronik von Wellhausen herausgearbeitet worden sein, wenngleich er 1870 mit planvollen Vorarbeiten hierzu begonnen haben mag. Damit erscheint Wellhausens Göttinger Dissertation *De gentibus* in der Tat als Prolegomenon zu seinen *Prolegomena*.

Wir wollen nun noch den Gedanken der *aemulatio*, des literarischen Wettstreits mit der Vorlage, weiter vertiefen und einige Aspekte hervorheben, die noch klarer hervortreten lassen, dass Wellhausen 1870 in der Tat noch ein deutlich positiveres Verhältnis zur Chronik hatte als in seinen späteren *Prolegomena*.

4.2.1.2 Zitate in den Büchern der Chronik

Man ist sich in der heutigen Forschung ziemlich einig darüber, dass der Schreiber der Chronik aus biblischen[195] und außerbiblischen[196] Quellen zitiert. Es sei hier beispielshalber Sara Japhets einschlägiger Kommentar herangezogen:

> Unter den biblischen Schriften sind die Hauptquellen des Chronisten die ihm vorangehenden historischen Werke: der Pentateuch, die Geschichtsbücher und Esra-Neh. Diese dienten ihm nicht nur zur Entnahme von Stellen, wörtlich oder überarbeitet, sondern auch als Grundlage und Bezugsrahmen für seine eigene Arbeit. Was die übrigen biblischen Schriften betrifft, so ist zwar ein gewisser Einfluss der Propheten in chr Ansichten und Vorstellungen zu beobachten, und einige Zitate prophetischer Rede sind wörtlich oder nahezu wörtlich in seine eigenen rhetorischen Gebilde eingegangen [...] Zusätzlich zu den historischen Werken sind nur einige Psalmen wörtlich zitiert (1 Chr 16, 8–36; 2 Chr 6, 41).[197]

Vier Seiten weiter liest man: „Die literarische Untersuchung von Chr läßt keinen Zweifel daran, daß der Chronist außerbiblische Quellen verwendet hat."[198] Wir haben bereits gesehen, dass Wellhausen in seiner Dissertation ganz ähnliche Dinge tut. Er zitiert biblische und außerbiblische Quellen. Diese Erkenntnis würde für unsere spätere Argumentation bereits genügen. Doch sei hier noch zusätzlich darauf hingewiesen, dass auch Japhets Bemerkung „Zusätzlich zu

195 Vgl. ferner Japhet, *1 Chronik*, 40–43 und Knoppers, *I Chronicles 1–9*, 49; 87.
196 Vgl. Japhet, *1 Chronik*, 44–45 und Knoppers, *I Chronicles 1–9*, 49; 123.
197 Japhet, *1 Chronik*, 40.
198 Japhet, *1 Chronik*, 44.

den historischen Werken sind nur einige Psalmen wörtlich zitiert“ in Wellhausens Arbeit eine Entsprechung findet, insofern als Wellhausen in seine in Prosa verfasste Arbeit über geschichtliche Fragen an einigen ausgesuchten Stellen Zitate aus der römischen Dichtung einflicht.[199]

4.2.1.3 Das Kyrus-Edikt

Das Kyrus-Edikt am Ende der Chronik (2Chr 36,22–23) stellt eine für Israel wichtige Wende im Lauf der Geschichte dar. Seine Bedeutung für die Deutung der Chronik ist unbestritten. Dies wird aus Japhets Bemerkungen zur Stelle besonders deutlich.

> Das Buch endet, wie es begonnen hat, mit Zitat aus einer Quelle (hier: Esra 1, 1–3a) und mit dem Anbruch eines neuen Zeitalters ...
>
> Der Schlussabschnitt des Buches ist sowohl eine Fortsetzung als auch eine Umkehrung des zuvor Berichteten. In V 17–21 war der Untergang mit zwei Schwerpunkten geschildert: Zerstörung des Tempels und Exil. Hier verheißt Kyrus den Wiederaufbau des Tempels und die Rückkehr des Volkes.
>
> Dieser Umschwung der historischen Verhältnisse wird auch mit literarischen Mitteln verdeutlicht. So wie die Zerstörung durch einen ausländischen Herrscher, den babylonischen König Nebukadnezzar, bewirkt wurde, wird jetzt der Wiederaufbau durch einen ausländischen Herrscher angeregt, durch den Repräsentanten der nachfolgenden Weltmacht, den Perserkönig Kyrus. Beide Weltmächte fungieren als Werkzeuge im göttlichen Plan der Geschichte Israels: Gott „brachte wider sie herauf den König der Chaldäer“ (V 17) und JHWH „erweckte den Geist des persischen Königs Kyrus“ (V 22). „Das Wort JHWHs durch den Mund Jeremias“ wurde durch die Zerstörung „erfüllt“ (V 21), durch das Edikt des Kyrus „abgeschlossen“ (V 22).
>
> Darin äußert sich ein markanter Zug in der Historiographie des Chronisten; er betrachtet den Verlauf der Geschichte als einen Wechsel zwischen Extremen, zwischen These und Antithese. Für ihn markiert das Edikt des Kyrus ein Ausschwingen des Pendels der Geschichte in die positive Richtung, den Beginn einer neuen, hoffnungsvollen Epoche in der Geschichte Israels und eröffnet so einen zuversichtlichen Ausblick in die Zukunft.[200]

Die Beobachtung des ersten Abschnitts trifft stilistisch gesehen auch auf Wellhausens Arbeit zu, die Pointe des zweiten Abschnitts ebenso.[201] Der Inhalt des

---

199 Wir wollen unter „einer in Prosa verfassten Arbeit über geschichtliche Fragen“ hier eine Entsprechung zu den historischen Werken (sc. der Bibel), unter „römischer Dichtung“ die Entsprechung zu den „Psalmen“ verstehen.

200 Japhet, *2 Chronik*, 511; Myers weist ebenfalls (vor Japhet) darauf hin, dass “this is the connecting link between Chronicles and Ezra, where these verses are repeated”. Das Buch Esra beginnt mit dem Kyrus-Edikt aus 2Chr 36,22–23 in Esr 1,1–3a und führt die Aussage in V. 3b–4 weiter. Damit ist bereits auf literarischer Ebene ein „Neuanfang“ hergestellt.

201 Vgl. S. 185–189 und S. 209 dieser Arbeit; dort insbesondere Fußnote 218.

dritten findet sich bereits bei Wellhausen,[202] der Anfang des vierten auch in Herodots Geisteswelt.[203] Wichtig für unsere Untersuchung ist vor allem der letzte Aspekt. Es gibt einen Neuanfang, eine neue Chance für Israel, was außer Japhet auch S. E. Baines mit Recht betont: "However, Cyrus's edict presents an opportunity for the people to commence a new phase in their history by uniting around a common purpose of worshipping God through rebuilding the temple and establishing its centrality in the community."[204] Baines Formulierung stellt mehr als Japhets die aktive Rolle Israels dabei in den Vordergrund. Kyrus mag zwar als Gottes Werkzeug gesandt worden sein, aber es liegt an Israel, die neue Chance zu ergreifen, indem Tempel und Kult wiederhergestellt werden. Es gibt hier eine direkte Verbindung zu Wellhausens Arbeit, denn er hat in Parallele zum Kyrus-Edikt am Ende der Chronik ein Zitat von Francis Bacon ans Ende seiner Arbeit gestellt. Die Parallelen gehen bis in Details hinein:

1. Auch Wellhausen beendet seine Arbeit mit einem nicht biblischen Zitat.
2. Auch Wellhausen setzt ans Ende seiner Arbeit die Äußerung einer Person, die einen positiven Ausblick auf die Zukunft eröffnet.
3. Auch Wellhausen benutzt am Ende seiner Arbeit im Zusammenhang mit dieser Äußerung die Figur der *inclusio*.[205]
4. Auch Wellhausens *inclusio* besteht aus Aussagen anderer Personen.[206]

Damit wird Wellhausens Arbeit auf ähnliche Weise abgeschlossen wie die Chronik selbst. Auch der Anfang von Wellhausens Arbeit lehnt sich stark an den Beginn der Chronik an, wie wir auf S. 163–167 gesehen haben.

4.2.1.4 Imitatio oder μίμησις

Gary Knoppers macht in seinem Kommentar darauf aufmerksam, dass die Chronik nicht nur umfangreich aus biblischen und nicht-biblischen Quellen zitiert oder sich an diese in welcher Form auch immer anlehnt, sondern dass dieses

---

202 Wellhausen, *Skizzen und Vorarbeiten*, 80–81.

203 Vgl. Hdt. *hist.* 1,207,2b: „ἐκεῖνο πρῶτον μάθε ὡς κύκλος τῶν ἀνθρωπηίων ἐστὶ πρηγμάτων, περιφερόμενος δὲ οὐκ ἐᾷ αἰεὶ τοὺς αὐτοὺς εὐτυχέειν.“ – „Jenes verstehe zuerst, dass es einen Kreis der menschlichen Angelegenheiten gibt, der sich dreht und nicht immer dieselben Leute Glück haben lässt.“

204 Shannon E. Baines, „The Cohesiveness of 2 Chronicles 33:1–36:23“, in *Chronicling the Chronicler: The Book of Chronicles and Early Second Temple Historiography*, ed. Paul S. Evans und Taylor F. Williams (Indiana: Eisenbrauns, 2013), 141–158, hier: 157–158.

205 Der Hinweis auf *inclusio* in 2Chr 36,21–22 findet sich bei Japhet, *2 Chronik*, 511, die Entsprechung bei Wellhausen in den letzten drei Sätzen seiner Dissertation.

206 In der Chronik ist es die Erfüllung aus Jer 25,11–14.29,10, bei Wellhausen sind es die Zitate 10 (Horaz) und 11 (Francis Bacon).

Phänomen Teil einer umfassenderen Auseinandersetzung mit den Quellen ist. Diese umfassendere Auseinandersetzung wird allgemein als *imitatio* oder *μίμησις* bezeichnet. Knoppers liefert in seinem Kommentar eine Charakterisierung von *μίμησις*, die sowohl eine Definiton als auch einen Zweck von *μίμησις* enthält:

> It may well be that the Chronicler, like a number of other authors in the ancient Mediterranean world, employed the literary technique of mimesis (*μίμησις*) or *imitatio*, the conscious reuse of the content, form, or style of an older literary work to define and bring recognition to one's own work.[207]

Eine weitere Funktion von *μίμησις* sieht Knoppers darin, dass sie ein Mittel sei, dem früheren Werk Anerkennung zukommen zu lassen: „The Chronicler's employment of mimesis or *imitation* ..., the deliberate reuse of older works, expresses his respect for and admiration of a variety of older biblical writings."[208] Diese Punkte haben wir auch in Wellhausens Dissertation von 1870 nachgewiesen.

4.2.1.5 Formulierungen der jüngeren Chronik-Forschung, die mutatis mutandis auch auf Wellhausens Dissertation zutreffen

Wellhausens Dissertation weist einige Parallelen zu dem von ihm behandelten Text der Chronik auf. Nun wollen wir diesen Befund aus einer anderen Perspektive beleuchten. Auffällig zahlreich sind nämlich diejenigen Formulierungen in der jüngeren Chronik-Forschung mit der Eigenschaft, dass nach Austausch des Namens eine Geschichte über Wellhausen erzählt wird, genauer: eine über Wellhausens Dissertation. Es folgen nun verschiedene Formulierungen aus der Forschungsliteratur, auf die das zutrifft. Bei einigen dieser Zitate genügt es, den „Schreiber der Chronik/Chronisten" durch „Julius Wellhausen" und „die Biblischen Bücher/Schriften" durch „die literarischen Zitate" zu ersetzen, um eine weiterhin gültige Aussage zu erhalten.

1.

> *Der intendierte Leser der „Vorhalle" ist ein hochgebildeter Kenner der Tradition mit Lust und Freude am Detail, also im wahrsten Sinne ein Schriftgelehrter. Wissenssoziologisch betrachtet, ist sie Literatur von Schriftgelehrten für Schriftgelehrte.*[209]

---

207 Knoppers, *1 Chronicles 1–9*, 122.
208 Knoppers, *1 Chronicles 1–9*, 133 (Knoppers' Schrägdruck).
209 Oeming, *Das wahre Israel*, 206 (Oemings Schrägdruck).

Wenn man hier „Vorhalle" durch „Wellhausens Dissertation" und „Schriftgelehrte" durch „Gelehrte" ersetzt, bleibt der Satz richtig. Die bisherige Untersuchung hat gezeigt, dass viele Aspekte, ja ganze Dimensionen in Wellhausens Dissertation ohne Liebe zum und Blick fürs Detail sowie ohne eine breite Literaturkenntnis unbemerkt bleiben. Damit ist ohne diese ein nur viel unvollständigeres Verständnis der Arbeit Wellhausens möglich.

2.

> Manche [Übernahmen aus anderen biblischen Schriften] zitiert er (nahezu) wortgetreu; andere verwendet er als Grundtext und bereichert sie um zusätzliches Material, so dass ein reichhaltiges Bild entsteht, andere wiederum bringt er in stark gekürzter und komprimierter Form. Manchmal wird auf ältere Traditionen nur angespielt; eine einzige Bemerkung oder ein bloßes Adjektiv kann den Inhalt eines ganzen vorangegangenen Abschnitts angeben.[210]

Zur „Bereicherung" vergleiche die in die Zitate 7, 8 und 11 integrierten Wörter, die im Original nicht vorhanden sind; zur „stark gekürzten und komprimierten Form" vgl. Zitat 5; zur „Anspielung (auf Tradition)" vgl. die beiden Anspielungen auf S. 41 in Wellhausens Arbeit.[211] Ähnlich lässt sich der folgende Abschnitt verstehen:

3.

> In contrast, the author of Chronicles is much more likely to integrate sources into his narrative. He routinely omits, inserts, and supplements material from Samuel-Kings without calling attention to the fact that he is using material from his *Vorlage*.[212]

Hier wird zunächst einmal gesagt, dass die Zitate in den Fließtext des Autors integriert werden. Dies ist auch bei Wellhausen der Fall, der die Zitate entsprechend anpasst, um sie in seinen Text einzuflechten. Hinzu kommt noch, was auch im folgenden Zitat zum Ausdruck kommt:

4.

> But the Chronicler does not normally cite his (biblical) sources, when he includes them within his own narration.[213]

Hier wird nun nochmals wie im vorhergehenden Zitat (3.) die Aussage getroffen, dass das Verschweigen der Quelle vorkommt, doch geschieht dies jetzt etwas

---

210 Japhet, *1 Chronik*, 40.
211 Vgl. S. 173 dieser Arbeit.
212 Knoppers, *1 Chronicles 1–9*, 87.
213 Knoppers, *1 Chronicles 1–9*, 126.

pointierter: Es wird gesagt, dass Verschweigen der Quelle sogar die Regel ist. Ebenso ist es bei Wellhausen, wenn er literarische Zitate benutzt. Alle literarischen Zitate bis auf Zitat 6 sind bei ihm ohne Kennzeichnung in den Text eingeflochten.

5.

> Ich habe eine Fülle von literarischen Mitteln aufgezeigt: inclusio und Rahmenbildung, Leitmotive und Chiasmus, Wiederaufnahme und Rückgriff, anthologischen Stil und poetische Parallelismen.[214]

Dieser Satz stellt eine Zusammenfassung eines Teils unserer sprachlich-literarischen Analyse zu Wellhausens Arbeit dar. Jede einzelne dieser Stilfiguren haben wir in Wellhausens Dissertation nachgewiesen. Dieser Satz kann also unverändert so stehen bleiben.

6.

> Eine Besonderheit des Chronisten ist jedoch in seiner starken Neigung zum „Rhetorischen" überhaupt zu erblicken, die sich in der Fülle und Vielfalt der rhetorischen Elemente in seinem Werk äußert.[215]

Wenn man im obigen Satz neben der vorgeschlagenen Vertauschung noch „in seinem Werk" durch „in seiner Dissertation[216]" ersetzt, wird die Aussage wiederum korrekt. Die rhetorische Schulung und Brillanz Wellhausens dürfte klar sein.

7.

> Chr schildert die Geschichte Israels von Anfang bis „Anfang"...[217]

Einerseits beginnt und endet Wellhausens Dissertation mit dem Wort *nomina*, kehrt insofern am Ende zum Anfang zurück. Andererseits markiert das Zitat am Ende seiner Arbeit einen neuen Anfang: Nun heißt es für Wellhausen und andere, auf seiner Dissertation aufbauend neue Forschungsprojekte zu unternehmen.[218]

---

214 Japhet, *1 Chronik*, 62–63.

215 Japhet, *1 Chronik*, 64.

216 Es geht hier nur um Wellhausens Dissertation. Mit dieser Ersetzung will ich nicht zu verstehen geben, Wellhausens späteres Werk zeige keine Rhetorisierung. Das Gegenteil ist der Fall.

217 Japhet, *2 Chronik*, 34.

218 Insbesondere Wellhausen selbst hat ein solches Projekt ganz ausdrücklich vor; vgl. Wellhausens Bemerkung in der Promotionsakte, 17–18 zu seinem eigentlichen Forschungsprojekt, zu dem seine Dissertation lediglich ein „Prolegomenon" darstelle. Welches Forschungsprojekt dies ist, verschweigt Wellhausen in seinem Motivationsschreiben, „um sich nicht lächerlich zu

8.

> Das Buch endet, wie es begonnen hat, mit Zitat aus einer Quelle ...[219]

Wir haben bereits gesehen und betont, dass Wellhausen es in diesem Punkt dem Chronisten gleichtut: Er zitiert zu Beginn 1Chr 1,1–4, am Ende Francis Bacon, *N. O. II*, Aph. 20.

9.

> Der Schlussabschnitt des Buches ist sowohl eine Fortsetzung als auch eine Umkehrung des zuvor Berichteten.[220]

Dieses Phänomen kann man bei Wellhausen auf zwei Ebenen betrachten. Einerseits haben wir auf S. 194–197 ein Beispiel für Rückgriff in umgekehrter Reihenfolge ganz am Ende der Arbeit nachgewiesen und recht ausführlich besprochen. Insofern enthält der Schlussabschnitt eine Umkehrung, er ist aber auch eine Fortsetzung, da dasselbe Thema nochmals aus anderer Perspektive beleuchtet wird.

Andererseits ist der Satz bereits mit unserer zweiten Beobachtung zum vorangehenden Beispiel (7.) für Wellhausens Arbeit erfüllt: Wir sind am Ende der Arbeit, das einen neuen Anfang darstellt. Dieser Satz kann unverändert so für Wellhausens Arbeit stehen bleiben.

10.

> The Chronicler's employment of mimesis or *imitatio*, the deliberate reuse of older works, expresses his respect for and admiration of a variety of older biblical writings.[221]

Wir haben bisher gezeigt, dass Wellhausen sich in seiner Arbeit in auffällig vielen Aspekten (Umgang mit Zitaten, Rahmung durch Zitate, dichterische und prosaische Elemente, Stilfiguren usw.) zum Teil eng an der Chronik orientiert. Damit ist der Nachweis der *imitatio* erbracht. Ob dies im Falle Wellhausens vor allem oder nur nebenbei zum Ausdruck von Respekt oder gar Bewunderung für die Chronik geschieht, ist nicht ganz klar, zumal Horaz von Bewunderung ausdrücklich abrät, was Wellhausen auch gewusst haben dürfte:

---

machen". Vermutlich handelt es sich um die *Composition des Hexateuchs und der Historischen Bücher des Alten Testaments* sowie die darauf aufbauenden *Prolegomena zur Geschichte Israels*; vgl. Rudolf Smend, *Deutsche Alttestamentler in drei Jahrhunderten* (Göttingen: Vandenhoeck & Ruprecht, 1989), 104–105.

219 Japhet, *2 Chronik*, 511.

220 Japhet, *2 Chronik*, 511.

221 Knoppers, *1 Chronicles 1–9*, 133.

Nil admirari prope res est una, Numici,
solaque quae possit facere et servare beatum.[222]

Eher scheint es daher naheliegend, eine andere Stoßrichtung von *imitatio* anzunehmen, die zwar der Bewunderung für das Vorbild nicht gänzlich bar ist, aber deren Motivation eher auf der eigenen, aktiven Auseinandersetzung mit der Vorlage beruht. Ich spreche hier von *aemulatio*, literarischem Wettstreit.

4.2.2 Literarische Gesamtinterpretation

Nun sind wir endlich so weit, alle bisher gewonnenen Einzelerkenntnisse zu einer literarischen Gesamtinterpretation zusammenzuführen.

4.2.2.1 Wellhausen tritt mit dem Schreiber der Chronik in literarischen Wettstreit (aemulatio)

Erinnern und ergänzen wir kurz, was hierzu bereits gesagt wurde! In Wellhausens Dissertation findet sich noch nicht die später in den *Prolegomena* so deutliche Polemik gegen den Schreiber der Chronik. Es ist nach den obigen Ausführungen nicht ganz abwegig anzunehmen, Wellhausen habe sich auf einen literarischen Wettstreit einlassen können und wollen, selbst wenn ein solcher – zumindest mit dem Schreiber der Chronik – zu späteren Zeiten nahezu undenkbar scheint.

Hinzu kommt, dass auch Wellhausen als denkender Mensch im Laufe seines Lebens seine Meinung zu bestimmten Themen geändert hat. Ein eindrückliches Beispiel hierfür kann man Wellhausens Brief an den Kanzler der Universität Tübingen (ohne Datum) entnehmen, in dem er einen Ruf nach Tübingen ablehnt: „Mich interessieren die Themata der Vorlesungen nicht, mich langweilt der Pentateuch und die kritische Analyse und das Altersverhältnis der Quellen und der Knecht des Herrn und was sonst noch für Fragen sind.“[223] Wer würde solche Worte von Wellhausen nach der Lektüre seiner *Prolegomena*, seiner *Composition des Hexateuchs*, seiner *Israelitisch-jüdischen Geschichte* erwarten oder auch nur für möglich halten? Ebenso ist es also durchaus möglich, dass Wellhausen dem Schreiber der Chronik nicht immer so ablehnend gegenüberstand wie in seinen *Prolegomena*.

---

222 Hor. *epist.* 1,6,1–2: „Nichts zu bewundern, Numicius, ist beinahe die einzige Sache, die dauerhaft fröhlich machen kann.“

223 Julius Wellhausen, *Briefe*, 247.

Nachdem also immerhin Wellhausens Motivation für eine *aemulatio* nicht ganz so unwahrscheinlich scheint, wie man vielleicht bisher allgemein hat annehmen mögen, kommen wir nun zu den Argumenten, die positiv für einen solchen literarischen Wettstreit sprechen.

Die bisherige Untersuchung hat zahlreiche Parallelen zwischen der Chronik und Wellhausens Dissertation zutage gefördert. Wellhausen orientiert sich beim Abfassen seiner Arbeit in auffällig vielen Bereichen an den beiden Chronikbüchern. Dies zeigt sich vor allem an folgenden Punkten:

1. Wellhausens Sprachgebrauch, der vorwiegend prosaische, aber auch dichterische Elemente aufweist, zum Beispiel poetische Verbformen, heroische Klauseln und Zitate aus römischen Dichtern. Zugleich weist Wellhausen dem Schreiber der Chronik dichterische, geradezu erdichtete Partien nach.
2. Wellhausens Umgang mit Zitaten. Ebenso wie der Schreiber der Chronik verwendet er die meisten seiner Zitate, ohne sie als solche zu kennzeichnen.
3. Wellhausens Syntax und Stilistik. Er benutzt in diesen beiden Bereichen dieselben Figuren, die auch der Schreiber der Chronik benutzt, zum Beispiel Chiasmus, *inclusio,* Parallelismus, Wiederaufnahme.[224]
4. die durch die Positionierung von Zitaten erreichte Großstruktur des Chiasmus, der sich wie über die gesamte (Vorhalle der) Chronik auch über Wellhausens ganze Arbeit erstreckt.
5. die Tatsache, dass Wellhausen wie der Schreiber der Chronik seine Arbeit durch ein biblisches Zitat zu Beginn und ein außerbiblisches am Ende rahmt.
6. die Tatsache, dass er wie der Chronist ans Ende seiner Arbeit die Äußerung einer Person stellt, deren Worte einen positiv-utopischen Ausblick auf die Zukunft eröffnen.
7. die Tatsache, dass viele zentrale Aussagen der jüngeren Forschung zu den Büchern der Chronik, insbesondere zur „Genealogischen Vorhalle“, *mutatis mutandis* auf Wellhausens Dissertation zutreffen.
8. die Tatsache, dass der Chronist in 1Chr 4,23, dem letzten Vers des von Wellhausens untersuchten Textes, הַיּוֹצְרִים, die Töpfer, erwähnt. So tut es auch Wellhausen auf der letzten Seite seiner Arbeit mit dem Ausdruck *vasis figulus.*

Man mag nun einwenden, dass diese Parallelen zwischen der Chronik und der Dissertation Wellhausens nicht immer ganz exakt sind. Das ist korrekt. Doch auch Wellhausen wusste schon: „Variatio delectat.“ Er hat gerade nicht das Ziel,

224 Vgl. Japhet, *1 Chronik*, 62–63.

eine bloße, allgemein leicht erkennbare Kopie abzuliefern. Nein! Er flicht viele dieser Elemente so in seine Arbeit ein, dass es einer höchst sorgfältigen Lektüre, bisweilen auch der Analyse unbedingt bedarf, um seine zahlreichen Bezugnahmen auf die Chronik zu erkennen. Wir wollen uns auch nicht einbilden, sie alle erkannt zu haben, sondern hegen die Hoffnung und teilen die Meinung, zukünftige Forschung habe eine Aufgabe darin, den hier dargestellten Ansatz weiterzuentwickeln und zu vervollständigen.

Angesichts der obigen acht Punkte allein scheint es mir bereits sinnvoll, von *aemulatio*, literarischem Wettstreit, Wellhausens mit dem Chronisten zu sprechen. Über diese acht Punkte hinaus gibt es noch mindestens drei weitere Anzeichen, die für eine *aemulatio* sprechen. Diese setzen allerdings wieder einmal entsprechende Vernetzungen voraus. Die folgenden Ausführungen verstehen sich ausdrücklich als Gedankenspiel, als Indizien, nicht als Nachweise für eine *aemulatio*. Welche drei weiteren Anzeichen sprechen neben den obigen sieben Punkten dafür?

Zunächst einmal gibt es auf der ersten Seite von Wellhausens Arbeit (S. 3) vermutlich einen versteckten Hinweis auf eine *aemulatio*. Dort heißt es:

> ... quippe mavult leviter significare gnaris, quibus sufficit innuere, quam ordine exponere imperitis, qui non habent penes se, unde supplere possint omissa, ulterius persequi obiter tacta.[225]

Der Schreiber der Chronik *(Chronicographus)* ist grammatikalisches und semantisches Subjekt dieses Satzes. Doch es spricht manches dafür, dass noch ein anderes semantisches Subjekt mit gemeint sein kann und soll. Beachten wir dazu folgenden Zusammenhang: Dem eben zitierten Satz geht unmittelbar das erste Horaz-Zitat aus der *Ars poetica* voraus. In diesem vorhergehenden Satz – und damit in dem Horaz-Zitat – ist der Chronist das Subjekt („Accedit quod Chronicographus ... brevis esse laborans obscurus fit“[226]). Bereits in diesem Zitat wird die literarische Identität des Chronisten der des „Ich“ in Horazens Versen aufs Engste angenähert.[227] In unserem, dem unmittelbar folgenden Satz, drückt Wellhausen das Subjekt gar nicht mehr eigens aus. Das muss er wegen der formalen Subjekts-Gleichheit auch nicht. Der in seiner literarischen Identität wandelbare *Chronicographus* ist hier nämlich weiter Subjekt. Warum sollte

225 „Er will wohl lieber den Kundigen, denen ein Wink genügt, etwas leicht zu erkennen geben, als es der Reihe nach den Unerfahrenen darlegen, die nichts zur Verfügung haben, womit sie das Ausgelassene auffüllen oder nebenbei Berührtes weiter verfolgen könnten.“

226 „Hinzu kommt, dass der Schreiber der Chronik ... dadurch unverständlich wird, dass er sich bemüht, sich kurz zu fassen.“

227 Vgl. die Ausführungen zu Zitat 2 in 4.1.2.1.

man dann nicht in diesem Satz die literarische Identität des Chronisten mit der Wellhausens vertauschen können? Hierfür spricht zudem die verblüffende Tatsache, dass der Satz inhaltlich auf Wellhausen ebenso zutrifft wie auf den Chronisten. Dies sieht man an folgenden Punkten:

1. Die Tatsache, dass Wellhausens Dissertation auf Latein verfasst ist, schränkt den Kreis derer, die seine Arbeit verstehen können, auch 1870 erheblich ein.[228]
2. Die recht zahlreichen nicht gekennzeichneten Zitate können nur die in der betreffenden lateinischen Literatur Belesenen wahrnehmen. Darüber hinaus eröffnen diese Zitate eine völlig neue Dimension des Zugangs zu Wellhausens Arbeit, die allen anderen verborgen bleibt.
3. Wellhausen zitiert viele Stellen der von ihm benutzten wissenschaftlichen Literatur in einer Weise, die nur für Fachleute verständlich ist. Häufig fehlen Titel- oder Seitenangaben, noch häufiger das Jahr der Veröffentlichung sowie Verlagsnamen und Verlagsorte.[229]
4. Wellhausens anthologischer Stil setzt bei der Leserschaft die Kenntnis des Ganzen voraus und damit die Kompetenz, die von Wellhausen angeführten Beispiele auch als echte Teilmenge des viel größeren als bekannt vorausgesetzten Textkorpus zu erkennen.

Soweit einmal zum ersten Anzeichen. Auch das zweite ist eines, das eine literarische Vernetzung voraussetzt. Es funktioniert so: Wenn man bei Wellhausen eine *aemulatio* vermutet, denkt man angesichts der Bedeutung der Horaz-Zitate in seiner Arbeit unwillkürlich an Hor. *carm.* 4,2,1–4. Denn dort wird *aemulatio* ganz ausdrücklich thematisiert:

> *Pindarum* quisquis studet *aemulari*,
> Iulle, ceratis ope *Daedalea*
> *nititur* pennis, vitreo daturus
>   *nomina* ponto.[230]

Mit dieser sapphischen Strophe schließen sich gleich mehrere Kreise, nämlich erstens durch das Wort *aemulari*, das den Anstoß zu diesem Gedankenkomplex

---

228 Dies bleibt ungeachtet der Tatsache richtig und ein Argument, dass es um 1870 mitunter üblich war, Dissertationen auf Latein zu verfassen.

229 Für die Einzelnachweise vgl. Anhang 4 dieser Arbeit. Besonders häufig in Wellhausens Arbeit ist der knappe Verweis: „s. Bertheau".

230 „Wer immer mit *Pindar in Wettstreit zu treten* sich bemüht,
Iullus, *stützt sich auf* nach *Dädalus'* Art mit Wachs
zusammengehaltene Federn, um dem glasklaren
Meer *Namen* zu geben." (Schrägdruck d. Vf.)

geben muss, zweitens der zu den beiden Ovid-Zitaten in Wellhausens Arbeit, da Ovid bekanntlich der prominenteste dichterische Bearbeiter des Dädalus-Mythos während der augusteischen Zeit gewesen ist. Noch dazu zitiert Wellhausen aus zwei Schriften Ovids, in denen genau dieser Stoff vorkommt, einmal sogar aus einer der Dädalus-Versionen Ovids.[231] Drittens verwendet Wellhausen ebenfalls recht häufig das Wort *nitor*, und zwar an vier Stellen. Einmal ist zwar König David Subjekt,[232] dreimal aber Wellhausen selbst.[233] Sicherheitshalber stützt er sich aber niemals auf Federn,[234] sondern vor allem auf Argumente. Viertens kommt auch hier die Form *nomina* vor, nach unserer Analyse eine der prominentesten Formen in Wellhausens Arbeit. All diese Punkte finden sich auf sprachlich sehr engem Raum: in einer Strophe, vier Versen, vierzehn Wörtern. Zudem fällt in jedem Vers zu Beginn oder am Ende genau ein Stichwort, das den Zusammenhang zu Wellhausens Arbeit herstellt:

V. 1	letztes Wort:	*aemulari,*
V. 2	letztes Wort:	*Daedalea,*
V. 3	erstes Wort:	*nititur,*
V. 4	erstes Wort:	*nomina.*

Hier einen Chiasmus sehen zu wollen, ist sicher recht kühn. Horaz kann diesen unmöglich beabsichtigt haben, weil es stilistisch gesehen keiner ist. Erst ein späterer Autor, der wie Wellhausen seine Arbeit um diese chiastisch ausgewählten Stichworte herum aufgebaut hat, kann diese Stilfigur eben durch seine Auswahl hier entstehen lassen. Wenn man also Wellhausens Arbeit aufmerksam gelesen hat, kann man auf die Idee kommen, hier einen Chiasmus zu sehen.

Was Horaz aber durchaus beabsichtigt haben kann und aller Wahrscheinlichkeit nach auch beabsichtigt hat, ist die Rahmung der Strophe in den Versanfängen durch Namen: V. 1 beginnt mit dem *Namen* Pindar, *nomina* ist das erste Wort in V. 4.[235] Darüber hinaus ist *nomina* das letzte Wort in dieser Strophe, das einen Zusammenhang zu Wellhausens Arbeit herstellt. Die Parallelität zu Wellhausens Arbeit ist also ziemlich deutlich.

Das dritte Anzeichen findet sich in Entsprechung zum ersten am Ende von Wellhausens Arbeit. Auch hier läge dann ein Rahmen vor, nämlich einer aus

231 Zitat 8.

232 Wellhausen, *De gentibus*, 26.

233 Wellhausen, *De gentibus*, 12; 13; 39.

234 Wellhausen hat seinen Horaz und seinen Ovid schließlich gelesen. Außerdem ist sein *aemulandus* nicht Pindar, sondern der Chronicographus.

235 V. 2 wird ebenfalls von Namen gerahmt.

zwei versteckten Hinweisen auf *aemulatio* in enger Verbindung mit den beiden *Ars*-Zitaten des Horaz. Für dieses dritte Anzeichen spricht die Tatsache, dass ihm das letzte *Ars*-Zitat fast unmittelbar[236] folgt, während es beim ersten Anzeichen dem entscheidenden Satz unmittelbar vorausging. Somit wird die Spiegelbildlichkeit des Rahmens gewahrt, der also so aussieht:

(S. 3) Horaz, *Ars* – Anzeichen für *aemulatio* ... Anzeichen für *aemulatio* – Horaz, *Ars* (S. 41).

Auf S. 41 im vorletzten Abschnitt „non igitur est indoles materiei ... sed culta est illa" stellt Wellhausen eine Reflexion an. Aber worüber eigentlich? Es geht darum, dass es nicht in erster Linie auf das Material ankommt, sondern darauf, was man daraus macht. Damit ist mit ziemlicher Sicherheit zunächst einmal der Schreiber der Chronik gemeint. Er hat seinen Stoff eben in eine andere Form gebracht, vielleicht in eine, die der der wilden Olivenbäume entspricht. Der Schreiber der Chronik wird in dem ganzen Abschnitt allerdings gar nicht genannt. Somit ist es möglich, dass Wellhausen hier über sich und seine Arbeit spricht. Nicht das Material, die „gentes et familiae Judaeae quae I Chr. 2.4. enumerantur", sondern die Form ist das Entscheidende. Er, Wellhausen, hat nun endlich mit seiner Arbeit eine passende Form gefunden und sachliche Klarheit hergestellt. Nach allem, was wir an Strukturen in dieser Arbeit entdeckt haben, dürfte Wellhausen sich dieser seiner außergewöhnlichen eigenen Leistung bewusst gewesen sein. Einige Hinweise, Anspielungen, Zitate sind so gut eingearbeitet, dass er vielleicht damit rechnete, dass diese im Rahmen der Lektüre seiner Gutachter nicht alle erkannt werden würden. Er hat eine Arbeit verfasst, die immer wieder neu zur Hand genommen, gelesen, regelrecht studiert werden will, und hat damit wiederum einen Rat des Horaz befolgt:

> Saepe stilum vertas, iterum quae digna legi sint
> scripturus, neque te ut miretur turba, labores,
> contentus paucis lectoribus ...![237]

---

236 Nur die Abschlussformel „atque haec quidem hactenus" steht dazwischen. Auf S. 3 folgt der Satz mit dem Hinweis direkt auf das Zitat. Auf S. 3 ist der unmittelbare Anschluss von Zitat und Hinweis wegen des vermutlich intendierten Wechsels des semantischen Subjekts wichtig, auf S. 41 nicht.

237 Hor. *serm.* 1,10,72–74: „Formuliere oft um, mit dem Ziel, etwas zu schreiben, das einer wiederholten Lektüre würdig ist! Und arbeite nicht, damit dich die Menge bewundert, sondern sei zufrieden mit wenigen Lesern ...!"

So hat Wellhausen diese Arbeit vielleicht auch mit Zitat 3 im Hinterkopf in Bezug auf sich selbst beendet: Exegi monumentum aere perennius.[238]

Wir räumen natürlich ein: Dies sind teilweise recht spekulative Aussagen. Als solche sind sie nicht in der wünschenswerten und sonst üblichen methodischen Stringenz nachzuweisen. Und doch sind es Beobachtungen, die man in den meisten Fällen direkt an den Texten machen kann. Somit sei die Frage gestattet: Sollen wir diese zahlreichen Einzelbeobachtungen und deren Zusammenhänge eher für Zufall halten oder Julius Wellhausen zutrauen? Wellhausen kennt seinen Horaz sehr gut. Vielleicht möchte man nicht in allen Punkten mitgehen, sondern nur in einigen wenigen. Dann haben sich die Überlegungen dieses Abschnitts bereits gelohnt.

4.3 Fragestellung, Argumentation und Ergebnis der Dissertation Wellhausens

Im Folgenden werden wir kurz auf die Fragestellung, die Argumentation und das Ergebnis der Dissertation Wellhausens eingehen.[239]

4.3.1 Fragestellung Wellhausens

Was nun also erstens die Fragestellung betrifft, so fällt zunächst auf, dass das Thema seiner Arbeit gar nicht als Frage formuliert, sondern nach guter alter Dissertationsmanier ein Thema zur wissenschaftlichen Behandlung genannt ist: *De gentibus et familiis Iudaeis, quae 1. Chr. 2.4. enumerantur*. Wir dürfen also eine Abhandlung erwarten, die das genannte Thema unter allen wissenschaftlich interessierenden Gesichtspunkten und Fragestellungen beleuchtet, die zum Aufschluss über Unklarheiten beitragen können. Die wohl dringendste Frage, geradezu die Leitfrage seiner Arbeit, über die auch heute noch keine Einigkeit besteht, ist die nach dem Zweck dieser langen Namenslisten. Wellhausen stellt

---

238 „Ich habe ein Denkmal errichtet, das dauerhafter als Erz ist."

239 Darstellungen, die zeitlich näher an Wellhausens Dissertation liegen, sind die beiden Rezensionen von Hitzig und Nöldeke sowie Wellhausens eigene Darstellung seiner Erkenntnisse im Chronik-Kapitel seiner später erschienenen *Prolegomena*. Alles Wesentliche ist dort knapp und präzise gesagt. Wir werden wegen der treffenden Formulierungen auch auf den folgenden Seiten hin und wieder aus einigen dieser Beiträge sowie aus Wellhausens Dissertation selbst zitieren. Außerdem enthält die Einleitung zu Lizah Ulmans Übersetzung von *De gentibus* eine knappe Darstellung mit Würdigung von Gershon Galil.

die plausible These auf, dass der Chronist damit ohne Zweifel etwas bezweckt haben müsse, da er sicher seinen Lesern nicht Nichtssagendes habe mitteilen wollen.[240] Da diese durchaus naheliegende Vermutung *ex negativo* uns dem Zweck der Listen aber kein Stück näher bringt, bricht Wellhausen die Leitfrage auf mehrere Teilfragen herunter, und zwar mit dem Ziel, am Ende seiner Arbeit ein Mosaik zusammensetzen zu können, das ein erkennbares Bild zeigt.

4.3.2 Argumentation Wellhausens

Wie jede gute wissenschaftliche Arbeit beginnt Wellhausen mit einer Motivation und Herausarbeitung der Relevanz seines Themas. Dieser sein einleitender Abschnitt ist zwar kurz, aber prägnant. Weder sprachlicher Schmuck noch Würde des Ausdrucks fehlen. Damit ist er ganz und gar nach der Manier eines Cicero gestaltet.[241] Zudem spannt Wellhausen in seinen ersten anderthalb Sätzen das hermeneutische Viereck[242] auf und steckt damit den Horizont seiner Untersuchung ab:

> *Nomina* (= Sache) videntur esse quae *primis capitibus prioris Chronicorum libri* (= Text) collecta reperiuntur, *mera nomina* (= Sache), quae nihil narrent quod scire cupia*mus* (= Rezipient), nihil sibi elici patiantur quod *nostra* (= Rezipient) referat. Sumi quidem debet, *scriptorem* (= Autor) non perdidisse operam in congerendis *inanibus vocibus* (= Text) ...[243]

Sache, Text, Leser und Autor werden also ganz zu Anfang als die für ein angemessenes Textverständnis relevanten Dimensionen genannt und in Beziehung zueinander gesetzt.

Was nun die eigentliche Argumentation angeht, fällt vor allem auf, in welchem Maße und in welcher Weise Wellhausen seinen Lehrern Bertheau und Ewald verpflichtet ist. Stark vereinfachend gesagt ist Bertheau[244] in Wellhausens Dissertation hauptsächlich Gewährsmann für exegetische Fragen, häufig

---

240 Wellhausen, *De gentibus*, 3.

241 Vgl. Cic. *De orat.* 2,302.

242 Vgl. Manfred Oeming, *Biblische Hermeneutik: Eine Einführung* (Darmstadt: Wissenschaftliche Buchgesellschaft, ^{3}2010), 176.

243 Wellhausen, *De gentibus*, 3, Satz 1 und 2: „*Die Namen*, die man *in den Anfangskapiteln des ersten Chronikbuches* zusammengestellt finden kann, scheinen *bloße Namen* zu sein, die nichts erzählen, was *wir* zu wissen wünschen, die sich nichts entlocken lassen, was *für uns* wichtig ist. Man muss jedoch annehmen, *der Schreiber* habe seine Zeit nicht mit dem Zusammentragen *nichtssagender Äußerungen* verschwendet ...“ (Schrägdruck d. Vf.)

244 Bertheau, *Chronik*.

genug Detailfragen, aber auch Gegner im Scharmützel um dieselben. Ewald steht beim Behalten des großen Überblicks, bei der Herangehensweise im Allgemeinen, meist mit seiner *Geschichte des Volkes Israel*,[245] sowie bei einigen linguistischen Einzelfragen mit seinem *Ausführlichen Lehrbuch der Hebräischen Sprache*[246] Pate. Weiterhin oszilliert Wellhausens Argumentation auffällig stark und häufig zwischen diesen beiden Polen. Es gibt zahlreiche Wechsel zwischen dem Höhenflug, der den Überblick eröffnet und zu bewahren sucht, und dem Graben in die Tiefe, das teilweise so weit geht, dass man im Stehen nicht mehr den Erdboden über dem eigenen Kopf zu sehen in der Lage ist.

Strukturell gesehen geht Wellhausen bei seiner Argumentation in einem Dreischritt vor, der klar an der Dreiteilung seiner Arbeit erkennbar ist:

1. Kapitel: Über ethnologische Sprache
2. Kapitel: Über die Komposition der Stellen 1Chr 2 und 4, 1–23
3. Kapitel: Über die historische Aussagekraft dieser Stellen

Das erste Kapitel enthält eine ausführliche Erläuterung der ethnologischen Sprache in Hinblick auf die interessierenden Themenfelder. Zunächst klärt Wellhausen einige Begriffe und Identifikationen, zum Beispiel die, dass „für die Hebräer einzelne Geschlechter wie Personen sind, eine Menge untereinander verbundener Geschlechter wie eine Familie, dass Ethnologie wie Genealogie behandelt wird."[247] Dabei sei es durchaus nicht so, wie vielfach angenommen, auch nicht bei einfachen nomadischen Völkern, dass sich einfach aus Familiengeschichten die Geschichte eines Volkes entwickele, dass aus Genealogie automatisch Ethnologie hervorgehe.[248] Vielmehr müssten weitere Faktoren, zumeist mehr als ein einziger, hinzukommen, damit dies geschehen könne: „Geografische und politische Bedingungen, kriegerische Macht, Religion und Handel wirken mit der Gemeinschaft des Blutes zusammen."[249] Hinzu komme, dass nicht die historische Entstehung eines Geschlechts betrachtet werde, sondern der jeweils gegenwärtige Bestand, sodass die ethnografischen Register „eher das Ergebnis einer *statistischen* als einer *historischen* Anlage"[250] seien: „*Das Material*

245 Heinrich Ewald, *Geschichte des Volkes Israel bis Christus in drei Bänden* (Göttingen: Dieterich'sche Verlagsbuchhandlung, 1843–1845). Wellhausen und Bertheau haben vermutlich die zweite Auflage benutzt, die leider nicht zugänglich war.

246 Heinrich Ewald, *Ausführliches Lehrbuch der hebräischen Sprache des Alten Bundes* (Göttingen: Dieterich'sche Verlagsbuchhandlung, ^{8}1870).

247 Wellhausen, *De gentibus*, 4.

248 Vgl. Wellhausen, *De gentibus*, 5.

249 Wellhausen, *De gentibus*, 5.

250 Wellhausen, *De gentibus*, 6 (Wellhausens Schrägdruck).

ist zum größten Teil statistisch, aber es ist in eine gewisse historische *Form* gebracht worden. Ersteres ist aus der Natur der Dinge geschöpft, Letztere hat zumeist menschlicher Scharfsinn nach seiner Kraft hinzugefügt."[251] Daraus ergibt sich für Wellhausen: „Wenn Geschichte nur eine *Form* ist, wird derselbe Stoff mehrere Formen zulassen."[252]

Wellhausen verwendet zur Beschreibung des vorliegenden Sachverhalts mit dem Begriffspaar *materia* – *forma* (*Stoff* – *Form*) Terminologie aus der aristotelischen *Metaphysik*.[253] Was Wellhausen mit *forma* – *Form* bezeichnet, ist nichts anderes als die Übersetzung des aristotelischen Begriffs *μορφή* (bzw. *εἶδος*), Wellhausens Begriff der *materia* – *Stoff* heißt bei Aristoteles *ὕλη*. Dies geschieht nicht zufällig, sondern bereitet suggestiv die von Wellhausen bevorzugte dazugehörige Deutung vor: Wie bei Aristoteles in der *ὕλη* die Möglichkeit zu zahlreichen verschiedenen *μορφαί* notwendig enthalten ist, so ist nach Wellhausen die *materia* des Historikers offen für viele unterschiedliche *formae*,[254] je nachdem, für welche sich der Töpfer – der Historiker – entscheidet.[255]

Am Beispiel des Kaleb wird dies erläutert. In den Nennungen und Bezügen Kalebs in 1Chr 2,18 ff; 42 ff; 50 ff erkennt Wellhausen verschiedene Überlieferungen, die sich zum Teil auf verschiedene Zeiten, insbesondere vor- und nachexilische, beziehen. Ebenso könnten Namen sich auf Personen oder Gegenden beziehen. Dies wird an Beispielen aus der biblischen Literatur, aber auch mit Bezug auf Sprachgewohnheiten im arabischen Raum belegt. Die Hebräer jedenfalls hätten diese metaphorische Sprache, anders als wir heute, unmittelbar verstanden und auch oft gar nicht anders als metaphorisch verstehen können.[256] Damit sieht Wellhausen eine Menge an zunächst klaren Widersprüchen aufgehoben. Ferner sei die Tatsache, dass mehrere Väter in aufeinanderfolgenden Generationen 12 Söhne hätten, ein deutliches Zeichen für menschliches Vorstellungsvermögen. Dennoch könne man keinesfalls leugnen, dass nicht auch his-

251 Wellhausen, *De gentibus*, 6 (Wellhausens Schrägdruck).

252 Wellhausen, *De gentibus*, 8 (Wellhausens Schrägdruck). Eine ähnliche Position vertritt auch Martin Buber in Buber, *Moses*, 21: „Überlieferung ist naturgemäß Gestaltwandel." Er begründet dies vorausgehend u. a. mit den folgenden Ausführungen: „Der Mensch früher Zeiten nimmt die ungeplanten, unvorhergesehenen Ereignisse, die die geschichtliche Lage seiner Gemeinschaft mit einem Schlage umwandeln, in einer fundamentalen Erregung aller Elemente seines Wesens auf ... Es ist ein Urstaunen, das alle bildnerischen Kräfte der Seele ins Werk setzt. Was sich hier vollzieht, ist somit nicht eine Umdichtung des Wahrgenommenen durch eine frei schaltende Phantasie, sondern die Erfahrung selber ist eine bildnerische."

253 Vgl. die Diskussionen Arist. *Metaphys.* 1069a18–1093b29 (Bücher XII–XIV (Λ–N)).

254 Vgl. Wellhausen, *De gentibus*, 6; 8–9.

255 Vgl. Wellhausen, *De gentibus*, 41.

256 Vgl. Wellhausen, *De gentibus*, 11 FN 1.

torische Elemente in diesen Genealogien enthalten seien.[257] Gegen Ende des Kapitels stellt Wellhausen noch fest, dass es sich um eine Vereinigung handle, wenn zwei Geschlechter zusammenwüchsen, und zwar um eine Ehe, wenn die Geschlechter gleich an Bedeutung, um ein Konkubinat, wenn das eine deutlich weniger bedeutend als das andere sei. Auch sei die Ehefrau oft nicht ein Geschlecht, sondern die Gegend, in der das andere wohne.[258] Damit dürfte der *metaphorische Charakter der ethnologischen Sprache* deutlich genug zum Ausdruck gekommen sein.

Über das zweite Kapitel in Wellhausens Dissertation schreibt Hitzig ganz treffend in seiner Rezension: „Das zweite Cap.: *de compositione locorum 1 Chr. 2. 4, 1–23* ist so reichen Inhalts, dass ein eigentlicher Auszug nicht möglich scheint."[259] So wollen wir uns, was eine inhaltliche Darstellung betrifft, wie Hitzig mit der Auswahl einiger weniger Aspekte begnügen. Bevor wir aber dazu kommen, sei hier die Geschicklichkeit des methodischen Vorgehens hervorgehoben, die Wellhausen, gleichsam in Nachahmung seines verehrten Lehrers Ewald, an den Tag legt. Er arbeitet hier bereits selbst so, wie er später Ewalds wissenschaftliches Vorgehen im Rahmen einer Laudatio auf ihn kurz vor dessen 100. Geburtstag charakterisieren wird:

> Gelegentlich machte er bei schwierigen Stellen vor, wie er zum Verständnis gelangt war. Er fasste Fuß auf einem unscheinbaren Punkte, der fest war, fand von da aus tastend weiteren Boden, und eroberte so schließlich das ganze Terrain. Er hatte zwar immer das Ganze im Auge, die Wiederbelebung des alten Autors aus dem Kern seines Wesens und seiner Absicht heraus.[260]

Auch diese Methodik lässt einen Dreischritt erkennen: 1. Einen Punkt identifizieren, an dem man Fuß fassen kann; 2. weiteren Boden finden; 3. das ganze Terrain erobern. Wer Wellhausens Dissertation liest, sieht deutlich, wie sehr auch er selbst dieses Vorgehen bereits in jungen Jahren an den Tag legt. So auch bei seiner Besprechung von 1Chr 2: Mit klarem Blick erkennt er, dass die ersten 8 Verse des zweiten Kapitels der Chronik deutlich weniger an Bedeutung haben und zum Verständnis der Gesamtkomposition desselben beitragen als die folgenden. So „fasst er Fuß auf dem unscheinbaren Punkte, der fest ist", indem er als Beginn seiner Betrachtungen Vers 9 wählt, da dieser seiner An- und Einsicht nach das ganze Kapitel bereits in Kurzform enthalte.[261] Damit ist klar: Es

257 Vgl. Wellhausen, *De gentibus*, 11.
258 Vgl. Wellhausen, *De gentibus*, 12.
259 Hitzig, „Wellhausen", 882.
260 Julius Wellhausen, „Heinrich Ewald", 122.
261 Vgl. Wellhausen, *De gentibus*, 13.

geht im Grunde um die Bne Hezron. Er „findet von da aus tastend weiteren Boden", indem er die verschiedenen Nennungen Kalebs in diesem Kapitel nach ihren Bezügen und ihrem Alter sortiert. Wie dies geschieht, lässt sich am besten an Wellhausens Ergebnissicherung dieses Schrittes erkennen.[262]

Damit erhält er ein Skelett des ganzen zweiten Kapitels. In einem dritten Schritt „erobert er so schließlich das ganze Terrain", indem er die zwischen diesen Versen über Kaleb stehenden Verse, Verspaare oder kleinen Versgruppen analysiert.[263] Mit Chr 4,1–23, einem Abschnitt, der ebenfalls hauptsächlich ein Verzeichnis der Hezroniter enthält – das aber dem aus 1Chr 2 in vielen Punkten durchaus nicht entspricht –, verfährt Wellhausen ähnlich. Er trennt die Verse nach ihren Überlieferungszeiten, trennt zusammenstehende, aber nicht zusammengehörige Verse voneinander, stellt zueinander gehörige Verse, die voneinander getrennt stehen, zusammen.

Das dritte Kapitel benutzt die Ergebnisse des ersten und zweiten Kapitels und führt diese zum Teil weiter. So bemüht Wellhausen wiederum Verhältnisse in der arabischen Welt zur Stützung seiner Hypothese über die sozialen Verhältnisse, dass nämlich Kaleb in Hebron eher dem Städter, Jerachmeel eher dem Kleinviehhirten ähnlich sei, wie sie von Palgrave in seinem Bericht der arabischen Gesellschaft gezeichnet werden. Dieses Argument führt er zusätzlich zu dem biblischen an, dass in den Versgruppen zu Kaleb zahlreiche Städte, in denen zu Jerachmeel – wenn überhaupt – eine einzige genannt seien.[264] Sodann stellt Wellhausen nach einigen Ausführungen über spezielle Namen und Eigenheiten von Wohngegenden einerseits Verbindungen zwischen „den Leviten und dem Hause Rechab",[265] andererseits zwischen den Essäern und den Rechabitern her.

Für den Namen עזובה hat Wellhausen eine überzeugende allegorische Deutung parat, die er gleich mit einem Wortspiel unterstreicht, indem er über עזובה sagt, sie sei bei der Wegführung ins Exil *desertam* – eben „verlassen worden". Es handle sich somit nicht um eine historische Person, sondern – auch in Analogie zu Ephrat – um eine Gegend. [266]

Es schließen sich einige sprachliche Beobachtungen zu Namensgleichheiten in Midian und Edom an, die die vorher behaupteten Hypothesen über vor- und nachexilische Verhältnisse stützen.

---

262 Wellhausen, *De gentibus*, 19; vgl. hierzu auch Wellhausen, *Prolegomena*, 212.

263 Zur Zuordnung einzelner Verse bzw. Versgruppen s. Wellhausen, *De gentibus*, 13–21, oder Hitzig, „Wellhausen", 882–883.

264 Vgl. Wellhausen, *De gentibus*, 26.

265 Hitzig, „Wellhausen", 883.

266 Vgl. Wellhausen, *De gentibus*, 33.

Die kurze, kaum eine halbe Druckseite umfassende, doch sehr dicht gestaltete Schlusspartie führt schließlich viele Stränge der Arbeit zusammen und gipfelt in einer *captatio benevolentiae,* die als meisterhafter Abschluss von Wellhausens Göttinger Dissertation gelten darf. Diesen Schluss werden wir nun etwas genauer studieren.

4.3.3 Der Schluss von Wellhausens Dissertation

Der Schluss von Wellhausens Dissertation verdient besondere Aufmerksamkeit. Manfred Oeming weist auf eine auffällige Arbeitsweise des Chronisten hin, was die „Abfolge der synchronen (Dreier)gruppen Japhet – Ham – *Sem*, Ismael – Ketura – *Isaak,* Esau (Esau, Seir, Edom) – *Israel*“ betrifft. Diese sei „so angelegt, dass die jeweils letzte Gruppe diejenige ist, die weitergeführt wird. Die Anordnung ist gleichsam achterlastig. Der Schluß ist jeweils zentral.“[267] Auch Wellhausens Dissertation weist – vermutlich wiederum in Anlehnung an die Chronik – eine solche Achterlastigkeit und eine vergleichbare Zentralität des Schlusses auf. Auf der letzten, kaum zur Hälfte bedruckten Seite laufen bemerkenswert viele Stränge zusammen:

1. Ausgerechnet die beiden zuletzt genannten Namen, Edom und Israel, werden in der ersten Zeile in umgekehrter Reihenfolge erwähnt und deren blutsverwandtschaftliche Beziehung genannt.
2. Hier findet sich die letztmalige Aufnahme des auf Aristoteles zurückgehenden Begriffspaares *materies – forma*, das als Grundlage der auf S. 6 eingeführten und im Verlauf seiner Dissertation immer wieder herangezogenen Geschichtskonzeption gelten darf.
3. Durch den Ausdruck *vasis figulus* stellt Wellhausen einen Bezug zum letzten Vers des von ihm behandelten Textes, 1Chr 4,23, her. Dort findet sich der entsprechende hebräische Ausdruck הַיּוֹצְרִים, „die Töpfer“. Dieser und der vorhergehende Punkt werden durch Wellhausens Gebrauch von יֵצֶר, „Tongefäß“, miteinander verknüpft, geradezu verschränkt.
4. Mit *vasis figulus* und *lignum olivae* finden sich in zwei aufeinanderfolgenden Sätzen Anspielungen auf die prominenten Kapitel 9 und 11 des Römerbriefs.
5. Zitat 10 schließt den Rahmen der Zitate, die aus Horazens *Ars poetica* stammen.
6. Zitat 11 schließt den Rahmen der Zitate, die den Haupttext rahmen. Zugleich wird dadurch noch einmal die Bedeutung der Philosophie hervorgehoben.

267 Oeming, *Das wahre Israel*, 79.

Die Zitate 10 und 11 verweisen gemeinsam, zumal in Verbindung mit Punkt 2.), auf Aristoteles; genauer: auf Kapitel 9 der *Poetik* des Aristoteles. Zugleich enthält es eine *captatio benevolentiae*.

7. Zitat 12 in der Fußnote schließt den Rahmen, der mit dem ersten Satz der Arbeit eröffnet wird. Es liest sich wie eine Fußnote zu Wellhausens gesamter Dissertation.

Die obigen sieben Punkte verdeutlichen höchst eindrücklich, wie dicht Wellhausen den Schluss seiner Göttinger Dissertation gestaltet hat. Zunächst blitzen stichwortartige Bezüge zum behandelten Text auf (1. und 3.), ferner solche zu anderen Texten aus dem biblischen Kanon (4. und 7.). Schließlich werden erst hier, auf der letzten Seite, mehrere zuvor eröffnete Rahmen, literarische (5.–7.) wie konzeptuelle (2.), geschlossen. Auch am Ende seiner Untersuchung hält sich Wellhausen damit ganz an die rhetorischen Ratschläge Ciceros:

> Omnia autem concludenda sunt plerumque rebus augendis vel inflammando iudice vel mitigando; omniaque cum superioribus orationis locis tum maxime extremo ad mentes iudicum quam maxime permovendas et ad utilitatem nostram vocandas conferenda sunt.[268]

Damit ist einmal mehr unterstrichen, dass Wellhausen auf struktureller Ebene durchaus die goldene Latinität als Vorbild nimmt, wenngleich sein Latein in vielen Einzelpunkten nicht immer dem klassischen entspricht.

4.3.4 Ergebnisse Wellhausens

Wellhausen hat in seiner Arbeit verschiedene literarhistorische Schichten des von ihm untersuchten Textes identifiziert. Überhaupt kommt er in seiner Dissertation von 1870 zu einem Ergebnis, an dem er auch noch Jahre später in seinen *Prolegomena* festhält, nachdem er wenige Seiten zuvor in einer Fußnote auf seine Göttinger Dissertation verwiesen hat, da sie weitere Details und Diskussionen enthalte:

> Während man also in Kap. 2 in der Tat auf einen alten und notwendig auf gute Tradition zurückgehenden Kern stößt, der freilich nur um der späteren Zusätze willen erhalten zu

268 Cic. *De orat.* 2,332: „Alles aber muss zu einem Abschluss gebracht werden, zumeist, indem man die Sache noch wichtiger erscheinen lässt oder den Beurteiler begeistert oder milde stimmt. Und alles muss einerseits an den vorhergehenden Stellen der Rede, ganz besonders aber am Ende stimmig klingen, um einerseits möglichst stark die Gemüter der Beurteiler zu rühren und sie andererseits auf unsere Seite zu ziehen.“

> sein scheint, so charakterisiert sich das in 4, 1–23 enthaltene ganz unabhängige und parallele Verzeichnis durch viele und deutliche Zeichen für jeden Sachverständigen als eine späte und auf nachexilische Verhältnisse abzweckende Komposition, worin vielleicht einige ältere Elemente aufgenommen sein mögen, die aber nicht mit irgend welcher Sicherheit zu erkennen sind.[269]

So manches in 1Chr 2 ist historisch, zielt auf vorexilische Verhältnisse ab, wenngleich nicht alles; in 1Chr 4 verhält es sich eher umgekehrt: das Meiste hat nur für nachexilische Zeiten Bedeutung und gibt eben nur – aber immerhin – über diese Aufschluss. Man bemerke insbesondere, dass Wellhausen hier durchaus differenziert, was die Zeiten angeht, für die die einzelnen Kapitel der Chronik historische Aussagekraft besitzen. Insgesamt fällt auf, dass Wellhausen weiter als seine Vorgänger kommt, weil er neben seiner effektiven Methode in der Bearbeitung der Texte weiter über das eigentliche Thema Chronik, ja sogar über das Alte Testament hinausschaut, indem er etwa im arabischen Sprach- und Kulturraum ähnliche Verhältnisse vermutet und vorsichtig, aber zielorientiert plausible Analogien aufzeigt, wo das Alte Testament keine entsprechenden Informationen liefert. Ferner versteht er es höchst eindrucksvoll, ganz verschiedene Methoden: genealogische, ethnologische, geografische, linguistische, sozialgeschichtliche und allgemein historische einzusetzen und so deren Erkenntnisse zusammenzuführen, zielsicher zu einem größeren Bild zu verbinden und so für die alttestamentliche Wissenschaft fruchtbar zu machen. Nicht zuletzt darin zeigt sich das Genie Julius Wellhausens.

269 Wellhausen, *Prolegomena*, 214. Vielleicht ist dies auch ein Grund dafür, dass die wissenschaftliche Beschäftigung mit Wellhausens Ansichten zur Chronik für viele erst mit dessen *Prolegomena* und nicht schon mit *De gentibus* beginnt.

5. Kapitel: Wellhausens Wirkung auf die moderne Chronik-Forschung

Per se singula spectari volunt et examinari.[1]

Julius Wellhausens Wirkung auf die moderne Chronikforschung kann kaum hoch genug eingeschätzt werden. Diese wollen wir nun untersuchen. Dazu werden wir die prominentesten Vorschläge der jüngeren Forschung zur Interpretation der Chronik beleuchten und sodann prüfen, inwieweit sich Ideen hierzu bereits in Wellhausens Göttinger Dissertation finden. Dies ist besonders interessant, da wir auch heute noch weit von einem Konsens darüber entfernt sind, was das oder die Anliegen der Chronik, was ihre Hauptaussagen betrifft. So sind zwar viele Streitpunkte, von denen Wellhausen 1886, 16 Jahre nach seiner Göttinger Dissertation, schreibt, inzwischen beigelegt: „Die Chronik ist in unserem Jahrhundert Gegenstand mannichfaltiger Untersuchungen und lebhafter Streitigkeiten geworden, besonders was ihr Verhältnis zu den anderen geschichtlichen Büchern des A. T. (namentlich Sam. und Kön.) und ihre geschichtliche Glaubwürdigkeit betrifft."[2] Vor allem der erste Teil dieser Aussage hat aber für mindestens das letzte halbe Jahrhundert Gültigkeit. Auch heute gibt die Chronik immer noch Anlass zu zum Teil heftigen wissenschaftlichen Debatten. Das gilt für die Exegese ebenso wie für die Interpretationen, die die genealogische Vorhalle oder die ganze Chronik in den Blick nehmen. Auch wenn diese verschiedenen Gesamtentwürfe, wie wir weiter unten sehen werden, alle ihre Berechtigung haben, sind einige erwartungsgemäß schwerer miteinander vereinbar als andere. Voraussichtlich wird es weiter ein Ringen um das richtige Verständnis dieses Textes geben. Wir kommen nun zu den Vorschlägen, die zur Exegese der Genealogien und zur Charakterisierung der Chronik in der neueren Forschung gemacht worden sind.

5.1 Prominente Interpretationsvorschläge der jüngeren Forschung

In den vergangenen fünfzig Jahren sind einige zum Teil sehr unterschiedliche Interpretationsvorschläge gemacht worden, die wir im Folgenden studieren

1 Wellhausen, *De gentibus*, 21: „Die einzelnen Dinge wollen für sich betrachtet und geprüft werden."

2 Friedrich Bleek, *Einleitung in das Alte Testament* (^{5}1886), 224. Der oben zitierte Abschnitt findet sich in der von Bleek selbst besorgten 2. Auflage von 1865 noch nicht.

https://doi.org/10.1515/9783110779387-005

wollen. Dabei werden wir zunächst exemplarisch einige exegetische Kommentare daraufhin untersuchen, ob und inwieweit sie auf Ergebnisse der Dissertation Wellhausens zurückgreifen. Sodann werden wir unseren Blick auf die genealogische Vorhalle und auf die Chronik in ihrer Gesamtheit richten. Die Forschungsarbeiten mit diesem weiteren Blickfeld nehmen zwar meist auf Wellhausens Dissertation nicht nur keinen ausführlichen, sondern gar keinen expliziten Bezug, richten aber zumeist ihren Fokus auf Punkte, die bereits in Wellhausens Dissertation vorkommen. Von daher scheinen auch diese für unsere Untersuchung von einigem Interesse zu sein.

5.1.1 Die Rezeption der Dissertation Wellhausens in der modernen Exegese von 1Chr 2 und 4

In den meisten interpretatorischen Gesamtentwürfen zur Chronik finden sich lediglich Wellhausens *Prolegomena* im Literaturverzeichnis. Dagegen nehmen Galil, Knoppers, Oeming und Willi in ihren Forschungen zur Chronik auf Wellhausens Dissertation direkten Bezug.[3]

Da Galils Beitrag an verschiedenen anderen Stellen dieser Arbeit ausführlich besprochen wird und die einschlägigen Bezüge bei Oeming sich im Rahmen der Forschungsgeschichte zu 1Chr 1–9 nicht im Rahmen einer exegetischen, sondern systematischen Passage finden,[4] wollen wir hier und jetzt Knoppers' Kommentar *1 Chronicles 1–9* und den Willis *1Chr 1–10* in den Blick nehmen.

Knoppers' Bezugnahmen auf Wellhausens Dissertation finden sich in seinem Kommentar an zahlreichen Stellen.[5] Während die meisten Erwähnungen Wellhausen als ersten Gewährsmann für bestimmte Erkenntnisse anführen, ist Knoppers' Auseinandersetzung mit Wellhausens Dissertation auf S. 304 ausgesprochen kritisch. Dort heißt es:

---

3 Japhets Kommentar zu *1 Chronik* führt Wellhausens Dissertation (vor Wellhausens *Der Text der Bücher Samuelis* und *Prolegomena zur Geschichte Israels*) zwar im Literaturverzeichnis auf, jedoch bleibt bei der Besprechung von 1Chr 2,9 ein Verweis auf Wellhausen, *De gentibus* aus, obwohl seine Ergebnisse referiert und als halt- und fruchtbar anerkannt werden; vgl. Japhet, *1 Chronik*, 104: „Die Überschrift für die Hezroniten in 2, 9 enthält *in nuce* das neue Verständnis ihrer genealogischen Zusammenhänge; sie bildet das Muster für alles Folgende. Sprachlich läßt sich die Hand des Chronisten an zwei Punkten erkennen: die Passiv-Form (נולד לו) (vgl. 1Chr 2,3; 3,1.4; auch 3,5; 20,6.8) und die Einführung der Akkusativ-Partikel את vor den Namen von Hezrons Söhnen. (vgl. A. Kropat, Die Syntax 1909, 2–3). Jerachmeel erscheint hier als der Erstgeborene (vgl. auch V. 25); der zweite Sohn heißt Ram. Kaleb wird hier Kelubai (כלובאי) genannt, aber die Identität wird durch V 18 bestätigt: ‚Kaleb, der Sohn des Hezron'."

4 Oeming, *Das wahre Israel*, 62–64.

5 Knoppers, *1 Chronicles 1–9*, 297; 299; 304; 313; 337; 349; 353.

> "Jeraḥmeel." The name is relatively infrequent outside of Chronicles (e.g., Jer 36:26). Apart from Chronicles, our main source for the Jeraḥmeelites is Samuel (The name does not occur in the linear genealogy of Ruth 4:19). The Jeraḥmeelites inhabit a particular district of the Negev and constitute an independent group (1 Sam 27: 8–10; 30, 26–30). Many scholars, e.g., Wellhausen 1870: 24–25; de Vaux 1978: 536–37) have presented the Jeraḥmeelites as nomadic in character with no established or permanent affiliation with particular districts or towns. But the reference to the "towns of the Jeraḥmeelites" (1 Sam 30: 29) suggests that they are better characterized as seminomadic.[6]

Knoppers scheint Wellhausen in mehrerlei Hinsicht missverstanden zu haben. Letzterer behauptet auf S. 25 weder, dass die Jerachmeeliter keine Städte gehabt hätten, noch dass diese Nomaden gewesen seien.

Erstens sagt Wellhausen auf S. 25: „Aperte inde sequitur oppida si quae omnino Jerachmeelaeis fuerint tamen non paris atque apud Kalibbaeos fuisse momenti."[7] Zwar lässt der eingeschobene Nebensatz „si quae omnino Jerachmeelaeis fuerint" Wellhausens Zweifel an der Existenz von Städten unter Kontrolle der Jerachmeeliter erkennen, doch wird hier nicht behauptet, es habe keine gegeben, sondern nur die Möglichkeit hierfür; und falls diese eintritt, dass Städte bei den Jerachmeelitern geringere Bedeutung gehabt hätten als bei den Kalebitern. Damit das keine unnötige Aussage bleibt, muss Wellhausen immerhin damit gerechnet haben, es habe welche geben können.

Zweitens behauptet Wellhausen auf S. 25 nicht, dass die Jerachmeeliter Nomaden gewesen seien; im Gegenteil: Durch den letzten Satz des Abschnitts gibt Wellhausen gerade implizit zu verstehen, dass er die Jerachmeeliter für Halbnomaden hält: „... non quidem fuere Arabicorum instar nomadum, qui camelorum gregibus potissimum gaudent, sed ut ovium pastores medias quasi inter illos et agricolas tenuere partes."[8] Damit nehmen die Jerachmeeliter also einen Platz zwischen Nomaden und Sesshaften ein, sind somit als Halbnomaden zu betrachten.

Drittens führt auch Wellhausen selbst 1Sam 30,29 an, woraus hervorgeht, dass die Jerachmeeliter Städte gehabt haben. Allerdings bewertet er den Befund anders als Knoppers: Dieser nimmt die Stelle absolut als Gegenbeispiel, jener führt noch parallele Ausdrücke (Städte der Keniter, Städte der Amalekiter) aus

6 Knoppers, *1 Chronicles 1–9*, 304.

7 Wellhausen, *De gentibus*, 25: „Offenkundig folgt daraus, dass Städte dort doch nicht die gleiche Bedeutung gehabt haben wie bei den Kalebitern, falls überhaupt welche den Jerachmeelitern gehört haben sollten."

8 Wellhausen, *De gentibus*, 25: „Sie waren zwar nicht wie arabische Nomaden, die sich hauptsächlich an Kamelherden freuen, sondern hielten wie Schafhirten gleichsam die mittleren Teile zwischen jenen und den Landmännern unter ihrer Kontrolle."

1Sam 15,5 an, und nimmt damit 1Sam 30,29 gerade nicht als absolut zu verstehendes Gegenbeispiel in Bezug auf seine Formulierung.

Nun zu Willis Kommentar *1Chr 1–10*: Hier finden sich immer wieder Bezüge zu Wellhausens Dissertation in Form differenzierter kritischer Würdigungen.[9] Methodisch ganz sauber werden dort Wellhausens Beiträge von 1870 einer nach dem anderen in den Blick genommen und kritisch beleuchtet, sodann teils angenommen, teils verworfen. So heißt es bei Willi:

> Historisch bedeutsam ist – und hier verrät sich der künftige Autor der „Geschichte Israels I" bzw. der „Prolegomena" – JWellhausens Beobachtung, die chronistische Juda-Liste stelle substantiell eine Hezron-Genealogie dar, die in ihrem Kern allerdings – und das ist die Schwachstelle von JWellhausens Analyse – aus Angaben über die vorexilischen, halbnomadischen Jerachmeeliter und Kalibbiter lebt. Die späteren Stücke dagegen haben es mit einem in und bei Städten lebenden nordjudäischen Kaleb zu tun. Sie sind nachexilisch, denn: „Kalibbaeos ante exilium habitasse Hebronem,[10] post exilium circa Hierosolyma." (33).[11]

Es folgen fünf weitere Zitate aus Willi, die belegen, wie sorgfältig er Wellhausens Göttinger Dissertation studiert hat und mit deren Ergebnissen umgeht. Zunächst zu Wellhausens These, die ursprüngliche Genealogie in 1Chr 2 beginne erst mit Vers 9. Hierzu schreibt Willi: „*Mit* JWellhausen halten wir 2,9 für den Angelpunkt der Komposition, *gegen* JWellhausen und *mit* HGMWilliamson sehen wir in ihm eine chronistische Schöpfung."[12] An einer Stelle nimmt Willi etwas allgemeiner Bezug auf Wellhausens Dissertation: „Das ist gegen JWellhausen [...] Allerdings bleiben Wellhausens Beobachtungen in anderen Punkten durchaus gültig."[13] Die folgenden Bezüge auf Wellhausens Dissertation sind wieder ganz konkret: „Nur die erste der drei von JWellhausen, De gentibus 14 Anm. 1 vorgeschlagenen Konjekturen ist einleuchtend und in den Versionen begründet."[14] Sehr kritisch sieht Willi ein Urteil Wellhausens über Hezrons Siedlungsgebiet: „JWellhausen, De gentibus 15 findet die Bemerkung über das Ausgreifen Hezrons ins Ostjordanland unmotiviert. Aber sie bildet den Kern der genealogischen Notiz."[15] Schließlich heißt es noch auf derselben Seite: „Wenn man, wie seit JWellhausen öfter geschehen, V. 21–23 ausscheidet, dann verliert die Notiz ihren Sinn in der chronistischen Juda-Genealogie."[16]

---

9 Diese finden sich zum Beispiel in Willi, *1Chr 1–10*, 72–75; 78; 81; 86; 90; 91; 93.
10 Bei Wellhausen steht *circa* auch vor *Hebronem*, nicht erst vor *Hierosolyma*.
11 Willi, *1Chr 1–10*, 74.
12 Willi, *1Chr 1–10*, 86 (Willis Schrägdruck).
13 Willi, *1Chr 1–10*, 90.
14 Willi, *1Chr 1–10*, 91.
15 Willi, *1Chr 1–10*, 93.
16 Willi, *1Chr 1–10*, 93.

Kritisch zu Willi ist noch anzumerken, dass seine Kürzung der Zitate Wellhausens nicht immer ganz glücklich ist. So liest man zum Beispiel: „connexus ... non e re sed arte ... confectus (21)“.[17] Syntaktisch einleuchtender und leichter verständlich wäre es, *fluxit* und *est* mit einzufügen, also „connexus ... non e re fluxit sed arte est confectus“, da der Ausdruck *e re* nicht von (*est*) *confectus*, sondern von *fluxit* abhängt; ohne *fluxit* hängt *e re* quasi in der Luft.

Man mag Willis Urteilen zur heutigen Haltbarkeit der Positionen Wellhausens zustimmen oder nicht. Für unsere Untersuchung ist vor allem entscheidend, dass bei Willi offensichtlich eine höchst intensive kritische Auseinandersetzung mit Wellhausens Göttinger Licentiaten-Promotion stattfindet, und das in einem Ausmaß und mit einer Sorgfalt, die zumindest in der deutschsprachigen Chronikforschung ihresgleichen suchen.

Nachdem wir gesehen haben, wie selten Wellhausens Dissertation in der modernen Chronik-Forschung zitiert wird, wollen wir uns nun der Frage zuwenden, wie es um die Rezeption der Schichten literarischen Wachstums, der literarhistorischen Zusammensetzung der beiden Chronik-Kapitel steht, die Wellhausen in seiner Göttinger Dissertation untersucht. Er identifiziert dort verschiedene Schichten des Materials in 1Chr 2.4. Seine Unterscheidung in „vorexilisch“ und „nachexilisch“ wurde mehrfach hervorgehoben. Galil spricht – vermutlich in Anlehnung an Wellhausen, *De gentibus*, 6 und 3 – vom *Ethnographus* und *Chronicographus*.[18] Die Aussagen und Sichtweisen der in diesem Zusammenhang zitierten Forscher sollen im Folgenden lediglich genannt werden. Es geht uns nicht um einen Einstieg in die Exegese von 1Chr 2.4, sondern um den Nachweis, dass sie – ähnlich wie Wellhausen vor ihnen – ausdrücklich die These verschiedener literarhistorischer Schichten in 1Chr 2.4 vertreten. Dabei ergibt sich das im wahrsten Sinne merkwürdige Bild, dass die Herangehensweisen und Ergebnisse aus Wellhausens Dissertation zum Teil als so etwas wie Allgemeingut der alttestamentlichen Wissenschaft zu gelten scheinen, denn diese werden oft genug übernommen, Wellhausen aber nicht als Gewährsmann angeführt.

Während die Frage nach den literarhistorischen Schichten bei Oeming und Knoppers eher in den Hintergrund tritt, wird das Material bei Noth, Galling und Willi literarhistorisch aufgearbeitet. Martin Noth verfolgt den von Wellhausen in seiner Dissertation entwickelten Ansatz, es gebe verschiedene literarhistorische Schichten, weiter, da diese seiner Ansicht nach noch nicht ausreichend untersucht bzw. nachgewiesen seien:

---

17 Willi, *1Chr 1–10*, 73–74 (Willis Auslassungen des Wellhausen-Zitats).

18 Galil über Wellhausen, *De gentibus*, Übers. Lizah Ulman, 3, Anmerkung ב.

> Denn es ist von vornherein kaum zweifelhaft und wird auch von keiner Seite ernsthaft bestritten, daß es dem Werke von Chr nicht anders ergangen ist als den so gut wie allen Stücken der alttestamentlichen Überlieferung, daß es nämlich durch kleinere und größere Zusätze und Ergänzungen nachträglich ein gegenüber seinem Grundbestande mehr oder weniger verändertes Gesicht erhalten hat. Nur der Umfang und die Art dieser Veränderung sind zunächst unsicher und müssen noch festgestellt werden; ja man darf sagen, daß alle bisherigen Darstellungen des Charakters von Chr daran kranken, daß die Feststellung des Grundbestandes, von dem allein ausgegangen werden kann, entweder gar nicht ernstlich versucht oder nur unzureichend unternommen oder aber in offenbar irriger Weise durchgeführt worden ist.[19]

Auch Noth ist sich der Schwierigkeit dieser Aufgabe bewusst. Viele vor ihm, wie Bertheau und Wellhasuen, haben sich ihr gestellt und sind je für sich darin weitergekommen. Im Folgenden identifiziert Noth – meist in Übereinstimmung mit Wellhausen, *De gentibus* – ebenfalls verschiedene literarhistorische Schichten in 1Chr 2 und 4, jedoch ohne auf Wellhausens Dissertation hinzuweisen. Nach Noth lassen sich zunächst zwei Schichten unterscheiden, die des Chronisten und die späterer Hinzufügungen. So heißt es – in Übereinstimmung mit Wellhausen, *De gentibus* – zunächst: „und in der Tat wird man den in V. 9–15 stehenden und an V. 5 anknüpfenden Stammbaum Davids und seiner Brüder am wahrscheinlichsten auf Chr selbst zurückführen, da Chr an der Person Davids ein ganz besonderes Interesse hatte".[20] Davon sei das folgende Material zu scheiden: „Alles, was in 2, 18–4, 23 dann noch folgt, hat kaum Anwartschaft darauf, dem auf Chr zurückgehenden Grundbestande zugesprochen zu werden."[21] Das ist teilweise gegen Wellhausen, der zum Beispiel in 1Chr 2,25–33.42–49 ein konzeptionelles Gerüst des Chronisten identifiziert.[22] In einem Zwischenfazit zu 1Chr 2–9 kommt Noth schließlich zu einem Urteil, das an dasjenige zur gesamten Chronik in Wellhausens *Prolegomena* erinnert:

> Chr hat also in seinem genealogischen Einleitungsabschnitt über die israelitischen Stämme nur ganz kurze, aus Num. 26 (Gen. 46) stammende Angaben gemacht, die er lediglich bei Juda durch eine Davidgenealogie und wahrscheinlich bei Levi durch eine Hohenpriestergenealogie bereichert hat. Die große Masse dessen, was jetzt in 1. Chr. 2–9 steht, ist ein Gewirr von sekundären wilden Textwucherungen.[23]

Wir kommen nun zu Kurt Galling, der in seinem Kommentar zu Chronik, Esra und Nehemia ebenfalls verschiedene Schichten annimmt. Er unterscheidet zwei

---

19 Martin Noth, *Überlieferungsgeschichtliche Studien 1: Die sammelnden und bearbeitenden Geschichtswerke im Alten Testament* (Darmstadt: Wissenschaftliche Buchgesellschaft, ^{2}1957), 111.
20 Noth, *Überlieferungsgeschichtliche Studien*, 119.
21 Noth, *Überlieferungsgeschichtliche Studien*, 120.
22 Wellhausen, *De gentibus*, 19.
23 Noth, *Überlieferungsgeschichtliche Studien*, 122; vgl. Wellhausen, *Prolegomena*, 165–223.

Hände, zunächst den früheren Chron, sodann den späteren Chron**: „Die Zeit des Chron** ist indirekt dadurch bestimmt, daß er das wohl um 300 v. Chr. geschaffene Werk der Chronik (Chron – Esra) vorfindet. Ihm ist die historische Sichtweise noch weniger eigen als dem Chron.“[24] Galling bezieht sich in seinen Überlegungen zur literarhistorischen Genese von 1Chr 2.4 vielfach auf Noth, nicht jedoch auf Wellhausen.[25] So kommt er oft genug zu ähnlichen Ergebnissen wie jener.

Zu Kapitel 2 schreibt Galling: „Die nun folgende Liste der Israelsöhne ist durch sekundäres Material, großenteils vom Chron**, erweitert worden.“[26] Und führt hierzu im Einzelnen aus: „Da 9 auf 5 zurückgreift, stellen 6–8 einen späteren Einschub dar [...] 16 f. sind nachgetragen. [...] Andererseits scheint 21–23 eine auf Jos. 17,1 zurückgehende Notiz zu sein [...]“[27] Es folgen einige weitere solche Aussagen auf derselben und der folgenden Seite in Gallings Kommentar, die sein Interesse an verschiedenen literarischen Schichten des Textes belegen.

Zuletzt wollen wir uns in Auswahl mit den Überlegungen in Willis Chronik-Kommentar[28] befassen. Für Willi ist der Chronist zunächst „der Autor, der dieses Material auswählt und im Blick auf die zu erhellende Schrift redigiert und weitgehend wohl auch formuliert. Dabei geht er planvoll sowohl mit den Daten der Schrift als auch mit dem mündlichen Stoff um.“[29] Er tue dies in den Anfangskapiteln der Chronik auf Grundlage von Numeri 26 in Verbindung mit Gen 38.[30] Das ist gegen Noth, der lediglich Num 26 und davon abhängiges Textmaterial als Grundlage sieht.[31] Damit fällt nach Willi – mit Berufung auf Kartveit – Noths literarkritische Analyse von 1Chr 2–9.[32] Ein Vergleich mit allen Parallelstellen des biblischen Kanons lasse es wahrscheinlich erscheinen, dass der Chronist die Reihenfolge der Stammeslisten selbstständig angelegt habe:[33]

> Die chr. Juda-Genealogie ist eine Einheit aus Stücken von ursprünglich recht unterschiedlicher Herkunft und Prägung. [...] Aber das Ganze ist eine Einheit, hinter der planvolle Überlegung steht. Das zeigen der auf Gen 38 beruhende Rahmen 2,3–8; 4,21–23 und eine

---

24 Kurt Galling, *Die Bücher der Chronik, Esra, Nehemia*. ATD 12 (Berlin: Evangelische Verlagsanstalt Berlin, 1958), 15.

25 Wellhausen, *De gentibus* steht nicht im Literaturverzeichnis, Wellhausen, *Prolegomena* schon.

26 Galling, *Die Bücher der Chronik*, 23.

27 Galling, *Die Bücher der Chronik*, 24.

28 Für die gesamte Diskussion vgl. Willi, *1Chr 1–10*, 55–156.

29 Willi, *1Chr 1–10*, 59. Für Willis Verständnis von „mündlicher Stoff“ vgl. Willi, *1Chr 1–10*, 58.

30 Willi, *1Chr 1–10*, 58; 60; 72–73.

31 Noth, *Überlieferungsgeschichtliche Studien*, 118.

32 Willi, *1Chr 1–10*, 60.

33 Willi, *1Chr 1–10*, 60.

> Reihe von Einleitungs- und Überlieferungsformeln, denen oft eine Schlussformel entspricht. Darin verrät sich die Hand des chronistischen Autors.[34]

Willi ist – auch bei der Frage nach der literarhistorischen Genese der Juda-Genealogie – gewohnt eng an Wellhausens Dissertation orientiert. So eröffnet er seine Analyse des Textes mit einer beinahe einseitigen Besprechung der Ergebnisse der Dissertation Wellhausens.[35] Auf die Abwägung, was davon aus heutiger Sicht noch haltbar erscheint und was nicht, erfolgt eine kritische Auseinandersetzung mit Noths Ansatz, dem er im Großen und Ganzen eher ablehnend gegenübersteht. Der Schlusssatz der Partie macht das besonders deutlich: „Damit zerbricht die angebliche Einheit des von Noth rekonstruierten Dokuments." Geht der Besprechung Noths eine Würdigung der Leistung Wellhausens voran, so schließt eine ebensolche sie auch ab. Bei aller Wertschätzung kommt Willi zu dem Urteil: „JWellhausen hat mit seiner Dissertation den Anstoß zu einem Gebrauch der Chr gegeben, den er selbst später so vehement bekämpft hat."[36]

Willi sieht 2,9 allerdings nicht wie Wellhausen, *De gentibus*, 13 als Beginn einer alten Überlieferung, die nach den vorgeschalteten Versen 1–8 einsetze, sondern mit Williamson als eine Idee des Chronisten, da hierdurch zum ersten Mal literarisch fassbar Jerachmeel und Kaleb – als Brüder Rams vorangestellt – miteinander verbunden würden. Willi stellt im Folgenden dar, wie diese Erkenntnis das Verständnis der Juda-Genealogie und ihres Aufbaus befördert. Auch Kap. 3 integriert Willi in seine Überlegungen. Die Überlegungen zu Kap. 4 beginnen wiederum mit einer Bezugnahme auf Wellhausens Dissertation. Willi arbeitet daraufhin heraus, dass Kap. 2 Juda nach vornehmlich genealogischen, Kap. 4 hingegen unter siedlungsgeografischen Aspekten gegliedert sei.[37] Dies einmal so weit.[38]

Wir haben gesehen, dass Wellhausens Ansatz, die Anfangskapitel der Chronik einer literarhistorischen Analyse zu unterziehen, als fruchtbar gelten darf. Auch wenn manche, aber längst nicht alle seiner Ergebnisse im Einzelnen zum Teil überholt sind, so hat er doch das Verdienst, die Diskussion eröffnet, ihr

---

34 Willi, *1Chr 1–10*, 72.

35 Willi, *1Chr 1–10*, 73–74.

36 Willi, *1Chr 1–10*, 75.

37 Willi, *1Chr 1–10*, 81.

38 Für eine ausführlichere Diskussion vgl. Reinhard Gregor Kratz, *Die Komposition der erzählenden Bücher des Alten Testaments* (Göttingen: Vandenhoeck & Ruprecht, 2000), 18–28, der die „genealogische Vorhalle" anknüpfend an die Arbeiten von Noth und Galling auf der Grundlage der formalen Gestaltung der genealogische Listen analysiert. Bei Kratz bleibt als Grundbestand der ganzen „Vorhalle" die „Juda/David-Genealogie in 2,(1–2.)3–5.9–13 als Anfang der Königtumsgeschichte ab Kapitel 11.

eine solide Grundlage und damit einiges Gewicht gegeben zu haben. Denn wie wir gesehen haben, ist die Diskussion um die literarhistorische Analyse dieser Kapitel keineswegs abgeschlossen.

Wir kommen nun zu denjenigen Studien, in denen Gesamtinterpretationen vorgestellt werden. In diesen spielt zwar die Exegese bisweilen keine prominente Rolle, dafür werden aber systematische Ansätze entwickelt. Viele davon finden sich teilweise recht deutlich in der Dissertation Wellhausens.

5.1.2 Verkündigung

Manfred Oeming arbeitet in seiner Monografie *Das wahre Israel. Die „genealogische Vorhalle“ 1 Chronik 1–9* heraus, dass die ersten Kapitel des ersten Chronikbuches einen deutlich verkündigenden Charakter haben: *„Die ersten neun Kapitel der Chr sind in hohem Maße kerygmatisch geprägt, nicht weniger als die nachfolgende Geschichtsdarstellung auch.“*[39] Er differenziert zwischen dem Kerygma der Genealogien, dem der Geschichte und dem der Geografie.[40] Dies geht laut Oeming mit einer literarischen Struktur einher, die sich modellhaft in konzentrischen Kreisen beginnend mit der Welt über Israel, dann Jerusalem und schließlich zum Tempel darstellen lasse, wo die Priester ihren Dienst verrichten. Damit sei ein Hauptanliegen der Chronik die Fokussierung auf den Tempelkult Jerusalems.

5.1.3 Auslegung

Thomas Willi sei als prominentester Vertreter der Ansicht genannt, dass die Chronik im Wesentlichen Auslegung sei.[41] Er arbeitet den umfassenden Einfluss des deuteronomistischen Geschichtswerkes auf die Bücher der Chronik heraus und kommt so zu der Aussage:

> Wenn die Chronik aber ihr Material zu größten Teilen aus dem deuteronomistischen Geschichtswerk bezog, so verhielt sie sich zu diesem wie die Quelleninterpretation zum Quellenwerk.
>
> Das deuteronomistische Geschichtswerk bildete aber nicht nur in stofflicher Hinsicht die Quelle für die Chronik; es übte auch auf deren Geist und Haltung einen Einfluß aus,

39 Oeming, *Das wahre Israel*, 206 (Oemings Schrägdruck).
40 Oeming, *Das wahre Israel*, 208–210.
41 Thomas Willi, *Die Chronik als Auslegung*.

> wie er größer nicht gedacht werden kann. Anders ausgedrückt: das deuteronomistische Werk bestimmte als auszulegende Vorlage Weg und Ziel der Interpretation; es blieb dieser prinzipiell immer vor- und übergeordnet ... Nicht nur das Was, sondern auch das Wie der früheren Darstellung war richtungsweisend, weil beides zusammen die eine große, autorisierte Erzählung von Gottes Geschichte mit Israel ausmachte.[42]

Willi formuliert hier die These, dass der Einfluss des deuteronomistischen Geschichtswerkes auf die Chronik geradezu ganzheitlicher Natur gewesen sei. Als verwandter Ansatz lässt sich derjenige Kyle D. Rapinchuks verstehen, der insbesondere die Bedeutung der Genesis und hier wiederum die der Toledot-Formeln und des Bundesbegriffs für den Chronisten hervorhebt.[43]

5.1.4 Chiasmus

Auf chiastische Strukturen in den Büchern der Chronik, insbesondere in den ersten Kapiteln des ersten Buches wurde mehrfach in der Forschung hingewiesen. Entsprechend finden sich Vorschläge für verschiedene Chiasmen auf unterschiedlichen Ebenen.[44] Sparks macht in einer der jüngsten Veröffentlichungen in Form einer Monografie den Aspekt des Chiasmus in der Chronik besonders stark.[45] Er konzentriert sich auf 1Chr 1–9, vertritt aber die These, die chiastische Struktur von 1Chr 1–9 sei der Schlüssel zum Verständnis des Gesamtwerks.[46] Somit kommt er nicht umhin, mit seinen Erkenntnissen eine entsprechende Interpretation zu verbinden, die David aus dem Zentrum des Interesses der Chronik nimmt.[47] Nach der Diskussion verschiedener Vorschläge anderer Forscher schreibt er auf der Seite nach seiner Präsentation von Williamsons Struktur der Juda-Genealogie, der bereits Jerachmeel als im Zentrum stehend identifiziert hat:

> This being the case, however, it follows that neither Williamson's nor Knoppers' conclusion that the Juhadite genealogy centres upon David can be correct, for the centre of the chiasm represents the chiasm's focus and climax, and that centre is Jerahmeel.[48]

---

42 Willi, *Die Chronik als Auslegung*, 53.

43 Kyle D. Rapinchuk, "The function of the Chronicler's Genealogies: Establishing Covenant Continuity", veröffentlicht auf der Homepage des Autors: https://kylerapinchuk.files.wordpress.com/2012/12/function-of-the-chroniclers-genealogies.pdf.

44 Vgl. etwa Knoppers, *I Chronicles 1–9*, 260–263; 356.

45 Sparks, *The Chronicler's Genealogies*.

46 Sparks, *The Chronicler's Genealogies*, 28.

47 Sparks, *The Chronicler's Genealogies*, 235; 246.

48 Sparks, *The Chronicler's Genealogies*, 235.

Gut 10 Seiten später kommt er im Rahmen der Deutung dieses Befundes zu dem Knoppers und Williamson widersprechenden Schluss:

> Jerahmeel in the centre is an attempt by the Chronicler to encourage the people to look to other than David for their political authority and hope. David is thus de-centred. This being the case, then although the people may have had a hope of a restored Davidic monarchy, the Chronicler himself did not share it, and instead actively discouraged it.[49]

So überraschend und zugleich überzeugend Sparks' Argumentation aufgrund des von ihm präsentierten Materials auch sein mag, sie scheint mir zu übersehen, dass Literatur wie die Chronik auf mehreren Ebenen funktioniert. Eben dies ist ja ein Kennzeichen von Literatur, die den Namen verdient. Schließlich stützt sich Knoppers' Vorschlag, David im Zentrum des Interesses zu sehen, ebenfalls auf einen Befund aus dem Text. So führt Knoppers aus:

> As for the correspondence between the descending order of 2:1–55 and the ascending order of 4:1–23, it calls attention to the intervening genealogy – the descendants of David. David is firmly related to one of Judah's major families and his descendants occupy a privileged place within the tribe as a whole.
>
> a The Descendants of Judah
>   b The Descendants of David
> a' The Descendants of Judah
>
> The genealogy of Judah (2:3–55; 4:1–23) frames, therefore, perhaps the most famous facet of Judah's enduring legacy: the house of David (3:1–24). The clans of Judah call attention to David, even as the impressive list of his descendants calls attention to David's indebtedness to his forebears. The chiastic arrangement of genealogies is no accident. In the Chronicler's conception, Yhwh chose David to govern Israel in the background of Judah's privileged place among the other tribes (1 Chr 5:1–2; 28:4–8; 2 Chr 13:4–8; Knoppers 1993a; 2000b). Both the extensive coverage given to Judah and the detailed coverage given to David's progeny are, therefore, in keeping with the interests exhibited by the book at large.[50]

Hinzu kommt, dass Knoppers eine Mikro-Struktur, wie sie Sparks zu seiner Interpretation führt, durchaus auch sieht, dieser aber als der vergleichsweise unwichtigeren weniger argumentative Bedeutung beimisst.[51] In Knoppers' Interpretation greifen Mikro- und Meso-Struktur von 1Chr 2–4 ineinander. Die Mikrostruktur der absteigenden Reihenfolge in Kapitel 2 und der aufsteigenden in Kapitel 4 führt gerade dazu, dass die Mesostruktur nicht nur erkannt wird – das wäre auch so der Fall –, sondern dass das Zentrum der Mesostruktur

49 Sparks, *The Chronicler's Genealogies*, 246.
50 Knoppers, *I Chronicles 1–9*, 356.
51 Vgl. Knoppers, *I Chronicles 1–9*, 354.

(Kap. 3: Davids Nachkommen) dadurch besonders betont wird. Wie immer Sparks argumentieren mag, in jedem Fall werden die בְּנֵי דָוִיד von den בְּנֵי יְהוּדָה literarisch umschlossen. Knoppers weist zur Stützung seiner These zusätzlich auf die beiden ähnlichen Appendizes zu den בְּנֵי יְהוּדָה hin, die in Listen von Berufen bestehen.[52] Weil dies eine Interpretation ist, die beide Strukturen erklären kann und sogar aufeinander bezieht, scheint sie uns besonders überzeugend zu sein.

Besonders interessant ist in diesem Zusammenhang ein Vorschlag Gershon Galils. Er weist ebenfalls eine chiastische Struktur von 1Chr 2–4 nach.[53]

Wellhausen hat, wie diese unsere Untersuchung nachweist, seiner eigenen Arbeit in Anlehnung an die von ihm untersuchten Kapitel ebenfalls die Struktur eines großen Chiasmus – und vieler kleinerer Chiasmen – gegeben.

Außerdem scheint noch die folgende Aussage Gerhard von Rads im Zusammenhang dieser Diskussion bedenkenswert, da sie die Zentralität Davids für die Chronik nur allzu deutlich hervorhebt:

> Mit David beginnt nach dem Urteil des Chronisten eine völlig neue Epoche der Geschichte des Gottesvolkes. Hier hören die nur verbindenden Genealogien auf und der Chronist kommt zu seinem Hauptthema: D a v i d. David und die Lade, David und das Kultpersonal, David und der Tempel, David und der Kult. David und Israel – das sind die Fragen, die unseren Verfasser bewegen ...[54]

Man könnte nun behaupten, dass Fragen und Themen, die einen bewegen und über die man ausführlich schreibt, noch nichts darüber aussagen, ob man sie für gut oder schlecht, für förderlich oder schädlich hält. Richtig! Man kann sie durchaus für schlecht oder schädlich halten und das auch schriftlich zum Ausdruck bringen. Wenn das aber hier auf die Chronik zutrifft, dann muss man mit versteckter Königskritik als nicht nur irgendeinem, sondern als dem eigentlichen Anliegen der Chronik rechnen. Das scheint eher unwahrscheinlich.[55] Hierzu bedürfte es genauerer Analysen, die über den Rahmen dieser Arbeit hinausgehen.

So scheint es mir bis auf Weiteres nicht zielführend, als Beantwortung der vorliegenden Frage nur ein „Entweder-oder" vorzuschlagen, sondern eher ein

---

52 Knoppers, *I Chronicles 1–9*, 354; dagegen Sparks, *The Chronicler's Genealogies*, 236.

53 Galil, "The formation of I Chr 2:3–4:23 and the election of King David", 717; vgl. oben Kap. 2.4!

54 Von Rad, *Das Geschichtsbild des chronistischen Werkes*, 134 (von Rads Sperrdruck).

55 Sparks scheint zu merken, dass die Beweislast für diese These auf seiner Seite liegt. So führt er auf S. 246 in Fußnote 96 als Argument die Großstruktur der Chronik an, von dem er aber auch selbst noch nicht vollständig überzeugt zu sein scheint.

„Sowohl-als-auch“ zuzulassen, ein solches zu fordern. Es kommt darauf an, auf welcher Ebene man die Analyse durchführt. Wenn man auf einer Meso-Ebene, hier: auf Kapitelebene liest, so sind die hebräischen Überschriften die Marker für einen neuen Abschnitt: בְּנֵי יְהוּדָה (2,3 und 4,1), וְאֵלֶּה הָיוּ בְּנֵי דָוִיד (3,1). Wenn man auf Mikro-Ebene, hier: auf Versebene liest, dann sind die Verszahlen entscheidend und man kommt dann zu entsprechend anderen Interpretationsergebnissen. Beide Ebenen kann und muss man für eine Gesamtinterpretation aufeinander beziehen. Dass das gelingen kann, haben wir bei Knoppers in beeindruckender Weise gesehen.[56]

5.1.5 Verhandlung über Identität

Luis C. Jonker hebt den Aspekt der Identitätsverhandlung in der Chronik hervor. Dies sei ein Aspekt, der sich im Anschluss an Untersuchungen zur Chronik als Re-Interpretation älterer Geschichtsschreibung und als Reform der Geschichte ergebe.[57] Zu den Kapiteln 2 und 4 des ersten Chronikbuches schreibt er

> Judah's genealogy is introduced in two subsections (2:3–55 and 4:1–23), framing the sections dedicated to David and Salomon. Whether they compose a chiastic structure, as some commentators suggest (FN 8), is not clear. Such structures often exist only in the eyes of the beholder. However, there is no doubt that the embedding of David's and Salomo's descendants within the broader family of Judah was significant for the Chronicler. The ancient readers of Chronicles would not have missed the message here!“ (FN 8: See the discussion in Sparks, *The Chronicler's Genealogies*, 229–235)[58]

Sparks betont ebenfalls den Befund, dass die Chronik Gruppen zu Israel rechnet, die anderswo von Israel unterschieden werden. Insofern lasse die Chronik aufhorchen, da sie eine alles andere als stille Herausforderung hinsichtlich der Frage enthalte, wer eigentlich alles zu Israel gehört. Er hat hierfür eine Formulierung gefunden, die zugleich das Phänomen sowie dessen schwierige Methode und Erklärung umfasst:

> It is uncertain the exact method by which these tribes, clans, or families, who are elsewhere external to Judah were counted as part of Judah. What is clear is that those who, in certain contexts, are considered to be external to Judah are, in the Judahite genealogy of 1Chr 2–4, considered to be a part of Judah. What is also important is the observation

56 Vgl. Knoppers, *1 Chronicles 1–9*, 354–356.

57 Vgl. Louis C. Jonker, *Defining All-Israel in Chronicles* (Tübingen: Mohr Siebeck, 2016), 11–13.

58 Jonker, *Defining All-Israel*, 195.

> that the Chronicler nowhere condemns the incorporation of these persons or clans within Judah. They are said to exist in, and belong to, Judah.[59]

Darüber hinaus macht Willi in seinem Kommentar darauf aufmerksam, dass mit den Listen auch ein Dokument darüber vorliege, wer gewisse Bürgerrechte habe und einfordern könne. Dort ist der Abschnitt, der 1Chr 2,3–10,14 behandelt, mit „Israels Bürgerrechtslisten" überschrieben.[60] Auch Manfred Oeming nennt in seinem ersten Kapitel einige Punkte zur aktuellen Bedeutung des rechtlichen Aspekts von Genealogien.[61] Diese könnten den Ausschlag dafür geben, wie man in bestimmten Situationen behandelt werde.[62]

Dadurch, dass der Schreiber der Chronik die Genealogien zu Beginn seines Werkes kommentarlos als Fakten präsentiert, erscheinen diese als ein rechtliches Grundlagendokument in einem überregionalen Aushandlungsprozess. Um das so wahrzunehmen, muss man aber die ältere Überlieferung bereits kennen. Und wir dürfen davon ausgehen, dass die Leserschaft, die der Schreiber der Chronik im Blick hatte, diese Überlieferung auch gut kannte.[63]

5.1.6 Utopie

Gerhard von Rad beschreibt bereits 1930 eine Agenda des Chronisten, für die die Bezeichnung „utopisch" zumindest in Erwägung gezogen werden kann:

> Man weiß, daß der Chronist den Ablauf der geschichtlichen Ereignisse nach eigenem Willen weithin neu geformt hat, teils nach Maßgabe vorhandener zeitgenössischer Verhältnisse, teils seinen eigenen noch nicht realisierten Tendenzen entsprechend.[64]

Die „noch nicht realisierten Tendenzen" weisen auf den utopischen Charakter der Chronik hin, denn „noch nicht realisiert" ließe sich als „noch ohne Vorhandensein", „noch ohne Platz", folglich als „u-topisch" begreifen.

Als jüngster und stärkster Vertreter der These, dass die Chronik im Wesentlichen Utopie sei, darf Schweitzer gelten, der hierzu eine ganze Monografie ge-

---

59 Sparks, *The Chronicler's Genealogies*, 227.

60 Willi, *1Chr 1–10*, 54.

61 Oeming, *Das wahre Israel*, 10.

62 Auch wenn heute im Alltag nur noch selten nach Genealogien und Geburt gefragt wird, so hat die Grundidee bis in eine heutige Formulierung überlebt. Das englische Wort „gentleman" ist die direkte Übersetzung des Lateinischen *homo gentilis* und bedeutet gerade „Mann von vornehmer Herkunft".

63 Vgl. Wellhausen, *De gentibus*, 3.

64 Von Rad, *Das Geschichtsbild des chronistischen Werkes*, 2–3.

schrieben hat, in der er den utopischen Aspekt der Chronik besonders in den Vordergrund stellt und die literarischen Techniken herausarbeitet, mit denen, sowie die Bereiche, in denen dies geschieht:

> In his own authoritative composition, the Chronicler has retrojected his utopian vision into the past in order to actualize it in his present and into the future. This utopian vision does not replicate the past or continue the *status quo* of the present.[65]

Er differenziert zwischen genealogischer, politischer und kultischer Utopie, denen er jeweils ein umfangreiches Kapitel widmet.

5.1.7 Beobachtung zu den fünf hier vorgestellten Positionen der jüngeren Chronikforschung

Die fünf hier exemplarisch vorgestellten Ansätze heben zunächst einmal jeder für sich einen Aspekt der Chronik bzw. der genealogischen Vorhalle besonders hervor und lassen sich daher von den anderen klar abgrenzen. Die Verschiedenheit lässt sich bis in die Kategorien der vorgetragenen Aspekte hinein verfolgen. Während Auslegung und Verkündigung vor allem eine theologisch-hermeneutische bzw. theologisch-homiletische Kategorie darstellen, gehört der Begriff des Chiasmus ursprünglich in die Stilistik. Verhandlung über Identität gehört eher in den Bereich der Psychologie bzw. der Soziologie oder aber des öffentlich-rechtlichen Lebens. Utopie lässt sich vielleicht am ehesten als philosophische, aber auch als psychologisch-soziologische Kategorie fassen. Angesichts dieser Verschiedenheit der Ansätze drängt sich die Frage auf, wer denn nun Recht hat. All die gemachten Vorschläge haben zum Teil zahlreiche und weitgehende Implikationen, die hier nicht im Einzelnen nachgezeichnet werden können.[66] Beispielhaft wollen wir einige wenige Fragen herausgreifen, die vor dem Hintergrund der genannten Interpretationsvorschläge heute noch heftig diskutiert werden, nämlich die nach der Inklusivität oder Exklusivität der Chronik, die nach ihrem Menschenbild und damit die, die nicht nur die literarische, sondern auch die weltanschauliche, insbesondere die anthropologische Bindung der Chronik an das deuteronomistische Geschichtswerk betrifft.

Mit anderen Worten: Ist die Chronik bemüht, möglichst viele Gruppen in Israel zu integrieren, wie es Japhet und Knoppers vorschlagen? Ist sie quasi

65 Steven Schweitzer, *Reading Utopia in Chronicles*, Library of Hebrew Bible, Old Testament Studies 442 (London: T & T Clark, 2007), 45.

66 Hierfür sei auf die einschlägige und inzwischen auch recht zahlreich vorhandene Fachliteratur verwiesen.

„offen"? Oder vertritt sie eine exklusive, konservative, zionistische Ansicht, der zufolge alle nach Jerusalem kommen und jüdisch werden sollen? Auch das Nordreich? Insbesondere Samaria? Damit rückt die Chronik in die Nähe von Esra und Nehemia. Diese Meinung wird von Oeming vertreten.

Ist die Chronik nicht nur literarisch, sondern auch weltanschaulich-anthropologisch vom Deuteronomistischen Geschichtswerk abhängig, wie es etwa Willi postuliert? Oder zeichnet sich die Chronik, wie etwa Oeming meint, durch ein gewandeltes Menschenbild aus, das einen idealen David zeichnen möchte, einen, bei dem die Frage nach jedweder Schuld sich von vornherein gar nicht mehr stellt, ganz anders als im deuteronomischen Geschichtswerk?

Beginnen wir mit Letzterem! Wenn tatsächlich für den Schreiber der Chronik „nicht nur das Was, sondern auch das Wie der früheren Darstellung richtungsweisend war",[67] dann muss auch das Menschenbild in beiden Darstellungen ein sehr ähnliches, wenn nicht gar dasselbe sein. Das bestreitet Oeming ganz entschieden und arbeitet dies exemplarisch an den David-Bildern heraus, die uns das Alte Testament bietet.[68] Das Fehlen der Fehltritte Davids, seine Rolle als gottestreuer König und Priester in der Chronik sind in der Tat bereits deutliche Hinweise auf ein anderes David-Bild als das des deuteronomistischen Geschichtswerkes. Im Verhältnis zu letzterem, schließt Oeming, erscheine David in der Chronik „*ethisch gereinigt*, gleichsam klinisch steril gefiltert".[69] Damit kann man als Ergebnis festhalten, dass die Menschenbilder des Deuteronomistischen Geschichtsbildes und der Chronik recht verschieden sind. Daraus kann man weiter ableiten, dass der Einfluss des deuteronomistischen Geschichtsbildes auf die Chronik jedenfalls nicht so weit geht, wie Willi annimmt. Dies wiederum impliziert eine größere Eigenständigkeit der Chronik, zumindest was das Menschenbild betrifft. Die Chronik ist zwar unbestritten über weite Strecken literarisch vom deuteronomistischen Geschichtswerk abhängig, doch sie stellt wesentliche Determinanten wie David und Geschichte zum Teil gänzlich anders dar als ihre Vorlage.

---

67 Willi, *Die Chronik als Auslegung*, 53.

68 Manfred Oeming, „Geschichtlichkeit und Normativität alttestamentlicher Anthropologie. Multiperspektivische Menschenbilder in der Biblia Hebraica und ihre Bedeutung für die Gegenwart – dargestellt am Fallbeispiel David", in *Menschen-Bilder*, ed. Markus Hilgert und Michael Wink (Berlin/Heidelberg: Springer, 2012), 115–133.

69 Oeming, „Geschichtlichkeit und Normativität alttestamentlicher Anthropologie", 123 (Oemings Schrägdruck).

5.1.8 Versuch einer Synthese

Die fünf hier vorgestellten Ansätze haben bei aller augenfälligen Unterschiedlichkeit doch eine entscheidende Gemeinsamkeit. Gerade wegen der kategorialen Verschiedenheit der Ansätze schließen sie sich nicht, wie man auf den ersten Blick meinen könnte, gegenseitig aus, sondern beleuchten jeweils verschiedene Dimensionen der Chronik, die je nach Blickwinkel eben mehr oder weniger gut sichtbar werden. Mehr noch: Sie weisen vielmehr alle insofern in eine Richtung, als sie auf verschiedene Aspekte desselben Anliegens der Chronik aufmerksam machen: Der Chronist problematisiert mit seinem Werk den aus seiner Sicht viel zu großen Unterschied zwischen einem Ist- und einem Soll-Zustand in Bezug auf Israel. Daher ist die Chronik

1. *Verkündigung*, insofern angesichts des Ist-Zustandes der Soll-Zustand mitgeteilt und gehört werden muss.
2. *Auslegung*, insofern angesichts des Ist-Zustandes der Soll-Zustand erklärt und verstanden werden muss.
3. *Chiasmus*, insofern der semantische Unterschied zwischen Ist- und Soll-Zustand viel effektiver kommuniziert wird, wenn er zusätzlich stilistisch abgebildet wird.
4. *Verhandlung über Identität*, insofern der angestrebte Übergang vom Ist- zum Soll-Zustand ein längerer Prozess ist, an dem mehrere Gruppen beteiligt werden wollen und müssen.
5. *Utopie*, insofern der Soll-Zustand – sei er nun für die Generation des Chronisten vollständig und zumindest theoretisch konsensfähig definiert oder nicht – noch nicht hergestellt ist.

Mag die obige Liste auch noch nicht vollständig sein, so veranschaulicht sie in eindrucksvoller Weise, dass die Chronik aus vielen unterschiedlichen Perspektiven wahrgenommen werden kann, gerade weil sich so zahlreiche Dimensionen in ihr finden lassen. Das mag auch daran liegen, dass die Chronik in einer Zeit entstanden ist, in der viele Juden an ganz verschiedenen Orten der Welt und unter ausgesprochen unterschiedlichen Umständen in der Diaspora lebten. Es ist das Verdienst Jörn Kiefers, darauf sehr deutlich hingewiesen zu haben. So betont er am Ende seines Unterkapitels *Die Rückkehr aus Babylonien und Diaspora in der Perserzeit:*

> Insgesamt bewirkten die assyrischen und babylonischen Kriege gegen Israel und Juda, die ein Hauptfaktor für die Ansiedlung großer israelitisch-judäischer Bevölkerungsteile außerhalb des Israel-Landes darstellten, wesentliche sozial- und religionsgeschichtliche Verschiebungen, die Volk und Religion bleibend geprägt haben: Sie bewirkten mit der umfassenden Auflösung der territorialen Einheit eine dauerhafte Vielfalt des israeliti-

> schen bzw. jüdischen Volkes und als Gegenreaktion zum Verlust der Zentralgewalt ein Wiedererstarken dezentraler Organisationsformen, allen voran der Familie. An Stelle der territorial bestimmten Volkszugehörigkeit musste nun eine religiös bestimmte ethnische Identität treten. Dadurch wurden letztlich auch die Gruppengrenzen prinzipiell für Menschen anderer Ethnien geöffnet, als Antwort darauf hat sich eine bipolare Theologie zwischen Partikularismus und Universalismus entwickelt.[70]

Der Chronist trägt vermutlich mit dem Verfassen seines Werkes genau diesen Umständen Rechnung, indem er einerseits das alle Juden einende Band wie Jerusalem, Tempel, Leviten, also einen exklusiven Ansatz, betont, andererseits aber auch gängige jüdische Praxis aus Metropolen, die unter Umständen weit von Jerusalem entfernt sind, mit in sein Werk einbezieht, also nicht in Jerusalem lebenden Juden ihre Zugehörigkeit zu Israel nicht allein aufgrund des Wohnortes von vornherein abspricht.[71] Mehr noch: Er räumt auch der in der Diaspora geübten Praxis eine Berechtigung ein, was als inklusiver Ansatz gelten kann. Williamson vertritt eine ähnliche Ansicht:

> Since the early day of critical study of the books of Chronicles it has been recognised that they contain a distinctive approach to the question of Israel as the people of God. This is not surprising view of the fact that the Chronicler was writing at a time when one of the major issues for the Jewish people was the precise definition of the extent of its own community. There is evidence of considerable disagreement at that time concerning how "open" or "exclusive" a stance should be taken to those outside the confines of the group centred on Jerusalem.[72]

Williamson sieht den Chronisten als Mediator zwischen den extremen Exklusivisten und Inklusivisten. Religiöse Bindung an eine Kernbotschaft schließe nicht automatisch andere Menschen aus. So erklärt Williamson zwei Seiten später weiter:

---

70 Jörn Kiefer, *Exil und Diaspora: Begrifflichkeit und Deutungen im antiken Judentum und in der hebräischen Bibel*, ABIG 19 (Leipzig: Evangelische Verlagsanstalt, 2005), 90–91.

71 Auch ein Lebensmittelpunkt weit weg von Jerusalem ändert nichts an der zentralen Bedeutung Jerusalems für alle Juden. Vielmehr lässt der Chronist als Theologe und Prediger eben durch seine Fokussierung auf Jerusalem und den Tempel den Ruf „Kommt nach Jerusalem!“ vernehmen; zu diesem Gedanken vgl. Oeming, „Rethinking the Origins of Israel: 1 Chronicles 1–9 in the Light of Archeology“, in *Rethinking Israel: Studies in the History and Archeology of Ancient Israel in Honor of Israel Finkelstein*, ed. Oded Lipschits, Yuval Gadot und Matthew J. Adams (Winora Lake, Indiana: Eisenbrauns, 2017), 303–318, hier 314 und allgemein Oeming, *Das wahre Israel*.

72 Hugh Godfrey Maturin Williamson, *1 and 2 Chronicles*, New Century Bible Commentary (Eugene: Wipf and Stock, 2010), 24.

> By thus bringing forward into the historical arena the fulfilment of the prophetic hopes for the reunification of the people of Israel, the Chronicler was no doubt attempting to mediate between the extreme "exclusivists" and the extreme "assimilationists" of his own day. He achieved this by demonstrating from the history of the divided monarchy that a faithful nucleus does not exclude others; it is, rather, a representative centre, to which all the children of Israel should be welcomed if they will return.[73]

Vergleichbares gilt in ähnlichem Umfang auch für ein Teilstück der Chronik, 1Chr 1–9, die sogenannte genealogische Vorhalle. Dieser wollen wir uns jetzt zuwenden.

1Chr 1–9

Auch wenn die genealogische Vorhalle bei der Frage nach den Anliegen der Chronik als Gesamtwerk naturgemäß immer wieder mit zur Sprache kam, wollen wir uns in diesem Abschnitt kurz mit 1Chr 1–9 im Besonderen beschäftigen. Welche Funktionen der genealogischen Vorhalle sind nun in der jüngeren Forschung herausgearbeitet worden? Auffällig viele der gemachten Vorschläge sind sehr eng mit denen verwandt, die wir bereits für die Chronik als Gesamtwerk besprochen haben.[74] So liest man, abgesehen von *literarischem Konstrukt*[75] und *literarischem Vorwort*,[76] was jeweils einigermaßen offensichtlich ist, bei Schweitzer eine Übersicht über verschiedene wesentliche Funktionen mit nicht literarischem Fokus. Er benennt

1. Definiton einer Gruppe (intern und extern),
2. Bewahrung von Geschichte,
3. Erklärung aktueller sozialer, politischer oder religiöser Strukturen (oft mit dem Ziel, den *Status quo* zu erhalten),
4. Behauptungen einer Kontinuität mit der Vergangenheit oder der autoritativen Interpretation dieser Vergangenheit (als Unterstützung oder Infragestellung des *Status quo*).[77]

Diese Punkte kehren in anderen Veröffentlichungen unter anderen Bezeichnungen wieder, meinen aber häufig dieselbe Sache. So findet man beispielsweise

73 Williamson, *1 and 2 Chronicles*, 26.

74 Das ist nicht weiter verwunderlich, wenn man die genealogische Vorhalle als genuin zur Chronik gehörig ansieht.

75 Vgl. Sparks, *The Chronicler's Genealogies*, 22.

76 Steven Schweitzer, „The Genealogies of 1 Chronicles 1–9: Purposes, Forms and the Utopian Identity of Israel," in *Chronicling the Chronicler: The Book of Chronicles and Early Second Temple Historiography*, ed. Paul S. Evans und Taylor F. Williams (Indiana: Eisenbrauns, 2013), 9–27, hier 13–16.

77 Vgl. Schweitzer, *Reading Utopia in Chronicles*, 34–35 und (wortwörtlich gleich) Schweitzer, „The Genealogies of 1 Chronicles 1–9", 12.

für 1.: „Definiton einer Gruppe" auch (in deutscher Übersetzung) Begriffe wie „Identität",[78] teilweise mit dem Zusatz „distinktiv(es Element)",[79] „ganz Israel"[80] und andere Ausdrücke mehr. In ähnlicher Weise fiele etwa Johnsons Formulierung „Theokratie *par excellence*"[81] unter 3.: „Erklärung aktueller sozialer, politischer oder religiöser Strukturen".

Die Schwerpunkte, die Wellhausen in seiner Göttinger Dissertation setzt, sind allerdings noch ganz andere. So ist es nicht verwunderlich, wenn Wellhausen sich in seiner Dissertation hierzu nicht äußert. Denn um die Frage nach der Funktion von etwas sinnvoll stellen zu können, muss man dasselbe zunächst einmal hinreichend gut in seiner Struktur erkannt haben. Anders ausgedrückt: Im Rahmen eines wissenschaftlichen Erkenntnisprozesses geht die Frage nach dem „Was" der nach dem „Wozu" in der Regel voraus. So auch hier.

5.1.9 Die Chronik-Forschung und die alttestamentlichen Nachbardisziplinen

Nun sei noch ein kurzer Blick auf Wellhausens und unser heutiges Verhältnis zu zwei ausgewählten alttestamentlichen Nachbardisziplinen gestattet. Der Austausch mit diesen ist für die heutige Wissenschaft eine Selbstverständlichkeit und in der Regel in höchstem Maße fruchtbar und bereichernd. So interessiert sich die jüngere Forschung nicht nur für Wellhausens wissenschaftliche Postitionen, sondern auch in größerem Umfang für Wellhausen als Person, seinen Lebensweg sowie für seine Entscheidungen für oder gegen bestimmte Entwicklungen oder Forschungsergebnisse aus alttestamentlichen Nachbardisziplinen.[82]

Zunächst zeigt Wellhausens Dissertation, dass er zum Teil weit über den Tellerrand der alttestamentlichen Wissenschaft hinausblickt. Besonders deutlich tritt dies dort hervor, wo er philologisch arbeitet, wenn er die meist altarabische Literatur und deren Kulturkennzeichen, die zum Teil bis in unsere Zeit hinein bewahrt wurden, zum Vergleich und als Grundlage für Analogieschlüsse

---

78 Schweitzer, „The Genealogies of 1 Chronicles 1–9", 11.

79 Schweitzer, „The Genealogies of 1 Chronicles 1–9", 11.

80 Vgl. etwa Marshall D. Johnson, *The Purpose of the Biblical Genealogies: With special reference to the setting of the genealogies of Jesus* (Cambridge: Cambridge University Press, 1969).

81 Johnson, *The Purpose of the Biblical Genealogies*, 75 (Johnsons Schrägdruck).

82 Vgl. Rudolf Smend, *Julius Wellhausen: Ein Bahnbrecher in drei Disziplinen* (München: Kein Verlag, 2004); Julius Wellhausen, *Briefe*, sowie Peter Machinist, „The Road not Taken: Wellhausen and Assyriology", in *Homeland and Exile: Biblical and Ancient Near Eastern Studies in Honour of Bustenay Oded*, ed. Gershon Galil, Markham Geller und Alan Millard (Leiden/Boston: Brill, 2009), 469–531.

heranzieht. Dies geschieht zum Beispiel auf S. 38 oder in dem ausgedehnten Palgrave-Zitat auf S. 24 seiner Dissertation und den darauffolgenden Ausführungen. Nicht nur damit zeigt er einerseits fundierte sprachliche und landeskundliche Kenntnisse in einem anderen, für die alttestamentliche Wissenschaft relevanten Feld, sondern andererseits auch die Fähigkeit, diese zum Erkenntnisgewinn im ihn gerade interessierenden Bereich einzusetzen. Er scheint insgesamt ein gutes Gespür dafür zu haben, bei welchen Nachbardisziplinen es den Aufwand der Einarbeitung für seine Sache lohnt, und wie sich die Ergebnisse fruchtbringend für die Beantwortung der eigenen Fragestellungen nutzbar machen lassen.

Peter Machinist befasst sich in seinem Aufsatz „The Road not Taken: Wellhausen and Assyriology" mit demselben Thema aus entgegengesetzter Perspektive, indem er die Frage stellt, warum Wellhausen eigentlich nicht auf den Zug der damals noch beinahe in den Kinderschuhen steckenden, aber deutlich aufstrebenden Assyriologie aufgesprungen sei. Er kommt zu dem interessanten Ergebnis, dass Wellhausen durchaus den Fortgang der Forschung in diesem Bereich beobachtet, vermutlich aber aus verschiedenen Gründen eine bewusste Entscheidung gegen eine tiefere Einarbeitung in die Materie getroffen habe, zum Beispiel weil er in anderen Bereichen zu diesem Zeitpunkt zu viel an Mühe investiert habe, als dass er diese Bereiche zugunsten eines neuen hätte vernachlässigen wollen.[83] So darf man auch von Julius Wellhausen viel, ja sehr viel, aber eben nicht alles erwarten.

Bei aller Wertschätzung der Nachbardisziplinen ist Vorsicht geboten, sollten diese Ergebnisse präsentieren, die größere Präzision nahelegen, als es Material und Methoden leisten können. In der Archäologie gibt es beispielsweise einen solchen Fall, der die Chronikforschung betrifft. Manfred Oeming warnt in seinem Aufsatz „Rethinking the Origins of Israel: 1 Chronicles 1–9 in the Light of Archeology"[84] eben davor, fast ausschließlich aus archäologischen Funden oder Überlegungen heraus bei allzu karger literarischer Quellenlage jahresgenaue Angaben für die Chronik herzuleiten, ohne den Charakter derselben und die theologischen Intentionen ihres Verfassers im Auge zu haben. Ferner weist Oeming darauf hin, dass große Partien des Textes der Chronik bei der Sichtung relevanten Textmaterials ausgelassen und unzulässige Annahmen über die zeitlichen Verhältnisse in 1Chr bezüglich der vermeintlich gleichzeitigen Besiedlung aller untersuchten Orte, und zwar zu Lebzeiten des Autors, gemacht worden seien.[85] Damit würden die gezogenen Schlussfolgerungen zu unsicher.[86]

---

83 Vgl. Machinist, „The Road not Taken", 522.

84 Oeming, „Rethinking the Origins of Israel", 303–318.

85 Oeming, „Rethinking the Origins of Israel", 311.

86 Es ist eine allgemein bekannte Regel der Logik, dass man aus einer falschen Aussage jede Aussage folgern kann.

5.1.10 Die Diskussion zu Wellhausen in Israel

Wellhausens Arbeit hat ausgerechnet in Israel hohe Wertschätzung, ja, man muss sagen: glühende Verehrung erfahren. Dies ist erstaunlich. In der Aufarbeitung des Holocausts galt Wellhausens Geschichtsbild in Deutschland – gerade hier in Heidelberg – als antijüdisch, ja im Grunde antisemitisch. Wellhausen sei als typischer „deutscher" Protestant Vorbereiter der theologischen Verachtung des Judentums. Speziell seine polemische Abwertung der Chronik wurde stark angegriffen.[87] Nicht so in Israel! Wie auch in der aktuellen Pentateuchforschung, so hat auch in der Chronikforschung Wellhausen im Land der Opfer des Holocausts einen ausgezeichneten Namen. Er gilt hier als wissenschaftlich vorzüglich ausgebildeter, verdienst- und einsichtsvoller Semitist und Orientalist.

Während die Hauptveröffentlichungen Sara Japhets zur Chronik, namentlich ihre Monografie *Ideology in the book of Chronicles* auf Englisch und ihr Kommentar *Chronicles I+II* nicht nur auf Englisch, sondern sogar auch auf Deutsch vorliegen, ist eine für unsere Untersuchung besonders relevante Veröffentlichung nur auf Ivrit zugänglich: die Übersetzung Lizah Ulmans von Julius Wellhausen, *De gentibus et familiis Judaeis* ins Hebräische, sowie die umfangreichen Anmerkungen und die Einleitung von Gershon Galil. Da Sara Japhets Veröffentlichungen, die für unsere Untersuchung Relevanz besitzen, bereits in die Diskussion integriert sind und auch nicht wie Lizah Ulmans Übersetzung und Gershon Galils Kommentierung noch dazu einen solchen Fokus auf Wellhausens Göttinger Dissertation haben, soll es in diesem Unterkapitel darum gehen, die Beiträge Gershon Galils und Lizah Ulmans eingehender zu besprechen. In manchen Bereichen wird leider nur eine umrisshafte Darstellung möglich sein, da der Verfasser nur des biblischen Hebräisch, nicht aber des Neuhebräischen wirklich kundig ist und sich somit auf sprachlich nicht sicherem Terrain bewegt.

Lizah Ulman und Gershon Galil haben bereits Mitte der 80er-Jahre des 20. Jahrhunderts in Jerusalem zu Wellhausens *De gentibus* geforscht. Es soll und kann hier nicht darum gehen, die Übersetzung im Ganzen oder auch nur in

87 So zum Beispiel Rolf Rendtorff, „Die jüdische Bibel und ihre antijüdische Auslegung", in *Auschwitz – Krise der christlichen Theologie*, ed. Rolf Rendtorff und Ekkehard Stegemann, ACJD 10, 1980, 99–116, hier: 106–109; Frank Crüsemann, *Das Alte Testament als Wahrheitsraum des Neuen* (Gütersloh: Gütersloher Verlagshaus, 2011), 54–56; im weiteren Kontext Ulrich Kusche, *Die unterlegene Religion: Das Judentum im Urteil deutscher Alttestamentler*, SKI 12 (Berlin: Institut Kirche und Judentum, 1991), 30–74. Kritisch dazu Rudolf Smend, „Wellhausen und das Judentum," ZThK 79/3 (1982), 249–282.

einzelnen Punkten zu kritisieren. Ziel dieses Kapitels ist vielmehr ein anderes, doppeltes: Zunächst wollen wir einen Überblick darüber geben, wie Wellhausens Göttinger Dissertation Mitte der 80er-Jahre in Israel aufgenommen und interpretiert worden ist; zweitens werden wir ausgewählte Stellen aus Wellhausens *De gentibus* betrachten, die in der Jerusalemer Übersetzung von 1985 kommentiert werden, und uns kritisch mit diesen Anmerkungen auseinandersetzen. Es soll darum gehen, herauszustellen und zu würdigen, was Ulmans und Galils Arbeiten leisten, und in welchen Punkten die hier vorgelegte darüber hinausgeht. Nun kommen wir zunächst zu Lizah Ulmans Übersetzung und sodann zu der Einleitung und den Anmerkungen Gershon Galils.

5.1.10.1 Das Verdienst Lizah Ulmans

Lizah Ulmans Verdienst ist es, die erste neusprachliche Übersetzung zu Wellhausens Göttinger Dissertation überhaupt vorgelegt zu haben. Damit macht sie den Text als solchen zunächst einmal zugänglich für die Lektüre in einer Sprache, die noch heute als Muttersprache gesprochen wird, aber auch für wissenschaftliche Kommentierung. Letztere mag auf eine Übersetzung nicht unbedingt angewiesen sein, doch dürfte diese eine solche in jedem Falle erheblich erleichtern. Wir kommen nun zur Einleitung und den Anmerkungen zu Lizah Ulmans Übersetzung. Beide stammen aus der Feder Gershon Galils:

5.1.10.2 Die Einleitung zu Lizah Ulmans Übersetzung von Gershon Galil

Galil eröffnet seine Einleitung zu Lizah Ulmans Übersetzung[88] von Wellhausen, *De gentibus* mit einer kurzen, etwa anderthalb Seiten umfassenden, aber darum nicht weniger ehrerbietigen Hommage an den Autor. Er bezeichnet Wellhausen als einen „מגדולי חוקרי המקרא בעת החדשה".[89] Integriert in diese Hommage sind ein Abriss von Wellhausens Lebenslauf, die Nennung seiner drei Forschungsgebiete: Altes Testament, Studien zum frühen Islam, Neues Testament sowie seine Wirkungsstätten: Greifswald, Göttingen, Marburg. Es folgt eine Einteilung und Untereinteilung der Kapitel von Wellhausens Göttinger Dissertation, sodann eine Analyse der Fragestellung und Methode Wellhausens: Seine

88 Die Seiten der Einleitung sind mit hebräischen Buchstaben durchgezählt, beginnend mit ז.

89 Gershon Galil in seiner Einleitung zu
ולהאוזן, י., *משפחות יהודה שנמנו בספר דברי הימים א ב, ד*, קונטרסים – מקורות ומחקרימ
63, פתח דבר והערות: גרשון גליל, תרגמה מלטינית: ליזה אולמאן (מרכז דינור: ירושלים, 1985)
= Julius Wellhausen, *De gentibus et familiis Judaeis quae 1. Chr. 2.4. enumerantur*, Übers. Lizah Ulman (Jerusalem: Dinur Centre, 1985), ז: „(einer/n) der größten Bibelwissenschaftler der Neuzeit".

Dissertation hat drei Hauptteile, deren zweiter in zwei Unterteile gegliedert ist (1Chr 2 und 1Chr 4,1–23). Inwieweit kann man aus den Listen der Stammes- und Volksgeschichte erkennen, welches der Schlüssel zum Verständnis der genealogischen Begriffe ist? Welche Verse lassen sich als spätere Hinzufügungen um einen älteren Kern herum identifizieren? Es folgt die Angabe einiger wissenschaftlicher Literatur, die Wellhausens Arbeit weiterführt.

Galil darf, das klang eben an, als ein glühender Verehrer Wellhausens gelten. So kommt er auf der nächsten Seite zu folgender Aussage über dessen Göttinger Dissertation:

> בעבודה ניכרת סינתיזה בין הגישה הפילולוגיה הרואה בהבנה מבנהו ומהיתו של הטקסט המקראי מטרה לעצמה לבין הגישה ההיסטורית הריאה בטקסט אמצעי בלבד.[90]

Dieser Satz kann geradezu als Spitzensatz gelten. Denn damit fasst Galil Wellhausens Vorgehen in beeindruckender Weise höchst knapp und doch präzise zusammen: Wellhausens Göttinger Dissertation stellt in der Tat eine Synthese aus Philologie und Philosophie dar.[91]

Es folgen Hinweise zur Übersetzung, insbesondere zur Bedeutung der verschiedenen Klammern. Danksagungen runden die Einleitung ab.

5.1.10.3 Die Anmerkungen Gershon Galils zu Lizah Ulmans Übersetzung

An 55 Stellen macht Galil konkrete Anmerkungen zum Text von Wellhausens *De gentibus*. Diese sind mit hebräischen Buchstaben durchgezählt und inhaltlich sehr weit gesteckt: von Übersetzungshinweisen zu verwandtschaftlichem Fachvokabular und Erklärungen von *termini technici* über Hinweise auf literarische und biblische Zitate und Anspielungen bis hin zum Nachzeichnen der Argumentationslinie Wellhausens, teilweise begleitet von Einschätzungen der Haltbarkeit derselben aus heutiger Sicht. Wir schauen uns jetzt zu jeder dieser drei Arten von Anmerkungen einige Beispiel an.

Anmerkung א (zu Wellhausen, *De gentibus*, 3 nach dem Satz, der mit *lucrum* endet, eingefügt) liest sich wie ein Hinweis der Übersetzerin zu den 6 vorkommenden Verhältnisbezeichnungen *populus, natio, tribus, gens, familia* und *magna familia*. Es werde nach Möglichkeit wie folgt konkordant übersetzt:

---

90 Galil über Wellhausen, *De gentibus*, Übers. Lizah Ulman, ה: „In einer beachtlichen Arbeit wird eine Synthese zwischen dem philologischen Ansatz, der das Verständnis der Struktur und des Wesens des biblischen Textes als Selbstzweck sieht, und dem historischen Ansatz nur im mittleren Text hergestellt."

91 Diese unsere Untersuchung hat darüber hinaus das Teilergebnis, dass Wellhausens Ansatz nicht nur eine Synthese zwischen Philosophie und Philologie, sondern auch zwischen Philosophie und Geschichtsschreibung darstellt.

עמ = populus, natio
שבט = tribus (tribe)
משפחה = gens (clan)
בית, בית אב = magna familia, familia

Allerdings wird der letzten Zeile *zu (magna) familia* die sehr treffende Bemerkung hinzugefügt:

> גמיש ומכוון לעתים למשפחה המורחבת הכוללת מספר משפחות גרעיניות ולעתים גם למשפחה גרעינית אחת.[92]

Konkordantes Übersetzen erscheint allein wegen Wellhausens eigenen mitunter unsteten Sprachgebrauchs im Lateinischen höchst fragwürdig. Er benutzt außer der von Galil bemerkten Unregelmäßigkeit bald den Ausdruck *gens Judaica* (S. 32), bald *tribus Judae* (S. 4) bzw. *tribus Judaeae* (S. 17; 36). Ob Juda nun in Wellhausens Augen eine *tribus* oder eine *gens* ist, muss also offenbleiben. Der Übergang scheint für ihn fließend zu sein.

Der Beginn von Anmerkung ב (zu Wellhausen, *De gentibus*, 3 nach dem Satz, der mit *Chronicographus* endet, eingefügt) lautet:

> ולהאוזן מבחין בין מהבר ספר דברי הימים, אשר חי במאה הרביעית לפה"ס (Chronicographus) לבין האתנוגרף (Ethnographus) שהוא הטופר שכתב את רשימות היחס בימי בית ראשון בסמון לפרק הזמן המשקף מן הרשימות

Hier wird eine für die Analyse wichtige Unterscheidung vorgenommen, indem Überlieferung, Ethnograf und Schreiber der Chronik als unterschiedliche, im heutigen Text der Chronik noch wahrnehmbare Größen getrennt werden; vgl. hierzu auch Anmerkung טז zu Wellhausen, *De gentibus*, 7, eingefügt nach *historicis accidere temporibus*.

Vier Anmerkungen weisen auf literarische Zitate aus Horazens Werk hin:

> ג (zu Wellhausen, *De gentibus*, 3, eingefügt nach *fit*) auf Hor. *ars* 25–26,
> יא (zu Wellhausen, *De gentibus*, 15, eingefügt nach *perennius*) auf Hor. *carm.* 3,30,1,
> כב (zu Wellhausen, *De gentibus*, 16, eingefügt nach *dentem*) auf Hor. *serm.* 1,77–78 und
> נה (zu Wellhausen, *De gentibus*, 41, eingefügt nach *murem*) auf Hor. *ars* 139.

Anmerkung לז (zu Wellhausen, *De gentibus*, 26, eingefügt nach *latuit certo*) weist zu Recht auf epikureisches Gedankengut hin. Der Hinweis auf die Herkunft (Ov. *trist.* 3,4,25) fehlt.

---

92 „Flexibel und manchmal auf die Großfamilie bezogen, die mehrere Kernfamilien umfasst, und manchmal auch nur eine Kernfamilie."

Die Anmerkungen יא–ה enthalten sämtlich Bemerkungen und Erläuterungen zu den Eigenheiten von Wellhausens Konzeption von *ethnologia* und *genealogia*, ebenso die Anmerkungen יג und יד.

In Anmerkung כ zu Wellhausen, *De gentibus*, 12, FN 1 nach *fuerant Danaeorum 1 Chr. 8, 8. 11* hat Galil Kritik anzubringen:

> קביעתו של ולהאוזן כי מדובר בתקופה בתר-גלותית אינה אלא השערה שכן לא ברור מתי ארעו המאורעות המתוארים בדברי הימים א ח, ח, יא ואילך.[93]

In Anmerkung כג zu Wellhausen, *De gentibus*, 16 nach *interpositicii* verweist Galil nach der einleitenden Bemerkung „לא זה המקום להסביר את הקשיים בהצעותיו של ולהאוזן“[94] lediglich auf seine eigene Dissertation von 1983 (Jerusalem).

Mit „זהוי יהללאל עם מהללאל קשה ואין ללמוד ממנו דבר על זמנו של פסוק טז“[95] stellt Galil eine Einzelbehauptung Wellhausens in Frage. Auch die drei folgenden Anmerkungen ל, לא, לב, לג üben verschiedentlich Kritik an Wellhausens Ausführungen. Sehen wir uns deren letzte, לג, zu Wellhausen, *De gentibus*, 24, eingefügt nach *Hebraei*, in Auszügen im Wortlaut an:

> כאן טעה ולהאוזן טעות אריתמטית שהרי בין ששן לאלישמע נמנו ארבע עשר דורות ולא תשעה. מנין 40 שנה לדור אינו רלוונטי, שכן זהו ציון סכימאטי ואינו יכול לשמש בחישובים הריאליים.[96]

Noch eine letzte kritische Anmerkung Galils zu Wellhausens Dissertation sei hier genannt. Es handelt sich um Anmerkung מא zu Wellhausen, *De gentibus*, 29, eingefügt nach „Esra 2, 6.8, 9“:

> אין כל יטוד להנחתו כי בית לחם לא היתה עיר חשובה בימי בית ראשון. ראה למשל, רשימת ביצורי רחבעם בדברי הימים ב יא, ו וכן תוספת השבעים ליהושע טו; נט.[97]

---

93 „Wellhausens Feststellung, dass dies eine Zeit nach dem Exil ist, ist nichts anderes als eine Hypothese, da nicht klar ist, wann die in 1 Chronik 8,8.11 und danach beschriebenen Ereignisse eingetreten sind.“

94 „Dies ist nicht der Ort, um die Schwierigkeiten in Wellhausens Vorschlägen zu erklären ...“

95 „Jehalelel mit Mehalelel zu identifizieren ist schwierig, und nichts kann man daraus über die Zeit von Vers 16 lernen.“

96 „Hier machte er einen Rechenfehler, denn zwischen Sheshan und Elishama gab es vierzehn Generationen und nicht neun. Warum gerade 40 Jahre bis zu einer Generation, ist irrelevant, da es sich um eine schematische Bewertung handelt, die auch nicht für reale Berechnungen verwendet werden kann.“

97 „Es gibt keine Grundlage für seine Annahme, dass Bethlehem in den Tagen des Ersten Tempels keine wichtige Stadt war. Siehe zum Beispiel die Liste der Befestigungen von Rehabeam in 2Chr 11 sowie die Hinzufügung der LXX zu Josua 15,59.“

Die hier besprochenen Anmerkungen sind allen wesentlichen Bereichen entnommen, zu denen Galil Anmerkungen macht. Sie zeigen vor allem zweierlei: Zunächst hat Galil Wellhausens Text offenbar sehr genau und kritisch studiert. Ferner geht daraus hervor, dass die Forschung 115 Jahre nach Wellhausens Dissertation gerade auch in Detailfragen ein gutes Stück weitergekommen ist. So kann man heute beispielsweise viele Ortsnamen viel besser geografischen Orten zuordnen – nicht zuletzt aufgrund archäologischer Evidenz. Heute, gut 35 Jahre nach Ulmans und Galils Veröffentlichung, möchte die vorliegende Untersuchung wiederum einen Schritt nach vorne wagen und auf Ulmans und Galils Erkenntnisse aufbauen, diese erweitern.

5.1.10.4 Inwieweit die hier vorgelegte Arbeit über die Beobachtungen Galils und Ulmans hinausgeht

Ulman und Galil haben, was die Erschließung von Wellhausens *De gentibus* für die moderne Forschung angeht, Pionierarbeit geleistet. Die Verbindung einer modernen Übersetzung mit den Anmerkungen unter dem Text erlaubt eine informierte Lektüre, die zahlreiche Aspekte des Textes unmittelbar erschließt und somit das mühsame Wälzen weiterer Literatur auf ein Minimum reduziert, wenn nicht völlig erübrigt.

Die vorliegende Untersuchung setzt sich zum Ziel, einige wichtige Punkte, die in der Arbeit Ulmans und Galils den Charakter richtiger Einzelbeobachtungen haben, in einen größeren Zusammenhang zu stellen und so ein noch deutlicheres Gesamtbild von Wellhausens Göttinger Dissertation zu zeichnen. Hinter dem Werk steht ein Autor, der als wahres Ausnahmetalent gelten darf. Wellhausens *De gentibus* ist formal und inhaltlich in einer Weise durchkomponiert, die ihresgleichen sucht. Das hat bereits Galil treffsicher gespürt und im Hinblick auf die argumentative Gesamtanlage von Wellhausens Göttinger Dissertation formuliert. Dies gilt aber auch für andere kompositorische Bereiche. Diese Arbeit liefert nun mehrere weitere, bisher noch nicht vorgebrachte handfeste Argumente für diese These. Für einige in dieser Arbeit vertieft besprochene Bereiche seien hier nun in aller Kürze einige Beispiele gegeben.

1. Ulman und Galil identifizieren in Wellhausens Text vier Zitate aus der augusteischen Literatur. Über die Funktion dieser Zitate werden keine Aussagen gemacht. Diese unsere Untersuchung ergänzt die Liste der Zitate um eine ganze Reihe weiterer und arbeitet deren Funktionen heraus. Ein Ergebnis besteht darin, dass die Zitate weit über sich hinausweisen. Mehr noch: Sie geben Wellhausens Arbeit eine eigene Struktur, die den Inhalt von Wellhausens Beobachtungen suggestiv unterstreicht. Denn Wellhausen ist ein Meister der Rhetorik: Er versteht sich auf die genaue Abstimmung von Form und Inhalt.

2. Wellhausens Vorgehen in *De gentibus* hat sicher philologische Schwerpunkte. Auch hier hat Galil völlig richtig gesehen, dass das längst nicht alles ist, sondern dass Wellhausen eine Synthese aus Philologie und Philosophie schafft. Wie diese Synthese genau aussieht, wird aber nicht en détail ausgeführt. Dies wird in der vorliegenden Untersuchung versucht. Wir weisen beispielsweise nach, welch wichtige Rolle Aristoteles für Wellhausens Argumentation spielt. Ferner deuten wir die Tatsache, dass Wellhausen seine Göttinger Dissertation mit einem Zitat aus Francis Bacons *Novum Organum* schließt.
3. Darüber hinaus arbeiten wir in dieser unserer Untersuchung heraus, dass Wellhausens Arbeit nicht nur eine Synthese zwischen Philosophie und Philologie, sondern auch zwischen Philosophie und Geschichtsschreibung bedeutet. Diese wiederum wird vollzogen mithilfe philosophischer Termini aus der aristotelischen *Metaphysik*,[98] die zur Umdeutung einer Denkfigur aus der aristotelischen Poetik[99] eingesetzt werden. Damit entsteht insgesamt eine Synthese der drei Bereiche Philologie, Philosophie und Geschichtsschreibung.
4. Unmittelbar auf die Übersetzung Lizah Ulmans folgt auf S. 39 eine Bibliografie zu Wellhausens Dissertation. Im kurzen Vortext hierzu wird mit Recht darauf hingewiesen, dass die bibliografischen Angaben in Wellhausens Dissertation nicht immer ganz korrekt sind. Die auf S. 39 gegebene Bibliografie ist allerdings ihrerseits nicht ganz vollständig, ferner kann Wellhausen *The Assemblies of Al-Hariri* (ed. F. Steingass), London 1897 allein wegen des Erscheinungsjahres für seine Dissertation nicht benutzt haben. Für vollständigere Angaben vgl. Anhang 4 zu dieser Arbeit.
5. Die Erstveröffentlichung der Promotionsakte Wellhausen erlaubt es, einige Aspekte rund um seine Dissertation besser zu verstehen und einiges aus seiner Dissertation selbst erst richtig einordnen zu können; so zum Beispiel das Horaz-Zitat aus seinem Motivationsschreiben mit seinem Bezug zu dem auf S. 41 seiner Dissertation oder seine Beweggründe für das Abfassen seiner Dissertation (Vorarbeit zu einer größeren Studie). Dies einmal so weit.

98 Gemeint ist das Gegensatzpaar *ὕλη* – *μορφή* (bzw. *εἶδος*), das Wellhausen mit *materia* (bzw. *materies*) – *forma*, auf Deutsch also „Stoff" – „Form", übersetzt; vgl. die Diskussionen Arist. *Metaphys.* 1069a18–1093b29 (Bücher XII–XIV (Λ–N)).

99 Gemeint ist ein Abschnitt aus dem 9. Kapitel der aristotelischen Poetik, wo es unter anderem heißt: „φιλοσοφώτερον καὶ σπουδαιότερον ποίησις ἱστορίας ἐστίν" – „Dichtung ist etwas Philosophischeres und Ernsthafteres als Geschichtsschreibung".

5.2 Wellhausens Wirkung auf die heutige Forschung

In diesem Kapitel werden wir diejenigen Aspekte der Chronik, die wir in 5.1.2–5.1.6 als in der jüngeren Forschung prominent dargestellt haben, in Wellhausens Dissertation aufzuspüren versuchen. Sollte dies im Wesentlichen gelingen, darf mindestens Wellhausens wissenschaftlicher Weitblick als erwiesen gelten, der also gut 100 Jahre vorauszuschauen vermag. Unsere Argumentation ist daraufhin angelegt, eben dies zu leisten.

Wellhausen hat seine Promotion 1870 vorgelegt. Bei einer Einordnung in den heutigen Forschungszusammenhang ist aus mindestens zwei Gründen Vorsicht geboten:

Erstens ringt Wellhausen zum Teil mit anderen Fragestellungen zur Chronik als die heutige Forschung. Diese ist heute in der angenehmen Position, auch auf Wellhausens Antworten zurückgreifen zu können.

Zweitens hat Wellhausen naturgemäß viel weniger Forschungsliteratur, die er benutzen kann – und muss. Er kann sie mindestens annähernd vollständig kennen. Dies sind zwei wesentliche Punkte, in denen sich Wellhausens Situation von unserer heutigen unterscheidet. So verstehen sich die folgenden Überlegungen als ganz vorsichtiger Versuch, eine 150 Jahre alte Brücke zu überqueren.

Wellhausen betreibt in seiner Arbeit in nennenswertem Maße Textkritik, doch hat er vor allem ausführliche Literarkritik des 2. und 4. Kapitels des 1. Chronikbuches, sodann die Scheidung der Quellen als Ziel vor Augen: Wie ist ethnologische Sprache, wie sie uns in der genealogischen Vorhalle begegnet, zu verstehen? Welche Verse und Versgruppen sind ursprünglich? Welche gehören zusammen oder müssen als ursprünglich voneinander getrennt eingeordnet werden? Wer ist wer? Wer hat wann wo gelebt? Wer hat mit wem Krieg geführt oder friedlich gelebt? Wer ist mit wem wann Verbindungen eingegangen oder hat solche aufgelöst? Welche anderen biblischen oder außerbiblischen Quellen haben wir für eine Entscheidungsfindung? Welche dieser Erkenntnisse sind historisch haltbar? Das sind die Fragen, mit denen sich Wellhausen beschäftigt. Es geht ihm also darum, Zusammenhänge zwischen diesen Namen, den damit verbundenen geschichtlichen Ereignissen und geografischen Orten herauszuarbeiten und diese angemessen zu verstehen. Dabei ist auffällig, dass Wellhausen nur zwei Forscher zitiert, die explizit zur Chronik geforscht haben: Ernst Bertheau (13-mal) und Heinrich Ewald (12-mal). Beide lehren 1870 in Göttingen. Beide versichert Wellhausen in seiner Arbeit seiner Verehrung. So hat man den Eindruck, dass hier im doppelten Sinne des Wortes eine „Hausarbeit" verfasst worden sei. Mindestens ebenso interessant scheint aber auch zu sein, wer nicht erwähnt wird: Theodor Nöldeke und Wilhelm Martin Leberecht de Wette. Dies passt recht gut zu der Einschätzung, die Rudolf Smend mit Blick auf die späte-

ren Evangelienkommentare Wellhausens abgibt: Die Kommentare (= Wellhausens Evangelienkommentare; d. Vf.) sind knapp und unkonventionell, sie enthalten nichts, was Wellhausen nicht selbst beobachtet hat; seine Vorgänger ließ er weithin ungelesen und zitierte dazu ein arabisches Sprichwort: ‚Die Kamele verekeln einem die Quellen.‘[100] Somit darf als wahrscheinlich gelten, dass Wellhausen bereits in seiner Licentiaten-Promotion, abgesehen von seinen gelegentlichen Bezugnahmen auf Bertheau und Ewald, vornehmlich eigene Ergebnisse präsentiert.

Wenn wir jetzt Wellhausens Beiträge betrachten, die er mit seiner Dissertation für die heutige Forschung macht, dürfen wir nicht aus dem Auge verlieren, dass die eben genannten Punkte vermutlich den größten Beitrag zur Forschung darstellen, indem sie eine für alle weitere Forschung verwertbare Grundlage liefern. Nichtsdestotrotz kann man in Wellhausens Dissertation auch zu vielen der in der Einleitung dargestellten Positionen der neueren Chronik-Forschung bereits Ansätze finden, wenngleich nicht in der heute vorliegenden Ausführlichkeit und üblichen Zuspitzung. Schauen wir uns also diese Positionen aus dem Blickwinkel von Wellhausens Dissertation noch einmal der Reihe nach an!

5.2.1 Verkündigung bei Wellhausen

Wellhausen benutzt das lateinische Wort für „verkündigen“, *praedicare*, nur ein einziges Mal in seiner Dissertation, und zwar auf S. 23 in FN 1: „Sane illae [res] ad unam omnes aetate Chronicographi erant עַתִּיקִים, sed hoc cur erat praedicandum hoc solo loco?“[101] Hier haben wir mit עַתִּיקִים (= *antiqua*) bereits bei Wellhausen den Hinweis, dass die Verkündigung der Chronik sich zumindest an der von ihm besprochenen Stelle auch auf in der ferneren Vergangenheit Geschehenes bezieht. Weitere explizite Reflexionen zum verkündigenden Charakter der Chronik finden sich in Wellhausens Dissertation nicht. Jedoch gibt Wellhausen seiner Arbeit selbst mindestens am Ende ein Formelement von Verkündigung, indem er mit dem Wort *veritas* = (die) Wahrheit = (ה)אמת schließt.[102]

5.2.2 Auslegung bei Wellhausen

„Aus-legen“ heißt auf Latein *ex-ponere*. In Wellhausens Arbeit kommt *exponere* 2-mal (S. 3; 13) und das zugehörige Substantiv *expositio* achtmal vor (S. 13

100 Smend, *Julius Wellhausen. Ein Bahnbrecher in drei Disziplinen*, 36.

101 „Natürlich waren jene Ereignisse allesamt im Zeitalter des Schreibers der Chronik עַתִּיקִים, aber warum hätte man das ausgerechnet an dieser Stelle verkündigen sollen?“

102 Damit das möglich wird, muss er das Zitat aus Francis Bacons *Novum Organum* umstellen.

[2-mal]; 15; 19 [2-mal]; 20; 23; 40). Damit ist allein vom Wortmaterial sichergestellt, dass Wellhausen in der Chronik auch auslegende Elemente sieht. Wie nah ist nun sein Verständnis von Auslegung etwa an dem Willis? Während alle Belege auf den Seiten 13–40 sich im Wesentlichen auf „Auslegung" innerhalb der Chronik beziehen und somit die Berührpunkte mit Willis Verwendung des Begriffs in Bezug auf das Auszulegende zu wenige sein dürften, kommt die erste Verwendung des Begriffs in Wellhausens Dissertation auf S. 3 dem Sinn von Willis Auslegungsbegriff erstaunlich nah:

> Quippe mavult leviter significare gnaris, quibus sufficit innuere, quam ordine exponere imperitis, qui non habent penes se, unde supplere possint omissa, ulterius persequi obiter tacta.[103]

Wellhausen hat also klar Folgendes erkannt: Die Chronik ist gerade nicht Auslegung für eine Leserschaft ohne entsprechende Vorkenntnisse in dem von der Chronik behandelten Thema. Im Gegenteil, nach Wellhausen wendet sich die Chronik bewusst an solche Leute, die dieses Auszulegende bereits kennen und bis zu einem gewissen Grad verstanden haben, mehr noch: denen ein Wink, ein Hinweis genügt. Darunter kann man solche Leute verstehen, bei denen man die Vorkenntnisse als nicht nur irgendwie vorhanden, sondern als solide und unmittelbar zugänglich voraussetzen darf.[104] Somit darf als erwiesen gelten, dass bereits Wellhausen in der Chronik nicht nur Elemente von Auslegung gesehen, sondern Auslegung geradezu als ein Ziel der Chronik erkannt hat, und zwar für eine einschlägig vorgebildete Leserschaft.

5.2.3 Chiasmus bei Wellhausen

Wellhausen bespricht chiastische Strukturen in seiner Arbeit auf S. 20 oben. Auch wenn er den Begriff „Chiasmus" nicht benutzt, ist doch sehr deutlich, dass er davon spricht:

---

103 „Er will wohl lieber den Kundigen, denen ein Wink genügt, etwas leicht zu erkennen geben, als es der Reihe nach den Unerfahrenen auslegen, die nichts zur Verfügung haben, womit sie das Ausgelassene auffüllen oder nebenbei Berührtes weiter verfolgen könnten."

104 In diesen Zusammenhang lässt sich auch gut eine Aussage Manfred Oemings einordnen. Er schreibt über die „aus anderen kanonischen Büchern entlehnten ‚Zitate' ... Die zitierten Passagen sind formal durchgängig gestrafft und gekürzt. Manchmal ist die Kürzung derartig weitgehend, daß man als Leser, der nicht schon von anderswoher um die Bedeutsamkeit der Namen weiß, nichts verstehen kann." Oeming, *Das wahre Israel*, 207; vgl. Wellhausen, *De gentibus*, 3 unten.

> [...] inverso illo quo v. 1 enarrantur ordine ita quidem, ut primus in censum veniat (v.2 sqq.) Shobal, qui v. 1 ultimus est, secundus Chur, qui in titulo est penultimus – quam eandem rationem proficiscendi in recensu ab ultimo invenimus saepius, e. g. 2, 28–30. v. 43 sq.[105]

Aber Wellhausen geht wieder einen Schritt weiter. Er bemerkt nicht nur chiastische Strukturen im Text der Chronik, er benutzt in seiner Arbeit selbst Chiasmen, um seine Aussagen rhetorisch-stilistisch zu unterstreichen. Dies haben wir mehrfach gesehen. Dasselbe gilt für die Figur der *inclusio*, die er sogar an einer Stelle, im Rahmen um seine eigene Arbeit herum, mit einem Chiasmus verschränkt.[106] Erinnern wir uns ferner daran, dass die Verteilung der Zitate in seiner Arbeit eine chiastische Struktur entstehen lässt![107]

5.2.4 Verhandlung über Identität bei Wellhausen

Im Grunde genommen ist Wellhausens ganze Dissertation ein einziges Ringen um Identität derer, die sich hinter den Namen in 1Chr 2.4 verbergen. Wellhausen äußert sich dazu erwartungsgemäß auf vielen Seiten seiner Arbeit. Exemplarisch seien hier zwei Abschnitte besprochen, einer von S. 32, einer von S. 40 in Wellhausens Arbeit:

> Conveniunt vero itidem aliae quas aliunde de Rekabaeis postexilicis accepimus relationes, quibus affirmatur sacerdotalia illis competisse [...] communem esse Judaeorum opinionem, quosdam Qenaeorum (= Rekabaeorum) senatui qui in metropoli gentis Judaicae erat magno adscriptos fuisse ...[108]

---

105 „Nach Umkehrung jener Reihenfolge, in der sie in V. 1 aufgezählt werden, finden wir sie allerdings so, dass als Erster Shobal zur Aufzählung kommt (V. 2 ff), der in V. 1 der Letzte ist, als Zweiter Hur, der in der Ankündigung der Vorletzte ist. – Ebendieselbe Vorgehensweise, bei einer Aufzählung mit dem Letzten anzufangen, finden wir öfter, zum Beispiel in 2, 28–30 und V. 43 f."

Auch andere haben solche Strukturen in 1Chr 2–4 entdeckt, ohne sie als Chiasmus zu bezeichnen, wie Jonker, *Defining All-Israel*, 29 nach seinem auf jeder Seite sechs Glieder umfassenden chiastischen Modell zu 1Chr 1–9 bemerkt: "Even within the individual levels of this structure, evidence of chiastic structuring can be observed. Although not naming it as such, Curtis noted the chiastic structuring of 1 Chr 2:3–4:23."

106 Vgl. S. 196.

107 Vgl. S. 189.

108 „Dazu passen aber gleichfalls andere Berichte, die wir anderswoher über die nachexilischen Rechabiter erfahren haben, durch die bestätigt wird, dass die priesterlichen Rechte ihnen zustanden (ohne Zweifel mit Rücksicht auf die Worte in Jer 35,19, wie man leicht erkennt) [...], dass es allgemeine Meinung der Juden sei, dass einige Keniter (= Rechabiter) in den großen Senat aufgenommen worden seien, den es in der Provinzhauptstadt des jüdischen Geschlechts gab."

Wellhausen hat also gesehen, dass die Rechabiter Priesterstellen und Sitze im Ältestenrat hatten und dadurch den Juden in ihren Rechten und gesellschaftlichem Ansehen recht nah standen.

Darüber hinaus ist auch Wellhausen bereits der Punkt aufgefallen, dass die Juden in anderen biblischen Schriften üblicherweise strenger von anderen Gruppen getrennt werden. Bei ihm findet sich gegen Ende seiner Arbeit hierzu eine etwas längere Passage, die sich vollständig zu zitieren lohnt. Dort heißt es auf S. 40:

> Inde colligitur Jerachmeelaeos quamquam socii fuerint Judaeorum ab ipsis tamen haud secus ac Qenaeos distingui *quoad genus*. Quod idem etiam apparet quum 1 Sam. 30, 29 in numero primorum Judae quibus David munera misisse dicitur, inveniuntur etiam qui habitant in oppidis Jerachmeelaeorum – non sunt Judaei sed instar Judaeorum. Minus vigebat Davidis aetate in genuinorum Judaeorum mentibus conscientia discriminis ratione habita Kalibbaeorum. Sed nota 1 Sam. 30, 14, ubi narrat servus Aegyptius, Amaleqaeos, qui impune praedandi occasionem nacti esse sibi videbantur, incurrisse in Negeb Philisthaeorum, in fines Judae, in Negeb denique Kalebi. Diserte igitur hic etiam Kalibbaei a Judaeis qui proprie sunt internoscuntur. Multo disertius autem idem fit Jos. 14. 15. Jud. 1. In catalogo quidem urbium Judaearum promiscuae cum ceteris recensentur etiam Kalibbaeae ...[109]

Einiges in diesem Abschnitt ist bemerkenswert. Zunächst stellt Wellhausen fest, dass die Jerachmeeliter bzw. Keniter sich hinsichtlich ihrer Abstammung zwar von den Juden unterschieden, zu Davids Zeiten aber das Bewusstsein um diese Unterschiede zu den Kalebitern bei den Juden nicht besonders stark vorhanden gewesen sei. Weiterhin ist die Formulierung *[Jerachmeelaei] non sunt Judaei sed instar Judaeorum* gegen Ende der ersten Hälfte des zitierten Abschnitts interessant: Das heißt, sie sind zwar keine Juden *quoad genus*,[110] aber sonst sind sie von diesen nicht zu unterscheiden. Kurzum: Man „merkt" den Unterschied sonst nicht.

---

109 „Daher kann man schließen, dass die Jerachmeeliter, obwohl sie Verbündete der Juden waren, von diesen selbst dennoch nicht anders als die Keniter ***hinsichtlich ihres Geschlechts*** unterschieden werden. Eben dasselbe tritt auch zutage, als in 1Sam 30,29 unter den Ersten Judas, denen David Geschenke geschickt haben soll, sich auch diejenigen finden, die in Städten der Jerachmeeliter wohnen – sie sind keine Juden, sondern nur wie Juden. Weniger stark war zur Zeit Davids in den Köpfen der echten Juden das Bewusstsein des Unterschieds im Hinblick auf die Kalebiter. Aber man beachte 1Sam 30,14, wo ein ägyptischer Sklave erzählt, die Amalekiter seien in der Meinung, eine Möglichkeit zu einem ungestraften Beutezug erlangt zu haben, ins Südland der Philister eingefallen, dann ins Gebiet Judas, schließlich ins Südland Kalebs. Deutlich werden also auch hier die Kalebiter von den eigentlichen Juden unterschieden. Viel deutlicher aber geschieht dasselbe in Jos 14 und 15 und in Ri 1. Im Verzeichnis der jüdischen Städte jedenfalls werden auch die kalebitischen Städte vermischt mit den übrigen aufgezählt." Im Original sind die beiden hier fett gedruckten Wörter zur Hervorhebung schräg gedruckt.

110 So heißt es über die Jerachmeeliter (und die Keniter) weiter oben im zitierten Abschnitt.

Weiterhin ist für unsere Belange von Bedeutung, dass Wellhausen hier 1Sam 30, Jos 14.15 und Ri 1 als Belegstellen für die deutliche Unterscheidung der Juden von anderen Gruppen nennt, die die Chronik als einen Teil Israels verstanden wissen will. Damit ist erwiesen, dass Wellhausen sowohl manche Rechtsfragen zu einzelnen Stämmen im jüdischen Umfeld als auch unterschiedliche Trennschärfen bei der Frage der Unterscheidung der Juden von anderen Gruppen gesehen hat.

5.2.5 Utopie bei Wellhausen

Es gibt zwei sehr unterschiedliche Spuren von Utopie in Wellhausens Arbeit. Zunächst kann man wieder philologisch fragen, welche Hinweise sich bei ihm finden. Ein Beispiel für die erste Art von Spur findet sich auf S. 20: „Unde Karmi filius Zerach irrepsit inter filios Chesronis? Eo minus hic erat illi locus, quandoquidem ita disposita sunt nomina v. 1 prolata, ut [...]“[111] Hier wird festgestellt, dass nach der älteren Überlieferung für Karmis Sohn Serach unter den Söhnen Hezrons kein Platz – *eo minus... locus* – *οὐ τόπος* – ist. Genau darum geht es im Grunde genommen: Wer hat einen Platz in Israel, wer nicht?[112] Wellhausen stellt hier also fest, wer keinen Platz hat, für wen die Zugehörigkeit zu Israel auf Grundlage der älteren Überlieferung im wörtlichen Sinne u-topisch ist.

Am Ende von Wellhausens Dissertation tritt das Thema Utopie in ganz anderer Weise auf den Plan. Dies weist zugleich zwei Pointen auf: Zunächst orientiert sich Wellhausen damit am Ende des 2. Chronikbuches, wo ebenfalls eine bis dahin nicht genannte Person einen hoffnungsvollen Ausblick auf die Zukunft gibt: der Perserkönig Kyrus. Ferner verbindet Wellhausen den Aspekt der Utopie auch mit dem Namen Francis Bacon, ohne ihn freilich zu nennen, und zwar gleich in zweierlei Hinsicht. Zunächst hat das Zitat aus Francis Bacons *Novum Organum*, das Wellhausen ganz ans Ende seiner Arbeit stellt, einen utopischen Charakter. Es ist Teil eines Aphorismus, der sich am Ende seiner Arbeit vor allem auf den Wert von Wellhausens Arbeit im Speziellen, aber auch auf den Fortgang der (alttestamentlichen) Wissenschaft im Allgemeinen beziehen lässt. Zweitens, und das ist wieder ein Hinweis auf die von Schwartz an Well-

111 „Von wo aus hat sich Karmis Sohn Serach zwischen Hezrons Söhne eingeschlichen? Umso weniger war dies ein Platz für ihn, als die in V. 1 genannten Namen so angeordnet sind, dass ...“

112 Hier besteht also ein Zusammenhang mit dem Inklusionsgedanken, den rechtlichen Voraussetzungen für einen Platz und den rechtlichen Folgen vorhandener oder fehlender Zugehörigkeit.

hausen gepriesene „seltene Belesenheit“,[113] sieht man den Aspekt der Utopie an dieser Stelle noch viel deutlicher, wenn man wieder einmal um die Ecke denkt, indem man das Werk des zitierten Autors aufruft: Wer Bacon gelesen hat und den utopischen Charakter des Zitats bemerkt, denkt unwillkürlich an Francis Bacons utopische Schrift *Nova Atlantis*, wo die Bewohner der Insel Bensalem (= Friedenssohn) den in Seenot Geratenen Rettung bringen, die ihrerseits über die gelungener Wissenschaft zu verdankende Perfektion der Lebensbedingungen auf dieser Insel nur staunen können. Hoffnungsvoller, um nicht zu sagen utopischer, kann man eine wissenschaftliche Arbeit kaum beenden als Wellhausen.

5.2.6 Fazit

Angesichts der gut 150 Jahre, die Wellhausens Dissertation nun alt ist, erscheint die Tatsache, dass sich bereits in eben dieser zu allen obigen in der jüngeren Chronik-Forschung diskutierten Aspekten Hinweise oder Aussagen finden, sehr erstaunlich. Dies dürfte zu einem wesentlichen Teil an Wellhausens wissenschaftlichem Gespür und Weitblick liegen. Aber mehr noch: Wellhausen bespricht diese Aspekte nicht nur, er benutzt sie auch, um mithilfe eben dieser seine eigene Arbeit zu strukturieren. Solches Ineinandergreifen von Form und Inhalt haben wir bei Wellhausen mehrfach als besonders beeindruckend herausgestellt. So schließt sich der Kreis im Hinblick auf die in dieser Arbeit angebotene Interpretation. Wir können insgesamt festhalten:

Es lohnt sich, Wellhausen zu lesen. Seine von Schwartz hervorgehobene seltene Belesenheit erlaubt es ihm, bereits beim Verfassen seiner Dissertation auf einen reichen Schatz an sprachlichen, literarischen und inhaltlichen Parallelen zuzugreifen, diese im Rahmen seiner Arbeit zu orchestrieren und so ein Kunstwerk entstehen zu lassen, das sich als solches erst einem einschlägig vorgebildeten Publikum erschließt.

Es lohnt sich, bei Wellhausen darauf zu achten, was er sagt, aber auch darauf, wie er es sagt. Oft genug unterstützt das Letztere das Erstere. Bisweilen mag man auch Ersteres erst nach Letzterem recht verstehen. Daher lohnt es sich auch, Wellhausen mehrfach zu lesen. Wir dürfen ziemlich sicher sein, längst nicht all seine versteckten Hinweise gefunden, genannt oder besprochen zu haben. Hier hat zukünftige Forschung an der Dissertation Wellhausens sicher eine Aufgabe.

---

113 Schwartz, *Gesammelte Schriften 1*, 334.

Es lohnt sich, Wellhausens Verriss[114] der Chronik in seinen *Prolegomena* in neuem Licht zu betrachten. Dieser erscheint eher als eine spätere Sichtweise Wellhausens auf die Chronik, die in seiner Dissertation höchstens in Ansätzen vorhanden ist, denn als eine von Anfang an gefestigte Meinung. Vielmehr zeigt der literarisch-ästhetische Entwurf seiner Dissertation eine aktive Auseinandersetzung mit dem Werk des Chronisten, die eher von Verständnis, Herausforderung zum literarischen Wettstreit, *aemulatio*, geprägt ist als von Verachtung. Diese unsere Untersuchung hat jedenfalls ihr wesentliches Ziel erreicht, wenn sie beigetragen haben sollte zur Freude an und zum Verständnis der Ästhetik im Frühwerk Julius Wellhausens.

114 Vgl. Oeming, *Das wahre Israel*, 62.

Anhänge

Anhang 1: Verzeichnis der Abkürzungen

Abgekürzte Literatur, auch solche, die in Anhang 4 aufgeführt ist, wird hier nicht genannt. Da auch Abkürzungen aus Wellhausens Dissertation und der Promotionsakte aufgenommen sind, kann es zu Mehrfachnennungen kommen. Was jeweils gemeint ist, wird stets aus dem Zusammenhang ersichtlich. Wo möglich, sind die Kasus in den Auflösungen an den Kontext der betreffenden Stellen angepasst.

a.	anno
a. a. O.	am angegebenen Ort
ACI	Accusativus cum Infinitivo
Aesth./Ästh.	Ästhetik/aesthetics
Akk.	Akkusativ
Akt.	Aktiv
alttestmtl	alttestamentlich
Aph.	Aphorismus
April.	Aprili
Arist.	Aristoteles
Ars/ars	*De arte poetica*
A. T.	Altes Testament
Ausg.	Ausgabe
Bd.	Band
Bde.	Bände
bearb.	bearbeitet
carm.	*Carmen/Ode*
Catil.	*Oratio(nes) in Catilinam/Rede(n) gegen Catilina*
cett.	et cetera
cf.	confer
Chr	Chronik
Chr.	Chronik
Chron.	Chronik
Cic.	Cicero
cod. Alex.	Codex Alexandrinus
Coll.	Kollege(n)
coll.	collato/collatis
conf.	confer
d	die
d.	der
Dekl.	Deklination
de orat.	*De oratore*
dt.	deutsche
EN	Eigenname
Engl.	Englischen
Eph	Brief an die Epheser

https://doi.org/10.1515/9783110779387-006

Eph.	Brief an die Epheser
epist.	*Brief(e)*
Esr	Esra
Esr.	Esra
et par.	und Parallelstellen
Ex	Exodus
Ex.	Exodus
Exod.	Exodus
f	folgende
f.	femininum
ff	fortfolgende
FN	Fußnote
Fußn.	Fußnote
Fut.	Futur
Gen	Genesis
Gen.	Genesis
Gen.	Genitiv
Gr	Grammatikalische Kategorien (im Satz)
hg. v.	herausgegeben von
Hg.	Herausgeber
Hi	Hiob
Histor.	History
h. h.	hochheiligen
hochw.	hochwürdige
Hom. *Od.*	Homer, *Odyssee*
Hor.	Horaz
HS	Hauptsatz
i.e.	id est
Ind.	Indikativ
init.	initio
inst. orat.	*Institutio oratoria*
Isa.	Isaiah
Jacob.	Jakobus-Brief
Jak	Jakobus-Brief
Jer	Jeremia
Jer.	Jeremiah
Jerem.	Jeremia
Jes	Jesaja
Jes.	Jesaja
Jos	Josua
Jos.	Josua
Josh.	Joshuah
Jos. Antiq.	Josephus, *Antiquitates*
Joseph. c. Ap.	Josephus, *Contra Apionem*
Jud.	Judicum liber
Judg.	Judges
Judic.	Judicum liber
Koll.	Kollektivbegriff

Konj.	Konjunktiv
l. l.	loco lecto
LN	Ländername
LXX	Septuaginta
M.	Mense
m.	maskulinum
Mag.	Magister
Maj.	Majo
met.	*Metamorphosen*
Metaphys.	*Metaphysik*
Mi	Micha
Mich.	Michaelis
Mich.	Micha
Mt	Matthäus
n.	neutrum
N. N.	nomen nescio/nomen nominandum
Neh	Nehemia
Neh.	Nehemia
N. O.	*Novum Organum*
Nom.	Nominativ
not.	nota(m)
NS1	Nebensatz 1. Ordnung, also ein Nebensatz, der direkt vom Hauptsatz abhängt
NS2	Nebensatz 2. Ordnung, also ein Nebensatz, der von einem NS1 abhängt
NS3	Nebensatz 3. Ordnung, also ein Nebensatz, der von einem NS2 abhängt
N. T.	Neues Testament
Num	Numeri
Num.	Numeri
o.	oder
o:	oder
ON	Ortsname bzw. Name einer Gegend
Ov.	Ovid
p.	pagina/page
pag.	pagina(m)
Pass.	Passiv
Perf.	Perfekt
Pers.	Person
Pesch.	Peschitta
Peshit.	Peschitta
Pi.	Pi‘el
Pl.	Plural
PN	Personenname (männlich)
PNF	Personenname (weiblich)
Pont.	(ex) Ponto
P. P.	Praemissis praemittendis
ψ.	Psalm
Ps	Psalmen
Q. fr.	*Ad Quintum fratrem*
Quint.	Quintilian

rad.	radice (von *radix, -icis f.*)
Reg.	Regum liber
Rel.-Pron.	Relativpronomen
rt.	root
S.	Seite
s.	siehe
Sam	Samuel
Sam.	Samuelis liber/Buch Samuel
sc.	scilicet (= ergänze)
Se	Seine
Sen.	Seneca (minor)
Seph.	Zefanja
serm.	*Sermo/Satire*
Sg.	Singular
Sp.	Spalte
SpN	Sippenname
sq.	sequens (sc. versus)
sqq.	sequentes (sc. versus)
S. S.	sacro-sanctae
ss.	et sequentes (sc. paginae)
StN	Städtename
Trin.	Trinitatis
trist.	*Tristien*
u.	und
Univ. Pedell	Universitäts-Pedell
übers.	übersetzt
übers. v.	übersetzt von
V.	Vers/Verse
v.	versus/verse
v.	vide
v.	von
v. a.	vor allem
Verb.	Verbindung
Verf.	Verfasser
d. Vf.	der Verfasser/des Verfassers
vgl.	vergleiche
vid.	vide
VN	Volksname
V. T.	Veteris Testamenti/Vetere Testamento
Vulg.	Vulgata
vv.	verses
Wel	Wellhausen, Wellhausens Satz
Wur.	Wurzel
zB	zum Beispiel
z. B.	zum Beispiel
Zef	Zefanja
Zeph.	Zephaniah

Anhang 2: Übersetzung der hebräischen, griechischen, arabischen und aramäischen Wörter und Passagen

Es folgt die Übersetzung (bzw. bei Namen eine Umschrift) der hebräischen, griechischen, arabischen und aramäischen Wörter und Passagen aus Julius Wellhausens Arbeit in der Reihenfolge, in der sie vorkommen. Die Vokalisierung der hebräischen und Akzentuierung der griechischen Wörter entsprechen denen im Original. Falls möglich, wurde – dem Schema bei W. Gesenius (18. Aufl.) folgend – bei den Namen eine Kategorisierung vorgenommen:[115]

S. 6	(FN 1)	*γενέσεως* (genitivus explicativus) – Genesis
S. 9		*οὔτε γαμοῦσιν οὔτε γαμίζονται* – weder heiraten sie noch werden sie geheiratet
S. 11	(FN 1)	בְּכוֹר – Erstgeborener
S. 12	(FN 2)	רֵאשִׁית גּוֹיִם – Anfang der Völker
S. 13	(FN 1)	צוֹפַי – aus Suf stammend/PN
S. 14		אָחִיו – sein Bruder
		אֶחָיו – seine Brüder
		פְּלֹנִי בְּכוֹר פְּלֹנִי – Soundso, Erstgeborener des Soundso
		אֵלֶּה הָיוּ בְנֵי־יְרַחְמְאֵל – Diese waren die Söhne Jerachmeels
		אֵלֶּה הָיוּ בְנֵי־כָלֵב – Diese waren die Söhne Kalebs
	(FN 1)	בָּא כָלֵב אֶפְרָתָה אֵשֶׁת ח“ אָבִיו – Kaleb kam zu Ephrata, der Frau seines Vaters H.
		בְּכלב א“ – mit Kaleb (unvokalisiert) zu E. ...
		ἦλθε Χαλὲβ εἰς 'Εφραθά – Kaleb ging zu Ephratha
		בָּא – (er) kam
		בָּ – (er) kam
		καὶ ἡ γυνὴ Ἑσρὼν Ἀβιά – und die Frau Hezrons, Abija
S. 15		q. וְאַחַר – und danach
	(Forts. FN 1)	אִישׁ־חוּר – Isch-Hur (PN)
		אִישׁ־בַּעַל = אֶשְׁבַּעַל – Esbaal = Isch-Baal
		מְרִיבַעַל = אִישׁ־בֹּשֶׁת – Isch-Boschät = Meribaal
		(מרי = אִישׁ) – (Isch = Meri)
		בָּא – er kam
		אביה – ihr Vater
		אָבִיו – sein Vater
		אחיה – ihr Bruder
		אֶחָיו – sein Bruder
		אב – Vater
		אח – Bruder
		בן – Sohn

115 Zu den Abkürzungen siehe Anhang 1.

וְ – und
אֵשֶׁת – die Frau (von)
אביו – sein Vater
אביה – ihr Vater
וַתֵּלֶד – und sie gebar
אפרָתָה – zu Ephrata (PN)
אל־אפרת – zu Ephrat (PN)
S. 17 רָם – Ram (PN)
S. 18 „אֵלֶּה הָיוּ בְנֵי“ – diese waren die Söhne von …
S. 19 (Forts. FN 1) אֶת־שְׁוָא – den Schewa
ילד – Wortwurzel: „gebären“
שַׁעַף – Schaaf (PN)
וַיּוֹלֶד – und er zeugte
וַתֵּלֶד – und sie gebar
גישן – Geschan (PN)
גרשן – Gerschon (PN)
י – (der Buchstabe) Jod
ר – (der Buchstabe) Resch
S. 20 כַּרְמִי – Karmi (PN)
כלב – Kaleb/Kelub (PN)
כלבי – Kelubai (PN)
כלב – Kaleb/Kelub (PN)
כלבי – Kelubai (PN)
כרמי – Karmi (PN)
כלבי – Kelubai (PN)
כלבי – Kelubai (PN)
S. 22 (FN 1) חָמוּל – Hamul (PN)
חמל – Hamul (PN)
בְּתוּל – Betul (ON)
בְּתוּאֵל – Betuel (ON)
המול – Hamul (PN)
חֲמוּאֵל – Hamul (PN)
חָם – Ham (PN)
חַמּוּאל – Hammuel (PN)
חָמוּאל – Hamuel (PN)
יַחְמַי – Jachmai (PN u. SpN)
S. 23 (Forts. FN 1) עַתִּיקִים – alte, vertrauenswürdige Berichte
S. 25 עָרֵי הַיְּרַחְמְאֵלִי – die Städte der Jerachmeeliter
עָרֵי הַקֵּינִי – die Städte der Keniter
עִיר עֲמָלֵק – die Stadt der Amalekiter
עֲטָרָה – Atara (PNF u. SpN)
עֲטָרוֹת – Atarot
(FN 1) עטרות – Atarot
S. 26 חֶצְרוֹן – Hezron (PN)
חָצֵר – Wortwurzel: „siedeln“

יְרִיעוֹת – Jeriot (PNF)

קֵינִים – Nester

קֵן – Nest

והוא כלבי – denn er war ein Kalebiter

(FN 1) أهل فلان – irgendjemand, soundso (altertümlich)

S. 27 חֶבֶר – Hever (PN u. SpN)

חֶבְרוֹן – Hebron (ON)

יֶתֶר – Jeter (PN)

יִתְרוֹ – Jitro (PN)

יִתְרוֹן – Jitron (PN)

יִתְרָן – Jitran (PN)

(FN 1) אֲבִי – Vater von

אֲבִי – Vater von

(FN 2) יְרֹחָם – Jeroham (PN u. SpN)

יְרַחְמְאֵל – Jerachmeel (PN)

יְרַמְאֵל – Jeremeel (PN)

S. 28 שֶׁמַע – Schema (PN u. SpN)

שִׁמְעוֹן – Schimon (StN u. PN)

יִשְׁמָעֵאל – Jischmael (PN u. VN)

S. 30 מִשְׁפָּחוֹת – Geschlechter

מִשְׁפְּחֹת סֹפְרִים – die Geschlechter von Schreibern

סֵפֶר הַתּוֹרָה – das Buch der Weisung

שמעתים – Schimatiter (Pl.) (SpN)

תרעתים – Tiratiter (Pl.) (SpN)

שׂוכתים – Suchatiter (Pl.) (SpN)

משפחות ס“ – die Geschlechter der S.

שׂוּכָתִי – suchatitisch

תרעָה – (eine) tiraitische

שׁמעָה – (eine) schimaische

שׂוּכָה – (eine) suchatitische

ספר – Buch(rolle)

תְּרֻעָה – terua (musikalischer Fachterminus)

שְׁמָעָה – Schemaa (PN u. SpN)

שְׁמַעְתָּה (aram.) – Schemaata

(FN 2) תרעתים – Tiratiter (Pl.)

תרע – unbekannte Wortwurzel

שׁוֹעֲרִים – Türhüter (Pl.)

תָּרָעִים – Taraiter (Pl.)

תִּרְעָתִים – Tiratiter

S. 31 שׂוּכָה – (eine) suchatitische

סֻכָּה – (eine) suchatitische

סוֹפְרִים – Schreiber (Pl.)

תִּרְעָתִים – Tiratiter (Pl.)

שְׁמָעָתִים – Schimatiter (Pl.)

שׂוּכָתִים – Suchatiter (Pl.)

סוֹפְרִים – Schreiber (Pl.)
תרעתים – Tiratiter (Pl.)
שוכתים – Suchatiter (Pl.)
תְּרֻעָה – terua (musikalischer Fachterminus)
שְׁמָעָה – Schemaa (PN u. SpN)
(FN 1) רֶכָב בֵּרְזֶל לָהֶם – Rehab trennte sich von ihnen
רֵכָב בָּדוֹל לָהֶם – Wagen aus Eisen haben sie,
ד – (der Buchstabe) Dalet
ר – (der Buchstabe) Resch
ו – (der Buchstabe) Waw
ז – (der Buchstabe) Zajin
ὅτι Ρηχὰβ διεστείλατο αὐτοῖς – weil Rehab sich von ihnen trennte
S. 32 *Τῷ Δαυίδ, υἱῶν Ἰωναδὰβ καὶ τῶν πρώτων αἰχμαλωτισθέντων* – dem David, von den Söhnen Jonadabs und den ersten Weggeführten
εἷς τῶν ἱερέων τῶν υἱῶν Ρηχὰβ τῶν μαρτυρουμένων ὑπὸ Ἰερεμίου τοῦ προφήτου – einer der Priester, der Söhne Rehabs, die von dem Propheten Jeremia bezeugt werden
(FN 1) *καὶ* – und
S. 33 *Ἐσσαῖοι ἀπόγονοι Ἰωναδὰβ υἱοῦ Ρηχὰβ* – Die Essener sind Nachkommen Jonadabs, des Sohnes Rehabs
עַם הָאָרֶץ – einfaches Landvolk
עֲזוּבָה – Azuba (ON u. PNF)
עֲזוּבָה – Azuba
בַּת יְרִיעוֹת – die Tochter Jeriot
יֵשֶׁר – Jescher (PN)
יְשֻׁרוּן – Jeschurun (PN)
שׁוֹבָב – Schobab (PN)
(FN 1) *ἀπόγονοι* – Nachkommen
πρόγονοι – Vorfahren
(FN 2) וְאֶת־יְרִיעוֹת – und Jeriot (als Objekt)
S. 34 אַרְדּוֹן – Ardon (PN)
וְאֵלֶּה בְּנֵי חור א“ ע“ – Und diese sind die Söhne Hurs, des V(aters) E(tams)
ענוב – Anob (PN u. SpN)
ענב – Anob (PN u. SpN)
Ἀνωβ – Anob (PN u. SpN)
S. 36 (FN 1) חֶצְרוֹן – Hezron
חצר – Wortwurzel: „siedeln“
חצר – Wortwurzel: „siedeln“
ישְׁבֵי חֲצֵרִים – Bewohner von Siedlungen
S. 37 יֶתֶר – Jeter (PN)
יִתְרוֹ – Jitro (PN)
יִתְרו – Jitro (PN)
יִתְרוֹן – Jitron (PN)
יִתְרָן – Jitran (PN)

יִתְרָא – Jitra (PN)
יתרו – Jitro (PN)
שַׂלְמָא – Salma (PN)
שַׂלְמוֹן – Salmon (PN)
יֶתֶר – Jeter (PN)
יִתְרוֹ – Jitro (PN)
(יִתְרָא) – (Jitra) (PN)
יִתְרן – Jitron (PN)
(יִתְרָן) – (Jitran) (PN)
יִתְרם – Jitrom (PN)
(יִתְרָם) – (Jitram) (PN)
גֵּרשֹׁן – Gerschon (PN)
גֵּרשֹׁם – Gerschom (PN)
כְּנָע – kena „sich beugen“
כְּנַעַן – Kenaan (LN u. VN)
לַיִשׁ – Lajisch (ON)
לַיְשָׁה – Laischa (ON)
לֵישָׁם – Lescham
עָפְרָה – Aphra (ON)
עֶפְרוֹן – Aphron „kleine Gazelle“
ת- – -t (Wortendung)
תּוֹחַ – Tohu (PN)

(FN 2) לֹשם – Lescham
לֶשֶׁם – Leschem (ON)
שֶׁמֶר – Schemer (PN u. SpN)
לֵישָׁם – Lescham
לֵשָׁם – Lescham
לַיִשׁ – Lajisch (ON)
עֵיטָם – Etam
עַיִט – Ajit
עֵינָם – Enam
ענם – Enam
עַיִן – Ajin (ON)

(FN 3) אָז – damals
اذن – zuhören, erlauben
אֱדַיִן – Edajin
ירושלַםִ – Jerusalem
עֵינַיִם – Enajin (ON)
Aίνων – Ainon (ON)
עֶגְלַיִם – Eglajim „zwei Jungkühe“
עֶגְלוֹן – Eglon (ON)

S. 38 תֹּחוּ – Tohu (PN)
תַּחַת – Tachat (ON, PN u. SpN)
שָׁם – dort
תַּמָּן – dort (drüben)

ثَمّ – dort (meist jedoch mit *tā᾽ marbūṭa*: ثَمّة)
صنعانى – ṣan‘ānī – Bewohner Ṣan‘ā’s (der Hauptstadt des Jemen) u. PN
صنعاء – Ṣan‘ā᾽ (Hauptstadt des Jemen, im Westen des Landes gelegen)
روحانى – ráuḥānī – angenehm, windig, geistig, geistlich
روحاء – ráuḥā᾽: f. zu اروح – árwaḥ – weit, geräumig
بهرانى – bahrānī: zu den Bahrā᾽ (SpN) gehörig, die Bahrā᾽ betreffend
بهراء – Bahrā᾽ (SpN)
שֵׁלָנִי – Schelaniter (SpN)
שֵׁלָה – (eine) schelanitische
عمرو – Lebensspanne (dichterisch; meist nur عمر ohne و finalis)
עַמְרָם – Amram (PN)
עֵיפָה – Epha (StN)
עֵפֶר – Epher (PN)
קֹרַח – Korach (PN, StN u. SpN)
תֵּימָן – Teman (PN)
קְנַז – Kenas (StN)
נַחַת – Nahat
נחם – Naham (PN)
שַׁמָּה – Schamma (StN u. PN)
שַׁמַּי – Schammai (PN u. SpN)
(FN 1) נחת – Nahat (PN u. SpN)
(FN 3) נֹחַ – Noah (PN)
נֹחָם – Noham (PN)
נַחַת – Nahat (ON, PN u. SpN)
תֹּחַ – Toah (PN)
תֹּחוּ – Tohu (PN)
תַּחַת – Tahat (PN)
נֹחָם – Noham (PN)
נָח – Nah (PN)
נַחַם – Neham (PN)
נֹחַ – Noah (PN)
נֹחָם – Noham (PN)
נֹחַם – Noham (PN)
מְנַחֵם – Menaham (PN)
(FN 4) שַׁמַּי – Schammai (PN u. SpN)
שַׁמָּה – Schamma (StN u. PN)
גָּלָה – Gala
جلى – Djala (im Ägyptisch-Arabischen: Gala)
עֲמָשַׂי – Amasai (PN u. SpN)
עֲמָשָׂא – Amasa (PN)
S. 39 שׁוֹבָל – Schobal (StN, PN u. SpN)
אוֹנָם – Onam (EN eines Stammes)

מָנַחַת – Manahat (PN u. SpN)
אֶשְׁבָּן – Eschban (PN)
אַחְבָּן – Achban (PN)
יִתְרָן – Jitran (PN)
יֶתֶר – Jeter (PN)
ארן – Aran (PN)
אֵלָה – Ela (PN, StN u. ON)
עִירָם – Iram (PN u. StN)
עִירוּ – Iru (PN u. SpN)
(FN 1) אֲרָן – Aran (PN)
אֹרֶן – Oren (PN)
(FN 2) קדם – Wortwurzel: „vorne befindlich", hier: „östlich"
רקם – Wortwurzel: PN eines Kalebiters o. ON von Petra
S. 40 וּלְכָלֵב נָתַן חֵלֶק בְּתוֹךְ בְּנֵי־יהוּדָה – und Kaleb wurde ein Anteil gegeben unter den Söhnen Judas
בְּתוֹךְ אֶחָיו – unter seinen Brüdern
חֵלֶק בְּתוֹךְ בְּנֵי־יְהוּדָה – ein Anteil unter den Söhnen Judas
χάσμα – Kluft
ἀδιάβατον – unüberschreitbar
S. 41 יֵצֶר – Bild(werk), Gebilde, Produkt, Tongefäß

Es folgt die Übersetzung der hebräischen und griechischen Wörter der Promotionsakte Wellhausen in der Reihenfolge, in der sie in dieser vorkommen:

S. 7: מורה – Dolch
ערה – hebräische Wortwurzel (*Pi.* entleeren, ausgießen)
תַּעַר – ist die 2. Sg. m./3. Sg. f. Imperf. Qal/Hif'il zu ערה
ἐγχωρίου (genitivus explicativus) – auf dem Lande/vom Land
ארזח – (Koll.) Täfelung aus Zedernholz
ארזם – Zedern
κεδρίνου (genitivus explicativus) – aus Zedernholz
ἐπιούσιος – ausreichend für den bevorstehenden Tag
ἡ ἐπιοῦσα (sc. ἡμέρα) – der bevorstehende (Tag)

Anhang 3: Verzeichnis der Bibelstellen in Wellhausens Promotion

In der linken Spalte stehen die biblischen Bücher. Ziffern ganz links bezeichnen Kapitel, durch Komma davon getrennt sind die Versangaben, soweit diese von Wellhausen gemacht sind. In der rechten Spalte stehen die Seitenangaben. Verschiedene Seiten sind durch Komma voneinander getrennt. **Fett gedruckte** Seitenzahlen bedeuten, dass die betreffende Stelle in einer Überschrift vorkommt. „FN 1" bedeutet, dass die Stelle auf der genannten Seite in Fußnote 1 vorkommt. Entsprechendes gilt für „FN 2" usw. Die Angabe „15 Forts. FN 1 v. 14" bedeutet, dass die Stelle auf Seite 15 in der Fortsetzung der Fußnote von Seite 14 vorkommt. Die Seitengabe „38–39" bedeutet, dass sich die Stellenangabe über den Seitenumbruch von S. 38 nach S. 39 erstreckt. Zur größeren Übersichtlichkeit ist hier zwischen Kapitel und Vers ein Spatium gesetzt.

Buch	Seite in Wellhausens Arbeit
30, 26 ff	26
30, 29	25, 40
2Sam	
2–5	26
6, 3 ff	15 Forts. FN 1 v. 14
15, 8–10	26
1Kön	13
2Kön	
10, 15[116]	31
1Chr	
1Chr (1–9?)	3
1, 33	38
1, 35	38
1, 36	38
1, 37	38
1, 38	39
1, 40	39
1, 41	39
1, 42	39
1, 52	39
2	**12**, **13**, 19, 22, 23, 27 FN 1, 34
2, 4	36
2, 5	36
2, 6	22
2, 7	36
2, 9	8, 13, 14, 19, 23
2, 9.10 ff	10 FN 1
2, 10 ff	16, 17
2, 10–17	13, 18
2, 11	17
2, 18	8, 16, 26
2, 18–20	14, 15
2, 18–21	16
2, 18–24	18
2, 18 ff	9, 13, 14, 16, 18, 33
2, 19	15 Forts. FN 1 v. 14, 16
2, 20	16
2, 21	15 Forts. FN 1 v. 14, 36
2, 21–23	15
2, 21 ff	11

Buch	Seite in Wellhausens Arbeit
2, 24	14, 14 FN 1, 15, 16, 34
2, 25	13, 14, 15 Forts. FN 1 v. 14, 17, 18, 19, 39
2, 25–33	18, 23, 24, 25
2, 25–41	13, 16
2, 25–55	18
2, 25 ff	4, 18, 23, 27
2, 26	25, 36
2, 28	27, 36, 38–39
2, 28–30	20
2, 28 ff	9
2, 29	39
2, 31	18
2, 32	39
2, 33	14, 18, 19
2, 34	18
2, 34–41	18
2, 42	8, 14, 19
2, 42–45	18, 19
2, 42–47	19
2, 42–49	23, 24, 25, 33, 35
2, 42–55	16
2, 42 ff	9, 13, 16, 23, 26 FN 1, 27
2, 43	38
2, 43f	20
2, 44	36, 38–39, 39
2, 45	27
2, 46	12 FN 2, 19, 26
2, 46f	38
2, 46–49	18
2, 47	18, 19
2, 48	12 FN 2, 18 FN 1, 19, 39
2, 49	18, 19
2, 50	15 Forts. FN 1 v. 14, 16, 17, 19
2, 50–55	25, 33
2, 50 ff	9, 18
2, 51	17
2, 52	29, 39
2, 53	34
2, 54	17, 25, 39
2, 55	20, 31, 32, 34, 39 FN 2
3, 4	15 Forts. FN 1 v. 14

116 Genauer: 2Kön 10,15–36.

Buch	Seite in Wellhausens Arbeit
Ps	
70	32
132, 6	30
Jes	
4, 1	12
14, 30	12 Forts. FN 1 v. 11
42, 11	36 FN 1
57, 17	34
62, 4	33
62, 12	33
Jer	
3, 14	33
3, 22	33
31, 22	33

Buch	Seite in Wellhausens Arbeit
35	31, 33
35, 19	31, 33
Mi	
1, 15	27
Zef	
2, 4	33
Neues Testament	
Joh	19 Forts. FN 1 v. 18
Eph	
3, 15	9
Jak	
1, 23	6

Irrtümer bei Bibelzitaten in Wellhausens Dissertation:

S. 37/38: תּוֹחַ steht nicht in 1Chr 6,20, sondern in 1Chr 6,19. Es ist das letzte Wort in diesem Vers.

S. 39: „Reqem 2, 44“ muss heißen „Reqem 2, 43“.

Anhang 4: Verzeichnis der von Wellhausen benutzten und in seiner Arbeit zitierten Literatur

Im Folgenden wird die nicht biblische Literatur in der Reihenfolge und der Weise aufgeführt, wie Wellhausen sie in seiner Arbeit zitiert:

S. 3:	Joseph. c. Ap. 1, 7[117]
S. 3:	Ewald. hist. pop. Isr. (ed. secund.) I p. 225. 599.
S. 3:	Bertheau Chron. (1854) p. 5, 13 sqq., p. 45 sub finem
S. 3:	Ew. l. l. p. 479
S. 6 (FN 2):	Lotze, Gesch. der Aesth. p. 392
S. 7:	Sprenger, Mohammad III. p. CXXXVI
S. 7:	v. d' Herbelot bibl. or. (1777) I, 437
S. 8:	v. Pocock. spec. ed. White p. 33
S. 11:	Sprenger l. l. p. CXXXIX und p. CXXXXI
S. 13 (FN 1):	Ewald. gramm. 1870. § 164 e[118]
S. 14:	cf. Bertheau
S. 15:	v. Bertheau
S. 15 (FN 1 Forts.):	Ewald. §. 273^{b} p. 675 not.
S. 18:	Bertheau
S. 19 (FN 1 Forts.):	Orig. comment. in Joan. 1, 24. (de la Rue 1V, p. 141c)
S. 19 (FN 1):	Bertheau l. l. p. 37
S. 21:	Bertheau
S. 21 (FN 1):	Bertheau
S. 22:	v. Bertheau ad 1. l.
S. 22 (FN 1):	Gesenius in Thesauro
S. 24:	Palgravius (Central Arabia I, p. 35)
S. 24:	Sprenger l. l. p. CXXVII
S. 25 (FN 1):	Ewald. G. G. A. 1868 p. 2035
S. 27:	Bertheau
S. 27:	Cureton, spicileg. Syriac. 15, 20
S. 27 (FN 2):	Ew. §. 274 c
S. 28:	v. Bertheau
S. 30:	(vid. Delitzsch. Hitzig.)
S. 30 (FN 1):	Andr. Murray, de Kinaeis. Hamb. 1718
S. 30 (FN 2):	Bertheau
S. 31:	Levy, lexicon Chald.

117 Wellhausens Belegstelle steht in 1,8, nicht in 1,7. In 1,7 erklärt Josephus, dass bei den Griechen alles noch ganz frisch von gestern oder vorgestern sei, besonders die Geschichtsschreibung. Zu den Ägyptern, Chaldäern und Phöniziern kommt Josephus erst in 1,8, wo er besonders das Alter und die Kontinuität ihrer Überlieferung betont.

118 Der § 164 in Ewalds Lehrbuch von 1870 hat nur die Unterteilungen a–c. Der betreffende Punkt wird in § 164 c behandelt.

S. 32:	Eus. H. E. 2, 23
S. 32:	Andreas Murray (l. l.)
S. 33:	Suid.
S. 33:	Ritschl Entst. d. altkath. Kirche (1857) p. 179 sqq
S. 33 (FN 1):	Scaliger, Cedrenus, Gaisford
S. 34:	v. Berth.
S. 34:	vid. Bertheau
S. 35:	Bertheau p. 45
S. 37:	Ew. §. 163 h
S. 37:	Ew. §. 163 g
S. 38:	Harir. Maq. 1
S. 38:	Mufassal 92, 16
S. 38 (FN 2):	P. A. de Lagarde, Anmm. zur griech. Uebers. der Provv. p. 4
S. 39 (FN 2):	Cureton Spic. Syr. 15, 20
	Abulfida, Taqwim p. 227
	Robins. Pal. III, 79 sq.

Vermutlich war die damalige Fachliteratur in ihrem Umfang so überschaubar, dass es genauerer Angaben schlichtweg nicht bedurfte. Einige, vor allem die ohne Seitenangabe, lassen vermuten, dass die betreffende Literatur bei der Leserschaft ohnehin als bereits bekannt vorausgesetzt wurde. Da dem heute nicht mehr so ist, sei dieselbe Literatur mit so weit wie möglich kompletten bibliografischen Angaben aufgeführt und – wo geboten – mit knappen Kommentaren versehen. Die Abkürzungen v., vid. und cf. habe ich durch die entsprechende deutsche Abkürzung ersetzt.

S. 3:	Flavius Josephus, *Contra Apionem*, 1,8.
S. 3:	Heinrich Ewald, *Geschichte des Volkes Israel bis Christus,* 3 Bde. (Göttingen: Dieterich, ²1862), hier Bd. 1, 225; 599.
S. 3:	Ernst Bertheau, *Die Bücher der Chronik.* KEH 15 (Leipzig: Hirzel, 1854), 5; 13 ff; 45 unten.
S. 3:	Ewald, *a. a. O.*, 479.
S. 6 (FN 2):	Hermann Lotze, *Geschichte der Ästhetik in Deutschland* (München: Cotta, 1868), 392.
S. 7:	Alois Sprenger, *Das Leben und die Lehre des Mohammad*, 4 Bde. (Berlin: Nicolai, 1861–1865), hier Bd. 3, CXXXVI.
S. 7:	s. Barthélemy d'Herbelot, *Bibliothèque Orientale ou Dictionnaire Universel contenant tout ce qui fait connoître les peuples d'Orient*, 3 Bde. (Den Haag: Neaulme & van Daalen, 1777–1778); hier Bd. 1, 437.[119]
S. 8:	s. Edward Pococke, *Specimen Historiae Arabum*, ed. Josephus White (Oxford: Clarendon, 1806), 33.
S. 11:	Sprenger, *Mohammad*, Bd. 3, CXXXIX und CXXXXI.[120]

119 Das Stichwort auf S. 437 lautet „Cabgiak & Captchak".

120 In Sprenger, *Mohammad*, Bd. 3, ist die Seitenangabe CXLI. Wellhausen weicht im Wortlaut leicht von Sprenger ab. Bei diesem heißt es: „Ich halte die im Symbole CXXXIX angedeutete binäre Eintheilung (welche auch in den Unterabtheilungen vorherrscht) für die ursprüngliche."

S. 13 (FN 1): Heinrich Ewald, *Ausführliches Lehrbuch der hebräischen Sprache des Alten Bundes* (Göttingen: Dieterich'sche Verlagsbuchhandlung, ^{8}1870), § 164 c, 428–429.
S. 14: vgl. Bertheau, *Chronik*,18–19; 25.
S. 15: s. Bertheau, *Chronik*, 6–17.
S. 15 (FN 1 Forts.): Ewald, *Lehrbuch der hebräischen Sprache*, § 273 b, S. 675, Fußnote.
S. 18: Bertheau, *Chronik*, 18–19; 25.
S. 19 (FN 1 Forts.): Origenis *opera omnia* quae Graece vel Latine tantum exstant et eius nomine circumferuntur. Ediderunt Carolus et Carol. Vincent. Delarue. Denuo recensuit emendavit castigavit Carolus Henricus Eduardus Lommatzsch, Tomus I (Berlin: Haude und Spener, 1832), hier Origenes, *Commentarius in Joannem* 1, 24, 141c).
S. 19 (FN 1): Bertheau, *a. a. O.*, 37.
S. 21: Bertheau, *Chronik*, 43–44; 46.
S. 22: s. Bertheau zur Stelle: *Chronik*, 11; 37.
S. 22 (FN 1): Wilhelm Gesenius, *Thesaurus Philologicus Criticus Linguae Hebraeae et Chaldaeae Veteris Testamenti*, Bd. 1 (Leipzig: F. C. W. Vogelius, 1829).
S. 24: William Gifford Palgrave, *Personal narrative of a year's journey through Central and Eastern Arabia (1862–63)*, Bd. 1 (London/Cambridge: Macmillan & Co, 1865), 35.[121]
S. 25: Sprenger, *Mohammad*, Bd. 3, CXXVII.
S. 25 (FN 1): Heinrich Ewald, „La Géographie du Talmud. Mémoire couronné par l'académie des inscriptions et belles-lettres. Par Adolphe Neubauer. Paris, Michel Lévy frères, 1868. XL und 468 S. in 8", *Göttingische Gelehrte Anzeigen* 2 (1868): 2021–2035, hier 2035.

---

121 Das Zitat ist in Wellhausens Arbeit gekürzt. Der vollständige Text lautet wie folgt:
„Arab nationality – thus far like that of the historical Jew or the Highlander – is and always has been from the very earliest times based on the divisions of families and clans, tribes as they are often called; nor is the name misapplied if taken in its original sense of hereditary alliance, without the additional idea of barbarism and unsettled life often annexed to it in its modern application. These tribes, or clans, were soon, by the nature of the land itself, divided each and every one into two branches, correlative, indeed, but of unequal size and importance. The greater section remained as townsmen or peasants in the districts best susceptible of culture and permanent occupation, where they still kept up much of their original clannish denominations and forms, though often blended, and even at times obliterated by the fusion inseparable from civil and social organization. The other and lesser portion devoted themselves to a pastoral life, for which the desert, that is, about a third in extent of the Arabian Peninsula, affords ample scope. They, too, retained their original clannish and family demarcations, but unsoftened by civilization and unblended by the links of close-drawn society; so that in this point, and indeed in this alone, they have continued to be the faithful depositaries of primeval Arab tradition, and constitute a sort of standard rule for the whole nation. Hence, when genealogical doubts and questions of descent arise, as they often do, among the fixed inhabitants – or 'dwellers in brick', to give citizens and villagers their collective Arab denomination – recourse is often had to the neighbouring Bedouins for a decision unattainable in *the* complicated records of town life."

S. 27:	Bertheau, *Chronik*, 23–24.
S. 27:	William Cureton (Hg.), *Spicilegium Syriacum, containing remains of Bardesan, Meliton, Ambrose and Mara Bar Serapion* (London: Rivington, 1855), 15; 20.[122]
S. 27 (FN 2):	Ewald, *Lehrbuch der hebräischen Sprache*, § 274 c, 680–682, hier besonders 681.
S. 28:	s. Bertheau, *Chronik*, 25.
S. 30:	s. Franz Delitzsch, *Biblischer Commentar über die Psalmen*, Neue Ausarbeitung (Leipzig: Dörffling und Franke, 1867), 720–722, und Ferdinand Hitzig, *Die Psalmen*, 2 Bde. (Leipzig/Heidelberg: Carl F. Winter, 1863/1865), hier Bd. 2, 392.[123]
S. 30 (FN 1):	Andrew Murray, *Commentatio de Kinaeis, qua varia Codicis Sacri loca illustrantur* (Hamburg: Liebezeit & Felginer, 1718).
S. 30 (FN 2):	Bertheau, *Chronik*, 27.
S. 31:	Jacob Levy, *Hebräisches Wörterbuch über die Targumim und einen grossen Theil des rabbinischen Schriftthums*, 2 Bde. (Leipzig: Baumgärtner, 1867/1868).
S. 32:	Eusebius, *Historia Ecclesiastica*, 2,23,17.
S. 32:	Murray, a. a. O.
S. 33:	ΣΟΥΙΔΑΣ (Suidae) *Lexicon Graece et Latine*, tribus voluminis (Cambridge: Typis Academicis, 1705).
S. 33:	Albrecht Ritschl, *Die Entstehung der altkatholischen Kirche: Eine kirchen- und dogmengeschichtliche Monographie* (Bonn: Adolph Mareus, ²1857), 179 ff.
S. 33 (FN 1):	Zu Scaliger, J. J., Kedrenos, G., Gaisford, T. scheinen keine genaueren bibliografischen Angaben im Zusammenhang mit Wellhausens Arbeit möglich.
S. 34:	Bertheau, *Chronik*, 38.
S. 34:	s. Bertheau, *Chronik*, 38.
S. 35:	Bertheau, *Chronik*, 45.
S. 37:	Ewald, *Lehrbuch der hebräischen Sprache*, § 163 h, 426–427.
S. 37:	Ewald, *Lehrbuch der hebräischen Sprache*, § 163 g, 426.
S. 38:	Harīrī, *Maqāmāt*, maqāma 1, (Maqāmāt al-Harīrī [مقامات الحريري]).[124]
S. 38:	Zamahsario, Abu'l-Kâsim Mahmûd bin ʿOmar, *Al-Mufassal*, ed. J. P. Broch (Christiania: W. C. Fabritius, 1859), 92, 16.
S. 38 (FN 2):	Paul A. de Lagarde, *Anmerkungen zur griechischen Übersetzung der Proverbien* (Leipzig: Brockhaus, 1863), 4.

122 Wellhausen bezieht sich hier nicht auf die englischsprachigen Seiten 15 und 20 im vorderen Teil des Buches, sondern auf den syrischen Text auf den Seiten Jōdh-Hē (15) und Kāf (20) im hinteren Teil.

123 Bei Hitzig findet sich auf S. 392 auch ein Verweis auf Delitzsch in Form von „(DEL)"; allerdings muss sich dieser Verweis wegen der Erscheinungsjahre auf eine frühere Ausgabe von Delitzsch beziehen als die oben zitierte.

124 Die in Wellhausen, *De gentibus*, Übers. Lizah Ulman, 39 zitierte Ausgabe kann Wellhausen aufgrund der Erscheinungsjahre beider Arbeiten nicht benutzt haben.

S. 39 (FN 2):	Cureton, *Spicilegium Syriacum*, 15; 20.
S. 39 (FN 2):	Abū Al-fidā' Ismā'īl Ibn 'Alī (kurz: Abulfida), *Taqwīm al-buldān*, 227. Welche Ausgabe Wellhausen benutzt hat, ist – trotz der Seitenangabe 227 – nicht mit Sicherheit zu sagen.
S. 39 (FN 2):	Edward Robinson, *Biblical Researches in Palestine and the Adjacent Regions*, 3 Bde. (London: Crocker und Brewster/Berlin: Reimer, 1856), hier Bd. 3, 79–80.

Literaturverzeichnis

Textausgaben und Übersetzungen

Aristoteles. *Metaphysik*. Griechisch und Deutsch, Philosophische Bibliothek, 2 Bde. Hamburg: Felix Meiner, ^{3}1989/^{3}1991.

Aristoteles. *De Arte Poetica*. Oxford: Oxford University Press, 1965.

Bacon, Francis. *Advancement of Learning. Novum Organum. New Atlantis*. Great Books of the Western World 30. Chicago: Encyclopædia Britannica, 1952.

Bacon, Francis. *The Advancement of Learning*. Hg. v. G. W. Kitchin. London and Melbourne: Dent, 1973.

Bacon, Francis. *Neues Organon*. Hg. v. Wolfgang Krohn. 2 Bde. Hamburg: Felix Meiner, ^{2}1999.

Cazelles, Henri. *Les livres des Chroniques*. Paris: Les Éditions du Cerf, ^{2}1961.

Cicero, Marcus Tullius. *De Officiis: De Virtutibus*. Hg. v. C. Atzert. Leipzig: Teubner, 1963.

Cicero, Marcus Tullius. *De Oratore*. Sammlung Tusculum. Zürich u. a.: Artemis und Winkler, 2007.

Cicero, Marcus Tullius. *Epistulae*. Bd. 3. Hg. v. W. S. Watt. Oxford: Clarendon Press, 1963.

Cicero, Marcus Tullius. *Orationes*. Bd. 1. Hg. v. A. C. Clark. Oxford: Clarendon Press, 1963.

Elliger, Karl u. Wilhelm Rudolph, Hg. *Biblia Hebraica Stuttgartensia*. Stuttgart: Württembergische Bibelanstalt, 1972.

Herodotus. *Historiae*. Bd. 1. Hg. v. Carolus Hude. Oxford: Oxford University Press, 1966.

Hesiod. *Sämtliche Werke: Deutsch von Thassilo von Schäffer*. Hg. v. Ernst Günther Schmidt. Leipzig: Dieterich'sche Verlagsbuchhandlung, 1965.

Hesiodus. *Carmina*. Hg. v. Alois Rzach. Leipzig: Teubner, 1958.

Hieronymus. *Quaestiones Hebraicae in libro Geneseos*. Hg. v. Paul de Lagarde. Leipzig: Teubner, 1868.

Horatius, Quintus. *Opera*. Hg. v. Friedrich Klingner. Berlin/New York: Walter de Gruyter, 2008.

Ovidius, Publius. *Metamorphoses*. Hg. v. Richard J. Tarrant. Oxford: Oxford University Press, 2004.

Ovidius, Publius. *Tristia*. Hg. v. John B. Hall. Stuttgart/Leipzig: Teubner, 1995.

Quintilianus, Marcus Fabius. *Institutiones Oratoriae Libri Duodecim*. Bd. 1, hg. v. Michael Winterbottom. Oxford: Oxford University Press, 1970.

Rahlfs, Alfred, Hg. *Septuaginta. Id est Vetus Testamentum graece iuxta LXX interpretes*. Stuttgart: Deutsche Bibelgesellschaft, ^{2}2006.

Seneca, Lucius Annaeus. *Ad Lucilium epistulae morales I–LXIX – An Lucilius Briefe über Ethik 1–69*. Hg. v. Manfred Rosenbach. Darmstadt: Wissenschaftliche Buchgesellschaft, 1974.

Von Kempen, Thomas. *De imitatione Christi: Nachfolge Christi und vier andere Schriften. Lateinisch und Deutsch*. München: Kösel, 1966.

Weber, Robert, Hg. *Biblia Sacra iuxta Vulgatam Versionem*. Stuttgart: Württembergische Bibelanstalt, 1969.

Wellhausen, Julius. *Briefe*. Hg. v. R. Smend. Tübingen: Mohr Siebeck, 2013.

Wellhausen, Julius. *De gentibus et familiis Judaeis quae 1. Chr. 2.4. enumerantur*. Göttingen: Dieterich'sche Verlagsbuchhandlung, 1870.

https://doi.org/10.1515/9783110779387-007

ולהאוזן, יוליוס. *משפחות יהודה שנמנו בספר דברי הימים א ב, 7*. קונטרסים – מקורות ומחקרים 63, פתח דבר והערות: גרשן גליל, תרגמה מלטינית: ליזה אולמאן. ירושלים: מרכז דינור, 1985. = Wellhausen, Julius. *De gentibus et familiis Judaeis quae 1. Chr. 2.4. enumerantur*, übers. v. Lizah Ulman. Jerusalem: Dinur Centre, 1985.

Sekundärliteratur

Augustin, Matthias und Jürgen Kegler. *Bibelkunde des Alten Testaments: Ein Arbeitsbuch*. Gütersloh: Gütersloher Verlagshaus Gerd Mohn, 1987.

Baines, Shannon E. "The Cohesiveness of 2 Chronicles 33:1–36:23." In *Chronicling the Chronicler: The Book of Chronicles and Early Second Temple Historiography*, hg. v. Paul S. Evans und Taylor F. Williams, 141–158. Indiana: Eisenbrauns, 2013.

Benninghoff-Lühl, Sibylle. *Figuren des Zitats: Eine Untersuchung zur Funktionsweise übertragener Rede*. Stuttgart/Weimar: J. B. Metzler, 1998.

Berger, Klaus. *Die Bibelfälscher: Wie wir um die Wahrheit betrogen werden*. München: Pattloch, [4]2013.

Bertheau, Ernst. *Die Bücher der Chronik*. KEH 15. Leipzig: Hirzel, 1854.

Bibelwissenschaft online: Wibilex: https://www.bibelwissenschaft.de/stichwort/19244/.

Bleek, Friedrich. *Einleitung in das Alte Testament*. Hg. v. Johannes Bleek und Adolf Kamphausen. Berlin: Reimer, [2]1865.

Bleek, Friedrich. *Einleitung in das Alte Testament*. Hg. v. Johannes Bleek und Adolf Kamphausen. Überarbeitet von Julius Wellhausen. Berlin: Reimer, [5]1886.

Bobzin, Hartmut. *Der Koran: Eine Einführung*. München: C. H. Beck, [8]2014.

Bodner, Keith. „Reading the Lists: Several Recent Studies of the Chronicler's Genealogies." In *Chronicling the Chronicler: The Book of Chronicles and Early Second Temple Historiography*, hg. v. Paul S. Evans und Taylor F. Williams, 29–41. Indiana: Eisenbrauns, 2013.

Bosworth, Clifford Edmund. „Bahrā." In *The Encyclopedia of Islam*, Bd. 1, hg. v. Hamilton Alexander Rosskeen Gibb, Johannes Hendrik Kramers, Évariste Lévi-Provençal und Joseph Schacht, 938. Leiden u. a.: Brill, 1960.

Buber, Martin. *Moses*. Heidelberg: Lambert Schneider, [3]1966.

Cazelles, Henri. *Les livres des Chroniques*. Paris: Les Éditions du Cerf, [2]1961.

Crüsemann, Frank. *Das Alte Testament als Wahrheitsraum des Neuen*. Gütersloh: Gütersloher Verlagshaus, 2011.

Curtis, Edward Lewis und Albert Alonso Madson. *A Critical and Exegetical Commentary on the Books of Chronicles*. International Critical Commentary. Edinburgh: T&T Clark, 1952.

De Wette, Wilhelm Martin Leberecht. *Beiträge zur Einleitung in das Alte Testament/Kritik der Israelitischen Geschichte*. Hildesheim/New York: Olms, 1971. Faksimile der Ausgabe von 1806/7.

D'Herbelot, Barthélemy. *Bibliothèque Orientale ou Dictionnaire Universel contenant tout ce qui fait connoître les peuples d'Orient*. Bd. 1. Den Haag: Neaulme & van Daalen, 1777.

Dornseiff, Franz. *Das Alphabet in Mystik und Magie*. Leipzig u. a.: Teubner, 1925.

Erbse, Hartmut. „Orientalisches und Griechisches in Hesiods Theogonie." *Philologus* 108 (1964): 2–28.

Ewald, Heinrich. *Ausführliches Lehrbuch der hebräischen Sprache des Alten Bundes*. Göttingen: Dieterich'sche Verlagsbuchhandlung, [8]1870.

Ewald, Heinrich. *Geschichte des Volkes Israel bis Christus in drei Bänden*. Göttingen: Dieterich'sche Verlagsbuchhandlung, 1843–1845.

Ewald, Heinrich. *Geschichte des Volkes Israel*. Bd. 1. Göttingen: Dieterich'sche Verlagsbuchhandlung, [3]1864.
Ewald, Heinrich. „La Géographie du Talmud: Mémoire couronné par l'académie des inscriptions et belles-lettres. Par Adolphe Neubauer. Paris, Michel Lévy frères, 1868. XL und 468 S. in 8." *Göttingische Gelehrte Anzeigen* 2 (1868): 2021–2035.
Galil, Gershon. "The Formation of I Chr 2:3–4:23 and the Election of King David." In *An Experienced Scribe who Neglects Nothing: Ancient Near Eastern Studies in Honour of Jacob Klein*, hg. v. Yitschak Sefati, Pinhas Artzi, Chaim Cohen, Barry L. Eichler und Victor Avigdor Hurowitz, 707–717. Bethesda: CDL press, 2005.
Galling, Kurt. *Die Bücher der Chronik, Esra, Nehemia*. ATD 12. Berlin: Evangelische Verlagsanstalt Berlin, 1958.
Georges, Karl Ernst. *Ausführliches Lateinisch-Deutsches Handwörterbuch: Aus den Quellen zusammengetragen und mit besonderer Bezugnahme auf Synonymik und Antiquitäten*. 2 Bde. Basel: Benno Schwabe & Co, [10]1959.
Gesenius, Wilhelm. *Hebräisches und Aramäisches Handwörterbuch über das Alte Testament*. Berlin/Heidelberg: Springer, [18]2013.
Glare, Peter Geoffrey William. *Oxford Latin Dictionary*. Oxford: Clarendon, [8]2005.
Glinert, Lewis. *Modern Hebrew: An Essential Grammar*. New York/London: Routledge, [3]2005.
Haan, Wilhelm. *Sächsisches Schriftsteller-Lexicon: Alphabetisch geordnete Zusammenstellung der im Königreich Sachsen gegenwärtig lebenden Gelehrten, Schriftsteller und Künstler nebst kurzen biographischen Notizen und Nachweis ihrer in Druck erschienenen Schriften*. Leipzig: Robert Schäfer's Verlag, 1875, 337–338.
Hammermeister, Kai. *Hans-Georg Gadamer*. München: C. H. Beck, 1999.
Hegel, Georg Wilhelm Friedrich. *Vorlesungen über die Ästhetik I*. Frankfurt a. M.: Suhrkamp, 1970.
Hitzig, Ferdinand. „Julius Wellhausens De gentibus et familiis Judaeis quae 1. Chr. 2.4 enumerantur." *Heidelberger Jahrbücher* 63 (1870): 881–887.
Höffe, Ottfried. *Aristoteles*. München: C. H. Beck, 1996.
Höffe, Ottfried. *Kleine Geschichte der Philosophie*. München: C. H. Beck, 2001.
Huxley, Aldous. *Brave New World*. London u. a.: Grafton, 1990.
Japhet, Sara. *1 Chronik*, übers. v. Dafna Mach. HThKAT. Freiburg u. a.: Herder, 2002.
Japhet, Sara. *2 Chronik*, übers. v. Dafna Mach. HThKAT. Freiburg u. a.: Herder, 2003.
Japhet, Sara. *Ideology in the Book of Chronicles and Its Place in Biblical Thought*, übers. v. Anna Barber. BEATAJ 9. Frankfurt am Main u. a.: Peter Lang, 1989.
Johnson, Marshall D. *The Purpose of the Biblical Genealogies: With Special Reference to the Setting of the Genealogies of Jesus*. Cambridge: Cambridge University Press, 1969.
Jonker, Louis C. *Defining All-Israel in Chronicles*. FAT 106. Tübingen: Mohr Siebeck, 2016.
Kahl, Oliver. „Ṣanʿānī[2]." In *The Encyclopedia of Islam*. Bd. 9, hg. v. Clifford Edmund Bosworth, Emeri van Donzel, Wolfhart P. van Heinrichs und Gérard Lecompte, 8. Leiden: Brill, 1997.
Kalimi, Isaac. *Zur Geschichtsschreibung des Chronisten*. Berlin u. a.: Walter de Gruyter, 1995.
Kalimi, Isaac. *Das Chronikbuch und seine Chronik: Zur Entstehung und Rezeption eines biblischen Buches*, übers. v. Bernd Willmes. Freiburg u. a.: Herder, 2013.
Kautzsch, Emil. *De Veteris Testamenti locis a Paulo Apostolo allegatis*. Leipzig: Metzger & Wittig, 1869.
Kegler, Jürgen und Matthias Augustin. *Synopse zum Chronistischen Geschichtswerk*, Beiträge zur Erforschung des Alten Testaments und des Antiken Judentums. Frankfurt a. M.: Peter Lang, 1984.

Keil, Carl Friedrich. *Apologetischer Versuch über die Bücher der Chronik und über die Integrität des Buches Esra*. Berlin: Ludwig Oehmigke, 1833.

Keil, Karl [Carl] Friedrich. *Lehrbuch der historisch-kritischen Einleitung in die kanonischen Schriften des Alten Testaments*. Frankfurt a. M. u. a.: Heyder & Zimmer, 1853.

Kiefer, Jörn. *Exil und Diaspora: Begrifflichkeit und Deutungen im antiken Judentum und in der hebräischen Bibel*. ABIG 19. Leipzig: Evangelische Verlagsanstalt, 2005.

Knoppers, Gary Neil. *I Chronicles 1–9*. The Anchor Bible 12. New York u. a.: Bantam Doubleday Dell, 2004.

Konradt, Matthias. *Das Evangelium nach Matthäus*. NTD. Göttingen: Vandenhoeck und Ruprecht, 2015.

Kratz, Reinhard Gregor. *Die Komposition der erzählenden Bücher des Alten Testaments*. Göttingen: Vandenhoeck & Ruprecht, 2000.

Kratz, Reinhard Gregor. „Wellhausen, Julius (1844–1918)." In *TRE* 35, hg. v. Gerhard Müller, Albrecht Döhnert, Hermann Spiekermann, Horst Balz, James K. Cameron, Brian L. Hebbletwaite und Gerhard Krause, 527–536. Berlin/New York: Walter de Gruyter, 2003.

Kraus, Hans-Joachim. *Geschichte der historisch-kritischen Erforschung des Alten Testaments*. Neukirchen Kreis Moers: Verlag der Buchhandlung des Erziehungsvereins, 1956.

Krebs, Johann Philipp. *Antibarbarus der Lateinischen Sprache: Nebst einem kurzen Abriss der Geschichte der lateinischen Sprache und Vorbemerkungen über reine Latinität*. 2 Bde. Basel: Benno Schwabe, [7]1905–1907.

Krohn, Wolfgang. *Francis Bacon*. München: C. H. Beck, 1987.

Kusche, Ulrich. *Die unterlegene Religion: Das Judentum im Urteil deutscher Alttestamentler*. SKI 12. Berlin: Institut Kirche und Judentum, 1991.

Lavy, Jaacov. *Langenscheidts Handwörterbuch Hebräisch-Deutsch*. Langenscheidt: Berlin u. a., 1975.

Lewis, Charlton T. und Charles Short. *A Latin Dictionary*. Oxford: Oxford University Press, 1956.

Liddell, Henry George und Robert Scott. *A Greek-English Lexicon*, revised by Henry Stuart Jones. Oxford: Clarendon, [9]1961.

Linnemann, Eta. *Original oder Fälschung: Historisch-kritische Theologie im Licht der Bibel*. Bielefeld: Christliche Literaturverbreitung, 1994.

Machinist, Peter. "The Road not Taken: Wellhausen and Assyriology." In *Homeland and Exile. Biblical and Ancient Near Eastern Studies in Honour of Bustenay Oded*, hg. v. Gershon Galil, Markham Geller und Alan Millard, 469–531. Leiden/Boston: Brill, 2009.

Mathys, Hans-Peter. *Vom Anfang und vom Ende: Fünf alttestamentliche Studien*. BEAT 47. Frankfurt a. M.: Peter Lang, 2000.

Mayordomo-Marín, Moisés. *Den Anfang hören: Leserorientierte Evangelienexegese am Beispiel von Matthäus 1–2*. Göttingen: Vandenhoeck & Ruprecht, 1998.

Mertens, Volker. „Berthold von Regensburg." In *Lexikon des Mittelalters*. Bd. 1, hg. v. Robert-Henri Bauthier, Gloria Avella-Widhalm und Robert Auty, Sp. 2035–2036. München/Zürich: Artemis, 1980.

Meyer, Herman. *Das Zitat in der Erzählkunst: Zur Geschichte und Poetik des Europäischen Romans*. Frankfurt a. M.: Fischer, 1988.

Motzki, Harald. „Ṣanʿānī[1]." In *The Encyclopedia of Islam*. Bd. 9, hg. v. Clifford Edmund Bosworth, Emeri van Donzel, Wolfhart P. van Heinrichs und Gérard Lecompte, 7–8. Leiden: Brill, 1997.

Müller, Wilhelm. *Über das Verhältnis des geistlichen Standes zum Staate und den Einfluss dieses Standes auf die Erreichung des Staatszweckes: nebst Vorschlägen mancher*

Hindernisse, welche der größern Wirksamkeit desselben im Königreiche Hannover noch entgegenstehen. Hannover: Hahn'sche Hofbuchhandlung, 1832.

Murray, Andrew. *Commentatio de Kinaeis, qua varia Codicis Sacri loca illustrantur*. Hamburg: Liebezeit & Felginer, 1718.

Myers, Jacob Martin. *II Chronicles: Translation and Notes*. AncB 13. New York: Doubleday & Company, 1965.

Nöldeke, Theodor. „Julius Wellhausens De gentibus et familiis Judaeis quae 1. Chr. 2.4 enumerantur." *LZD* 43 (1870): Sp. 1155–1156.

Noth, Martin. *Überlieferungsgeschichte des Pentateuch*. Stuttgart: Kohlhammer, 1948.

Noth, Martin. *Überlieferungsgeschichtliche Studien 1: Die sammelnden und bearbeitenden Geschichtswerke im Alten Testament*. Darmstadt: Wissenschaftliche Buchgesellschaft, ^{2}1957; Nachdruck der Ausgabe: Halle a. d. Saale: Max Niemeyer, 1943.

Oeming, Manfred. *Biblische Hermeneutik: Eine Einführung*. Darmstadt: Wissenschaftliche Buchgesellschaft, ^{3}2010.

Oeming, Manfred. *Das wahre Israel: Die „genealogische Vorhalle" 1 Chronik 1–9*. BWANT. Stuttgart u. a.: Kohlhammer, 1990.

Oeming, Manfred. „Geschichtlichkeit und Normativität alttestamentlicher Anthropologie: Multiperspektivische Menschenbilder in der Biblia Hebraica und ihre Bedeutung für die Gegenwart – dargestellt am Fallbeispiel David." In *Menschen-Bilder*, hg. v. Markus Hilgert und Michael Wink, 115–133. Berlin/Heidelberg: Springer, 2012.

Oeming, Manfred. "Rethinking the Origins of Israel: 1 Chronicles 1–9 in the Light of Archeology." In *Rethinking Israel: Studies in the History and Archeology of Ancient Israel in Honor of Israel Finkelstein*, hg. v. Oded Lipschits, Yuval Gadot und Matthew J. Adams, 303–318. Winora Lake, Indiana: Eisenbrauns, 2017.

Otto, Eckart. *Mose: Geschichte und Legende*. München: C. H. Beck, 2006.

Palgrave, William Gifford. *Personal Narrative of a Year's Journey through Central and Eastern Arabia (1862–63)*. Bd. 1. London/Cambridge: Macmillan & Co, 1865.

Rapinchuk, Kyle D. "The Function of the Chronicler's Genealogies: Establishing Covenant Continuity." Veröffentlicht auf der Homepage des Autors: https://kylerapinchuk.files.wordpress.com/2012/12/function-of-the-chroniclers-genealogies.pdf.

Rendtorff, Rolf. „Die jüdische Bibel und ihre antijüdische Auslegung." In *Auschwitz – Krise der christlichen Theologie*, hg. v. Rolf Rendtorff und Ekkehard Stegemann, 99–116. München: Chr. Kaiser, 1980.

Robinson, Edward. *Biblical Researches in Palestine and the Adjacent Regions*. Bd. 3. Boston/London/Berlin: Crocker und Brewster/Murray/Reimer, 1856.

Rubenbauer, Hans und Johann B. Hofmann. *Lateinische Grammatik*, neu bearbeitet von Rolf Heine. Bamberg/München/München: C. C. Buchners/J. Lindauer/R. Oldenbourg, 1977.

Schwartz, Eduard. *Vergangene Gegenwärtigkeiten*. „Julius Wellhausen [1918]". Bd. 1, *Gesammelte Schriften*, 326–361. Berlin: Walter de Gruyter, 1938.

Schweitzer, Steven. *Reading Utopia in Chronicles*. LHB 442. London: T & T Clark, 2007.

Smend, Rudolf. *Deutsche Alttestamentler in drei Jahrhunderten*. Göttingen: Vandenhoeck & Ruprecht, 1989.

Smend, Rudolf, *Julius Wellhausen: Ein Bahnbrecher in drei Disziplinen*. München: Kein Verlag, 2004.

Smend, Rudolf. *Kritiker und Exegeten: Porträtskizzen zu vier Jahrhunderten alttestamentlicher Wissenschaft*. Göttingen: Vandenhoeck und Ruprecht, 2017.

Smend, Rudolf. „Wellhausen und das Judentum." *ZThK* 79/3 (1982): 249–282.

Sparks, James T. *The Chronicler's Genealogies: Towards an Understanding of 1 Chronicles, 1–9*. Atlanta: Society of Biblical Literature, 2008.

Stemplinger, Eduard. *Horaz im Urteil der Jahrhunderte*. Leipzig: Dieterich, 1921.

Struve, Tilman. „David von Augsburg." In *Lexikon des Mittelalters*. Bd. 3, hg. v. Robert-Henri Bauthier, Gloria Avella-Widhalm und Robert Auty, Sp. 604. München/Zürich: Artemis, 1986.

Süß, Harald. *Deutsche Schreibschrift: Lesen und Schreiben lernen. Lehrbuch*. Augsburg: Augustus, 1995.

Thenius, Otto. *Die Bücher Samuels*. KEH 4. Leipzig: Weidmann'sche Buchhandlung, 1842.

Von Rad, Gerhard. *Das Geschichtsbild des chronistischen Werkes*. BWANT 54 (IV/3). Stuttgart: Kohlhammer, 1930.

Wahrmund, Adolf. *Handwörterbuch der arabischen und deutschen Sprache*. Bd. 1: Arabisch-deutscher Theil. Giessen: Ricker, 1877.

Wehr, Hans. *Arabisches Wörterbuch für die Schriftsprache der Gegenwart: Arabisch-Deutsch*. Wiesbaden: Otto Harrassowitz, ^{4}1968.

Wellhausen, Julius. *Die Composition des Hexateuchs und der historischen Bücher des Alten Testaments*. Berlin: Walter de Gruyter, ^{4}1963.

Wellhausen, Julius. *Geschichte Israels I*. Berlin: Reimer, 1878.

Wellhausen, Julius. „Heinrich Ewald." In *Julius Wellhausen*. Grundrisse zum Alten Testament, Theologische Bücherei. Neudrucke aus dem 20. Jahrhundert. Altes Testament (27), hg. v. Rudolf Smend, 120–138. München: Chr. Kaiser, 1965. = Wellhausen, Julius. „Heinrich Ewald." In *Festschrift zur Feier des 150jährigen Bestehens der Königlichen Gesellschaft der Wissenschaften zu Göttingen* (1901), 63–88.

Wellhausen, Julius. *Israelitische und Jüdische Geschichte*. Berlin: Reimer, ^{6}1907.

Wellhausen, Julius. *Prolegomena zur Geschichte Israels*. Berlin: Reimer, ^{6}1905.

Wellhausen, Julius. *Skizzen und Vorarbeiten*. Erstes Heft. Berlin: Reimer, 1884.

Willi, Thomas. *Die Chronik als Auslegung: Untersuchungen zur literarischen Gestaltung der historischen Überlieferung Israels*. FRLANT 106. Göttingen: Vandenhoeck & Ruprecht, 1972.

Willi, Thomas. *Chronik. 1Chr. 1–10*. BKAT XXIV/1. Neukirchen-Vluyn: Neukirchener, 2009.

Williamson, Hugh Godfrey Maturin. *Israel in the Book of Chronicles*. Cambridge: Cambridge University Press, 1977.

Williamson, Hugh Godfrey Maturin. *1 and 2 Chronicles*. NCBC. Eugene: Wipf and Stock, 2010.